IGIENE * ECONOMIA * BUON GUSTO

LA SCIENZA IN CUCINA

E

L'ARTE DI MANGIAR BENE

MANUALE PRATICO PER LE FAMIGLIE

COMPILATO

DA

PELLEGRINO ARTUSI

(790 ricette)

Un pasto buono ed un mezzano Mantengon l'uomo sano.	Piglia il cibo con misura Dai due regni di natura.
Molto cibo e mal digesto Non fa il corpo sano e lesto.	*Prima digestio fit in ore.*

e in Appendice:

"La Cucina per gli stomachi deboli"

sarnus

Nota dell'Editore
Il volume è illustrato con le belle tavole dell'*Opera* di Bartolomeo Scappi, cuoco di cardinali e pontefici, pubblicata a Venezia nel 1570: lo Scappi, in quanto autore del primo grande trattato sistematico "moderno" di cucina, con oltre mille ricette, può essere a buon diritto considerato un antesignano di Pellegrino Artusi nella codificazione del sapere gastronomico del suo tempo.

In copertina: Pieter Claesz, *Natura morta con pesce*,
olio su tavola (1647), Rijksmuseum, Amsterdam.
Nel retro: Giuseppe Arcimboldo, *Ortaggi in una ciotola* o *L'ortolano*,
olio su tavola (1580 ca.), Museo civico Ala Ponzone, Cremona.

www.sarnus.it

© 2010 Edizioni Polistampa
Via Livorno, 8/32 - 50142 Firenze
Tel. 055 737871 (15 linee)
info@polistampa.com - www.polistampa.com

ISBN 978-88-563-0045-1

IL RISORGIMENTO IN CUCINA

… di rado accade che un autore così totalmente si sciolga nella sua massima opera da fare del proprio nome un sinonimo di quella; si disse "il Tasso" per la *Gerusalemme*, come "l'Artusi" per il suo ricettario. Pellegrino si disfece, si sciolse, si stemperò in quel suo manuale…

Giorgio Manganelli, *La cucina di Bengodi*, 1970

Pellegrino Artusi (Forlimpopoli 1820 - Firenze 1911), nato nell'allora Stato Pontificio da solida famiglia borghese (il padre Agostino era commerciante), fece gli studi presso il seminario di Bertinoro e verosimilmente li proseguì a Bologna (anche se non si sa con precisione quale scuola frequentasse: a lungo si è ritenuto che avesse studiato Lettere all'Università, ma il suo nome non risulta negli archivi dell'Alma Mater felsinea). Nei primi anni Quaranta frequentava tuttavia gli ambienti studenteschi bolognesi, non alieni a sussulti patriottici e insurrezionali, incontrandovi persino in una locanda – come riferisce nel suo manuale – quel Felice Orsini, anch'egli romagnolo, che nel 1858 avrebbe attentato alla vita di Napoleone III.

Assai meno esagitato del compatriota, tornato a Forlimpopoli Pellegrino affiancò il padre nel suo commercio, mostrando un solido senso degli affari. Ma l'avventura lo raggiunse a domicilio: il 25 gennaio 1851 la quieta cittadina del Forlivese fu sconvolta dalla famigerata incursione del brigante Stefano Pelloni, detto il Passatore, tutt'altro che "cortese" come lo definisce il Pascoli in *Romagna*, che se ne impadronì rinchiudendo nel teatro tutte le famiglie facoltose, obbligate a pagare un forte riscatto per riottenere la libertà. Agli Artusi, a quanto pare, la banda del Passatore volle riservare un trattamento di riguardo e penetrata in casa loro razziò denari e gioie: in conseguenza alla visita, una delle sorelle di Pellegrino, la Gertrude, perse il senno e fu ricoverata in manicomio.

L'anno successivo la famiglia si trasferiva a Firenze, dove Pellegrino continuò a esercitare la mercatura accumulando una notevole fortuna che gli consentì ben presto di vivere di rendita nella bella casa di piazza d'Azeglio (dove una lapide lo ricorda), interessandosi di letteratura e di cucina. Quanto alla letteratura, scrisse una biografia di

Ugo Foscolo e un commento alle lettere di Giuseppe Giusti, opere pubblicate a sue spese, alle quali la storia e la critica non hanno riservato, come si suol dire, un posto al sole: nel coltivare la gastronomia – la "scienza" che invece gli avrebbe assicurato l'immortalità – mise a frutto, coadiuvato dai cuochi di casa, Francesco Ruffilli e Marietta Sabatini, non soltanto l'innata passione per i fornelli e una indubbia propensione ai peccatucci di gola, ma anche le esperienze fatte nei numerosi viaggi d'affari e il patrimonio di ricette acquisito tramite amicizie e conoscenze.

Della vicenda del suo ricettario è lui stesso a informarci, con vivace amabilità, nelle pagine che seguono queste righe. Malgrado sperasse nell'interessamento di un editore, Artusi fu costretto a stamparne a proprie spese la prima edizione nel 1891: dopo inizi non del tutto confortanti, il libro ebbe crescente successo, talché alla morte dell'Artusi, nel 1911, le edizioni (centellinate nel numero e nel tempo dal saggio Pellegrino) erano ben quattordici e le copie vendute decine di migliaia. Negli anni, poi, il totale degli esemplari venduti, dalle cifre a quattro zeri, è passato a quelle a sei. Oggi, in Italia e all'estero, l'*Artusi* è celebre come *Pinocchio* ed è costitutivo della nostra cultura nazionale allo stesso titolo di *Cuore*. Lo notava, col consueto acume, il grande italianista Piero Camporesi nella sua paradigmatica introduzione all'edizione einaudiana della *Scienza in cucina* del 1970, dove la definiva la "bibbia domestica" dell'Italia umbertina, il libro che «svolse il civilissimo compito di unire e amalgamare, in cucina e poi a livello di inconscio collettivo, nelle pieghe insondate della coscienza popolare, l'eterogenea accozzaglia delle genti che solo formalmente si chiamavano italiane. […] Mai occulta persuasione fu più semplice e umana, mai il prodotto in vendita conobbe un livello tanto elevato di buon gusto, cultura, civile divulgazione. […] E così un numero considerevole di italiani si trovarono uniti a tavola, mangiando gli stessi piatti e gustando le stesse vivande».

Come Cavour e Garibaldi avevano dato l'Italia agli italiani, Artusi donò loro una patria gastronomica: una patria "borghese", come la cultura di origine e di appartenenza dell'autore, nel cui manuale non compaiono, o lo fanno molto raramente, ricette legate alla cucina popolare e contadina. Altrettanto, del resto, è assente la complicata e dispendiosa cucina aristocratica che sino a poco tempo prima aveva costituito l'oggetto pressoché esclusivo di una manualistica culinaria francesizzante.

Il giudizio di Piero Camporesi, largamente condivisibile, è forse più pertinente dal punto di vista dell'unificazione linguistica (come testimonia la lettera del poeta Olindo Guerrini – alias Lorenzo Stecchetti – riportata fra i testi che Pellegrino Artusi volle premettere al suo ricettario) e procedurale, ossia della codificazione delle ricette, che da quella gastronomica e territoriale, poiché è evidente che nel ricettario artusiano prevalgono la matrice emiliano-romagnola e quella toscana e in particolare fiorentina. Si può obiettare, tuttavia, che esse rappresentano, fra le scuole culinarie italiane, quelle che meglio coniugano la semplicità dei costumi con un gusto coltivato, che meglio sposano l'esigenza di parsimonia con la soddisfazione del palato. Prova ne è il successo indiscutibile dell'Artusi anche al di fuori delle regioni nominate, a testimonianza della validità del suo modello di cucina, impostosi come punto di riferimento obbligato per chiunque, professionista o dilettante, si sia messo e si metta ai fornelli nel Bel Paese o ne voglia saggiare le bontà.

* * *

Passato indenne attraverso due guerre mondiali, più un imprecisato numero di altri conflitti accessori, cambiamenti epocali, terremoti istituzionali e politici, rivoluzioni nel costume e nel modo stesso di alimentarsi, nei ritmi di vita quotidiani e nell'offerta commerciale, l'Artusi resiste imperturbabile sullo scaffale dei libri di cucina. La sua attualità, fuori discussione, risiede in buona parte proprio nell'originarsi non dalle mode, né dall'estro di rinomati chef, ma prevalentemente dalla matrice, dalla cerchia, dall'atmosfera familiare. Altrettanto fuori discussione è la sua affidabilità, fondata sull'elaborazione di procedimenti impeccabili, garantiti dalla pratica di provare e riprovare ogni ricetta sino a completa soddisfazione, tradotti in un'esposizione chiara e lineare, essenziale e "alla mano", con un lessico appropriato e comprensibile a tutti, lasciando sempre un margine all'inventiva personale.

Certo, un po' di tempo è passato. Per esempio, i precetti d'igiene sui quali Pellegrino Artusi si diffonde inizialmente, indispensabili forse ai suoi tempi, potranno apparire oggi un poco ovvii o antiquati: e alcune raccomandazioni sembreranno un poco superate, come il consiglio di far "fare l'acqua" al coniglio o di tenere in infusione l'agnello nell'aceto affinché le carni non sappiano di stallatico, pratica non più indispensabile, se non in casi particolarissimi, per chi come noi li acquista presso i supermercati e le macellerie. Ma il suo appello alla moderazione e alla sobrietà a tavola, al contrario, non può non essere condiviso, così come il consiglio di privilegiare la varietà dei cibi, di fare sempre esercizio fisico, di non abusare di vino e liquori.

Certo, al tempo del buon Pellegrino le prescrizioni dietologiche erano un po' diverse: così qualcuno rimarca nelle sue ricette un uso generoso del burro, cui molti oggi preferiscono – giustamente – l'olio d'oliva. È noto che per secoli l'Appennino ha fatto da spartiacque fra il paradigma culinario del burro (cui Artusi per nascita apparteneva) e quello dell'olio, che peraltro anche nelle regioni d'origine poteva esser considerato allora un condimento troppo "popolare" per il gusto dei lettori borghesi cui egli intendeva indirizzarsi. Fatto sta che nel suo manuale, anche nei piatti che più si richiamano alla cucina toscana, più amica dell'olio, fa spesso e volentieri capolino (anche sulla bistecca alla fiorentina!) il burro, che oggi si consiglia di usare con moderazione. Ma in cucina – Pellegrino Artusi lo sapeva bene – il miglior condimento è sempre il comprendonio, che sa apportare i giusti correttivi e magari, con l'esperienza, dosare diversamente gli ingredienti o cambiarli a seconda delle esigenze.

Riflettono le usanze del tempo anche le categorie in cui Artusi organizza le ricette e di conseguenza le «note di pranzi» legati ai mesi dell'anno (ove si manifesta una precocissima attenzione al principio della stagionalità) o alle feste che riporta in Appendice (a proposito: la Pasqua di Rose era la Pentecoste e l'8 settembre la festa della Natività di Maria): gli usi e i gusti delle buone famiglie borghesi di una volta, che basta un po' di fantasia per adattare ai nostri. Per esempio, nessuno parla più di «tramessi», locuzione con cui Artusi traduce il francese *entremets*, piatti non impegnativi da servire tra una pietanza e l'altra per ridestare l'appetito: oppure di «rifreddi», ricette fredde da intervallare anch'esse a piatti importanti. Ma scegliendo fra i primi, stuzzicanti e non grevi, potremo trovare qualcosa che faccia al caso nostro per una colazione leggera: e

5

tra i secondi potremo scoprire qualcosa di gustoso nel caldo dell'estate, come per esempio il delizioso «vitello tonnato». Fra le ricette artusiane c'è sempre quel che fa al caso nostro, grazie anche all'ampiezza e alla varietà del repertorio. L'attualità dell'Artusi? Sta tutta nel fatto che, allora come ora, ora come sempre, il punto non è sopravvivere, non è mangiare, ma *mangiare bene*.

Forse il modo migliore di leggere e utilizzare oggi la *Scienza in cucina*, se mi è consentita una provocazione, è "navigare" tra le ricette, come si naviga in internet, tenendone d'occhio la lettera e la logica, certo, ma assecondando anche le curiosità, le associazioni estemporanee, la memoria – i piatti della nonna e della mamma… –, le voglie del momento, lasciando che, sullo sfondo, il savio Pellegrino continui a indicarci bonariamente la strada a nostra insaputa, come sempre ha fatto. Nella "navigazione", infatti risulteranno utilissimi gli indici finali, già intelligentemente compilati dall'autore e, per questa edizione, ampliati e integrati da Maria Novella Batini onde agevolare la consultazione.

Quanta gente ha messo a tavola l'Artusi! Quante sono le famiglie dove non si cucina – e non si mangia *bene* – se non c'è il suo manuale! Ebbene, questa edizione nasce dalla presunzione che esso sia ancora e sempre indispensabile, specie in ogni nuovo nucleo familiare – senza escludere i single! –, e trasmetta alle nuove generazioni la sapienza che ha confortato le precedenti, ma soprattutto la gioia di cucinare per assaporare e condividere qualcosa di buono, fatto come si deve, gradito al cuore come al palato. La copia dell'Artusi della nonna e della mamma è sempre "vissuta", spiegazzata, piena di macchie dei più misteriosi ingredienti, squinternata a forza di sfogliarla e tenerla aperta col mestolo in mano: ebbene, ci auguriamo che anche questa lo diventi presto, molto presto. Buon appetito!

Paolo Piazzesi

LA STORIA DI UN LIBRO
CHE RASSOMIGLIA
ALLA STORIA DELLA CENERENTOLA

Vedi giudizio uman come spesso erra

Avevo data l'ultima mano al mio libro *La scienza in cucina e l'Arte di mangiar bene,* quando capitò in Firenze il mio dotto amico Francesco Trevisan, professore di belle lettere al liceo Scipione Maffei di Verona. Appassionato cultore degli studi foscoliani, fu egli eletto a far parte del Comitato per erigere un monumento in Santa Croce al Cantor dei Sepolcri. In quella occasione avendo avuto il piacere di ospitarlo in casa mia, mi parve opportuno chiedergli il suo savio parere intorno a quel mio culinario lavoro; ma ohimè! che, dopo averlo esaminato, alle mie povere fatiche di tanti anni pronunziò la brutta sentenza: *Questo è un libro che avrà poco esito.*

Sgomento, ma non del tutto convinto della sua opinione, mi pungeva il desiderio di appellarmi al giudizio del pubblico; quindi pensai di rivolgermi per la stampa a una ben nota casa editrice di Firenze, nella speranza che, essendo coi proprietari in relazione quasi d'amicizia per avere anni addietro spesovi una somma rilevante per diverse mie pubblicazioni, avrei trovato in loro una qualche condiscendenza. Anzi per dar loro coraggio, proposi a questi Signori di far l'operazione in conto sociale e perché fosse fatta a ragion veduta, dopo aver loro mostrato il manoscritto, volli che avessero un saggio pratico della mia cucina invitandoli un giorno a pranzo, il quale parve soddisfacente tanto ad essi quanto agli altri commensali invitati a tener loro buona compagnia.

Lusinghe vane, perocché dopo averci pensato sopra e tentennato parecchio, uno di essi ebbe a dirmi: – Se il suo lavoro l'avesse fatto Doney, allora solo se ne potrebbe parlar sul serio. – Se l'avesse compilato Doney – io gli risposi – probabilmente nessuno capirebbe nulla come avviene del grosso volume *Il re de' cuochi*; mentre con questo Manuale pratico basta si sappia tenere un mestolo in mano, che qualche cosa si annaspa.

Qui è bene a sapersi che gli editori generalmente non si curano più che tanto se un libro è buono o cattivo, utile o dannoso; per essi basta, onde poterlo smerciar facilmente, che porti in fronte un nome celebre o conosciutissimo, perché questo serva a dargli la spinta e sotto le ali del suo patrocinio possa far grandi voli.

Da capo dunque in cerca di un più facile intraprenditore, e conoscendo per fama un'altra importante casa editrice di Milano, mi rivolsi ad essa, perché pubblicando d'*omnia generis musicorum,* pensavo che in quella farragine potesse trovare un posticino il mio modesto lavoro. Fu per me molto umiliante questa risposta asciutta asciutta: – Di libri di cucina non ci occupiamo.

– Finiamola una buona volta – dissi allora fra me – di mendicare l'aiuto altrui e si pubblichi a tutto mio rischio e pericolo; – e infatti ne affidai la stampa al tipografo Salvadore Landi; ma mentre ne trattavo le condizioni mi venne l'idea di farlo offrire ad un altro editore in grande, più idoneo per simili pubblicazioni. A dire il vero trovai lui più propenso di tutti; ma, ohimè (di nuovo) a quali patti! L. 200 prezzo dell'opera e la cessione dei diritti d'autore. Ciò, e la riluttanza degli altri, provi in quale discredito erano caduti i libri di cucina in Italia!

A sì umiliante proposta uscii in una escandescenza, che non occorre ripetere, e mi avventurai a tutte mie spese e rischio; ma scoraggiato come ero, nella prevenzione di fare un fiasco solenne, ne feci tirare mille copie soltanto.

Accadde poco dopo che a Forlimpopoli, mio paese nativo, erasi indetta una gran fiera di beneficenza e un amico mi scrisse di contribuirvi con due esemplari della vita del Foscolo; ma questa essendo allora presso di me esaurita, supplii con due copie della *Scienza in cucina e l'Arte di mangiar bene.* Non l'avessi mai fatto, poiché mi fu riferito che quelli che le vinsero invece di apprezzarle le misero alla berlina e le andarono a vendere al tabaccaio.

Ma né anche questa fu l'ultima delle mortificazioni subite, perocché avendone mandata una copia a una *Rivista* di Roma, a cui ero associato, non che dire due parole sul merito del lavoro e fargli un poco di critica, come prometteva un avviso dello stesso giornale pei libri mandati in dono, lo notò soltanto nella rubrica di quelli ricevuti, sbagliandone perfino il titolo.

Finalmente dopo tante bastonature, sorse spontaneamente un uomo di genio a perorar la mia causa. Il professor Paolo Mantegazza, con quell'intuito pronto e sicuro che lo distingueva, conobbe subito che quel mio lavoro qualche merito lo aveva, potendo esser utile alle famiglie; e, rallegrandosi meco, disse: – Col darci questo libro voi avete fatto un'opera buona e perciò vi auguro cento edizioni.

– Troppe, troppe! – risposi – sarei contento di due. – Poi con molta mia meraviglia e sorpresa, che mi confusero, lo elogiò e lo raccomandò all'uditorio in due delle sue conferenze.

Cominciai allora a prender coraggio e vedendo che il libro propendeva ad aver esito, benché lento da prima, scrissi all'amico di Forlimpopoli, lagnandomi dell'offesa fatta ad un libro che forse un giorno avrebbe recato onore al *loro* paese; la stizza non mi fece dir *mio*.

Esitata la prima edizione, sempre con titubanza, perché ancora non ci credevo, misi mano alla seconda, anche questa di soli mille esemplari; la quale avendo avuto smercio più sollecito dell'antecedente, mi diè coraggio d'intraprender la terza di copie duemila e poi la quarta e quinta di tremila ciascuna. A queste seguono, a intervalli relativamente brevi, sei altre edizioni di quattromila ciascuna e finalmente, vedendo che questo manuale, quanto più invecchiava più acquistava favore e la richiesta si faceva sempre più viva, mi decisi di portare le tre edizioni successive al numero di seimila copie ciascuna e così in tutto al numero di 52.000* quelle date alla luce finora, e quasi sempre con l'aggiunta di nuove ricette (perché quest'arte è inesauribile); la qual cosa mi è di grande conforto specialmente vedendo che il libro è comprato anche da gente autorevole e da professori di vaglia.

Punzecchiato nell'amor proprio da questo risultato felice, mi premeva rendermi grato al pubblico con edizioni sempre più eleganti e corrette e sembrandomi di non vedere in chi presiedeva alla stampa tutto l'impegno per riuscirvi, gli dissi un giorno in tono di scherzo: – Dunque anche lei, perché questo mio lavoro sa di stufato, sdegna forse di prenderlo in considerazione? Sappia però, e lo dico a malincuore, che con le tendenze del secolo al materialismo e ai godimenti della vita, verrà giorno, e non è lontano, che saranno maggiormente ricercati e letti gli scritti di questa specie; cioè di quelli che recano diletto alla mente e danno pascolo al corpo, a preferenza delle opere, molto più utili all'umanità, dei grandi scienziati.

Cieco chi non lo vede! Stanno per finire i tempi delle seducenti e lusinghiere ideali illusioni e degli anacoreti; il mondo corre assetato, anche più che non dovrebbe, alle vive fonti del piacere, e però chi potesse e sapesse temperare queste pericolose tendenze con una sana morale avrebbe vinto la palma.

Pongo fine a questa mia cicalata non senza tributare un elogio e un ringraziamento ben meritati alla Casa Editrice Bemporad di Firenze, la quale si è data ogni cura di far conoscere questo mio Manuale al pubblico e di divulgarlo.

Caldaro da 4 some

---

* I dati si riferiscono all'edizione del 1910, prima della morte dell'autore (v. anche pag. 11). Oggi gli esemplari hanno raggiunto e abbondantemente superato il milione.

PREFAZIO

a cucina è una bricconcella; spesso e volentieri fa disperare, ma dà anche piacere, perché quelle volte che riuscite o che avete superata una difficoltà, provate compiacimento e cantate vittoria.

Diffidate dei libri che trattano di quest'arte: sono la maggior parte fallaci o incomprensibili, specialmente quelli italiani; meno peggio i francesi: al più al più, tanto dagli uni che dagli altri potrete attingere qualche nozione utile quando l'arte la conoscete.

Se non si ha la pretesa di diventare un cuoco di baldacchino non credo sia necessario, per riuscire, di nascere con una cazzaruola in capo; basta la passione, molta attenzione e l'avvezzarsi precisi: poi scegliete sempre per materia prima roba della più fine, ché questa vi farà figurare.

Il miglior maestro è la pratica sotto un esercente capace; ma anche senza di esso, con una scorta simile a questa mia, mettendovi con molto impegno al lavoro, potrete, io spero, annaspar qualche cosa.

Vinto dalle insistenze di molti miei conoscenti e di signore, che mi onorano della loro amicizia, mi decisi finalmente di pubblicare il presente volume, la cui materia, già preparata da lungo tempo, serviva per solo mio uso e consumo. Ve l'offro dunque da semplice dilettante qual sono, sicuro di non ingannarvi, avendo provati e riprovati più volte questi piatti da me medesimo; se poi voi non vi riuscirete alla prima, non vi sgomentate; buona volontà ed insistenza vuol essere, e vi garantisco che giungerete a farli bene e potrete anche migliorarli, imperocché io non presumo di aver toccato l'apice della perfezione.

Ma, vedendo che si è giunti con questa alla quattordicesima edizione e alla tiratura di cinquantaduemila esemplari, mi giova credere che nella generalità a queste mie pietanze venga fatto buon viso e che pochi, per mia fortuna, mi abbiano mandato finora in quel paese per imbarazzo di stomaco o per altri fenomeni che la decenza mi vieta di nominare.

Non vorrei però che per essermi occupato di culinaria mi gabellaste per un ghiottone o per un gran pappatore; protesto, se mai, contro questa taccia poco onorevole, perché non sono né l'una né l'altra cosa. Amo il bello ed il buono ovunque si trovino e mi ripugna di vedere straziata, come suol dirsi, la grazia di Dio. Amen.

Diuersi uasi.

stufatoro

namicella co piastrelle et quatro piedi

namicella cō piast. relle et 4 piedi

Conserua

namicella senza piedi

namicella senza piedi

stufator ouato

Conserua bassa

Conserua grande

padella p fare oui frittolate

stufatoro largo

tortera con il coperto

namicella bassa

conca

namicella alta

L'AUTORE A CHI LEGGE

ue sono le funzioni principali della vita: la nutrizione e la propagazione della specie; a coloro quindi che, rivolgendo la mente a questi due bisogni dell'esistenza, li studiano e suggeriscono norme onde vengano sodisfatti nel miglior modo possibile, per render meno triste la vita stessa, e per giovare all'umanità, sia lecito sperare che questa, pur se non apprezza le loro fatiche, sia almeno prodiga di un benigno compatimento.

Il senso racchiuso in queste poche righe, premesse alla terza edizione, essendo stato svolto con più competenza in una lettera familiare a me diretta dal chiarissimo poeta Lorenzo Stecchetti, mi procuro il piacere di trascrivervi le sue parole.

«Il genere umano – egli dice – dura solo perché l'uomo ha l'istinto della conservazione e quello della riproduzione e sente vivissimo il bisogno di sodisfarvi. Alla sodisfazione di un bisogno va sempre unito un piacere e il piacere della conservazione si ha nel senso del gusto e quello della riproduzione nel senso del tatto. Se l'uomo non appetisse il cibo o non provasse stimoli sessuali, il genere umano finirebbe subito.

«Il gusto e il tatto sono quindi i sensi più necessari, anzi indispensabili alla vita dell'individuo e della specie. Gli altri aiutano soltanto e si può vivere ciechi e sordi, ma non senza l'attività funzionale degli organi del gusto.

«Come è dunque che nella scala dei sensi i due più necessari alla vita ed alla sua trasmissione sono reputati più vili? Perché quel che sodisfa gli altri sensi, pittura, musica, ecc., si dice arte, si ritiene cosa nobile, ed ignobile invece quel che sodisfa il gusto? Perché chi gode vedendo un bel quadro o sentendo una bella sinfonia è reputato superiore a chi gode mangiando un'eccellente vivanda? Ci sono dunque tali ineguaglianze anche tra i sensi che chi lavora ha una camicia e chi non lavora ne ha due?

«Deve essere pel tirannico regno che il cervello esercita ora su tutti gli organi del corpo. Al tempo di Menenio Agrippa dominava lo stomaco, ora non serve nemmeno più, o almeno serve male. Tra questi eccessivi lavoratori di cervello ce n'è uno che digerisca bene? Tutto è nervi, nevrosi, nevrastenia, e la statura, la circonferenza toracica, la forza di resistenza e di riproduzione calano ogni giorno in questa razza di saggi e di artisti pieni d'ingegno e di rachitide, di delicatezze e di glandule, che non si nutre, ma si eccita e si regge a forza di caffè, di alcool e di morfina. Perciò i sensi che si dirigono alla cerebrazione sono stimati più nobili di quelli che presiedono alla conservazione, e sarebbe ora di cassare questa ingiusta sentenza.

«O santa bicicletta che ci fa provare la gioia di un robusto appetito a dispetto dei decadenti e dei decaduti, sognanti la clorosi, la tabe e i gavoccioli dell'arte ideale! All'aria, all'aria libera e sana, a far rosso il sangue e forti i muscoli! Non vergogniamoci dunque di mangiare il meglio che si può e ridiamo il suo posto anche alla gastronomia. Infine anche il tiranno cervello ci guadagnerà, e questa società malata di nervi finirà per capire che, anche in arte, una discussione sul cucinare l'anguilla, vale una dissertazione sul sorriso di Beatrice.

«Non si vive di solo pane, è vero; ci vuole anche il companatico; e l'arte di renderlo più economico, più sapido, più sano, lo dico e lo sostengo, è vera arte. Riabilitiamo il senso del gusto e non vergogniamoci di sodisfarlo onestamente, ma il meglio che si può, come ella ce ne dà i precetti».

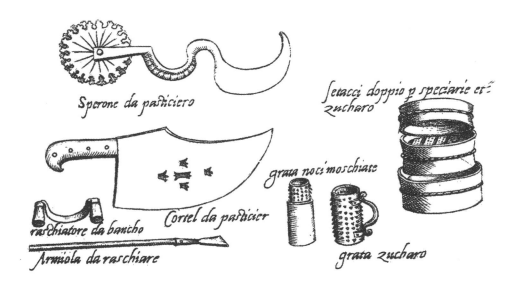

ALCUNE NORME D'IGIENE

iberio imperatore diceva che l'uomo, giunto all'età di trentacinque anni, non dovrebbe avere più bisogno di medico. Se questo aforismo, preso in senso largo è vero, non è men vero che il medico, chiamato a tempo, può troncare sul bel principio una malattia ed anche salvarvi da immatura morte; il medico poi se non guarisce, solleva spesso, consola sempre. La massima dell'imperatore Tiberio è vera in quanto che l'uomo arrivato a metà del corso della vita dovrebbe avere acquistata tanta esperienza sopra sé stesso da conoscere ciò che gli nuoce e ciò che gli giova e con un buon regime dietetico governarsi in modo da tenere in bilico la salute, la qual cosa non è difficile se questa non è minacciata da vizii organici o da qualche viscerale lesione. Oltre a ciò dovrebbe l'uomo, giunto a quell'età, essersi persuaso che la cura profilattica, ossia preventiva, è la migliore, che ben poco evvi a sperare dalle medicine e che il medico più abile è colui che ordina poco e cose semplici.

Le persone nervose e troppo sensibili, specialmente se disoccupate ed apprensive, si figurano di aver mille mali che hanno sede solo nella loro immaginazione. Una di queste, parlando di sé stessa, diceva un giorno al suo medico: «Io non capisco come possa campare un uomo con tanti malanni addosso». Eppure non solo è campata con qualche incomoduccio comune a tanti altri; ma essa ha raggiunto una tarda età.

Questi infelici ipocondriaci, che altro non sono, meritano tutto il nostro compatimento imperocché non sanno svincolarsi dalle pastoie in cui li tiene una esagerata e continua paura, e non c'è modo a persuaderli, ritenendosi ingannati dallo zelo di coloro che cercano di confortarli. Spesso li vedrete coll'occhio torvo e col polso in mano gettar sospiri, guardarsi con ribrezzo allo specchio ed osservare la lingua; la notte di soprassalto balzar dal letto, spaventati per palpitar del cuore in sussulto. Il vitto per essi è una pena, non solo per la scelta de' cibi; ma ora temendo di aver mangiato troppo, stanno in apprensione di qualche accidente, ora volendo correggersi con astinenza eccessiva hanno insonnia la notte e sogni molesti. Col pensiero sempre a sé stessi pel timore di prendere un raffreddore o un mal di petto, escono ravvolti in modo che sembrano fegatelli nella rete, e ad ogni po' d'impressione fredda che sentono sopramettono involucri sopra involucri da disgradarne, sto per dir, le cipolle. Per questi tali non c'è medicina che valga e un medico coscienzioso dirà loro: divagatevi, distraetevi,

passeggiate spesso all'aria aperta per quanto le vostre forze il comportano, viaggiate, se avete quattrini, in buona compagnia e guarirete. S'intende bene che io in questo scritto parlo alle classi agiate, ché i diseredati dalla fortuna sono costretti, loro malgrado, a fare di necessità virtù e consolarsi riflettendo che la vita attiva e frugale contribuisce alla robustezza dei corpo e alla conservazione della salute. Da questi preliminari passando alla generalità di una buona igiene, permettetemi vi rammenti alcuni precetti che godono da lungo tempo la sanzione scientifica, ma che non sono ripetuti mai abbastanza; e per primo, parlandovi del vestiario, mi rivolgo alle signore mamme e dico ad esse: cominciate a vestir leggieri, fino dall'infanzia, i vostri bambini, che poi fatti adulti con questo metodo risentiranno meno le brusche variazioni dell'atmosfera e andranno meno soggetti alle infreddature, alle bronchiti. Se poi, durante l'inverno, non eleverete ne' vostri appartamenti il calore delle stufe oltre ai 12 o 14 gradi, vi salverete probabilmente dalle polmoniti che sono così frequenti oggigiorno.

Alle prime frescure non vi aggravate, a un tratto, di troppi panni, basta un indumento esterno e precario per poterlo deporre e riprendere a piacere nel frequente alternarsi della stagione fino a che non saremo entrati nel freddo costante. Quando poi vi avvicinate alla primavera rammentatevi allora del seguente proverbio che io trovo di una verità indiscutibile:

> Di aprile non ti alleggerire,
> Di maggio va' adagio,
> Di giugno getta via lo cotticugno,
> Ma non lo impegnare
> Ché potrebbe abbisognare.

Cercate di abitar case sane con molta luce e ventilate: dov'entra il sole fuggono le malattie. Compassionate quelle signore che ricevono quasi all'oscuro, che quando andate a visitarle inciampate nei mobili e non sapete dove posare il cappello. Per questo loro costume di vivere quasi sempre nella penombra, di non far moto a piedi e all'aria libera ed aperta, e perché tende naturalmente il loro sesso a ber poco vino e a cibarsi scarsamente di carne, preferendo i vegetali e i dolciumi, non trovate fra loro le guance rosee, indizio di prospera salute, le belle carnagioni tutto sangue e latte, non cicce sode, ma floscie e visi come le vecce fatte nascere al buio per adornare i sepolcri il giovedì santo. Qual maraviglia allora di veder fra le donne tante isteriche, nevrotiche ed anemiche?

Avvezzatevi a mangiare d'ogni cosa se non volete divenire increciosi alla famiglia. Chi fa delle esclusioni parecchie offende gli altri e il capo di casa, costretti a seguirlo per non raddoppiar le pietanze. Non vi fate schiavi del vostro stomaco: questo viscere capriccioso, che si sdegna per poco, pare si diletti di tormentare specialmente coloro che mangiano più del bisogno, vizio comune di chi non è costretto dalla necessita al vitto frugale. A dargli retta, ora con le sue nausee ora col rimandarvi alla gola il sapore de' cibi ricevuti ed ora con moleste acidità, vi ridurrebbe al regime de' convalescenti. In questi casi, se non avete nulla a rimproverarvi per istravizio, muovetegli guerra; combattetelo corpo a corpo per vedere di vincerlo; ma se poi assolutamente la natura si ribella ad un dato alimento, allora solo concedetegli la vittoria e smettete.

Chi non esercita attività muscolare deve vivere più parco degli altri e a questo proposito Agnolo Pandolfini nel *Trattato del governo della famiglia,* dice: «Trovo che molto giova la dieta, la sobrietà, non mangiare, non bere, se non vi sentite fame o sete. E provo in me questo, per cosa cruda e dura che sia a digestire, vecchio come io sono, dall'un sole all'altro mi trovo averla digestita. Figliuoli miei, prendete questa regola brieve, generale e molto perfetta. Ponete cura in conoscere qual cosa v'è nociva, e da quella vi guardate; e quale vi giova e fa pro quella seguite e continuate».

Allo svegliarvi la mattina consultate ciò che più si confà al vostro stomaco; se non lo sentite del tutto libero limitatevi ad una tazza di caffè nero, e se la fate precedere da mezzo bicchier d'acqua frammista a caffè servirà meglio a sbarazzarvi dai residui di una imperfetta digestione. Se poi vi trovate in perfetto stato e (avvertendo di non pigliare abbaglio perché c'è anche la falsa fame) sentite subito bisogno di cibo, indizio certo di buona salute e pronostico di lunga vita, allora viene opportuno, a seconda del vostro gusto, col caffè nero un crostino imburrato, o il caffè col latte, oppure la cioccolata. Dopo quattr'ore circa, che tante occorrono per digerire una colazione ancorché scarsa e liquida, si passa secondo l'uso moderno alla colazione solida delle 11 o del mezzogiorno.

Questo pasto, per essere il primo della giornata, è sempre il più appetitoso, e perciò non conviene levarsi del tutto la fame, se volete gustare il pranzo e, ammenoché non conduciate vita attiva e di lavoro muscolare, non è bene il pasteggiar col vino, perché il rosso non è di facile digestione e il bianco essendo alcoolico, turba la mente se questa deve stare applicata.

Meglio è il pasteggiar la mattina con acqua pura e bere in fine un bicchierino o due di vino da bottiglia, oppure il far uso di the semplice o col latte che io trovo molto omogeneo; non aggrava lo stomaco e, come alimento nervoso e caldo, aiuta a digerire.

Nel pranzo, che è il pasto principale della giornata e, direi, quasi una festa di famiglia, si può scialare, ma più durante l'inverno che nell'estate, perché nel caldo si richiedono alimenti leggieri e facili a digerirsi. Più e diverse qualità di cibi, dei due regni della natura, ove predomini l'elemento carneo, contribuiscono meglio a una buona digestione specialmente se annaffiati da vino vecchio ed asciutto; ma guardatevi dalle scorpacciate come pure da quei cibi che sono soliti a sciogliervi il corpo, e non dilavate lo stomaco col troppo bere. A questo proposito alcuni igienisti consigliano il pasteggiar coll'acqua anche durante il pranzo, serbando il vino alla fine. Fatelo se ve ne sentite il coraggio; a me sembra un troppo pretendere.

Se volete una buona regola, nel pranzo arrestatevi al primo boccone che vi fa nausea e senz'altro passate al *dessert.* Un'altra buona consuetudine contro le indigestioni e all'esuberanza di nutrimento è di mangiar leggiero il giorno appresso a quello in cui vi siete nutriti di cibi gravi e pesanti.

Il gelato non nuoce alla fine del pranzo, anzi giova, perché richiama al ventricolo il calore opportuno a ben digerire; ma guardatevi sempre, se la sete non ve lo impone, di bere tra un pasto e l'altro, per non disturbare la digestione, avendo bisogno questo lavoro di alta chimica della natura di non essere molestato.

Fra la colazione e il pranzo lasciate correre un intervallo di sette ore, che tante occorrono per una completa digestione, anzi non bastano per quelli che l'hanno lenta, cosicché avendo luogo la colazione alle undici, meglio è trasportare il pranzo alle sette; ma veramente non si dovrebbe ritornare al cibo altro che quando lo stomaco chiama con insistenza soccorso, e questo bisogno tanto più presto si farà imperioso se lo provocate con una passeggiata all'aria libera oppure con qualche esercizio temperato e piacevole.

«L'esercizio, dice il precitato Agnolo Pandolfini, conserva la vita, accende il caldo e il vigore naturale, schiuma superchie e cattive materie e umori, fortifica ogni virtù del corpo e de' nervi; è necessario a' giovani, utile a' vecchi. Colui non faccia esercizio, che non vuole vivere sano e lieto. Socrate, si legge, in casa ballava e saltava per esercitarsi. La vita modesta, riposata e lieta fu sempre ottima medicina alla sanità».

La temperanza e l'esercizio dei corpi sono dunque i due perni su cui la salute si aggira; ma avvertite che *quando eccede, cangiata in vizio la virtù si vede,* imperocché le perdite continue dell'organismo hanno bisogno di riparazione. Dalla pletora per troppo nutrimento guardatevi dal cadere nell'eccesso opposto di una scarsa e insufficiente alimentazione per non lasciarvi indebolire.

Durante l'adolescenza ossia nel crescere, l'uomo ha bisogno di molto nutrimento; per l'adulto e specialmente pel vecchio la moderazione nel cibo è indispensabile virtù per prolungare la vita.

A coloro che hanno conservata ancora la beata usanza de' nostri padri di pranzare a mezzogiorno o al tocco, rammenterò l'antichissimo adagio: *Post prandium stabis et post cenam ambulabis;* a tutti poi, che la prima digestione si fa in bocca, quindi non si potrebbe mai abbastanza raccomandare la conservazione dei denti, per triturare e macinare convenientemente i cibi, che coll'aiuto della saliva, si digeriscono assai meglio di quelli tritati e pestati in cucina, i quali richiedono poca masticazione, riescono pesanti allo stomaco, come se questo viscere sentisse sdegno per avergli tolto parte del suo lavoro; anzi molti cibi riputati indigesti possono riescire digeribili e gustati meglio mediante una forte masticazione.

Se con la guida di queste norme saprete regolar bene il vostro stomaco, da debole che era il renderete forte, e se forte di natura, tale il conserverete senza ricorrere ai medicamenti. Rifuggite dai purganti, che sono una rovina se usati di frequente, e ricorrete ad essi ben di rado e soltanto quando la necessità il richieda. Molte volte le bestie col loro istinto naturale e fors'anche col raziocinio insegnano a noi come regolarci: il mio carissimo amico Sibillone, quando prendeva un'indigestione, stava un giorno o due senza mangiare e l'andava a smaltire sui tetti. Sono quindi da deplorare quelle pietose mamme che, per un'esagerazione del sentimento materno, tengono gli occhi sempre intenti alla salute de' loro piccini e ad ogni istante che li vedono un po' mogi o non obbedienti al secesso, con quella fisima sempre in capo de' bachi, i quali il più sovente non sono che nella loro immaginazione, non lasciano agir la natura che, in quella età rigogliosa ed esuberante di vita, fa prodigi lasciata a se stessa; ma ricorrono subito al medicamento, al clistere.

L'uso de' liquori che, a non istare in guardia diventa abuso, è riprovato da tutti gli igienisti pei guasti irreparabili che cagionano nell'organismo umano. Può fare eccezione soltanto un qualche leggero poncino di cognac (sia pure con l'odore del rhum) nelle fredde serate d'inverno, perché aiuta nella notte la digestione e vi trovate la mattina con lo stomaco più libero e la bocca migliore.

Male, male assai poi fanno coloro che si lasciano vincere dal vino. A poco a poco, sentono nausea al cibo e si nutrono quasi esclusivamente di quello; indi si degradano agli occhi del mondo, diventando ridicoli, pericolosi e bestiali. C'era un mercante che quando arrivava in una città si fermava ad una cantonata per osservar la gente che passava e quando vedeva uno col naso rosso era sollecito a chiedergli dove si vendeva il vino buono. Anche passando sopra al marchio d'intemperanza che questo vizio imprime spesso sul viso, e a certe scene che destano soltanto un senso d'ilarità – come quella di un cuoco il quale, mentre i suoi padroni aspettavano a cena, teneva la padella sopra l'acquaio e furiosamente faceva vento al di sotto – è certo che quando vedete questi beoni, che cogli occhi imbambolati, mal pronunciando l'erre dicono e fanno sciocchezze spesso compromettenti, vi sentite serrare il cuore nel timore che non si passi alle risse e dalle risse al coltello come avviene sovente. Persistendo ancora in questo vizio brutale, che si fa sempre più imperioso, si diventa ubriaconi incorreggibili; i quali tutti finiscono miseramente.

Neppure sono da lodarsi coloro che cercano di procrastinare l'appetito cogli eccitanti, imperocché se avvezzate il ventricolo ad aver bisogno di agenti esterni per aiutarlo a digerire finirete per isnervare la sua vitalità e l'elaborazione de' succhi gastrici diverrà difettosa. Quanto al sonno e il riposo sono funzioni assolutamente relative da conformarle al bisogno dell'individuo, poiché tutti non siamo ugualmente conformati, e segue talvolta che uno si senta un malessere generale e indefinibile senza potersene rendere ragione e questo da altro non deriva che da mancanza di riposo riparatore.

Chiudo la serie di questi precetti, gettati giù così alla buona e senza pretese, coi seguenti due proverbi, tolti dalla letteratura straniera, non senza augurare al lettore felicità e lunga vita.

PROVERBIO INGLESE

Early to bed and early to rise
Makes a man healthy, wealthy and wise

Coricarsi presto ed alzarsi presto
Fanno l'uomo sano, ricco e saggio.

PROVERBIO FRANCESE

Se lever à six, déjeuner a dix
Diner à six, se coucher à dix,
Fait vivre l'homme dix fois dix.

Alzarsi alle sei, far colazione alle dieci,
Pranzare alle sei, coricarsi alle dieci
Fa viver l'uomo dieci volte dieci.

Lettera del poeta Lorenzo Stecchetti (Olindo Guerrini) a cui mandai in dono una copia del mio libro di cucina, terza edizione:

On. Signor mio,
Ella non può immaginare che gradita sorpresa mi abbia fatto il suo volume, dove si compiacque di ricordarmi! Io sono stato e sono uno degli apostoli più ferventi ed antichi dell'opera sua che ho trovato la migliore, la più pratica, e la più bella, non dico di tutte le italiane che sono vere birbonate, ma anche delle straniere. Ricorda ella il Vialardi che fa testo in Piemonte?

«GRILLÒ ABBRAGIATO. – La volaglia spennata si abbrustia, non si sboglienta, ma la longia di bue piccata di trifola cesellata e di giambone, si ruola a forma di valigia in una braciera con butirro. Umiditela soventemente con grassa e sgorgate e imbianchite due animelle e fatene una farcia da chenelle grosse un turacciolo, da bordare la longia. Cotta che sia, giusta di sale, verniciatela con salsa di tomatiche ridotta spessa da velare e fate per guarnitura una macedonia di mellonetti e zuccotti e servite in terrina ben caldo».

Non è nel libro, ma i termini ci sono tutti.
Quanto agli altri Re dei Cuochi, Regina delle Cuoche ed altre maestà culinarie, non abbiamo che traduzioni dal francese o compilazioni sgangherate. Per trovare una ricetta pratica e adatta per una famiglia bisogna andare a tentone, indovinare, sbagliare. Quindi benedetto l'Artusi! È un coro questo, un coro che le viene di Romagna, dove ho predicato con vero entusiasmo il suo volume. Da ogni parte me ne vennero elogi. Un mio caro parente mi scriveva: «Finalmente abbiamo un libro di cucina e non di cannibalismo, perché tutti gli altri dicono: prendete il vostro fegato, tagliatelo a fette, ecc.» e mi ringraziava.
Avevo anch'io l'idea di fare un libro di cucina da mettere nei manuali dell'Hoepli. Avrei voluto fare un libro, come si dice di volgarizzazione; ma un poco il tempo mi mancò, un poco ragioni di bilancio mi rendevano difficile la parte sperimentale e finalmente venne il suo libro che mi scoraggiò affatto. L'idea mi passò, ma mi è rimasta una discreta collezione di libri di cucina che fa bella mostra di sé in uno scaffale della sala da pranzo. La prima edizione del suo libro, rilegata, interfogliata ed arricchita (?) di parecchie ricette, vi ha il posto d'onore. La seconda serve alla consultazione quotidiana e la terza ruberà ora il posto d'onore alla prima perché superba dell'autografo dell'Autore.
Così, come Ella vede, da un pezzo conosco, stimo e consiglio l'opera sua ed Ella intenda perciò con che vivissimo piacere abbia accolto l'esemplare cortesemente inviatomi. Prima il mio stomaco solo provava una doverosa riconoscenza verso di Lei; ora allo stomaco si aggiunge l'animo. È perciò, Egregio Signore, che rendendole vivissime grazie del dono e della cortesia, mi onoro di rassegnarmi colla dovuta gratitudine e stima.
Bologna, 19-XII-96

Suo Dev.mo
Olindo Guerrini

La contessa Maria Fantoni, ora vedova dell'illustre professor Paolo Mantegazza, mi fece la inaspettata sorpresa di onorarmi dell'infrascritta lettera, la quale serbo in conto di gradito premio alle mie povere fatiche.

San Terenzo (Golfo della Spezia)
14 novembre '97

Gentil.mo Signor Artusi,
Mi scusi la sfacciataggine, ma sento proprio il bisogno di dirle, quanto il suo libro mi sia utile e caro; sì, caro, perché nemmeno uno dei piatti che ho fatto mi è riuscito *poco bene*, e anzi taluni così perfetti da riceverne elogi, e siccome il merito è *suo*, voglio dirglielo per ringraziarlo sinceramente.

Ho fatto una sua gelatina di cotogne che anderà in America; l'ho mandata a mio figliastro a Buenos Ayres e sono sicura che sarà apprezzata al suo giusto valore. E poi lei scrive e descrive così chiaramente che il mettere in esecuzione le sue ricette è un vero piacere e io ne provo soddisfazione.

Tutto questo volevo dirle e per questo mi sono permessa indirizzarle questa lettera.
Mio marito vuole esserle rammentato con affetto.
Ed io le stringo la mano riconoscentissima.

Maria Mantegazza

Le commedie della cucina, ossia la disperazione dei poveri cuochi, quando i loro padroni invitano gli amici a pranzo (scena tolta dal vero, soltanto i nomi cambiati):

Dice il padrone al suo cuoco:
– Bada Francesco che la signora Carli non mangia pesce, né fresco né salato, e non tollera neanche l'odore de' suoi derivati. Lo sai già che il marchese Gandi sente disgusto all'odore della vainiglia. Guardati bene dalla noce moscata e dalle spezie, perché l'avvocato Cesari questi aromi li detesta. Nei dolci che farai avverti di escludere le mandorle amare, ché non li mangerebbe Donna Matilde d'Alcantara. Già sai che il mio buon amico Moscardi non fa mai uso nella sua cucina di prosciutto, lardo, carnesecca e lardone, perché questi condimenti gli promuovono le flatulenze; dunque non ne usare in questo pranzo onde non si dovesse ammalare.

Francesco, che sta ad ascoltare il padrone a bocca aperta, finalmente esclama:
– Ne ha più delle esclusioni da fare, *sior* padrone?
– A dirti il vero, io che conosco il gusto de' miei invitati, ne avrei qualche altra su cui metterti in guardia. So che qualcuno di loro fa eccezione alla carne di castrato e dice che sa di sego, altri che l'agnello non è di facile digestione; diversi poi mi asserirono, accademicamente parlando, che quando mangiano cavolo o patate sono presi da timpanite, cioè portano il corpo gonfio tutta la notte e fanno sognacci; ma per questi tiriamo via, passiamoci sopra.

– Allora ho capito – soggiunge il cuoco, e partendo borbotta tra sé: – Per contentare tutti questi signori e scongiurare la timpanite, mi recherò alla residenza di Marco (il ciuco di casa) a chiedergli, per grazia, il suo savio parere e un vassoio de' suoi prodotti, senza il relativo condimento!

D'iuersi uasi.

tortere

padelle da torta alte

concha

Caldaro

foratoro

Coperchi per tortere

pignatta a bussola

barachino

sufator

padella ouata

diuersi caldari

SPIEGAZIONE DI VOCI
CHE, ESSENDO DEL VOLGARE TOSCANO,
NON TUTTI INTENDEREBBERO*

Bianchire. Vedi *imbiancare*.

Bietola. Erba comune per uso di cucina, a foglie grandi lanceolate, conosciuta in alcuni luoghi col nome di *erbe* o *erbette.*

Caldana. Quella stanzetta sopra la volta del forno, dove i fornai mettono a lievitare il pane.

Carnesecca. Pancetta del maiale salata.

Cipolla. Parlando di polli, vale ventriglio.

Costoletta. Braciuola colla costola, di vitella di latte, di agnello, di castrato e simili.

Cotoletta. Parola francese di uso comune per indicare un pezzo di carne magra, ordinariamente di vitella di latte, non più grande della palma di una mano, battuta e stiacciata, panata e dorata.

Crema pasticcera. Crema con la farina onde riesca meno liquida.

Fagiuoli sgranati. Fagiuoli quasi giunti a maturazione e levati freschi dal baccello.

Farina d'Ungheria. È farina di grano finissima che trovasi in commercio nelle grandi città.

Filetto. Muscolo carnoso e tenero che resta sotto la groppa dei quadrupedi; ma per estensione, dicesi anche della polpa dei pesci e dei volatili.

Frattagliaio. Venditore di frattaglie.

Frattaglie. Tutte le interiora e le cose minute dell'animale macellato.

Fumetto. Liquore con estratto di anaci chiamato *mistrà* in alcune provincie d'Italia.

Imbiancare. Lessare a metà.

Lardatoio. Arnese di cucina per lo più di ottone in forma di grosso punteruolo per steccare la carne con lardone o prosciutto.

---

* Nelle ricette Pellegrino Artusi fa uso talvolta di forme lessicali cadute in desuetudine, ma di facile comprensione, come «regamo» per origano (v. nn. 376, 483). Nelle ricette 573, 580, 604, 605, 607, 633 e 645 fa uso del «cremor di tartaro», o bitartarato di potassio, sale di potassio dell'acido tartarico, abbondante nelle fecce del vino, usato in enologia come correttore di acidità e, un tempo, in pasticceria per la sua azione lievitante. Lo si può sostituire con lievito di birra (in proporzione del 4% circa del peso della farina) o con lievito rapido chimico per dolci (bicarbonato di ammonio) nelle dosi indicate sulla confezione.

Lardo. Strutto di maiale che serve a vari usi, ma più che altro per friggere. (A Napoli *nzogna*).

Lardone. Falda grassa e salata della schiena del maiale.

Lardo vergine. Lardo non ancora adoperato.

Lunetta o *mezzaluna.* Arnese di ferro tagliente dalla parte esteriore ad uso di cucina per tritare carne, erbe o simili, fatto a foggia di mezza luna, con manichi di legno alle due estremità.

Matterello. Legno lungo circa un metro e ben rotondo, col quale si spiana e si assottiglia la pasta per far tagliatelle od altro.

Mestolo. Specie di cucchiaio di legno, pochissimo incavato e di lungo manico, che serve a rimestar le vivande nei vasi da cucina.

Odori o *mazzetto guarnito.* Erbaggi odorosi, come carota, sedano, prezzemolo, basilico, ecc. Il mazzetto si lega con un filo.

Panare. Involgere pezzetti di carne, come sarebbero le *cotolette* od altro, nel pangrattato prima di cuocerli.

Pasto. Polmone dei quadrupedi.

Pietra. Rognone, arnione.

Sauté. Così chiamasi con nome francese quel vaso di rame in forma di cazzaruola larga, ma assai più bassa, con manico lungo, che serve per friggere a fuoco lento.

Scaloppe o *scaloppine.* Fette di carne magra di vitella piccole, ben battute e cotte senza dorarle.

Spianatoia. Asse di abete larga e levigata sopra la quale si lavorano le paste. In alcuni luoghi, fuori della Toscana, si chiama impropriamente tagliere; ma il tagliere è quell'arnese di legno, grosso, quadrilatero e col manico, sul quale si batte la carne, si trita il battuto, ecc.

Staccio. Lo staccio da passar sughi o carne pestata è di crino nero doppio o di sottil filo di ferro e molto più rado degli stacci comuni.

Tagliere. Vedi *Spianatoia.*

Tritacarne. Ho adottato anch'io, nella mia cucina, questo strumento che risparmia la fatica di tritare col coltello e pestar nel mortaio la carne.

Vassoio. Piatto di forma ovale sul quale si portano le vivande in tavola.

Vitella o *carne di vitella.* Carne di bestia grossa, non invecchiata nel lavoro. Nell'uso comune la confondono col manzo.

Zucchero a velo. Zucchero bianco pestato fine e passato per uno staccio di velo.

Zucchero vanigliato. Zucchero biondo a cui è stato dato l'odore della vainiglia.

* * *

Sento che alcuni trovano qualche difficoltà a raccapezzarsi per la misura dei liquidi. Davvero che questo si chiamerebbe affogare in un bicchier d'acqua. Per bacco baccone!... comperate il misurino bollato del decilitro e con esso troverete tutte le misure di capacità segnate in questo volume.

La misura del decilitro corrisponde a 100 grammi di liquido.

Tre decilitri fanno un bicchiere comune, misura di cui qualche volta mi servo.

POTERE NUTRITIVO DELLE CARNI

rima di entrare in materia, credo opportuno, senza pretendere di essere scientificamente esatto, di porre qui in ordine decrescente per forza di nutrizione, le carni di diversi animali.

1° Cacciagione, ossia selvaggina di penna e piccione.
2° Manzo.
3° Vitella.
4° Pollame.
5° Vitella di latte.
6° Castrato.
7° Selvaggina di pelo.
8° Agnello.
9° Maiale.
10° Pesce.

Ma questo prospetto può dare argomento a molte obiezioni, perocché l'età, l'ambiente in cui gli animali vivono, e il genere di alimentazione, possono modificare sensibilmente la natura delle carni, non solo tra individui della stessa specie, ma render vani in parte gli apprezzamenti addotti tra le specie diverse.

La vecchia gallina, ad esempio, fa un brodo migliore del manzo, e il montone, che si pasce delle erbe aromatiche delle alte montagne, può dare una carne più saporita e sostanziosa di quella della vitella di latte. Tra i pesci poi ve ne ha alcuni, fra i quali il carpione (specie di trota), che nutriscono quanto, e più, dei quadrupedi.

FRUSTATA

Il mondo ipocrita non vuol dare importanza al mangiare; ma poi non si fa festa, civile o religiosa, che non si distenda la tovaglia e non si cerchi di pappare del meglio.

Il Pananti dice:

> Tutte le società, tutte le feste
> Cominciano e finiscono in pappate,
> E prima che s'accomodin le teste
> Voglion esser le pance accomodate.
> . . . .
> I preti che non son dei meno accorti,
> Fan dieci miglia per un desinare.
> O che si faccia l'uffizio dei morti,
> O la festa del santo titolare,
> Se non c'è dopo la sua pappatoria
> Il salmo non finisce con la gloria.

RICETTE

Diuersi instrumenti

pignatta   butiglia   mortaro   crinello

pignatta grande

Cucumo

Schiumarelo da   gratta cassio

bolsoneto per far oua

cuchiari da menestrar

Cazzolo conil manico sbusiato

Cazzolo co il manico sbusiato

foratoro colmanico

leccarda

ghiottela

piastrella

BRODI, GELATINA E SUGHI

I. BRODO

Lo sa il popolo e il comune che per ottenere il brodo buono bisogna mettere la carne ad acqua diaccia e far bollire la pentola adagino adagino e che non trabocchi mai. Se poi, invece di un buon brodo preferiste un buon lesso, allora mettete la carne ad acqua bollente senza tanti riguardi. È noto pur anche che le ossa spugnose danno sapore e fragranza al brodo; ma il brodo di ossa non è nutriente.

In Toscana è uso quasi generale di dare odore al brodo con un mazzettino di erbe aromatiche. Lo si compone non con le foglie che si disfarebbero, ma coi gambi del sedano, della carota, del prezzemolo e del basilico, il tutto in piccolissime proporzioni. Alcuni aggiungono una sfoglia di cipolla arrostita sulla brace; ma questa essendo ventosa non fa per tutti gli stomachi. Se poi vi piacesse di colorire il brodo all'uso francese, non avete altro a fare che mettere dello zucchero al fuoco, e quando esso avrà preso il color bruno, diluirlo con acqua fresca. Si fa bollire per iscioglierlo completamente e si conserva in bottiglia.

Per serbare il brodo da un giorno all'altro durante i calori estivi fategli alzare il bollore sera e mattina.

La schiuma della pentola è il prodotto di due sostanze: dell'albumina superficiale della carne che si coagula col calore e si unisce all'ematosina, materia colorante del sangue.

Le pentole di terra essendo poco conduttrici del calorico sono da preferirsi a quelle di ferro o di rame, perché meglio si possono regolare col fuoco, fatta eccezione forse per le pentole in ghisa smaltata, di fabbrica inglese, con la valvola in mezzo al coperchio.

Si è sempre creduto che il brodo fosse un ottimo ed omogeneo nutrimento atto a dar vigore alle forze; ma ora i medici spacciano che il brodo non nutrisce e serve più che ad altro a promuovere nello stomaco i sughi gastrici. Io, non essendo giudice competente in tal materia, lascerò ad essi la responsabilità di questa nuova teoria che ha tutta l'apparenza di ripugnare al buon senso.

2. BRODO PER GLI AMMALATI

Un professore di vaglia che curava una signora di mia conoscenza, gravemente malata, le aveva ordinato un brodo fatto nella seguente maniera:

«Tagliate magro di vitella o di manzo in bracioline sottili e mettetele distese una sopra l'altra in un largo tegame; salatele alquanto e versate sulle medesime tanta acqua diaccia che vi stiano sommerse. Coprite il tegame con un piatto che lo chiuda e sul quale sia mantenuta sempre dell'acqua e fate bollire la carne per sei ore continue, ma in modo che il bollore appena apparisca. Per ultimo fate bollire forte per dieci minuti e passate il brodo da un pannolino».

Con due chilogrammi di carne si otteneva così due terzi o tre quarti di litro di un brodo di bel colore e di molta sostanza.

3. GELATINA

Muscolo senz'osso (vedi n. 323), grammi 500.
Una zampa di vitella di latte, oppure grammi 150 di zampa di vitella.
Le zampe di due o tre polli.
Due teste di pollo coi colli.

Le zampe dei polli sbucciatele al fuoco e tagliatele a pezzi; poi mettete ogni cosa al fuoco in due litri d'acqua diaccia; salatela a sufficienza e fatela bollire, schiumandola, adagio adagio per sette od otto ore continue, talché il liquido scemi della metà. Allora versate il brodo in una catinella, e quando sarà rappreso levate il grasso della superficie; se non si rappiglia, rimettetelo al fuoco per restringerlo di più, oppure aggiungete due fogli di colla di pesce. Ora la gelatina è fatta, ma bisogna chiarificarla e darle colore d'ambra. Per riuscire a questo tritate finissima col coltello e poi pestatela nel mortaio, grammi 70 carne magra di vitella, mettetela in una cazzaruola con un uovo e un dito (di bicchiere) d'acqua, mescolate il tutto ben bene e versateci la gelatina diaccia. Non ismettete di batterla con la frusta sul fuoco finché non avrà alzato il bollore, e poi fatela bollire adagio per circa venti minuti, durante i quali assaggiate se sta bene a sale e datele il colore.

A questo scopo basta che poniate in un cucchiaio di metallo non stagnato due prese di zucchero e un gocciolo d'acqua, lo teniate sul fuoco finché lo zucchero sia divenuto quasi nero, versandolo poi a pochino per volta, onde avere la giusta gradazione del colore, nella gelatina bollente. Alcuni ci versano anche un bicchierino di marsala.

Ora, prendete un asciugamano, bagnatelo nell'acqua, strizzatelo bene e pel medesimo passate la detta gelatina, ancora ben calda senza spremere e versatela subito negli stampi; d'estate, qualora non si rappigli bene, ponete questi sul ghiaccio. Quando la vorrete sformare, passate leggermente intorno agli stampi un cencio bagnato nell'acqua bollente. Il bello della gelatina è che riesca chiara, non dura, trasparente e del colore del topazio. Essa ordinariamente si serve col cappone in galantina o con qualunque altro rifreddo. È poi un ottimo alimento per gli ammalati. Se prendesse l'agro, per non averla consumata presto, rimettetela al fuoco e fatele spiccare il bollore. Anche il brodo comune si rende limpido nella stessa maniera od anche colla carne soltanto.

4. SUGO DI CARNE

La Romagna, che è a due passi dalla Toscana, *avendo in tasca la Crusca*, chiama il sugo di carne *brodo scuro*, forse dal colore, che tira al marrone.

Questo sugo bisognerebbe vederlo fare da un bravo cuoco; ma spero vi riuscirà, se non squisito, discreto almeno, con queste mie indicazioni.

Coprite il fondo di una cazzaruola con fettine sottili di lardone o di carnesecca (quest'ultima è da preferirsi) e sopra alle medesime trinciate una grossa cipolla, una carota e una costola di sedano. Aggiungete qua e là qualche pezzetto di burro, e sopra questi ingredienti distendete carne magra di manzo a pezzetti o a bracioline. Qualunque carne di manzo è buona; anzi per meno spesa si suol prendere quella insanguinata del collo o altra più scadente che i macellari in Firenze chiamano *parature*. Aggiungere ritagli di carne di cucina, se ne avete, cotenne o altro, che tutto serve, purché sia roba sana. Condite con solo sale e due chiodi di garofani e ponete la cazzaruola al fuoco senza mai toccarla.

Quando vi giungerà al naso l'odore della cipolla bruciata rivoltate la carne, e quando la vedrete tutta rosolata per bene, anzi quasi nera, versate acqua fredda quanta ne sta in un piccolo ramaiuolo, replicando per tre volte l'operazione di mano in mano che l'acqua va prosciugandosi. Per ultimo, se la quantità della carne fosse di grammi 500 circa, versate nella cazzaruola un litro e mezzo di acqua calda, o, ciò che meglio sarebbe, un brodo di ossa spugnose, e fatelo bollire adagino per cinque o sei ore di seguito onde ristringere il sugo ed estrarre dalla carne tutta la sua sostanza. Passatelo poi per istaccio, e quando il suo grasso sarà rappreso, formando un grosso velo al disopra, levatelo tutto per rendere il sugo meno grave allo stomaco. Questo sugo, conservandosi per diversi giorni, può servire a molti usi e con esso si possono fare dei buoni pasticci di maccheroni.

I colli e le teste di pollo spezzate, uniti alla carne di manzo, daranno al sugo un sapore più grato.

I resti della carne, benché dissugati, si possono utilizzare in famiglia facendo delle polpette.

5. SUGO DI CARNE CHE I FRANCESI CHIAMANO SALSA SPAGNUOLA

Questo trovato culinario dal quale si ottiene il lesso, un umido ed un buon sugo, mi sembra bene indovinato ed economico, imperocché si utilizza ogni cosa e il sugo può servire in tutti quei piatti in cui fa d'uopo.

Prendete un chilogrammo, compreso l'osso o la giunta, di carne magra di manzo e da questa levatene grammi 400 tagliata in bracioline; col resto fate, come di consueto, il brodo con litri 1 ½, a buona misura, di acqua.

Coprite il fondo di una cazzaruola con fettine di lardone e prosciutto e di alcuni pezzetti di burro, trinciateci sopra una cipolla e su questa collocate distese le bracioline. Quando la carne avrà preso colore, a fuoco vivo, dalla parte sottostante, bagnatela con un ramaiuolo del detto brodo, poi voltatela onde colorisca anche dall'altra parte, e dopo versate un altro ramaiuolo di brodo, indi condite con sale, un chiodo di garofano oppure nove o dieci chicchi di pepe contuso e un cucchiaino di zucchero. Versate ora tutto il resto del brodo, aggiungete una carota tagliata a fette e un mazzetto guarnito che può essere composto di prezzemolo, sedano e di qualche altra erba odorosa. Fate bollire adagio per circa due ore, poi levate le bracioline, passate il sugo e digrassatelo. Con questo potete bagnare la zuppa del n. 38 e servirvene per dar sapore ad erbaggi oppure, condensandolo con un intriso di farina di patate e burro, condire minestre asciutte.

La farina di patate si presta meglio di quella di grano per legare qualunque sugo.

6. SUGO DI POMODORO

Vi parlerò più avanti della *salsa* di pomodoro che bisogna distinguere dal *sugo* il quale dev'essere semplice e cioè di soli pomodori cotti e passati. Tutt'al più potrete unire ai medesimi qualche pezzetto di sedano e qualche foglia di prezzemolo e di basilico quando crediate questi odori confacenti al bisogno.

MINESTRE

Una volta si diceva che la minestra era la biada dell'uomo; oggi i medici consigliano di mangiarne poca per non dilatare troppo lo stomaco e per lasciare la prevalenza al nutrimento carneo, il quale rinforza la fibra, mentre i farinacei, di cui le minestre ordinariamente si compongono, risolvendosi in tessuto adiposo, la rilassano. A questa teoria non contraddico: ma se mi fosse permessa un'osservazione, direi: Poca minestra a chi non trovandosi nella pienezza delle sue forze, né in perfetta salute, ha bisogno di un trattamento speciale; poca minestra a coloro che avendo tendenza alla pinguedine ne vogliono rattener lo sviluppo; poca minestra, e leggiera, ne' pranzi di parata se i commensali devono far onore alle varie pietanze che le vengono appresso; ma all'infuori di questi casi una buona e generosa minestra per chi ha uno scarso desinare sarà sempre la benvenuta, e però fatele festa. Penetrato da questa ragione mi farò un dovere d'indicare tutte quelle minestre che via via l'esperienza mi verrà suggerendo.

I piselli del n. 427 possono dar sapore e grazia, come tutti sanno, alle minestre in brodo di riso, pastine e malfattini; ma si prestano ancora meglio per improvvisare, se manca il brodo, il risotto del n. 75.

MINESTRE IN BRODO

7. CAPPELLETTI ALL'USO DI ROMAGNA

Sono così chiamati per la loro forma a cappello. Ecco il modo più semplice di farli onde riescano meno gravi allo stomaco.

Ricotta, oppure metà ricotta e metà cacio raviggiolo, grammi 180.

Mezzo petto di cappone cotto nel burro, condito con sale e pepe, e tritato fine fine colla lunetta.

Parmigiano grattato, grammi 30.

Uova, uno intero e un rosso.

Odore di noce moscata, poche spezie, scorza di limone a chi piacc.

Un pizzico di sale.

Assaggiate il composto per poterlo al caso correggere, perché gl'ingredienti non corrispondono sempre a un modo. Mancando il petto di cappone, supplite con grammi 100 di magro di maiale nella lombata, cotto e condizionato nella stessa maniera.

Se la ricotta o il raviggiolo fossero troppo morbidi, lasciate addietro la chiara d'uovo oppure aggiungete un altro rosso se il composto riescisse troppo sodo. Per chiuderlo fate una sfoglia piuttosto tenera di farina spenta con sole uova servendovi anche di qualche chiara rimasta, e tagliatela con un disco rotondo della grandezza come quello segnato. Ponete il composto in mezzo ai dischi e piegateli in due formando così una mezza luna; poi prendete le due estremità della medesima, riunitele insieme ed avrete il *cappelletto* compito.

Disco
pei
cappelletti

Se la sfoglia vi si risecca fra mano, bagnate, con un dito intinto nell'acqua, gli orli dei dischi. Questa minestra per rendersi più grata al gusto richiede il brodo di cappone; di quel rimminchionito animale che per sua bontà si offre nella solennità di Natale in olocausto agli uomini. Cuocete dunque i *cappelletti* nel suo brodo come si usa in Romagna, ove troverete nel citato giorno degli eroi che si vantano di averne mangiati cento; ma c'è il caso però di crepare, come avvenne ad un mio conoscente. A un mangiatore discreto bastano due dozzine.

A proposito di questa minestra vi narrerò un fatterello, se vogliamo di poca importanza, ma che può dare argomento a riflettere.

Avete dunque a sapere che di lambiccarsi il cervello su' libri, i signori di Romagna non ne vogliono saper buccicata, forse perché fino dall'infanzia i figli si avvezzano a vedere i genitori a tutt'altro intenti che a sfogliar libri e fors'anche perché, essendo paese ove si può far vita gaudente con poco, non si crede necessaria tanta istruzione; quindi il novanta per cento, a dir poco, dei giovanetti, quando hanno fatto le ginnasiali, si buttano sull'imbraca, e avete un bel tirare per la cavezza ché non si muovono. Fino a questo punto arrivarono col figlio Carlino, marito e moglie, in un villaggio della bassa Romagna; ma il padre che la pretendeva a progressista, benché potesse lasciare il figliuolo a sufficienza provvisto avrebbe pur desiderato di farne un avvocato e, chi sa, fors'anche un deputato, perché da quello a questo è breve il passo. Dopo molti discorsi, consigli e contrasti in famiglia fu deciso il gran distacco per mandar Carlino a proseguire gli studi in una grande città, e siccome Ferrara era la più vicina per questo fu preferita. Il padre ve lo condusse, ma col cuore gonfio di duolo avendolo dovuto strappare dal seno della tenera mamma che lo bagnava di pianto.

Non era anco scorsa intera la settimana quando i genitori si erano messi a tavola sopra una minestra di *cappelletti,* e dopo un lungo silenzio e qualche sospiro la buona madre proruppe:

– Oh se ci fosse stato il nostro Carlino cui i *cappelletti* piacevano tanto! – Erano appena proferite queste parole che si sente picchiare all'uscio di strada, e dopo un momento, ecco Carlino slanciarsi tutto festevole in mezzo alla sala.

– Oh! cavallo di ritorno, esclama il babbo, cos'è stato? – È stato, risponde Carlino, che il marcire sui libri non è affare per me e che mi farò tagliare a pezzi piuttosto che ritornare in quella galera. – La buona mamma gongolante di gioia corse ad abbracciare il figliuolo e rivolta al marito: – Lascialo fare, disse, meglio un asino vivo che un dottore morto; avrà abbastanza di che occuparsi co' suoi interessi. – Infatti, d'allora in poi gl'interessi di Carlino furono un fucile e un cane da caccia, un focoso cavallo attaccato a un bel baroccino e continui assalti alle giovani contadine.

8. TORTELLINI ALL'ITALIANA (*Agnellotti*)

Braciuole di maiale nella lombata, circa grammi 300.
Un cervello di agnello o mezzo di bestia più grossa.
Midollo di bue, grammi 50.
Parmigiano grattato, grammi 50.
Rossi d'uovo n. 3 e, al bisogno, aggiungete una chiara.
Odore di noce moscata.

Disossate e digrassate le braciuole di maiale, e poi tiratele a cottura in una cazzaruola con burro, sale e una presina di pepe. In mancanza del maiale può servire il magro del petto di tacchino nella proporzione di grammi 200, cotto nella stessa maniera. Pestate o tritate finissima la carne con la lunetta; poi unite alla medesima il cervello lessato e spellato, il midollo crudo e tutti gli altri ingredienti, mescolandoli bene insieme. Quindi i *tortellini* si chiudono in una sfoglia come i *cappelletti* e si ripiegano nella stessa guisa, se non che questi si fanno assai più piccoli. Ecco (sopra), per norma, il loro disco.

9. TORTELLINI ALLA BOLOGNESE

Quando sentite parlare della cucina bolognese fate una riverenza, ché se la merita. È un modo di cucinare un po' grave, se vogliamo, perché il clima così richiede; ma succulento, di buon gusto e salubre, tanto è vero che colà le longevità di ottanta e novant'anni sono più comuni che altrove. I seguenti tortellini, benché più semplici e meno dispendiosi degli antecedenti, non sono per bontà inferiori, e ve ne convincerete alla prova.

Prosciutto grasso e magro, grammi 30.
Mortadella di Bologna, grammi 20.
Midollo di bue, grammi 60.
Parmigiano grattato, grammi 60.
Uova, n. 1.
Odore di noce moscata.
Sale e pepe, niente.

Tritate ben fini colla lunetta il prosciutto e la mortadella, tritate egualmente il midollo senza disfarlo al fuoco, aggiungetelo agli altri ingredienti ed intridete il tutto coll'uovo mescolando bene. Si chiudono nella sfoglia d'uovo come gli altri, tagliandola col piccolo stampo del n. 8. Non patiscono conservandoli per giorni ed anche per qualche settimana e se desiderate che conservino un bel color giallo metteteli, appena fatti, ad asciugare nella caldana. Con questa dose ne farete poco meno di 300, e ci vorrà una sfoglia di tre uova.

Bologna è un gran castellazzo dove si fanno continue magnazze, diceva un tale che a quando a quando colà si recava a banchettare cogli amici. Nell'iperbole di questa sentenza c'è un fondo di vero, del quale, un filantropo che vagheggiasse di legare il suo nome a un'opera di beneficenza nuova in Italia, potrebbe giovarsi. Parlo di un Istituto culinario, ossia scuola di cucina a cui Bologna si presterebbe più di qualunque altra città pel suo grande consumo, per l'eccellenza dei cibi e pel modo di cucinarli. Nessuno apparentemente vuol dare importanza al mangiare, e la ragione è facile a comprendersi: ma poi, messa da parte l'ipocrisia, tutti si lagnano di un desinare cattivo o di una indigestione per cibi mal preparati. La nutrizione essendo il primo bisogno della vita, è cosa ragionevole l'occuparsene per soddisfarlo meno peggio che sia possibile.

Uno scrittore straniero dice: «La salute, la morale, le gioie della famiglia si collegano colla cucina, quindi sarebbe ottima cosa che ogni donna, popolana o signora, conoscesse un'arte che è feconda di benessere, di salute, di ricchezza e di pace alla famiglia»; e il nostro Lorenzo Stecchetti (Olindo Guerrini) in una conferenza tenuta all'Esposizione di Torino il 21 giugno 1884 diceva: «È necessario che cessi il pregiudizio che accusa di volgarità la cucina, poiché non è volgare quel che serve ad una voluttà intelligente ed elegante. Un produttore di vini che manipola l'uva e qualche volta il campeggio per cavarne una bevanda grata, è accarezzato, invidiato e fatto commendatore. Un cuoco che manipola anch'esso la materia prima per ottenerne un cibo piacevole, nonché onorato e stimato, non è nemmeno ammesso in anticamera. Bacco è figlio di Giove, Como (il Dio delle mense) di ignoti genitori. Eppure il savio dice: *Dimmi quel che tu mangi e ti dirò chi sei*. Eppure i popoli stessi hanno una indole loro, forte o vile, grande o miserabile, in gran parte dagli alimenti che usano. Non c'è dunque giustizia distributiva. Bisogna riabilitare la cucina».

Dico dunque che il mio Istituto dovrebbe servire per allevare delle giovani cuoche le quali, naturalmente più economiche degli uomini e di minore dispendio, troverebbero facile impiego e possederebbero un'arte, che portata nelle case borghesi, sarebbe un farmaco alle tante arrabbiature che spesso avvengono nelle famiglie a cagione di un pessimo desinare; e perché ciò non accada sento che una giudiziosa signora, di una città toscana, ha fatto ingrandire la sua troppo piccola cucina per aver più agio a divertirsi col mio libro alla mano.

Ho lasciato cader questa idea così in embrione ed informe; la raccatti altri, la svolga e ne faccia suo pro qualora creda l'opera meritoria. Io sono d'avviso che una simile istituzione ben diretta, accettante le ordinazioni dei privati e vendendo le pietanze già cucinate, si potrebbe impiantare, condurre e far prosperare con un capitale e con una spesa relativamente piccoli.

Se vorrete i tortellini anche più gentili aggiungete alla presente ricetta un mezzo petto di cappone cotto nel burro, un rosso d'uovo e la buona misura di tutto il resto.

10. TORTELLINI DI CARNE DI PICCIONE

Questi tortellini merita il conto ve li descriva, perché riescono eccellenti nella loro semplicità.

Prendete un piccione giovane e, dato che sia bell'e pelato del peso di mezzo chilogrammo all'incirca, corredatelo con

Parmigiano grattato, grammi 80.
Prosciutto grasso e magro, grammi 70.
Odore di noce moscata.

Vuotate il piccione dalle interiora, ché il fegatino e il ventriglio non servono in questo caso, e lessatelo. Per lessarlo gettatelo nell'acqua quando bolle e salatela; mezz'ora di bollitura è sufficiente, perché dev'essere poco cotto. Tolto dal fuoco disossatelo, poi tanto questa carne che il prosciutto tritateli finissimi prima col coltello indi colla lunetta, e per ultimo, aggiuntovi il parmigiano e la noce moscata, lavorate il composto con la lama del coltello per ridurlo tutto omogeneo.

Per chiuderli servitevi del disco n. 8, e con tre uova di sfoglia ne otterrete 260 circa. Potete servirli in brodo, per minestra, oppure asciutti conditi con cacio e burro, o meglio con sugo e rigaglie.

11. PANATA

Questa minestra, con cui si solennizza in Romagna la Pasqua d'uovo, è colà chiamata *tridura,* parola della quale si è perduto in Toscana il significato, ma che era in uso al principio del secolo XIV, come apparisce da un'antica pergamena in cui si accenna a una funzione di riconoscimento di patronato, che consisteva nell'inviare ogni anno alla casa de' frati di Settimo posta in Cafaggiolo (Firenze) un catino nuovo di legno pieno di *tridura* e sopra al medesimo alcune verghe di legno per sostenere dieci libbre di carne di porco guarnita d'alloro. Tutto s'invecchia e si trasforma nel mondo, anche le lingue e le parole; non però gli elementi di cui le cose si compongono, i quali, per questa minestra sono:

Pane del giorno avanti, grattato, non pestato, gr. 130.
Uova, n. 4.
Cacio parmigiano, grammi 50.
Odore di noce moscata.
Sale, un pizzico.

Prendete una cazzaruola larga e formate in essa un composto non tanto sodo con gl'ingredienti suddetti, aggiungendo del pangrattato se occorre. Stemperatelo con brodo caldo, ma non bollente, e lasciatene addietro alquanto per aggiungerlo dopo.

Cuocetelo con brace all'ingiro, poco o punto fuoco sotto e con un mestolo, mentre entra in bollore, cercate di radunarlo nel mezzo scostandolo dalle pareti del vaso senza scomporlo. Quando lo vedrete assodato, versatelo nella zuppiera e servitelo.

Questa dose può bastare per sei persone.

Se la panata è venuta bene la vedrete tutta in grappoli col suo brodo chiaro all'intorno. Piacendovi mista con erbe o con piselli cuocerete queste cose a parte, e le mescolerete nel composto prima di scioglierlo col brodo.

12. MINESTRA DI PANGRATTATO

I pezzetti di pane avanzato, divenuti secchi, in Toscana si chiamano seccherelli; pestati e stacciati, servono in cucina da pangrattato e si possono anche adoperare per una minestra. Versate questo pangrattato nel brodo, quando bolle, nella stessa proporzione di un semolino. A seconda della quantità, disfate due o più uova nella zuppiera, uniteci una cucchiaiata colma di parmigiano per ogni uovo e versateci la minestra bollente a poco per volta.

13. TAGLIERINI DI SEMOLINO

Non sono molto dissimili da quelli fatti di farina, ma reggono di più alla cottura, essendo la sodezza un pregio di questa minestra. Oltre a ciò lasciano il brodo chiaro e pare che lo stomaco rimanga più leggiero.

Occorre semolino di grana fine; ed ha bisogno di essere intriso colle uova qualche ora prima di tirare la sfoglia. Se quando siete per tirarla, vi riuscisse troppo morbida, aggiungete qualche pizzico di semolino asciutto per ridurre l'impasto alla durezza necessaria, onde non si attacchi al matterello. Non occorre né sale, né altri ingredienti.

14. GNOCCHI

È una minestra da farsene onore; ma se non volete consumare appositamente per lei un petto di pollastra o di cappone, aspettate che vi capiti d'occasione.

Cuocete nell'acqua, o meglio a vapore, grammi 200 di patate grosse e farinacee e passatele per istaccio. A queste unite il petto di pollo lesso tritato finissimo colla lunetta, grammi 40 di parmigiano grattato, due rossi d'uovo, sale quanto basta e odore di noce moscata. Mescolate e versate il composto sulla spianatoia sopra a grammi 30 o 40 (che tanti devono bastare) di farina per legarlo, e poterlo tirare a bastoncini grossi quanto il dito mignolo. Tagliate questi a tocchetti e gettateli nel brodo bollente ove una cottura di cinque o sei minuti sarà sufficiente.

Questa dose potrà bastare per sette od otto persone.

Se il petto di pollo è grosso, due soli rossi non saranno sufficienti.

15. MINESTRA DI SEMOLINO COMPOSTA I

Cuocete semolino di grana fine nel latte e gettatene tanto che riesca ben sodo. Quando lo ritirate dal fuoco conditelo con sale, parmigiano grattato, un pezzetto di burro e odore di noce moscata e lasciatelo diacciare. Allora stemperate il composto con uova fino a ridurlo come una liquida crema. Prendete una forma liscia di latta, ungetene bene il fondo col burro, aderitegli un foglio ugualmente unto e versate il detto composto nella medesima per assodarlo a bagnomaria con fuoco sopra. Cotto e diaccio che sia, una lama di coltello passata all'intorno e la carta del fondo vi daranno aiuto a sformarlo. Tagliatelo a mattoncini o a mostaccioli della grossezza di uno scudo e della larghezza di un centimetro o due e gettateli nel brodo facendoli bollire qualche minuto.

Basta un bicchiere di latte e due uova a fare una minestra per quattro o cinque persone. Con un bicchiere e due dita di latte e tre uova ho fatto una minestra che è bastata per otto persone.

16. MINESTRA DI SEMOLINO COMPOSTA II

La minestra di semolino fatta nella seguente maniera mi piace più dell'antecedente, ma è questione di gusto.

Per ogni uovo:
Semolino, grammi 30.
Parmigiano grattato, grammi 20.
Burro, grammi 20.
Sale, una presa.
Odore di noce moscata.

Il burro scioglietelo al fuoco e, tolto via dal fuoco, versateci sopra il semolino e il parmigiano, sciogliendo bene il composto colle uova. Poi versatelo in una cazzaruola con un foglio imburrato sotto per assodarlo fra due fuochi, badando che non rosoli. Sformato e diaccio che sia, tagliatelo a piccoli dadi o in altro modo, facendolo bollire nel brodo per dieci minuti.

Tre uova basteranno per cinque persone.

17. MINESTRA DI KRAPFEN

Meno lo zucchero è la stessa composizione del n. 182. Ecco le dosi di una minestra per sette od otto persone.

Farina d'Ungheria, grammi 100.
Burro, grammi 20.
Lievito di birra, quanto una noce.
Uova, n. 1.
Sale, una presa.

Tirato il pastone a stiacciata della grossezza alquanto meno di mezzo dito, tagliatelo con un cannello di latta del diametro segnato per farne come tante pasticche che porrete a lievitare. Le vedrete crescere in forma di pallottole e allora friggetele nell'olio, se lo avete eccellente, altrimenti nel lardo o nel burro. Quando siete per mandare in tavola collocatele nella zuppiera e versate sulle medesime il brodo bollente.

Diametro
del
cannello

18. MINESTRA DEL PARADISO

È una minestra sostanziosa e delicata; ma il Paradiso, fosse pur quello di Maometto, non ci ha nulla che fare.

Montate sode quattro chiare d'uovo, incorporateci dentro i rossi, poi versateci quattro cucchiaiate non tanto colme di pangrattato fine di pane duro, altrettanto di parmigiano grattato e l'odore della noce moscata.

Mescolate adagino onde il composto resti soffice e gettatelo nel brodo bollente a cucchiaini. Fatelo bollire per sette od otto minuti e servitelo.

Questa dose potrà bastare per sei persone.

19. MINESTRA DI CARNE PASSATA

Vitella di latte magra, grammi 150.
Prosciutto grasso, grammi 25.
Parmigiano grattato, grammi 25.

Pappa fatta con midolla di pane, acqua e un pezzetto di burro, due cucchiaiate.
Uova n. 1.
Odore di noce moscata.
Sale quanto basta.

Tritate prima la carne e il prosciutto con un coltello a colpo, dopo colla lunetta, poi pestateli nel mortaio e passateli per istaccio. Fatene quindi tutto un impasto coll'uovo e gli altri ingredienti: quando bolle il brodo gettatelo a cucchiaini o passatelo da una siringa per dargli forma graziosa, e dopo una bollitura sufficiente a cuocerlo, servite la minestra.

Questa quantità basta per quattro o cinque persone, ma potete farla servire anche per dodici mescolandola in una zuppa. Prendete allora pane finissimo del giorno avanti, tagliatelo a piccoli dadi e rosolatelo in padella alla svelta con molto unto. Quando siete per mandare in tavola ponete il detto pane nella zuppiera e versate sul medesimo la sopra descritta minestra di carne passata.

20. MINESTRA DI PASSATELLI

Eccovi due ricette che, ad eccezione della quantità, poco differiscono l'una dall'altra.

Prima:
Pangrattato, grammi 100.
Midollo di bue, grammi 20.
Parmigiano grattato, grammi 40.
Uova, n. 2.
Odore di noce moscata o di scorza di limone, oppure dell'una e dell'altra insieme.
Questa dose può bastare per quattro persone.

Seconda:
Pangrattato, grammi 170.
Midollo di bue, grammi 30.
Parmigiano grattato, grammi 70.
Uova n. 3 e un rosso.
Odore come sopra.
Può bastare per sette od otto persone.

Il midollo serve per renderli più teneri, e non è necessario scioglierlo al fuoco; basta stiacciarlo e disfarlo colla lama di un coltello. Impastate ogni cosa insieme per formare un pane piuttosto sodo; ma lasciate addietro alquanto pangrattato per aggiungerlo dopo, se occorre.

Si chiamano passatelli perché prendono la forma loro speciale passando a forza dai buchi di un ferro fatto appositamente, poche essendo le famiglie in Romagna che non l'abbiano, per la ragione che questa minestra vi è tenuta in buon conto come, in generale, a cagione del clima, sono colà apprezzate tutte le minestre intrise colle uova delle quali si fa uso quasi quotidiano. Si possono passare anche dalla siringa.

21. MINESTRA DI PASSATELLI DI CARNE

Filetto di manzo, grammi 150.
Pangrattato, grammi 50.
Parmigiano grattato, grammi 30.
Midollo di bue, grammi 15.
Burro, grammi 15.
Rossi d'uovo, n. 2.
Sale, quanto basta.
Odore di noce moscata.

Il filetto pestatelo nel mortaio e passatelo dallo staccio.

Il midollo e il burro stiacciateli insieme con la lama di un coltello e uniteli alla carne. Aggiungere il resto per fare un pastone che riescirà sodo da poterci premere sopra il ferro come ai passatelli del numero precedente.

Fateli bollire nel brodo per dieci minuti e serviteli per sei persone.

Anche un petto di pollo o un pezzo di petto di tacchino lessati o crudi, possono servire a quest'uso invece del filetto.

22. MINESTRA A BASE DI RICOTTA

Prendete il composto dei cappelletti n. 7, ma invece di chiuderlo nella sfoglia gettatelo a cucchiaini nel brodo quando bolle, e appena assodato versatelo nella zuppiera e servitelo.

23. MINESTRA DI NOCCIUOLE DI SEMOLINO

Latte, decilitri 3.
Semolino, grammi 100.
Parmigiano grattato, grammi 20.
Uova, uno intero e un torlo.
Burro, quanto una noce.
Sale, quanto basta.
Farina, idem.
Odore di noce moscata.

Mettete il latte al fuoco col burro e quando bolle versate il semolino a poco a poco. Salatelo; quando è cotto e caldo ancora, ma non bollente, scoccciategli dentro le uova, aggiungete il parmigiano e l'odore e mescolate. Lasciatelo diacciar bene e poi versatelo sulla spianatoia sopra a uno strato di farina. Avvoltolatelo leggermente sulla medesima tirandone un bastoncino che taglierete a pezzetti uguali per farne tante pallottole della grandezza di una nocciuola. Gettatele nel brodo quando bolle e, poco dopo, versatele nella zuppiera e mandatele in tavola. A vostra norma, vedrete che assorbiranno da 25 a 30 grammi soltanto di farina; ma poi dipenderà il più e il meno dal come riesce il composto.

Questa dose potrà bastare per cinque o sei persone.

24. MINESTRA DI BOMBOLINE DI FARINA

Sono le bombe composte del n. 184 meno la mortadella; per eseguirle guardate quindi quella ricetta, la cui quantità può bastare per otto o dieci persone, tanto rigonfiano per uso di minestra, anche se le terrete piccole quanto una nocciuola. Per gettarle in padella prendete su il composto col mestolo, e colla punta di un coltello da tavola, intinto nell'unto a bollore, distaccatelo a pezzettini rotondeggianti. Friggetele nel lardo vergine o nel burro, ponetele nella zuppiera, versateci sopra il brodo bollente e mandatele subito in tavola.

Per avvantaggiarvi, se avete un pranzo, potete fare il composto il giorno innanzi e friggere le bomboline la mattina dipoi; ma d'inverno non patiscono anche se stanno fritte per qualche giorno.

25. MINESTRA DI MATTONCINI DI RICOTTA

Ricotta, grammi 200.
Parmigiano grattato, grammi 30.
Uova, n. 2.
Sale, quanto basta.
Odori di scorza di limone e di noce moscata.

Disfate la ricotta passandola per istaccio, aggiungere il resto e le uova uno alla volta. Mescolate bene e versate il composto in uno stampo liscio per cuocerlo a bagnomaria. Sformatelo diaccio, levategli la carta colla quale avrete coperto il fondo dello stampo e tagliatelo a dadini della dimensione di un centimetro circa. Collocateli poi nella zuppiera, versate sui medesimi il brodo bollente e mandateli in tavola.

Questa dose basterà per cinque o sei persone.

26. MINESTRA DI MILLE FANTI

Mezzo uovo per persona è più che sufficiente per questa minestra, quando si è in parecchi.

Prendete un pentolo e in fondo al medesimo ponete tanti cucchiaini colmi di farina quante sono le uova; aggiungete parmigiano grattato, odore di noce moscata, una presa di sale e per ultimo le uova. Frullate ogni cosa insieme ben bene e versate il composto nel brodo quando bolle, facendolo passare da un colino di latta a buchi larghi, rimestando in pari tempo il brodo. Lasciate bollire alquanto e servite.

27. MINESTRA DI LATTE COMPOSTA

Farina, grammi 60.
Burro, grammi 40.
Parmigiano, grammi 30.
Latte, decilitri 4.
Uova, n. 4.
Sale, quanto basta.
Odore di noce moscata, se piace.

Mettete il burro al fuoco e appena squagliato versate la farina; mescolate, e quando comincia a prendere colore versate il latte a poco per volta. Fate bollire alquanto, poi ritirate il composto dal fuoco e conditelo aggiungendo le uova per ultimo quando sarà diaccio. Cuocetelo a bagnomaria come la minestra di semolino n. 15 e regolatevi come per la medesima.
Questa dose potrà servire per otto o dieci persone.

28. MINESTRA DI PANE ANGELICO

Midolla di pane fine, grammi 150.
Prosciutto grasso e magro, grammi 50.
Midollo di bue, grammi 40.
Parmigiano, grammi 40.
Farina, quanto basta.
Uova, n. 2, meno una chiara.
Odore di noce moscata.

La midolla di pane bagnatela col brodo bollente tanto che s'inzuppi appena appena e spremetela forte entro a un canovaccio. Il prosciutto tritatelo finissimo; il midollo di bue stiacciatelo colla lama piatta di un coltello, e con essa rimestatelo tanto da ridurlo come un unguento. Mescolate queste tre cose insieme col parmigiano ed aggiungete le uova.
Distendete un velo di farina sulla spianatoia, versategli sopra il composto, copritelo con altra farina e fategliene prender tanta (qualcosa meno di 100 grammi possono bastare) per formare delle pallottole, piuttosto morbide, e grosse come le nocciuole. Gettatele nel brodo bollente e dopo 10 minuti di cottura servitele.
Questa dose potrà bastare per dieci o dodici persone.

29. MINESTRA DI BOMBOLINE DI PATATE

Patate, grammi 500.
Burro, grammi 40.
Parmigiano grattato, grammi 40.
Rossi d'uovo, n. 3.
Odore di noce moscata.

Cuocete le patate nell'acqua o, meglio, a vapore, sbucciatele, passatele calde dallo staccio e salatele. Aggiungete gl'ingredienti suddetti e lavoratele alquanto. Distendete un velo di farina sulla spianatoia e sopra la medesima versate il composto per poterlo tirare a bastoncini senza che la farina penetri nell'interno, e con questi formate delle palline grosse come le nocciuole. Friggetele nell'olio o nel lardo ove sguazzino e mettetele nella zuppiera versandovi il brodo bollente.

Questa dose potrà bastare per otto o dieci persone.

30. MINESTRA DI BOMBOLINE DI RISO

Riso, grammi 100.
Burro, grammi 20.
Parmigiano grattato, grammi 20.
Un rosso d'uovo.
Odore di noce moscata.
Sale, quanto basta.

Cuocete molto e ben sodo il riso nel latte (mezzo litro potrà bastare); prima di levarlo dal fuoco aggiungete il burro e il sale e quando non è più a bollore metteteci il rimanente; pel resto regolatevi come alla ricetta antecedente. Queste bomboline riescono al gusto migliori di quelle di patate.

Questa dose basterà per sei persone.

31. MINESTRA DI DUE COLORI

Questa è una minestra delicata e leggiera che può piacere in Toscana specialmente alle signore; ma non sarebbe da presentarsi a un pranzo in Romagna ove il morbidume sotto ai denti non è punto del gusto di quel paese delle tagliatelle per eccellenza; meno poi lo sarebbe quella moccicaglia di minestra di tapioca, la quale, salvo pochissime eccezioni, al solo vederla promuoverebbe colà il mal di stomaco.

Farina, grammi 180.
Burro, grammi 60.
Parmigiano, grammi 40.
Latte, decilitri 4.
Uova, due intere e due rossi.
Sale, quanto basta.
Odore di noce moscata.
Un pugno di spinaci.

Lessate gli spinaci, strizzateli bene dall'acqua e passateli dallo staccio. Mettete il burro al fuoco e quando è sciolto gettateci la farina mescolando bene; poi versateci il latte caldo a poco per volta, salatela e mentre cuoce lavoratela col mestolo per farne una pasta omogenea.

Levatela e quando sarà tiepida stemperatela colle uova aggiungendo il parmigiano e la noce moscata. Poi questo composto dividetelo in due parti uguali, in una delle quali mescolerete i detti spinaci in quantità sufficiente a farle prendere il color verde e non di più.

Ponete il composto nella siringa con lo stampino a buchi rotondi e spingetelo nel brodo bollente come i passatelli del n. 48; ma questa operazione occorre farla in due volte, prima col composto giallo e dopo col verde.

Questa dose sarà sufficiente per otto o dieci persone.

32. ZUPPA RIPIENA

Prendete mezzo petto di cappone o di un pollo grosso, una fettina di prosciutto grasso e magro, un pezzetto di midollo; fatene un battuto, conditelo con parmigiano grattato, dategli l'odore della noce moscata e legatelo con un uovo. Il sale, essendovi il prosciutto, non occorre.

Prendete un filoncino di pane rafferno, affettatelo in tondo alla grossezza di mezzo dito, levate alle fette la corteccia e sulla metà del numero delle medesime spalmate il composto suddetto; ad ognuna di queste fette spalmate, sovrapponete una fetta senza battuto e pigiatele insieme onde si attacchino. Poi queste fette così appaiate, tagliatele a piccoli dadi, e friggeteli nel lardo vergine o nell'olio o nel burro, conforme al gusto del paese o vostro.

Quando è ora di servir la zuppa in tavola, ponete i dadi fritti nella zuppiera e versateci sopra il brodo bollente.

33. ZUPPA DI OVOLI

Al tempo dei funghi potete servire questa minestra in un pranzo anche signorile che non vi farà sfigurare.

Gli ovoli sono que' funghi di colore arancione descritti al n. 396. Prendetene grammi 600, che quando saranno nettati e spellati rimarranno grammi 500 circa. Lavateli interi e tagliateli a fette piccole e sottili o a pezzetti.

Fate un battuto con 50 grammi di lardone e un pizzico di prezzemolo e mettetelo al fuoco con 50 grammi di burro e tre cucchiaiate d'olio. Quando avrà soffritto versate i funghi e salateli alquanto per dar loro mezza cottura, poi versateli nel brodo con tutto il soffritto per farli bollire altri dieci minuti. Prima di levarli, disfate nella zuppiera un uovo intero e un rosso con un pugno di parmigiano grattato e versateci sopra la minestra poca per volta rimestando, indi uniteci dadini di pane arrostito; ma avvertite che la zuppa resti molto brodosa.

Questa dose potrà bastare per sei o sette persone.

Se ne fate la metà, può bastare soltanto l'uovo intero.

34. ZUPPA DI ZUCCA GIALLA

Zucca gialla, sbucciata e tagliata a fette sottili, un chilogrammo. Mettetela a cuocere con due ramaiuoli di brodo e poi passatela dallo staccio.

Fate al fuoco un intriso con grammi 60 di burro e due cucchiaiate rase di farina, e quando avrà preso il colore biondo fermatelo col brodo; aggiungete la zucca passata e il resto del brodo che basti per sei persone. Poi versatelo bollente sopra a dadini di pane fritto e mandate la zuppa in tavola con parmigiano grattato a parte.

Se farete questa zuppa a dovere e con brodo buono, potrà comparire su qualunque tavola ed avrà anche il merito di essere rinfrescante.

35. ZUPPA DI PURÈ DI PISELLI, DI GRASSO

Trattandosi qui di piselli da passare non occorre sieno de' più teneri. Grammi 400 di piselli sgranati possono bastare per sei persone che pranzino alla moda, cioè con poca minestra. Cuoceteli nel brodo con un mazzetto, che poi getterete via, composto di prezzemolo, sedano, carota e qualche foglia di basilico. Quando i piselli saranno cotti gettate fra i medesimi, per inzupparle, due fette di pane fritto nel burro e passate per istaccio ogni cosa. Diluite questo composto col brodo occorrente, aggiungete un po' di sugo di carne se ne avete e bagnate la zuppa, la quale dovrà essere di pane sopraffine raffermo, tagliato a dadini e fritto nel burro.

36. ZUPPA SANTÉ

Questa zuppa si fa con diverse qualità di ortaggio qualunque. Dato che vi serviate, per esempio, di carote, acetosa, sedano e cavolo bianco, tagliate questo a mo' di taglierini e fateglio far l'acqua sopra al fuoco, strizzandolo bene. Le carote e il sedano tagliateli a filetti lunghi tre centimetri circa, e insieme col cavolo e con l'acetosa nettata dai gambi, poneteli al fuoco con poco sale, una presa di pepe e un pezzetto di burro. Quando l'erbaggio avrà tirato l'unto, finite di cuocerlo col brodo. Frattanto preparate il pane, il quale è bene sia di qualità fine e raffermo di un giorno almeno; tagliatelo a piccoli dadi e friggetelo nel burro o anche nell'olio vergine o nel lardo; ma perché assorba poco unto tenete quest'ultimo abbondante e gettateci il pane quando è bene a bollore altrimenti arrostitelo soltanto a fette grosse mezzo dito e tagliatelo dopo a dadi. Ponete il pane nella zuppiera, versategli sopra il brodo a bollore insieme coll'erbaggio, e mandate la zuppa subito in tavola.

Usando i ferri del mestiere si possono dare agli ortaggi forme graziose ed eleganti.

37. ZUPPA DI ACETOSA

Acetosa, grammi 200.
Un cesto (cespo) di lattuga.

Dopo aver tenuto in molle questi erbaggi, sgrondateli ben bene, tagliateli a striscioline e metteteli al fuoco. Quando saranno cotti, date loro sapore con una presa di sale e grammi 30 di burro. Mettete nella zuppiera due rossi d'uovo con un po' di brodo tiepido, unitevi i detti erbaggi e quindi, a poco per volta e mescolando, aggiungetevi tutto il brodo bollente necessario per la zuppa; gettate poi il pane tagliato a dadini e fritto, e mandate in tavola con parmigiano a parte. Così preparata, questa minestra potrà servire per cinque persone.

38. ZUPPA SUL SUGO DI CARNE

Certi cuochi, per darsi aria, strapazzano il frasario dei nostri poco benevoli vicini con nomi che rimbombano e che non dicono nulla, quindi, secondo loro, questa che sto descrivendo, avrei dovuto chiamarla zuppa *mitonnée*. Se per dar nel gusto a costoro e a quei tanti che si mostrano servili alle usanze straniere, avessi infarcito il mio libro di tali esotiche e scorbutiche voci, chi sa di qual prestigio maggiore avrebbe goduto! Ma io, per la dignità di noi stessi, sforzandomi a tutto potere di usare la nostra bella ed armoniosa lingua paesana, mi è piaciuto di chiamarla col suo nome semplice e naturale.

La buona riuscita di questa zuppa dipende dal saper tirare un buon sugo (vedi n. 5), la qual cosa non è da tutti.

Per quattro persone crederei sufficienti grammi 500 circa di carne di manzo da sugo, con qualche collo di pollo, e ritagli di cucina se ve ne sono. Oltre al sugo, questa zuppa richiede ortaggi in buona misura e, a seconda della stagione, un misto di sedano, carota, cavolo verzotto, acetosa, zucchini, piselli, ecc., non che una patata: questa e gli zucchini tagliati a tocchetti, tutti gli altri a filetti. Lessateli tutti e soffriggeteli poscia nel burro bagnandoli col detto sugo. Le fette del pane tenetele grosse mezzo dito, arrostitele e tagliatele a dadi. Prendete un tegame o, meglio, un vaso consimile, ben decente perché dev'essere portato in tavola, e in questo bagnate la zuppa nella seguente maniera: un suolo di pane, uno di erbaggi e sopra una spolverizzata di parmigiano, e così di seguito. Per ultimo versateci sopra il sugo e, senza toccarla, copritela con un piatto e un tovagliuolo e tenetela per mezz'ora in caldo presso al fuoco avanti di servirla.

Vi avverto che questa zuppa deve rimanere quasi asciutta, laonde è bene tener addietro un po' di sugo per aggiungerlo quando la mandate in tavola, nel caso riuscisse troppo asciutta.

39. ZUPPA REGINA

Dal nome si dovrebbe giudicare per la migliore di tutte le zuppe. Certamente si può collocare fra le più signorili, ma c'è esagerazione nel titolo.

Si fa colle carni bianche del pollo arrosto nettate dalla pelle e dai tendini. Tritatele bene colla lunetta, poi pestatele in un mortaio con cinque o sei mandorle dolci sbucciate, e con una midolla di pane inzuppata nel brodo o nel latte, in proporzione di un quinto o di un sesto della quantità della carne. Quando il composto sarà pestato ben bene, passatelo dallo staccio, ponetelo nella zuppiera e scioglietelo con un ramaiuolo di brodo caldo.

Tagliate il pane a dadini, friggetelo nel burro e gettate anche questo nella zuppiera. Dopo versateci il brodo bollente, mescolate e mandate la zuppa in tavola col parmigiano a parte.

Questa minestra può venire opportuna quando, dopo un pranzo, rimangono avanzi di pollo arrosto, o lessi, benché sia migliore quando è fatta di tutto arrosto.

Le mandorle servono per dar maggiormente al brodo l'aspetto latteo, ma il liquido non deve riuscir troppo denso. Alcuni aggiungono qualche rosso d'uovo sodo stemperato nel brodo.

40. ZUPPA ALLA SPAGNUOLA

Prendete un petto di pollastra o di cappone, tagliatelo a pezzetti e mettetelo a cuocere nel burro a fuoco lento; conditelo con sale e pepe. Se non basta il burro bagnatelo col brodo. Levate il petto asciutto e nell'intinto che resta gettate una midolla di pane, grande quanto un pugno, e con brodo fate un poco di pappa soda. Questa col petto cotto versateli nel mortaio e, aggiuntivi due rossi d'uovo e poco odore di noce moscata, pestate ogni cosa ben fine e il composto lasciatelo in luogo fresco onde assodi. Al momento di adoperarlo, che può essere anche il giorno appresso, fate cadere sulla spianatola un velo di farina e sopra alla medesima tritate col composto un bastoncino grosso un dito o meno e con un coltello infarinato tagliatelo in tanti pezzetti, tutti uguali, che arrotonderete colle mani imbrattate di farina, per farne tante pallottole della grandezza di una nocciuola o meno.

Gettatele nel brodo bollente e dopo cinque o sei minuti di bollitura versatele nella zuppiera dove avrete collocato avanti del pane a dadini soffritto nel burro o nel lardo vergine; oppure, che sarà anche meglio, se, per pane, vi servite della zuppa ripiena del numero 32.

Potrete così ottenere una minestra signorile bastevole per dieci o dodici persone.

41. ZUPPA DI PANE D'UOVO

Questa minestra sa di poco, ma vedendola usata non di rado ne' pranzi di gusto straniero, ve la descrivo.

Uova, n. 3.
Farina, grammi 30.
Burro, quanto una noce.

Lavorate prima i tre rossi con la farina e il burro, aggiungete le tre chiare montate e cuocere il composto al forno o al forno da campagna entro a uno stampo liscio il cui fondo sia coperto di una carta unta.

Quando questo pane sarà cotto e diacciato, tagliatelo a dadi o a piccole mandorle, versategli il brodo bollente sopra e mandatelo in tavola con parmigiano a parte.

Dose per sei o sette persone.

42. RISI E LUGANIGHE

Le popolazioni del Veneto, non conoscono, si può dire altra minestra che il riso, e però lo cucinano bene e in tante svariate maniere. Una è il riso sul brodo colla salsiccia; ma colà le salsicce le lasciano intere; io preferisco di sminuzzarle nel brodo quando vi si mette a cuocere il riso, il quale non è bene lavare, ma soltanto nettare e strofinare in un canovaccio per levargli la polvere. A me piace di unire al riso colle salsicce, o rapa o cavolo cappuccio. Sia l'una che l'altro vanno prima *imbiancati,* ossia mezzo lessati; tagliate la rapa a dadi, il cavolo a fettuccine e metteteli a soffriggere nel burro. Poco avanti di levare il riso dal fuoco aggiungete un buon pizzico di parmigiano per legarlo meglio e dargli più grato sapore.

43. RISO ALLA CACCIATORA

Un negoziante di cavalli ed io, giovanotto allora, ci avviammo al lungo viaggio, per que' tempi, di una fiera a Rovigo. Alla sera del secondo giorno, un sabato, dopo molte ore di una lunga corsa con un cavallo, il quale sotto le abilissime mani del mio compagno, divorava la via, giungemmo stanchi ed affamati alla Polesella. Com'è naturale, le prime cure furono rivolte al valoroso nostro animale; poi entrati nello stanzone terreno che in molte di simili locande serve da cucina e da sala da pranzo: – Che c'è da mangiare? – domandò il mio amico all'ostessa. – Non ci ho nulla, – rispose; poi pensandoci un poco soggiunse: – Ho tirato il collo a diversi polli per domani e potrei fare i *risi.* – Fate i *risi* e fateli subito – si rispose – che l'appetito non manca. – L'ostessa si mise all'opera ed io lì fermo ed attento a vedere come faceva a improvvisar questi *risi.*

Spezzettò un pollo escludendone la testa e le zampe, poi lo mise in padella quando un soffritto di lardone, aglio e prezzemolo aveva preso colore. Vi aggiunse di poi un pezzo di burro, lo condì con sale e pepe, e allorché il pollo fu rosolato, lo versò in una pentola d'acqua a bollore, poi vi gettò il riso, e prima di levarlo dal fuoco gli diede sapore con un buon pugno di parmigiano. Bisognava vedere che immenso piatto di riso c'imbandì dinanzi; ma ne trovammo il fondo, poiché esso doveva servire da minestra, da principii e da companatico.

Ora, per ricamo ai *risi* dell'ostessa di Polesella, è bene il dire che invece del lardone, se non è squisito e di quello roseo, può servire la carnesecca tritata fine, che il sugo di pomodoro, o la conserva, non ci sta male e perché il riso leghi bene col pollo, non deve essere troppo cotto, né brodoso.

44. QUAGLIE COL RISO

Fate un battuto con prosciutto e un quarto di una cipolla comune: mettetelo al fuoco con burro, e quando la cipolla avrà preso colore, collocateci le quaglie pulite, sventrate ed intere. Conditele con sale e pepe e, rosolate che sieno, tiratele a mezza cottura col brodo, indi versate il riso per cuocerlo con quel tanto di brodo che occorre, insieme colle quaglie. Conditelo quando è cotto, col parmigiano e servitelo, brodoso od asciutto, come più piace, frammisto alle quaglie.

Quattro quaglie e grammi 400 di riso potranno bastare per quattro persone.

45. MALFATTINI

In que' paesi dove si fa uso quasi giornaliero di paste d'uova fatte in casa, non vi è servuccia che non ne sia maestra; e molto più di questa che è semplicissima. Non è quindi per loro che la noto, ma per gli abitanti di quelle province ove non si conoscono, si può dire, altre minestre in brodo che di zuppa, riso e paste comprate.

I *malfattini* più semplici sono di farina. Intridetela colle uova e lavoratela colle mani sulla spianatoia per formarne un pane ben sodo: tagliatelo a fette grosse mezzo dito e lasciatele esposte all'aria perché si rasciughino. Tritatele colla lunetta fino a ridurle in minuzzoli minuti quanto la metà di un chicco di riso, facendoli passare da un vaglietto onde ottenerli eguali, oppure grattateli dal pane intero; ma non imitate coloro che li lasciano grossi come il becco dei passerotti se non volete che vi riescano di difficile digestione; anzi, per questo motivo, invece di farina si possono fare di pangrattato semplice, oppure aggraziato con un pizzico di parmigiano e l'odore di spezie. In tutte le maniere, al tempo dei piselli potete, piacendovi, unirli con quelli della ricetta n. 427, oppure colla bietola tritata minuta o cogli uni e coll'altra insieme. A proposito di quest'ortaggio ho notato che, in Firenze, dove si fa grande uso di erbe aromatiche nella cucina, non si conosce l'aneto, che mescolato alla bietola, come si fa in altri paesi, le dà molta grazia. Anzi l'aneto, pel suo grato odore, tentai diverse volte d'introdurlo a Firenze, ma non vi riuscii forse perché la bietola si vende a mazzetti mentre in Romagna si porta sciolta al mercato e già frammista all'aneto.

46. CUSCUSSÙ

Il Cuscussù è un piatto di origine araba che i discendenti di Mosè e di Giacobbe hanno, nelle loro peregrinazioni, portato in giro pel mondo, ma chi sa quante e quali modificazioni avrà subite dal tempo e dal lungo cammino percorso. Ora è usato in Italia per minestra dagli israeliti, due de' quali ebbero la gentilezza di farmelo assaggiare e di farmi vedere come si manipola. Io poi l'ho rifatto nella mia cucina per prova, quindi della sua legittimità garantisco; ma non garantisco di farvelo ben capire:

Che non è impresa da pigliar a gabbo
Descriver *bene questo grande intruglio,*
Né da lingua che chiami mamma e babbo.

La dose seguente potrà bastare per sei o sette persone:
Spicchio di petto di vitella, grammi 750.
Vitella magra, senz'osso, grammi 150.
Semolino di grana grossa, grammi 300.
Un fegatino di pollo.
Un uovo sodo.
Un rosso d'uovo.
Erbaggi di qualità diverse come cipolla, cavolo verzotto, sedano, carota, spinaci, bietola od altro.

Mettete il semolino in un vaso di terra piano e molto largo, oppure in una teglia di rame stagnata, conditelo con un pizzico di sale e una presa di pepe e, versandogli sopra a gocciolini per volta due dita (di bicchiere) scarse di acqua, macinatelo colla palma della mano per farlo divenir gonfio, granelloso e sciolto. Finita l'acqua versategli sopra, a poco per volta, una cucchiaiata d'olio e seguitate a manipolarlo nella stessa maniera, durando fra la prima e la seconda operazione più di mezz'ora. Condizionato il semolino in tal modo, mettetelo in una scodella da minestra e copritelo con un pannolino, il sopravanzo del quale, passandolo al disotto, legherete stretto con uno spago.

Mettete al fuoco lo spicchio di petto con tre litri d'acqua per fare il brodo e dopo schiumata la pentola copritene la bocca colla scodella, già preparata, in modo che il brodo resti a qualche distanza; ma badate che le bocche dei due vasi combacino insieme e non lascino uscir fumo. Lasciato così il semolino per un'ora e un quarto onde abbia il tempo di cuocere a vapore, aprite l'involto a mezza cottura per mescolarlo e poi rimetterlo com'era prima.

Tritate col coltello i 150 grammi di carne magra, unite alla medesima un pezzo di midolla di pane sminuzzata, conditela con sale e pepe, fatene tante polpettine grosse poco più di una nocciuola e friggetele nell'olio.

Tritate alquanto gli erbaggi e mettete per prima la cipolla a soffriggere nell'olio e quando questa avrà preso colore gettate giù gli altri, conditeli con sale e pepe, rimestate spesso e lasciate che ritirino l'acqua che fanno. Ridotti quasi all'asciutto, bagnateli con sugo di carne, oppure con brodo e sugo di pomodoro o conserva, per tirarli a cottura insieme col fegatino di pollo tagliato a pezzetti e colle polpettine.

Levate il semolino dall'involto, mettetelo al fuoco in una cazzaruola e senza farlo bollire scioglietegli dentro il rosso d'uovo, versate nel medesimo una parte del detto intingolo, mescolate e versatelo in un vassoio, ma quasi asciutto onde presenti la colma, la quale fiorirete coll'uovo sodo tagliato a piccoli spicchi. Il resto dell'intingolo mescolatelo nel brodo della pentola e questo brodo mandatelo in tavola diviso in tante tazze quanti sono i commensali, accompagnate, s'intende, dal vassoio del semolino; così ognuno tira giù nel suo piatto una porzione di semolino e gli beve dietro il brodo a cucchiaiate.

Lo spicchio di petto si serve dopo per lesso.

Fatta questa lunga descrizione, sembrami verrà spontaneo nel lettore il desiderio di due domande:

1ª Perché tutto quell'olio e sempre olio per condimento?

2ª Il merito intrinseco di questo piatto merita poi l'impazzamento che esso richiede?

La risposta alla prima domanda, trattandosi di una vivanda israelita, la dà il Deuteronomio, cap. XIV, ver. 21: *Tu non cuocerai il capretto nel latte di sua madre;* i meno scrupolosi però aggiungono un pizzico di parmigiano alle polpettine per renderle più saporite. Alla seconda posso rispondere io e dire che a parer mio, non è piatto da fargli grandi feste; ma può piacere anche a chi non ha il palato avvezzo a tali vivande, massime se manipolato con attenzione.

47. MINESTRONE

Il minestrone mi richiama alla memoria un anno di pubbliche angoscie e un caso mio singolare.

Mi trovavo a Livorno al tempo delle bagnature l'anno di grazia 1855, e il colera che serpeggiava qua e là in qualche provincia d'Italia, teneva ognuno in timore di un'invasione generale che poi non si fece aspettare a lungo. Un sabato sera entro in una trattoria e dimando: – Che c'è di minestra? – Il minestrone, – mi fu risposto. – Ben venga il minestrone, – diss'io. Pranzai e, fatta una passeggiata, me ne andai a dormire. Avevo preso alloggio in Piazza del Voltone in una palazzina tutta bianca e nuovissima tenuta da un certo Domenici; ma la notte cominciai a sentirmi una rivoluzione in corpo da fare spavento; laonde passeggiate continue a quel gabinetto che più propriamente in Italia si dovrebbe chiamar *luogo scomodo* e non *luogo comodo.* – Maledetto minestrone, non mi buscheri più! – andavo spesso esclamando pieno di mal animo contro di lui che era forse del tutto innocente e senza colpa veruna.

Fatto giorno e sentendomi estenuato, presi la corsa del primo treno e scappai a Firenze ove mi sentii subito riavere. Il lunedì giunge la triste notizia che il colera è scoppiato a Livorno e per primo n'è stato colpito a morte il Domenici. – Altro che minestrone! – Dopo tre prove, perfezionandolo sempre, ecco come lo avrei composto a gusto mio: padronissimi di modificarlo a modo vostro a seconda del gusto d'ogni paese e degli ortaggi che vi si trovano.

Mettete il solito lesso e per primo cuocete a parte nel brodo un pugnello di fagiuoli sgranati ossia freschi: se sono secchi date loro mezza cottura nell'acqua. Trinciate a striscie sottili cavolo verzotto, spinaci e poca bietola, teneteli in molle nell'acqua fresca, poi metteteli in una cazzaruola all'asciutto e fatta che abbiano l'acqua sul fuoco, scolateli bene strizzandoli col mestolo. Se trattasi di una minestra per quattro o cinque persone, preparate un battuto con grammi 40 di prosciutto grasso, uno spicchio d'aglio, un pizzico di prezzemolo, fatelo soffriggere, poi versatelo nella detta cazzaruola insieme con sedano, carota, una patata, uno zucchino e pochissima cipolla, il tutto tagliato a sottili e corti filetti. Aggiungete i fagiuoli, e, se credete, qualche cotenna di maiale come alcuni usano, un poco di sugo di pomodoro, o conserva, condite con pepe e sale e fate cuocere il tutto con brodo. Per ultimo versate riso in quantità sufficiente onde il minestrone riesca quasi asciutto e prima di levarlo gettate nel medesimo un buon pizzico di parmigiano.

Vi avverto però che questa non è minestra per gli stomachi deboli.

48. PASSATELLI DI SEMOLINO

Semolino di grana fine, grammi 150.
Parmigiano grattato, grammi 30.
Latte, decilitri 6.
Uova, due intere e due rossi.
Sale, odore di noce moscata e scorza di limone.

Cuocete il semolino nel latte, e se vedete che non riesca ben sodo, aggiungetene un altro pizzico. Salatelo quando è cotto ed aspettate che abbia perduto il calore per gettarvi le uova e il resto.

Ponete il composto nella siringa con uno stampino a buchi rotondi piuttosto larghi, e spingetelo nel brodo bollente, tenendo la siringa perpendicolare e fatelo bollire finché i passatelli siensi assodati.

Questa dose potrà bastare per sei o sette persone.

49. RISO CON ZUCCHINI

Prendete zucchini piccoli del peso del riso che avrete a cuocere e tagliateli a tocchetti grossi quanto le nocciuole. Metteteli a soffriggere nel burro, conditeli con sale e pepe, e rosolati appena gettateli così durettini nel riso quando sarà arrivato a mezza cottura, onde finiscano di cuocere insieme.

Il riso è bene che resti poco brodoso e gli zucchini non si devono disfare. Invece di brodo potete servirvi di acqua e farlo asciutto: ma allora dategli grazia colla salsa di pomodoro n. 125, versatela anch'essa nel riso a mezza cottura, e con parmigiano.

50. ZUPPA CON LE CIPOLLE ALLA FRANCESE

Questa zuppa si può fare col brodo o col latte, e le seguenti dosi sono sufficienti per cinque persone.

Pane bianco, grammi 250.
Gruiera grattato, grammi 80.
Burro, grammi 50.
Parmigiano grattato, grammi 40.
Uova frullate, n. 3.
Cipolle bianche grosse, n. 2.
Brodo o latte, circa litri 1 e mezzo.

Tagliate a fette sottilissime le cipolle e mettetele al fuoco col burro suddetto; quando cominciano a prender colore tiratele a molta cottura col brodo, o col latte se la fate con questo, per poterle passare bene dal setaccio, poi mescolate il passato nel restante liquido per bagnare la zuppa. Il pane tagliato a fette o a dadini, arrostitelo e, collocatolo a strati nella zuppiera, conditelo via via colle uova, il gruiera e il parmigiano. Per ultimo versate bollente il brodo od il latte e mandatela in tavola.

Se la fate col latte sarà bene salare abbondantemente le uova. A motivo della cipolla, chi patisce di scioglimenti non farà male di astenersi da questa zuppa.

51. STRICHETTI ALLA BOLOGNESE

Intridete la farina con due uova, grammi 40 di parmigiano grattato fine e l'odore della noce moscata. Tiratene una sfoglia non tanto sottile e tagliatela con la rotella smerlata in tante striscie larghe un dito e mezzo. Poi, con la stessa rotella, tagliate queste striscie in isbieco e alla medesima distanza di un dito e mezzo per farne tanti pezzetti in forma di mandorla. Prendeteli uno alla volta e stringete colle dita le quattro punte, due al disopra e due al disotto per formarne come due anellini attaccati insieme. Cuoceteli nel brodo con poca cottura. La dose di due uova potrà bastare per cinque persone.

Se questa minestra vi piace, siatene grati ad una giovane simpatica bolognese, chiamata la *Rondinella,* che si compiacque di insegnarmela.

52. ZUPPA DI GAMBERI COL SUGO DI CARNE

Prendendo per norma una zuppa che dovesse servire a sole quattro persone, bastano grammi 150 di gamberi. Lavateli e metteteli al fuoco con due ramaiuoli di brodo; cotti che sieno, levateli asciutti e nel liquido che resta sciogliete grammi 30 di midolla di pane soffritta nel burro, per bagnarli quando li passerete dallo staccio, dopo averli pestati nel mortaio. Estrattane così tutta la polpa, unitela a sugo di carne come quello della ricetta n. 4 e se non lo avete in cucina potete farlo con soli centesimi 30 di carne adatta per quell'uso. Mescolate ora questo composto al resto del brodo per bagnare la zuppa, che può essere di pane semplicemente arrostito, o a dadini, fritto nel lardo o nell'olio.

Servitela con parmigiano grattato.

53. ZUPPA ALLA STEFANI

L'illustre poeta dott. Olindo Guerrini, essendo bibliotecario dell'Università di Bologna, ha modo di prendersi il gusto istruttivo, a quanto pare, di andare scavando le ossa dei Paladini dell'arte culinaria antica per trarne forse delle illazioni strabilianti a far ridere i cuochi moderni. Si è compiaciuto perciò di favorirmi la seguente ricetta tolta da un libriccino a stampa, intitolato: *L'arte di ben cucinare,* del signor Bartolomeo Stefani bolognese, cuoco del Serenissimo Duca di Mantova alla metà del 1600, epoca nella quale si faceva in cucina grande uso ed abuso di tutti gli odori e sapori, e lo zucchero e la cannella si mettevano nel brodo, nel lesso e nell'arrosto. Derogando per questa zuppa dai suoi precetti io mi limiterò, in quanto a odori, a un poco di prezzemolo e di basilico; e se l'antico cuoco bolognese, incontrandomi all'altro mondo, me ne facesse rimprovero, mi difenderò col dirgli che i gusti sono cangiati in meglio; ma che, come avviene in tutte le cose, si passa da un estremo all'altro e si comincia anche in questa ad esagerare fino al punto di volere escludere gli aromi e gli odori anche dove sarebbero più opportuni e necessari. E gli dirò altresì che delle signore alla mia tavola, per un poco di odore di noce moscata, facevano boccacce da spaventare. Ecco la

Ricetta di detta zuppa per sei persone

Cervello di vitella, o di agnello, o di altra bestia consimile, grammi 120.
Fegatini di pollo, n. 3.
Uova, n. 3.
Un pizzico di prezzemolo ed uno di basilico.
Il sugo di un quarto di limone.

Scottate il cervello per poterlo spellare e, tanto questo che i fegatini, soffriggeteli nel burro e tirateli a cottura col sugo di carne; sale e pepe per condimento.

Ponete le uova in un pentolo, uniteci il prezzemolo e il basilico tritati, l'agro di limone, un poco di sale e pepe e frullatele; poi col brodo diaccio, che deve servire per bagnare la zuppa, diluite il composto poco per volta. Versateci in ultimo il cervello e i fegatini tagliati a pezzetti, e mettetelo a condensare a fuoco leggero, muovendolo continuamente col mestolo, ma senza farlo bollire. Condensato che sia, versatelo nella zuppiera sopra il pane, che già avrete tagliato a dadi e soffritto nel burro o nell'olio, ma prima spargete sul pane stesso un pugno di parmigiano grattato.

Questa minestra riesce delicata e sostanziosa; ma io che coi morbidumi non me la dico punto, invece del cervello, in questo caso, supplirei con le animelle e in proposito vi dirò che in certe città, e m'intend'io, dove per ragione del clima non si può scherzare troppo coi cibi, a forza di mangiar leggero e preferibilmente cose morbide e liquide, si sono gli abitanti di esse snervato lo stomaco in modo che questo viscere non può più sopportare alcun nutrimento un po' grave.

54. ANOLINI ALLA PARMIGIANA

Una signora di Parma, che non ho il bene di conoscere, andata sposa a Milano, mi scrive: «Mi prendo la libertà d'inviarle la ricetta di una minestra che a Parma, mia amata città natale, è di rito nelle solennità famigliari; e non c'è casa, io credo, ove nei giorni di Natale e Pasqua non si facciano i tradizionali *Anolini*». Mi dichiaro obbligato alla prefata signora perché avendo messo in prova la detta minestra è riuscita di tale mia soddisfazione da poter rendermi grato *al pubblico e all'inclita guarnigione*. Dosi per una minestra sufficiente a quattro o cinque persone:

Magro di manzo nella coscia, senz'osso, grammi 500
Lardone, circa grammi 20.
Burro, grammi 50.
Un quarto di una cipolla mezzana.

Il pezzo della carne steccatelo col lardone, legatelo e conditelo con sale, pepe e l'odore di spezie, poi mettetelo al fuoco in un vaso di terra o in una cazzaruola col burro e la cipolla tritata all'ingrosso per rosolarlo col detto burro. Fatto questo, versare due ramaiuoli di brodo nel vaso e chiudetelo con diversi fogli di carta tenuta ferma da una scodella contenente alquanto vino rosso; e perché poi vino e non acqua non lo sa spiegare neanche la detta signora. Ora fate bollire dolcemente la carne così preparata per otto o nove ore, onde ottenere quattro o cinque cucchiaiate di un sugo ristretto e saporito che passerete dal setaccio strizzando bene e che serberete per il giorno appresso. Allora formate il composto per riempire gli Anolini con:

Pangrattato di pane di un giorno, tostato leggermente, grammi 100.
Parmigiano grattato, grammi 50.
Odore di noce moscata
Un uovo e il sugo della carne.

Fate tutto un impasto omogeneo e tirando tre uova di sfoglia tenuta alquanto tenera riempite il disco smerlato del n. 162 che ripiegherete in due per ottenere la forma di una piccola mezza luna. Con questa dose ne otterrete un centinaio che saranno buoni in brodo o asciutti come i tortellini e riescono leggeri allo stomaco più di questi. La carne rimasta poi la mangerete sola o con un contorno d'erbaggi e figurerà come uno stracotto.

MINESTRE ASCIUTTE E DI MAGRO

55. TORTELLI

Ricotta o raviggiuolo, oppure l'una e l'altro uniti, grammi 200.
Parmigiano, grammi 40.
Uova intere n. 1 e un rosso.
Odore di noce moscata e di spezie.
Un pizzico di sale.
Un po' di prezzemolo tritato.

Si chiudono in una sfoglia fatta come quella dei *cappelletti* e tagliata con un disco rotondo alquanto più grande. Io mi servo del disco n. 195. Si possono lasciare colla prima piegatura a mezza luna, ma è da preferirsi la forma dei *cappelletti*. Si cuociono nell'acqua salata a sufficienza, si levano asciutti e si condiscono a cacio e burro.

Con questa dose ne otterrete 24 o 25 e possono bastare, essendo grandi, per tre persone.

56. ZUPPA DI PURÈ DI PISELLI DI MAGRO

Piselli freschi sgranati, grammi 400.
Prosciutto grasso e magro, grammi 40.
Burro, grammi 40.
Una cipolla novellina non più grossa di un uovo.
Una piccola carota.
Un pizzico tra prezzemolo, sedano e qualche foglia di basilico.

Tritate fine il prosciutto con un coltello e fate un battuto con questo e con gli altri ingredienti. Mettetelo al fuoco col burro, poco sale e una presa di pepe. Allorché sarà rosolato versate l'acqua che giudicherete sufficiente per bagnare la zuppa e quando essa avrà alzato il bollore gettate giù i piselli per cuocerli insieme con due fette di pane fritte nel burro; poi passate ogni cosa per istaccio.

Ottenuto in questo modo un purè per sei persone, bagnate col medesimo il pane che avrete già messo in pronto come nel purè di grasso.

57. ZUPPA DI FAGIUOLI

Si dice, e a ragione, che i fagiuoli sono la carne del povero, e infatti quando l'operaio frugandosi in tasca, vede con occhio malinconico che non arriva a comprare un pezzo di carne bastante per fare una buona minestra alla famigliuola, trova nei fagiuoli un alimento sano, nutriente e di poca spesa. C'è di più; i fagiuoli restano molto in corpo, quetano per un pezzo gli stimoli della fame; ma... anche qui c'è un ma, come ce ne sono tanti nelle cose del mondo, e già mi avete capito. Per ripararvi, in parte, scegliete fagiuoli di buccia fine o passateli; quelli dall'occhio hanno meno degli altri questo peccato.

Per rendere poi la zuppa di fagiuoli più grata al gusto e più saporita, dato che debba essere una quantità sufficiente a quattro o cinque persone, fatele un soffritto in questa proporzione: prendete un quarto di cipolla, uno spicchio d'aglio, un pizzico di prezzemolo e un bel pezzo di sedano bianco. Tritate finissimi questi odori colla lunetta e metteteli al fuoco con olio a buona misura; siate generosi a pepe. Quando il soffritto avrà preso colore, unitevi due ramaiuoli della broda dei fagiuoli, aggiungete un poco di sugo di pomodoro o di conserva, fateli alzare il bollore e versatelo nella pentola de' fagiuoli.

Per chi aggradisce nella zuppa un poco d'erbaggio può mettete in questa il cavolo nero, prima lessato e fatto bollire alquanto nel liquido del soffritto suddetto. Ora non resta che bagnare il pane, già preparato avanti con fette arrostite, grosse un dito e poi tagliate a dadi.

58. ZUPPA TOSCANA DI MAGRO ALLA CONTADINA

Questa zuppa che, per modestia, si fa dare l'epiteto di contadina, sono persuaso che sarà gradita da tutti, anche dai signori, se fatta con la dovuta attenzione.

Pane bruno raffermo, di pasta molle, grammi 400.
Fagiuoli bianchi, grammi 300.
Olio, grammi 150.
Acqua, litri due.
Cavolo cappuccio o verzotto, mezza palla di mezzana grandezza.
Cavolo nero, altrettante in volume ed anche più.
Un mazzo di bietola e un poco di pepolino.
Una patata.
Alcune cotenne di carnesecca o di prosciutto tagliate a striscie.

Mettete i fagiuoli al fuoco con l'acqua suddetta unendovi le cotenne. Già saprete che i fagiuoli vanno messi ad acqua diaccia e se restano in secco vi si aggiunge acqua calda. Mentre bollono fate un battuto con un quarto di una grossa cipolla e due spicchi d'aglio, due pezzi di sedano lunghi un palmo e un buon pizzico di prezzemolo. Tritatelo fine, mettetelo al fuoco con l'olio soprindicato e quando avrà preso colore versate nel medesimo gli erbaggi tagliati all'ingrosso, prima i cavoli, poi la bietola e la patata tagliata a tocchetti. Conditeli con sale e pepe e poi aggiungete sugo di pomodoro o conserva, e se nel bollire restassero alquanto asciutti bagnateli con la broda dei fagiuoli. Quando questi saranno cotti gettatene una quarta parte, lasciati interi, fra gli erbaggi unendovi le cotenne; gli altri passateli dallo staccio e scioglieteli nella broda, versando anche questa nel vaso dove sono gli erbaggi. Mescolate, fate bollire ancora un poco e versate ogni cosa nella zuppiera ove avrete già collocato il pane tagliato a fette sottili e copritela per servirla dopo una ventina di minuti.

Questa quantità può bastare per sei persone; è buona calda e meglio diaccia.

59. FARINATA GIALLA DI MAGRO

Come minestra ordinaria, si può collocare fra le buone. Mettete al fuoco con acqua proporzionata quattro decilitri di fagiuoli bianchi, che tanti bastano per quattro persone. Dopo cotti passateli dallo staccio e il passato mescolatelo nella broda degli stessi fagiuoli e nella medesima mettete a bollire, per due ore circa, mezza palla tritata di cavolo bianco o verzotto che condirete con sale, pepe e foglie di pepolino, detto altrimenti timo.

Ponete un tegame al fuoco con olio a buona misura e due spicchi d'aglio interi sbucciati; quando questi saranno ben rosolati gettateli via e aggiungete all'olio sugo di pomodoro, o conserva sciolta nell'acqua e anche qui un altro poco di sale e pepe; bollito che abbia alquanto, versate anche questo condimento nella pentola ov'è la broda e il cavolo. Per ultimo, quando questo sarà cotto, versate con una mano, a poco per volta, la farina di granturco; coll'altra mescolate bene, onde non si formino bozzoli, e giunta che sia a una certa consistenza, cioè alquanto liquida, fatela bollire ancora un poco e servitela.

60. SEMOLINO DI MAGRO

Questa minestra non si può, a tutto rigore, dirsi di magro se c'entrano le uova, il burro, e il parmigiano; ma può venire opportuna quando manca il brodo. Cuocete il semolino nell'acqua e prima di levarlo dal fuoco salatelo, scioglietevi dentro un pezzo di burro proporzionato alla quantità del semolino ed aggraziatelo con un poco di sugo di pomodoro o conserva. Disfate nella zuppiera due o tre uova miste a parmigiano grattato e versateci il semolino. Se trattasi di minestra per una persona soltanto può bastare un solo rosso d'uovo con due cucchiaiate di parmigiano.

61. ZUPPA DI LENTICCHIE

Se Esaù vendé la primogenitura per un piatto di lenticchie, bisogna dire che il loro uso, come alimento, è antichissimo, e che egli o n'era ghiotto all'eccesso o soffriva di bulimia. A me sembra che il sapore delle lenticchie sia più delicato di quello de' fagiuoli in genere, e che, quanto a minaccia di *bombardite,* esse sieno meno pericolose dei fagiuoli comuni ed eguali a quelli dall'occhio.

Questa zuppa potete farla nella stessa guisa della zuppa di fagiuoli; però la broda delle lenticchie e dei fagiuoli dall'occhio si presta bene anche per una minestra di riso, che si prepara e si condisce nello stesso modo; soltanto bisogna tener la broda più sciolta perché il riso ne tira molta. Per regolarvi meglio circa alla densità, aspettate che il riso sia cotto per aggiungere nella broda la quantità che occorre di lenticchie passate.

62. ZUPPA DI MAGRO COLLE TELLINE

Regolatevi come per il risotto colle telline n. 72.

Due spicchi d'aglio e il quarto di una cipolla potranno bastare se trattasi di una quantità sufficiente a sette od otto persone, e senza bisogno di ricorrere a burro e parmigiano sentirete una zuppa eccellente, se saprete tirar bene il soffritto. Il pane arrostitelo a fette che taglierete a dadi. Anche qui ci sta bene qualche pezzetto di funghi secchi.

63. SPAGHETTI CON LE TELLINE

Poiché si sentono ricordare spesso, come minestra asciutta di magro, anche gli spaghetti con le telline, mi converrà indicarveli, sebbene, a gusto mio, sia da preferirsi il riso. Se vi piace provarli, tritateli minuti per poterli portare alla bocca col cucchiaio e servitevi della ricetta n. 72 cuocendoli nell'acqua dove sono state schiuse le telline. Scolate l'acqua superflua, conditeli con quell'intingolo unito ad alquanto burro e parmigiano.

64. ZUPPA DI RANOCCHI

Certi usi del mercato di Firenze non mi vanno. Quando vi nettano i ranocchi, se non ci badate, gettano via le uova che sono le migliori. Le anguille si spellano. Le coscie e le lombate di castrato si vogliono vendere intere. Delle interiora del maiale si serba il fegato e la rete; di quelle della vitella di latte, il fegato e le animelle; il resto, compreso il polmone che, essendo tenero potrebbe servire, come in altri paesi, a fritto misto, si cede ai frattagliai che ordinariamente vendono queste frattaglie ai brodai. Forse in mano loro cascherà anche la così detta trippa di vitella di latte non avendola mai vista su quel mercato; ma essa in Romagna si dà per giunta, e al tempo dei piselli, messa arrosto morto con un pezzo di lombata, riesce tanto buona da preferirsi a questa.

Avanti di descrivervi la zuppa di ranocchi voglio dirvi qualche cosa di questo anfibio dell'ordine de' batraci *(Rana esculenta),* perché, veramente, merita di essere notata la metamorfosi ch'esso subisce. Nel primo periodo della loro esistenza si vedono i ranocchi guizzare nelle acque in figura di un pesciolino tutto testa e coda che gli zoologi chiamano *girino.* Come i pesci, respira per branchie prima esterne, in forma di due pennacchietti, poscia interne, e nutrendosi in questo stato di vegetali ha l'intestino come quello di tutti gli erbivori, comparativamente ai carnivori, assai più lungo. A un certo punto del suo sviluppo, circa a due mesi dalla nascita, perde, per riassorbimento, la coda, sostituisce alle branchie i polmoni e mandando fuori gli arti, cioè le quattro zampe che prima non apparivano, si trasforma completamente e diventa una rana. Nutrendosi allora di sostanze animali, ossia di insetti, l'intestino si accorcia per adattarsi a questa sorta di cibo. È dunque erronea l'opinione volgare che i ranocchi siano più grassi nel mese di maggio perché mangiano il grano.

Gli anfibi tutti, i rospi compresi, sono a torto perseguitati dal volgo essendo essi di grande utilità all'agricoltura, agli orti e ai giardini in ispecie, per la distruzione de' vermi, delle lumache e de' tanti insetti di cui si cibano. La pelle del rospo e della salamandra trasuda, è vero, un umore acre e velenoso; ma in sì piccola dose rispetto alla mucosità a cui si unisce, che non può recare nessun nocumento. Ed è appunto per questa mucosità, che la salamandra secerne in gran copia, che la medesima, potendo reggere per qualche istante all'ardore del fuoco, diede origine alla favola che tale anfibio sia dotato della virtù di restare incolume in mezzo alle fiamme.

Il brodo dei ranocchi essendo rinfrescante e dolcificante viene raccomandato nelle malattie di petto, nelle infiammazioni lente degl'intestini ed è opportunamente usato sul finire delle malattie infiammatorie e in tutti quei casi in cui l'infermo ha bisogno di un nutrimento non stimolante.

Le carni bianche, come quelle dei ranocchi, agnelli, capretti, pollastri, fagiani, ecc., essendo povere di fibrina e ricche di albumina, convengono alle persone di apparecchio digestivo delicato e molto impressionabili e a chi non affatica i muscoli col lavoro materiale.

Ma veniamo alla zuppa di ranocchi: due dozzine di ranocchi, se sono grossi, potrebbero forse bastare per quattro o cinque persone, ma meglio è abbondare.

Levate loro le coscie e mettetele da parte. Fate un battuto abbondante con due spicchi d'aglio, prezzemolo, carota, sedano e basilico se vi piace: se avete in orrore l'aglio, servitevi di cipolla. Mettetelo al fuoco con sale, pepe e olio a buona misura e quando l'aglio comincia a prender colore gettate giù i ranocchi. Rimoveteli di quando in quando onde non s'attacchino, e, tirato che abbiano buona parte dell'umido, buttate dentro pomodori a pezzi o, mancando questi, conserva allungata coll'acqua. Fate bollire ancora, e per ultima versate l'acqua occorrente per bagnare la zuppa, tenendo il tutto sul fuoco fin tanto che i ranocchi sieno cotti e disfatti. Allora passate ogni cosa dallo staccio, premendo bene onde non restino che le ossicine. Mettete a bollire le coscie, lasciate addietro, in un poco di questo brodo passato e disossatele quando saranno cotte per mescolarle nella zuppa insieme con pezzetti di funghi secchi fatti rammollire. Il pane arrostitelo a fette che taglierete a dadi piuttosto grossi.

65. ZUPPA COL BRODO DI MUGGINE

Uno dei pesci che meglio si presta per ottenere un buon brodo è il muggine che nell'Adriatico comincia ad essere bello e grasso nell'agosto e raggiunge colà il peso di oltre due chilogrammi. In mancanza di questo può servire l'ombrina, il ragno ed il rospo le cui carni, se non daranno il brodo saporito del muggine, saranno in compenso di qualità più fine e più digeribile.

Se trattasi di una zuppa per sette od otto persone prendete un muggine, ossia una *baldigara* (come chiamasi in alcuni paesi di mare), del peso di un chilogrammo almeno, raschiategli via le squame, vuotatelo e lessatelo con acqua in proporzione.

Fate un battuto alquanto generoso con cipolla, aglio, prezzemolo, carota, sedano e mettetelo al fuoco con olio, sale e pepe. Quando avrà preso colore fermatelo con sugo di pomodoro e fatelo bollire col brodo del pesce.

Poi questo brodo colatelo e con un po' del medesimo cuocete una piccola quantità di sedano, carota e funghi secchi, che servono per dare odore, il tutto tagliato a pezzetti.

Il pane per la zuppa arrostitelo e tagliatelo a dadi, poi mettetelo nella zuppiera e versateci sopra il brodo bollente insieme coi detti odori, servendola in tavola con parmigiano a parte.

La famiglia delle mugginidee ha lo stomaco a forti pareti muscolari a simiglianza del ventriglio degli uccelli, e il rospo di mare, *Lofus pescatorius,* della famiglia delle lofidee, con una pinna inargentata e movibile del capo attira i piccoli pesci per divorarli. Chiamasi in alcuni luoghi volgarmente *grattale* ed è anch'esso in pregio pel brodo da bagnare la zuppa.

66. ZUPPA ALLA CERTOSINA

Grammi 500 di pesce minuto di diverse specie potranno bastare per una zuppa da servirsi a quattro o cinque persone.

Fate un battuto con un quarto di cipolla, prezzemolo e sedano; mettetelo al fuoco con olio, e colorito che sia, versateci il pesce, bagnandolo quando è asciutto con acqua, sugo di pomodoro o conserva; sale e pepe per condimento. Lasciatelo cuocer bene e poi versate l'acqua occorrente per la zuppa: un litro o poco più fra prima e dopo potrà bastare. Passate il tutto dallo staccio o da un colino, strizzando bene, e rimettetelo al fuoco per fargli alzare il bollore e per versarlo adagio adagio nella zuppiera, ove avrete disfatte avanti due uova con tre cucchiaiate di parmigiano. Prima di mandare la zuppa in tavola, gettateci il pane, il quale, a piccoli dadi, può essere soltanto arrostito, oppure fritto nell'unto che più vi aggrada: burro, olio o lardo. Le uova col parmigiano, se non vi dispiace di vederle rapprese a stracci, si possono anche frullare a parte e versarle nella pentola, mescolandole fortemente, quando il brodo è a bollore.

Si dice che il Granduca di Toscana, avendo trovata eccellente questa zuppa in un convento di frati, mandò colà il suo cuoco ad impararla; ma il cuoco, benché molto abile fosse, non riusciva a farla buona come quella dei frati, perché questi non volevano far sapere al Granduca che usavano il brodo di cappone invece dell'acqua.

67. PASTINE O CAPELLINI SUL BRODO DI OMBRINA

L'ombrina, per essere un pesce de' più fini, lessata naturalmente, cioè senza odori di sorta, vi somministra un brodo che, quasi come quello di carne, si presta per una minestra leggiera di magro.

Le seguenti dosi saranno sufficienti per tre persone e forse anche per quattro.

Ombrina, grammi 500.
Pastine o capellini, grammi 120.
Burro, grammi 30.
Acqua, un litro.

Mettete al fuoco l'ombrina nella detta acqua diaccia, e salatela. Quando è cotta passate il brodo dal colino ed in esso cuocete la minestra aggraziandola col sugo di pomodoro per occultare il puzzo del pesce; indi versatela nella zuppiera ove avrete collocato il pezzo del burro. Servitela con parmigiano a parte come si usa per le minestre di grasso.

68. ZUPPA DI PURÈ DI PISELLI SECCHI

Dato che i piselli siano mezzo litro metteteli al fuoco in due litri d'acqua e frattanto fate un soffritto con mezza cipolla, una carota, due pezzi di sedano lunghi un dito e qualche gambo di aneto, se lo avete, e, tritato il tutto, mettetelo al fuoco con un pezzo di burro e fategli prendere il rosso. Versate allora i piselli mezzo cotti e scolati dall'acqua, conditeli con sale e pepe e fate loro suzzare tutto il soffritto, poi versate sugo di pomodoro e l'acqua degli stessi piselli per tirarli a cottura. Passate ogni cosa per istaccio e, se il purè riuscisse troppo denso, aggiungete acqua calda; assaggiatelo per aggiungere un altro pezzetto di burro che probabilmente occorre. Il pane tagliatelo a quadrettini e friggetelo nel burro.

Se vi porrete attenzione sentirete una minestra che sembra fatta sul brodo.

Questa dose potrà servire per dieci o dodici persone.

69. TAGLIATELLE COL PROSCIUTTO

Le chiamo tagliatelle, perché dovendo esser cotte nell'acqua e condite asciutte, va tirata la sfoglia alquanto più grossa e tagliata a striscie più larghe dei taglierini. Si tratta sempre di un impasto d'uova e farina, senza punta acqua se le desiderate ben sode e buone.

Tagliate a piccoli dadi una fetta grossa di prosciutto grasso e magro: tritate bene sedano e carota in tal quantità che ambedue facciano il volume del prosciutto all'incirca. Ponete al fuoco queste tre cose insieme, con un pezzo di burro proporzionato al condimento delle tagliatelle. Quando il battuto avrà preso colore, aggiungete sugo di pomodoro oppure conserva, ma con questa occorre un ramaiolino di brodo o, mancando questo, di acqua.

Le tagliatelle cuocetele poco e salatele pochissimo a motivo del prosciutto: levatele asciutte, conditele col detto intingolo e con parmigiano.

Al tempo delle salsicce potete sostituirle, bene sminuzzate al prosciutto, trattandole nella stessa guisa.

Chi ama il gusto del burro crudo ne serbi la metà per metterlo nell'intingolo quando lo ritira dal fuoco.

Anche gli spaghetti sono buoni conditi con le salsicce nella stessa maniera.

70. TAGLIATELLE VERDI

Si usano per minestra asciutta e sono più leggiere e più digeribili di quelle intrise di tutte uova. Per dar loro il color verde cuocete spinaci lessi, strizzateli bene e tritateli colla lunetta. Con due uova e un pugno di questi spinaci intridete sulla spianatoia quanta farina potete per ottenere una pasta ben soda che lavorerete molto colle mani.

Poi, col matterello, tiratela a sfoglia sottile e quando dà cenno d'appiccicarsi, a motivo dell'erba che produce viscosità, spruzzatela leggermente di farina. Avvolgete la sfoglia in un canovaccio, e quando sarà asciutta tagliatela alquanto più larga de' taglierini da brodo, avvertendo che il bello di tali paste è la loro lunghezza il che indica l'abilità di chi le fece. Appena alzato il bollore levatele asciutte e conditele come gli spaghetti alla rustica n. 104, oppure come i maccheroni o le tagliatelle dei n. 87 e 69; o semplicemente con cacio e burro.

Questa dose potrà bastare per quattro o cinque persone.

71. TAGLIATELLE ALL'USO DI ROMAGNA

Conti corti e tagliatelle lunghe, dicono i Bolognesi, e dicono bene, perché i conti lunghi spaventano i poveri mariti e le tagliatelle corte attestano l'imperizia di chi le fece e, servite in tal modo, sembrano un avanzo di cucina; perciò non approvo l'uso invalso, per uniformarsi al gusto degli stranieri, di triturare minutissimi nel brodo i capellini, i taglierini, e minestre consimili le quali per essere speciali all'Italia, debbono serbare il carattere della nazione.

Fate la sfoglia e tagliatela come quella del n. 69. Cuocetele poco, scolatele bene dall'acqua e mettetele in una cazzaruola sopra al fuoco per un momento, onde far loro prendere il condimento che è quello degli spaghetti alla rustica n. 104; più un pezzo di burro proporzionato alla quantità della minestra. Mescolate adagino e servitele. A parer mio questa è una minestra molto gustosa, ma per ben digerirla ci vuole un'aria come quella di Romagna. Mi ricordo che viaggiai una volta con certi Fiorentini (un vecchietto sdentato, un uomo di mezza età e un giovine avvocato) che andavano a prender possesso di una eredità a Modigliana. Smontammo a una locanda che si può immaginare qual fosse, in quel luogo, quaranta e più anni sono. L'oste non ci dava per minestra che tagliatelle, e per principio della coppa di maiale, la quale, benché dura assai ed ingrata, bisognava vedere come il vecchietto si affaticava per roderla. Era però tale l'appetito di lui e degli altri che quella e tutto il resto pareva molto buono, anzi eccellente; e li sentii più volte esclamare: – Oh se potessimo portarci con noi di quest'aria a Firenze! –

Poiché siamo in questi paraggi, permettetemi vi racconti che dimorava a Firenze, al tempo che correvano i *francesconi,* un conte di Romagna, il quale, facendo il paio col marchese di Forlimpopoli del Goldoni, aveva molta boria, pochi quattrini e uno stomaco a prova di bomba. Eran tempi in cui si viveva con poco a Firenze, che fra le città capitali, andava famosa per buon mercato. C'erano parecchie trattorie coll'ordinario di minestra, tre piatti a scelta, frutta o dolce, pane e vino per una lira toscana (84 centesimi). Quelle porzioni, benché piccole, pure sfamavano chiunque non fosse allupato, e frequentavano tali trattorie anche i signori; ma il conte in queste non si degnava. Che industria credete ch'egli avesse trovato per figurare e spender poco? Andava un giorno sì e un giorno no alla tavola rotonda di uno de' principali alberghi ove con mezzo francescone (lire 2,80), il trattamento era lautissimo, e là, tirando giù a strame, s'impinzava lo stomaco per due giorni facendo dieta in casa, il secondo, con pane, cacio ed affettato. Siavi di esempio e di ricetta.

72. RISOTTO COLLE TELLINE

Noto questo risotto nelle proporzioni che è stato fatto più volte nella mia cucina, e cioè:

Telline col guscio, chilogrammi 1,350.
Riso, grammi 500.

Per levare la sabbia che le telline racchiudono, lavatele prima, poi ponetele in acqua fresca salata, o meglio, acqua di mare, in un catino con un piatto rovesciato sotto alle medesime, e dopo due ore almeno, levatele asciutte e mettetele al fuoco con acqua in proporzione del riso da cuocere. Quando saranno aperte, levatene i gusci e serbate l'acqua, ma badate che in fondo alla medesima si sarà formata una qualche posatura di sabbia che va gettata via.

Fate un soffritto con olio, aglio, poca cipolla, prezzemolo, carota e sedano, il tutto tritato finissimo colla lunetta, e quando sarà rosolato bene, gettatevi le telline tolte dal guscio, qualche pezzetto di funghi secchi rinvenuti, una presa di pepe e un po' di quell'acqua serbata. Dopo qualche minuto gettate il riso in questo intingolo e tiratelo a cottura soda col resto dell'acqua suddetta. Assaggiatelo se sta bene di sapore col solo sale naturale delle telline e dei condimenti datigli; se non fosse così, aggiungeteglielo con sugo di pomodoro o conserva, ed anche con un pezzetto di burro e un pizzico di parmigiano.

Alle telline si possono sostituire le arselle o i *peocci* (cozze nere, muscoli) come a Venezia, nelle cui trattorie se il riso *co' peocci* (specialità del paese) fosse cucinato in questa maniera, sarebbe assai più gradito. Per conservare alcun poco i molluschi a conchiglia bivalve, vanno tenuti in luogo fresco, legati assai stretti in un sacchetto o in un canovaccio. D'inverno ho così conservate fresche le telline fino a sei giorni, ma non è da azzardare perché i molluschi riescono molto indigesti se non sono freschi.

73. RISOTTO COLLE TINCHE

Non vi spaventate nel sentire che le tinche possono prestarsi per una buona minestra, la quale saprà naturalmente di pesce e riuscirà un po' grave agli stomachi deboli; ma sarà grata al gusto, e fors'anche lodata, se avrete la prudenza di non nominare la specie del pesce usato.

Ecco le dosi di una minestra per sei o sette persone:

Riso, grammi 500.
Tinche, circa grammi 400.

Fate un battuto con due spicchi d'aglio, un pizzico di prezzemolo, qualche foglia di basilico, se vi piace il suo odore, una grossa carota e due pezzi di sedano bianco lunghi un palmo. Mettetelo al fuoco in una cazzaruola con olio, sale e pepe, aggiungendovi in pari tempo le tinche già sbuzzate e tagliate a pezzi, le teste comprese. Voltatele spesso onde non si attacchino al fondo, e quando saranno ben rosolate cominciate a bagnarle prima con sugo di pomodoro o conserva, poi con acqua versata a poco per volta in principio e in ultimo, in quantità tale da cuocere il riso, ma tenendovi piuttosto scarsi che abbondanti. Fate bollire finché le tinche non sieno spappolate, e allora passate dallo staccio ogni cosa, in modo che non restino se non le lische e gli ossicini. Questo è il sugo che servirà per cuocere il riso, tirandolo asciutto e di giusta cottura. Per aggraziarlo potete aggiungere qualche pezzetto di funghi secchi e un pezzetto di burro e poi servirlo in tavola con parmigiano grattato per chi lo vuole.

Al tempo dei piselli questi sono da preferirsi ai funghi; grammi 200, sgranati, bastano. Cuoceteli a parte con un po' d'olio, un po' di burro e una cipolla novellina intera. Versate i piselli quando la cipolla comincia a rosolare, fateli soffriggere alquanto, conditeli con sale e pepe e tirateli a cottura con poca acqua. La cipolla gettatela via e mescolate i piselli col riso quando questo sarà quasi cotto.

74. RISOTTO NERO COLLE SEPPIE ALLA FIORENTINA

Questo invertebrato *(Sepia officinalis)* dell'ordine dei molluschi e della famiglia dei cefalopodi è chiamato *calamaio* in Firenze, forse perché (formando spesso la bella lingua toscana i suoi vocaboli colle similitudini) esso racchiude nel suo sacco una vescichetta, che la natura gli ha dato a difesa, contenente un liquido nero che può servire da inchiostro.

I Toscani, i Fiorentini in ispecie, sono così vaghi degli ortaggi, che vorrebbero cacciarli per tutto e per conseguenza in questo piatto mettono la bietola che, mi pare, ci stia come il pancotto nel *credo.* Questo eccessivo uso di vegetali non vorrei fosse una, e non ultima, delle cagioni della flaccida costituzione di alcune classi di persone, che, durante l'influenza di qualche malore, mal potendo reggerne l'urto, si vedono cadere fitte come le foglie nel tardo autunno.

Spellate e sparate le seppie per nettarle delle parti inservibili che sono l'osso, l'apparato della bocca, gli occhi e il tubo digerente; mettete da parte la vescichetta dell'inchiostro, e dopo averle lavate bene tagliatele a quadrettino e le code a pezzetti.

Tritate minutamente due cipolle non grandi, o meglio una sola e due spicchi d'aglio, e ponetele al fuoco in una cazzaruola con olio finissimo e in abbondanza. Quando il soffritto avrà preso il rosso buttateci le seppie ed aspettate che queste, bollendo, comincino a divenir gialle per gettarvi grammi 600 circa di bietola, netta dalle costole più grosse e tritata alquanto. Mescolate e lasciate bollire per circa mezz'ora; poi versate grammi 600 di riso (che sarà il peso delle seppie in natura) e il loro inchiostro e, quando il riso si sarà bene impregnato di quel sugo, tiratelo a cottura con acqua calda. Il riso, per regola generale, dev'essere poco cotto, e quando si dice *asciutto* deve far la colma sul vassoio in cui lo servite. Accompagnatelo sempre col parmigiano grattato; ma se avete lo stomaco delicato astenetevi dal farne uso, quando è cucinato con questi e simili ingredienti di non facile digestione.

Ora v'indicherò un'altra maniera di fare questo risotto per scegliere fra i due quello che più vi aggrada. Niente bietola, niente inchiostro, e quando le seppie, come si è detto, cominciano a prendere il giallo, versate il riso e tiratelo a cottura con acqua calda e sugo di pomodoro o conserva, dandogli più grazia e sapore con un pezzetto di burro; quando è quasi cotto unite del parmigiano.

Se lo volete ancora migliore aggiungete a due terzi di cottura, i piselli accennati nel risotto colle tinche.

75. RISOTTO COI PISELLI

Il riso! Ecco giusto un alimento ingrassante che i Turchi somministrano alle loro donne onde facciano, come direbbe un illustre professore a tutti noto, i cuscinetti adiposi.

Riso, grammi 500.
Burro, grammi 100.
Parmigiano, quanto basta.
Una cipolla di mediocre grossezza.

Il riso, come già vi ho detto altra volta, non conviene lavarlo; basta nettarlo e strofinarlo entro a un canovaccio. Trinciate la cipolla ben fine colla lunetta e mettetela al fuoco colla metà del burro. Quando avrà preso il colore rosso versate il riso e rimuovetelo continuamente col mestolo finché abbia succhiato tutto il soffritto. Allora cominciate a versar acqua calda a un ramaiuolo per volta, ma badate che se bolle troppo ristretto, resta duro nel centro e si sfarina alla superficie; salatelo e tiratelo a cottura asciutta, aggiungendo il resto del burro. Prima di levarlo dal fuoco, unitevi i piselli del n. 427 in giusta proporzione e dategli sapore con un buon pugno di parmigiano.

Questa dose basterà per cinque persone.

76. RISOTTO COI FUNGHI

Per questo risotto io mi servo dei funghi porcini, i quali in alcuni paesi chiamansi *morecci*.

Funghi in natura, perché vanno poi nettati e scattivati, metà peso del riso. Fate un battuto con poca cipolla, prezzemolo, sedano, carota e mettetelo al fuoco con tre cucchiaiate d'olio, se il riso fosse grammi 300, da servirsi cioè a tre persone. Quando il battuto avrà preso colore, fermatelo con sugo di pomodoro e acqua, conditelo con sale e pepe e fatevi bollir dentro uno spicchio d'aglio intero, che poi getterete via prima di passare il soffritto, il quale rimetterete al fuoco, per cuocervi i funghi, prima tritati alla grossezza poco meno del granturco; cotti che sieno metteteli da parte. Il riso fatelo, così crudo, soffriggere con un pezzo di burro, poi tirate a cuocerlo con acqua calda versata a un ramaiuolo per volta; a mezza cottura mescolateci dentro i funghi e prima di servirlo dategli sapore col parmigiano.

Sarà mangiato volentieri anche fatto con un pugno di funghi secchi invece di quelli freschi.

77. RISOTTO COI POMODORI

Riso, grammi 500.
Burro, grammi 100.
Parmigiano, quanto basta.

Versate il riso sul burro strutto e quando l'avrà succhiato cominciate ad aggiungere acqua calda, poca per volta; poi, giunto a mezza cottura, dategli sapore colla salsa di pomodoro del n. 125 e prima di levarlo dal fuoco aggiungete un buon pugno di parmigiano grattato. Nella detta salsa, per condire il risotto, potete, piacendovi, sostituire all'olio la carnesecca, od anche servirvi del sugo di pomodoro descritto al n. 6.

78. RISOTTO ALLA MILANESE I

Riso, grammi 500.
Burro, grammi 80.
Zafferano, quanto basta a renderlo ben giallo.
Mezza cipolla di mediocre grossezza.
Per la cottura regolatevi come al n. 75.

Per rendere questo risotto più sostanzioso e più grato al gusto occorre il brodo.
Lo zafferano, se in casa avete un mortaio di bronzo, comperatelo in natura, pestatelo fine e scioglietelo in un gocciolo di brodo caldo prima di gettarlo nel riso, che servirete con parmigiano.
Lo zafferano ha un'azione eccitante, stimola l'appetito e promuove la digestione.
Questa quantità può bastare per cinque persone.

79. RISOTTO ALLA MILANESE II

Questo risotto è più complicato e più grave allo stomaco di quello precedente, ma più saporito.
Eccovi la dose per cinque persone.

Riso, grammi 500.
Burro, grammi 80.
Midollo di bue, grammi 40
Mezza cipolla.
Vino bianco buono, due terzi di bicchiere.
Zafferano, quanto basta.
Parmigiano, idem.

Tritate la cipolla e mettetela al fuoco col midollo e con la metà del burro. Quando sarà ben rosolata versate il riso e dopo qualche minuto aggiungete il vino e tiratelo a cottura col brodo. Prima di ritirarlo dal fuoco aggraziatelo con l'altra metà del burro e col parmigiano e mandatelo in tavola con altro parmigiano a parte.

80. RISOTTO ALLA MILANESE III

Potete scegliere! Eccovi un altro risotto alla milanese; ma senza la pretensione di prender la mano ai cuochi ambrosiani, dotti e ingegnosi in questa materia.

Riso, grammi 300.
Burro, grammi 50.
Un quarto di cipolla mezzana di grandezza.
Marsala, due dita di bicchiere comune.
Zafferano, quanto basta.

Rosolate la cipolla, tritata fine, con la metà del burro; versate il riso e dopo qualche minuto la marsala. Tiratelo a cottura col brodo e quando sarà cotto aggiungete il resto del burro e lo zafferano sciolto in un poco di brodo; per ultimo il pugnello di parmigiano.

Basta per tre persone.

81. RISOTTO COI RANOCCHI

Dice un famoso cuoco che per render tenera la carne dei ranocchi bisogna gettarli nell'acqua calda appena scorticati e dopo passarli in quella fresca: ma badate, appena mezzo minuto, se no li cuocete. Se sono grossi, dodici ranocchi ritengo che basteranno per grammi 300 di riso. Lasciate addietro le coscie; le uova, in questo caso, direi fosse meglio non adoperarle. Fate un battuto con un quarto di una grossa cipolla, uno spicchio d'aglio, carota, sedano, prezzemolo, basilico e mettetelo al fuoco con olio, pepe e sale. Allorché avrà preso colore buttate giù i ranocchi, rimestate a quando a quando e rosolati che sieno buttate dentro pomodori a pezzi, che lascerete disfare; allora versate tanta acqua calda quanta potrà occorrerne. Fate bollire adagio finché i ranocchi siano ben cotti e poi passate ogni cosa strizzando bene. In un po' di questo sugo cuocete le coscie lasciate da parte, disossatele ed unitele al resto.

Mettete il riso al fuoco con un pezzetto di burro, rimestate, e quando il burro sarà stato tutto suzzato, versate il sugo caldo dei ranocchi a un ramaiuolo per volta fino a cottura completa. Prima di levare il riso gettategli dentro un pugno di parmigiano e servitelo.

82. RISOTTO COI GAMBERI

Si racconta che una *gamberessa*, rimproverando un giorno la sua figliuola, le diceva: – Mio Dio, come vai torta! Non puoi camminare diritta? – E voi, mamma, come camminate? – rispose la figliuola; – posso andar diritta quando qui, tutti, vedo che vanno storti? – La figliuola aveva ragione.

Grammi 300 circa di gamberi potranno bastare per grammi 700 di riso e servire per otto persone.

Fate un battuto abbondante con mezza cipolla, tre spicchi d'aglio, carota, sedano e prezzemolo e mettetelo al fuoco con olio in proporzione. Credo che l'aglio, in questo caso, sia necessario per correggere il dolce dei gamberi. Quando il soffritto avrà preso colore buttategli dentro i gamberi e conditeli con sale e pepe. Rivoltateli spesso e quando tutti saranno divenuti rossi, bagnateli con sugo di pomodoro o conserva e poco dopo versate tanta acqua calda che possa bastare pel riso. Lasciate bollire non tanto, perocché i gamberi cuociono presto, poi levateli asciutti e una quarta parte, scegliendo i più grossi, sbucciateli e metteteli da parte. Gli altri pestateli nel mortaio, passateli dallo staccio e la polpa passata mescolatela al brodo dove sono stati cotti.

Mettete al fuoco un pezzetto di burro in una cazzaruola e versatevi il riso nettato senza lavarlo; rimestate continuamente e quando il riso avrà preso il lustro del burro versate il brodo caldo a poco per volta; a più di mezza cottura uniteci i gamberi interi, già sbucciati, e prima di servirlo dategli grazia con un pugno di parmigiano.

Se, quando fate questi risotti di magro, avete in serbo del brodo di carne, servitevene ché con esso riusciranno più sostanziosi e più delicati.

83. RISOTTO COL BRODO DI PESCE

Quando avrete lessato un pesce di qualità fina od anche un grosso muggine nel modo descritto al n. 459, potrete servirvi del brodo colato per ottenerne un risotto, o una zuppa. Fate un battuto con un quarto di cipolla, uno o due spicchi d'aglio, prezzemolo, carota e sedano e mettetelo al fuoco con olio, sale e pepe. Quando avrà preso colore fermatelo con sugo di pomodoro o conserva sciolta in un ramaiuolo del detto brodo. Lasciate bollire un poco e poi versate il riso che tirerete a cottura con lo stesso brodo bollente, versato poco per volta. A mezza cottura aggiungete un pezzo di burro, e quando il riso è cotto, un pugnello di parmigiano. Nella zuppa potete unire un pizzico di funghi secchi e il parmigiano servirlo a parte.

84. MACCHERONI ALLA FRANCESE

Li dico *alla francese* perché li trovai in un trattato culinario di quella nazione; ma come pur troppo accade con certe ricette stampate, che non corrispondono quasi mai alla pratica, ho dovuto modificare le dosi nelle seguenti proporzioni:

Maccheroni lunghi alla napoletana, grammi 300.
Burro, grammi 70.
Gruiera, grammi 70.
Parmigiano, grammi 40.
Un pentolino di brodo.

Date due terzi di cottura ai maccheroni in acqua non troppo salata. Mettete il brodo al fuoco e quando bolle gettateci il gruiera grattato e il burro per scioglierli bene col mestolo; ciò ottenuto, versatelo subito sui maccheroni già sgrondati dall'acqua e dico *subito,* perché altrimenti il gruiera cala a fondo e si appasta. Tenete i maccheroni al fuoco fino a cottura completa procurando che resti un po' di sugo. Quando li levate, conditeli col suddetto parmigiano e serviteli con altro parmigiano a parte, per chi, non avendo il gusto al delicato, ama il piccante.

Questa, come i maccheroni alla bolognese, è una minestra che fa molto comodo nelle famiglie, perché risparmia il lesso, bastando un pentolino di brodo del giorno avanti. Volendoli di magro, al brodo si sostituisca il latte.

Il gruiera, conosciuto in commercio anche col nome di *emmenthal,* è quel cacio a forme grandissime, di pasta tenera, gialla e bucherellata. Alcuni non amano il suo odore speciale che sa di ribollito; ma fo riflettere che questo odore nella stagione fredda è poco sensibile e che nella minestra si avverte appena.

85. MACCHERONI ALLA NAPOLETANA I

Ve li garantisco genuini e provati colla scorta di una ricetta che mi sono procurato da una famiglia di Santa Maria Capua Vetere; vi dirò anche di essere stato lungo tempo incerto avanti di metterla in esecuzione non persuadendomi troppo quel guazzabuglio di condimenti. A dir vero questi maccheroni non riescon cattivi, anzi possono incontrare il gusto di chi non è esclusivista del semplice.

Prendete un pezzo di carne nel lucertolo e steccatelo con fettine di prosciutto grasso e magro, zibibbo, pinoli e con un battutino di lardone, aglio, prezzemolo, sale e pepe. Accomodata la carne in questa maniera, e legata collo spago per tenerla più unita, ponetela al fuoco con un battuto di lardone e cipolla finemente tritata; rivoltatela spesso e bucatela a quando a quando col lardatoio. Rosolata che sia la carne e consumato il battuto, aggiungetevi tre o quattro pezzi di pomodoro sbucciati e quando questi siano distrutti, unitevi, a poco per volta, del sugo di pomodoro passato. Aspettate che questo siasi alquanto ristretto, poi versate tanta acqua che copra il pezzo, condite con sale e pepe e fate bollire a fuoco lento. In mancanza di pomodori freschi servitevi di conserva. Col sugo e con formaggio piccante, come usano i Napoletani, si condiscono i maccheroni, e la carne serve di companatico.

Quanto ai maccheroni, insegnano di farli bollire in un recipiente largo, con molt'acqua, e di non cuocerli troppo.

86. MACCHERONI ALLA NAPOLETANA II

Sono molto più semplici de' precedenti e buoni tanto che vi consiglio a provarli.

Per grammi 300 di maccheroni lunghi, che sono sufficienti per tre persone, mettete a soffriggere in un tegame o in una cazzaruola due grosse fette di cipolla con grammi 30 di burro e due cucchiaiate d'olio. Quando la cipolla, che bollendo naturalmente si sfalda, sarà ben rosolata, strizzatela col mestolo e gettatela via. In quell'unto a bollore versate grammi 500 di pomodori e un buon pizzico di basilico tritato all'ingrosso; condite con sale e pepe, ma i pomodori preparateli avanti perché vanno sbucciati, tagliati a pezzi e nettati dai semi più che si può, non facendo difetto se ve ne restano.

Col sugo condensato, con grammi 50 di burro crudo e parmigiano, condite i maccheroni e mandateli in tavola, che saranno aggraditi specialmente da chi nel sugo di pomodoro ci nuoterebbe dentro.

Invece dei maccheroni lunghi, possono servire le penne, anzi queste prenderanno meglio il condimento.

87. MACCHERONI ALLA BOLOGNESE

I Bolognesi, per questa minestra, fanno uso dei così detti denti di cavallo di mezzana grandezza, e questa pare anche a me la forma che meglio si presta, se cucinati in tal modo; avvertite però che siano di sfoglia alquanto grossa, onde nel bollire non si schiaccino; al qual difetto poco si bada in Toscana ove per la predilezione che sempre si dà ai cibi leggeri vengono fabbricate certe qualità di paste così dette *gentili,* a buco largo e a pareti tanto sottili che non reggono punto alla cottura e si schiacciano bollendo, il che fa disgusto a vederle non che a mangiarle.

Come ognuno sa, le migliori paste da minestra sono quelle di grano duro, che si fanno distinguere pel colore naturale di cera. Diffidate di quelle gialle, di cui si tenta mascherare l'origine ordinaria di grano comune, per mezzo di una tinta artificiale, che una volta era data almeno con sostanze innocue, quali lo zafferano o il croco.

Le seguenti proporzioni sono approssimative per condire grammi 500 e più di minestra:

Carne magra di vitella (meglio se nel filetto), gr. 150.
Carnesecca, grammi 50.
Burro, grammi 40.
Un quarto di una cipolla comune.
Una mezza carota.
Due costole di sedano bianco lunghe un palmo, oppure l'odore del sedano verde.
Un pizzico di farina, ma scarso assai.
Un pentolino di brodo.
Sale pochissimo o punto, a motivo della carnesecca e del brodo che sono saporiti.
Pepe e, a chi piace, l'odore della noce moscata.

Tagliate la carne a piccoli dadi, tritate fine colla lunetta la carnesecca, la cipolla e gli odori, poi mettete al fuoco ogni cosa insieme, compreso il burro, e quando la carne avrà preso colore aggiungete il pizzico della farina, bagnando col brodo fino a cottura intera.

Scolate bene i maccheroni dall'acqua e conditeli col parmigiano e con questo intingolo, il quale si può rendere anche più grato o con dei pezzetti di funghi secchi o con qualche fettina di tartufi, o con un fegatino cotto fra la carne e tagliato a pezzetti; unite, infine, quando è fatto l'intingolo, se volete renderli anche più delicati, mezzo bicchiere di panna; in ogni modo è bene che i maccheroni vengano in tavola non asciutti arrabbiati, ma diguazzanti in un poco di sugo.

Trattandosi di paste asciutte, qui viene a proposito una osservazione, e cioè che queste minestre è bene cuocerle poco; ma badiamo, *modus in rebus.* Se le paste si sentono durettine, riescono più grate al gusto e si digeriscono meglio. Sembra questo un paradosso, ma pure è così, perché la minestra troppo cotta, masticandosi poco, scende compatta a pesar sullo stomaco e vi fa palla, mentre se ha bisogno di essere triturata, la masticazione produce saliva e questa contiene un fermento detto ptialina che serve a convertire l'amido o la fecola in zucchero ed in destrina.

L'azione fisiologica della saliva è poi importantissima giacché oltre all'effetto di ammollire e di sciogliere i cibi, facilitandone l'inghiottimento, promuove per la sua natura alcalina la secrezione del succo gastrico allorché i cibi scendono nello stomaco. Per questa ragione le bambinaie usano a fin di bene un atto schifoso come quello di fare i bocconi e masticare la pappa ai bambini.

Si dice che i Napoletani, gran mangiatori di paste asciutte, vi bevano sopra un bicchier d'acqua per digerirle meglio. Io non so se l'acqua, in questo caso, agisca come dissolvente o piuttosto sia utile perché, prendendo il posto di un bicchier di vino o di altro alimento, faccia, naturalmente, rimaner lo stomaco più leggero. I denti di cavallo, quando sono più grossi e più lunghi, si chiamano in Toscana cannelloni e in altri luoghi d'Italia *buconotti* o *strozzapreti*.

88. MACCHERONI CON LE SARDE ALLA SICILIANA

Di questa minestra vo debitore a una vedova e spiritosa signora il cui marito, siciliano, si divertiva a manipolare alcuni piatti del suo paese, fra i quali il nasello alla palermitana e il pesce a taglio in umido.

Maccheroni lunghi alla napoletana, grammi 500.
Sarde fresche, grammi 500.
Acciughe salate, n. 6.
Finocchio selvatico, detto finocchio novellino, gr. 300.
Olio, quanto basta.

Alle sarde levate la testa, la coda e la spina dividendole in due parti, infarinatele, friggetele, salatele alquanto e mettetele da parte.

I finocchi lessateli, spremeteli dall'acqua, tritateli minuti e metteteli da parte.

I maccheroni, dopo averli cotti così interi nell'acqua salata, scolateli bene e mettete anche questi da parte. Ponete al fuoco in un tegame dell'olio in abbondanza e in esso disfate le sei acciughe, ben inteso dopo averle nettate e tolta la spina; versate in questa salsa i finocchi, conditeli con poco sale e pepe e fateli bollire per dieci minuti con sugo di pomodoro o conserva sciolta nell'acqua. Ora che avete tutto in pronto, prendete un piatto che regga al fuoco o una teglia e condite i maccheroni a suolo a suolo con le sarde e con l'acciugata di finocchi in modo che facciano la colma; metteteli a rosolare tra due fuochi e serviteli caldi.

Crederei dovessero bastare per sei o sette persone.

89. GNOCCHI DI PATATE

La famiglia de' gnocchi è numerosa. Vi ho già descritto gli gnocchi in brodo del n. 14: ora v'indicherò gli gnocchi di patate e di farina gialla per minestra e più avanti quelli di semolino e alla romana per tramesso o per contorno, e quelli di latte per dolce.

Patate grosse e gialle, grammi 400.

Farina di grano, grammi 150.

Vi noto la proporzione della farina per intriderli, onde non avesse ad accadervi come ad una signora che, me presente, appena affondato il mestolo per muoverli nella pentola non trovò più nulla; gli gnocchi erano spariti. – O dov'erano andati? – mi domandò con premurosa curiosità un'altra signora, a cui per ridere raccontai il fatto, credendo forse che il folletto li avesse portati via.

– Non inarchi le ciglia, signora – risposi io – ché lo strano fenomeno è naturale: quelli gnocchi erano stati intrisi con poca farina e appena furono nell'acqua bollente si liquefecero.

Cuocete le patate nell'acqua o, meglio, a vapore e, calde bollenti, spellatele e passatele per istaccio. Poi intridetele colla detta farina e lavorate alquanto l'impasto colle mani, tirandolo a cilindro sottile per poterlo tagliare a tocchetti lunghi tre centimetri circa. Spolverizzateli leggermente di farina e, prendendoli uno alla volta, scavateli col pollice sul rovescio di una grattugia. Metteteli a cuocere nell'acqua salata per dieci minuti, levateli asciutti e conditeli con cacio, burro e sugo di pomodoro, piacendovi.

Se li volete più delicati cuoceteli nel latte e serviteli senza scolarli; se il latte è di buona qualità, all'infuori del sale, non è necessario condimento alcuno o tutt'al più un pizzico di parmigiano.

90. GNOCCHI DI FARINA GIALLA

Quando vi sentite una certa ripienezza prodotta da esuberanza di nutrizione, se ricorrete a una minestra di questi gnocchi potrete, per la loro leggerezza e poca sostanza, neutralizzarla; e più ancora se farete seguire ad essa un piatto di pesce di facile digestione.

La farina, per quest'uso, è bene sia macinata grossa; se no è meglio ricorrere al semolino fine di granturco, che ora trovasi in commercio. Salate l'acqua e, quando bolle, versate colla mano sinistra la farina un po' per volta e col mestolo nella destra, mescolate continuamente. È necessario che questa farina bolla molto, e quando essa è ristretta in modo da reggere bene sul mestolo, gettatela, con un coltello da tavola, a tocchetti entro a un vassoio e ad ogni strato conditela con cacio, burro, sugo di pomodoro o conserva sciolta nell'acqua. Colmatene il vassoio e mandatela calda in tavola.

Se poi vi piacessero più conditi potete trattarli come la polenta con le salsicce del n. 232 o come i maccheroni alla bolognese del n. 87.

91. PAPPARDELLE ALL'ARETINA

Non ve le do come piatto fine, ma per famiglia può andare.

Prendete un'anatra domestica, mettetela in cazzaruola con un pezzetto di burro, conditela con sale e pepe e, quando avrà preso colore, aggiungete un battuto, tritato ben fine, di prosciutto, cipolla, sedano e carota. Lasciatelo struggere sotto l'anatra, rivoltandola spesso; poi levate via buona parte dell'unto come cosa indigesta, e tiratela a cottura con brodo ed acqua versata poca per volta, ma in quantità tale che vi resti il sugo per condire la minestra di pappardelle.

Procuratevi un pezzetto di milza di vitella o di manzo, apritela e raschiatene col coltello la parte interna per metterla a bollire sotto l'anatra quando questa sarà cotta e servirà per ingrediente al sugo a cui non sarà male aggiungere anche pomodoro e odore di noce moscata. Tirate una sfoglia di tutte uova, grossetta come quella delle tagliatelle e colla rotellina smerlata tagliate le strisce più larghe di un dito. Cuocetele poco e conditele col detto sugo, col fegatino dell'anatra a pezzetti, parmigiano e un poco di burro se occorre. Queste pappardelle servono per minestra e l'anatra per secondo piatto.

92. PASTE ALLA CACCIATORA

Così chiamano in Toscana una minestra di paste asciutte, (nocette, paternostri, penne e simili) condite con la carne delle arzavole. Le arzavole sono uccelli di padule, dal piede palmato, dal becco a spatola, somigliantissimi alle anatre se non che sono più piccole, da pesare in natura grammi 250 a 300. Due di queste sono sufficienti per condire una minestra di grammi 400 di pasta da bastare per quattro persone.

Gettate via la testa, le zampe, la stizza, e gli intestini per farle bollire con un mazzetto guarnito di sedano, carota e gambi di prezzemolo in tanta acqua salata che basti per cuocervi la minestra. Cotte che sieno disossatele e tritatele con la lunetta insieme coi fegatini e i ventrigli vuotati che avrete cotti con le arzavole. Cotta la pasta nel detto brodo scolatela bene e conditela a suoli con questa carne tritata, burro e parmigiano a buona misura.

Riesce una minestra gustosa e, ciò che più conta, di non difficile digestione.

93. PASTE CON LE ARZAVOLE

La precedente minestra *Paste alla cacciatora* mi ha suggerito questa che non riesce men buona. Prendete un'arzavola e, vuotata e pulita come le suddette, mettetela a cuocere insieme con un battuto di cipolla (un quarto o mezza se è piccola), un bel pezzo di sedano, mezza carota, grammi 40 di prosciutto grasso e magro e un pezzetto di burro; sale e pepe per condimento. Rosolata che sia, tiratela a cottura con del buon brodo e un po' di sugo di pomodoro o conserva. Poi disossatela e tritatela insieme con qualche pezzetto di funghi secchi, se li avete uniti all'arzavola mentre cuoceva. Rimettete al fuoco questo intingolo con l'odore delle spezie o della noce moscata e un pezzo di burro impiastricciato di farina per legarlo, e con esso e parmigiano condite grammi 350 di paste che possono essere maccheroni, strisce, denti di cavallo od altre simili.

Questa quantità può bastare per cinque persone se non sono gran mangiatori.

Se unirete all'arzavola grammi 50 di filetto di manzo avrete l'intingolo più sostanzioso.

94. PAPPARDELLE COL SUGO DI CONIGLIO

Dopo aver lavato il coniglio, tagliatelo a pezzi più grossi di quello da friggere e mettetelo al fuoco in una cazzaruola per fargli far l'acqua che poi scolerete; quando sarà bene asciutto gettateci un pezzetto di burro, un poco d'olio e un battuto tritato fine e composto del fegato dell'animale, di un pezzetto di carnesecca e di tutti gli odori, cioè: cipolla, sedano, carota e prezzemolo. Conditelo con sale e pepe. Rimuovetelo spesso e quando sarà rosolato bagnatelo con acqua e sugo di pomodoro, o conserva, per tirarlo a cottura, aggiungendo per ultimo un altro poco di burro.

Servitevi del sugo per condire con questo e con parmigiano una minestra di pappardelle o di strisce, e mandate in tavola per secondo piatto il coniglio con alcun poco del suo intinto.

Se non volete condir la minestra non occorre nel battuto la carnesecca.

95. PAPPARDELLE COLLA LEPRE I

La carne della lepre, essendo arida e di poco sapore, ha bisogno in questo caso, di venire sussidiata da un sugo di carne di molta sostanza per ottenere una minestra signorile. Eccovi le dosi di una minestra per cinque persone che, per tante, a mio avviso, deve bastare una sfoglia di tre uova, tagliata a forma di pappardelle larghe un dito, con la rotella smerlata, oppure per grammi 500 o 600 di strisce di pasta comprata.

I due filetti di una lepre, che possono pesare in tutto grammi 180 a 200, compreso i rognoni
Burro, grammi 50.
Carnesecca, grammi 40.
Mezza cipolla di mediocre grandezza.
Mezza carota.
Un pezzo di sedano lungo un palmo.
Odore di noce moscata.
Parmigiano, quanto basta.
Una cucchiaiata di farina.
Sugo di carne, decilitri 6.

I filetti spellateli da quella pellicola che li avvolge e tagliateli a piccoli dadi, poi fate un battuto con la carnesecca, la cipolla, il sedano e la carota. Tritatelo ben fine con la lunetta e mettetelo al fuoco con la terza parte del detto burro e con la carne di lepre, condendola con sale e pepe. Quando la carne sarà rosolata, spargeteci sopra la farina e poco dopo bagnatela e tiratela a cottura col detto sugo. Prima di servirvi di questo intingolo aggiungete il resto del burro e la noce moscata.

Le pappardelle o strisce che siano, cotte nell'acqua salata, levatele bene asciutte e conditele sul vassoio, senza rimetterle al fuoco, con parmigiano e l'intingolo suddetto.

In mancanza dei filetti servitevi dei coscetti.

96. PAPPARDELLE COLLA LEPRE II

Eccovi un'altra ricetta più semplice per condire con la stessa quantità di carne di lepre la medesima quantità di paste.

Fate un battuto con grammi 50 di prosciutto, più grasso che magro, un quarto di cipolla, sedano, carota e pochissimo prezzemolo. Mettetelo al fuoco con grammi 40 di burro e quando avrà soffritto, buttateci i pezzi della carne interi e conditeli con sale e pepe. Fatela rosolare e poi, per cuocerla, bagnatela a poco a poco con brodo e sugo di pomodoro o conserva, in modo che vi resti abbondante liquido; quando la carne è cotta levatela asciutta e tritatela non tanto minuta con la lunetta.

Fate, come dicono i Francesi, un *roux* o, come io direi, un intriso con grammi 30 di burro e una cucchiaiata di farina e quando avrà preso sul fuoco il color biondo, versate nel medesimo la carne tritata e il suo sugo, aggiungendo altri 30 grammi di burro e l'odore della noce moscata; poi con quest'intingolo e con parmigiano condite la minestra. Non mi rimproverate se in queste minestre v'indico spesso l'odore della noce moscata. A me pare che ci stia bene; se poi non vi piace sapete quello che avete a fare.

97. RAVIOLI

Ricotta, grammi 300.
Parmigiano grattato, grammi 50.
Uova, n. 2.
Bietola cotta, quanta ne sta in un pugno.
Odore di noce moscata e spezie.
Sale, quanto basta.

La ricotta passatela, e se è sierosa strizzatela prima in un tovagliuolo. La bietola nettatela dai gambi, lessatela senz'acqua, strizzatela bene e tritatela fine colla lunetta Fate un impasto di tutto, prendete il composto a cucchiaiate e mettendolo sopra a della farina, che avrete distesa sulla spianatoia, avvolgetelo bene dandogli la forma tonda e bislunga delle crocchette. Con questa dose farete circa due dozzine di ravioli. Per cuocerli gettateli in acqua, non salata, che bolla forte e levateli colla mestola forata perché restino asciutti. Conditeli o col sugo o a cacio e burro e serviteli per minestra o per contorno a un umido di carne.

Siccome la cottura ne è sollecita, bastando che assodino, cuoceteli pochi alla volta onde non si rompano.

98. RAVIOLI ALL'USO DI ROMAGNA

I Romagnoli, per ragione del clima che richiede un vitto di molta sostanza e un poco fors'anche per lunga consuetudine a cibi gravi, hanno generalmente gli ortaggi cotti in quella grazia che si avrebbe il fumo negli occhi, talché spesse volte ho udito nelle trattorie: – Cameriere, una porzione di lesso; ma bada, senza spinaci. – Oppure: – Di questi (indicando gli spinaci) ti puoi fare un impiastro sul sedere. – Esclusa quindi la bietola o gli spinaci, eccovi la ricetta dei ravioli all'uso di Romagna:

Ricotta, grammi 150.
Farina, grammi 50.
Parmigiano grattato, grammi 40.
Uova, uno e un rosso.
Sale, quanto basta.

Fate tutto un impasto e versatelo sulla spianatoia sopra un velo di farina per dargli la forma cilindrica che taglierete in quattordici o quindici pezzi eguali foggiandoli a modo. Lessateli poi per due o tre minuti in acqua non salata e conditeli con cacio e sugo di carne, oppure serviteli per contorno a uno stracotto o a un fricandò.

99. RAVIOLI ALLA GENOVESE

Questi, veramente, non si dovrebbero chiamar ravioli, perché i veri ravioli non si fanno di carne e non si involgono nella sfoglia.

Mezzo petto di cappone o di pollastra.
Un cervello d'agnello con alcune animelle.
Un fegatino di pollo.

Mettete queste cose al fuoco con un pezzetto di burro e quando cominciano a prender colore tiratele a cottura col sugo di carne. Levatele asciutte e tritatele finissime colla lunetta insieme con una fettina di prosciutto grasso e magro; poi aggiungete pochi spinaci lessati e passati, parmigiano grattato, noce moscata e due rossi d'uovo. Mescolate, e chiudeteli come i cappelletti all'uso di Romagna n. 7, o in modo più semplice; con questa dose ne farete sessanta circa.

Cuoceteli nel brodo per minestra, o asciutti con cacio e burro, oppure col sugo.

100. SPAGHETTI COLLE ACCIUGHE

Per minestra di magro è appetitosa. Prendete spaghetti mezzani che sono da preferirsi a quelle corde da contrabbasso, eccellenti per gli stomachi degli spaccalegne. Grammi 350 sono più che sufficienti per quattro persone di pasto ordinario, e per questa quantità bastano cinque acciughe.

Lavatele, nettatele bene dalle spine e dalle lische, tritatele alquanto colla lunetta e ponetele al fuoco con olio buono in abbondanza e una presa di pepe. Non le fate bollire, ma quando cominciano a scaldarsi aggiungete grammi 50 di burro, un poco di sugo di pomodoro o conserva e levatele. Condite con questo intingolo gli spaghetti cotti in acqua poco salata, procurando che restino durettini.

IOI. SPAGHETTI COI NASELLI

Spaghetti, grammi 500.
Naselli (merluzzi), grammi 300.
Burro, grammi 60.
Olio, cucchiaiate n. 4.
Marsala, cucchiaiate n. 4.
Odore di noce moscata.

Tritate una cipolla di mediocre grossezza e strizzatela fra le mani per toglierle l'acredine. Mettetela al fuoco con l'olio suddetto e quando comincia a rosolare gettateci i naselli tagliati a pezzi e conditeli con sale e pepe. Rosolati che siano versate sugo di pomodoro, o conserva sciolta nell'acqua per cuocerli, e poi passateli da uno staccio di fil di ferro, bagnandoli con un poco di acqua calda se occorre, per estrarne tutta la polpa. Rimettete il passato al fuoco col burro, la marsala, la noce moscata e quando avrà alzato il bollore, se il sugo non avrà bisogno di essere ristretto per ridurlo a giusta consistenza, condite con questo intingolo e parmigiano gli spaghetti cotti in acqua salata.

È questa una dose per cinque persone ed è minestra che piacerà perché non è un intruglio come sembrerebbe alla descrizione.

IO2. SPAGHETTI COL SUGO DI SEPPIE

Eccovi le norme approssimative per fare questa minestra che basterà per cinque persone.

Prendete tre seppie di media grandezza, che potranno pesare, in complesso, dai 650 ai 700 grammi. Spellatele e nettatele dall'osso, dall'apparato della bocca, dagli occhi, dal tubo digerente e dall'inchiostro, che alcuni lasciano, ma che io escludo perché mi sembra faccia bruttura. Fate un battuto con grammi 100 di midolla di pane, un buon pizzico di prezzemolo e uno spicchio d'aglio, unitevi i tentacoli, che sono due per ogni seppia, tritati ben fini, conditelo con olio, sale e pepe a buona misura e con questo riempite il sacco delle seppie cucendone la bocca. Tritate una cipolla di mediocre grandezza, strizzatela per toglierne l'acredine e mettetela al fuoco con olio, non molto però, e quando avrà preso colore gettateci le seppie e conditele con sale e pepe. Aspettate che coloriscano per tirarle a cottura a fuoco lento con molto sugo di pomodoro o conserva, aggiungendo acqua a poco per volta. Fatele bollir tre ore, ma procurate che vi resti il sugo necessario per condire con esso e con parmigiano grammi 500 di spaghetti i quali sentirete che riescono piacevoli al gusto.

Le seppie, che in questo modo rimangono tenere e perciò di non difficile digestione, servitele dopo come piatto di pesce in umido.

103. SPAGHETTI DA QUARESIMA

Molti leggendo questa ricetta esclameranno: – Oh che minestra ridicola! – eppure a me non dispiace; si usa in Romagna e, se la servirete a dei giovanotti, sarete quasi certi del loro aggradimento.

Pestate delle noci framezzo a pangrattato, uniteci dello zucchero a velo e l'odore delle spezie e, levati asciutti gli spaghetti dall'acqua, conditeli prima con olio e pepe, poi con questo pesto a buona misura.

Per grammi 400 di spaghetti, che possono bastare per cinque persone:
Noci sgusciate, grammi 60.
Pangrattato, grammi 60.
Zucchero bianco a velo, grammi 30.
Spezie fini, un cucchiaino colmo.

104. SPAGHETTI ALLA RUSTICA

Gli antichi Romani lasciavano mangiare l'aglio all'infima gente, e Alfonso re di Castiglia tanto l'odiava da infliggere una punizione a chi fosse comparso a Corte col puzzo dell'aglio in bocca. Più saggi gli antichi Egizi lo adoravano in forma di nume, forse perché ne avevano sperimentate le medicinali virtù, e infatti si vuole che l'aglio sia di qualche giovamento agl'isterici, che promuova la secrezione delle orine, rinforzi lo stomaco, aiuti la digestione e, essendo anche vermifugo, serva di preservativo contro le malattie epidemiche e pestilenziali. Però, ne' soffritti, state attenti che non si cuocia troppo, ché allora prende assai di cattivo. Ci sono molte persone, le quali, ignare della preparazione dei cibi, hanno in orrore l'aglio per la sola ragione che lo sentono puzzare nel fiato di chi lo ha mangiato crudo o mal preparato; quindi, quale condimento plebeo, lo bandiscono affatto dalla loro cucina; ma questa fisima li priva di vivande igieniche e gustose, come la seguente minestra, la quale spesso mi accomoda lo stomaco quando l'ho disturbato.

Fate un battutino con due spicchi d'aglio e un buon pizzico di prezzemolo e l'odore del basilico se piace; mettetelo al fuoco con olio a buona misura e appena l'aglio comincia a colorire gettate nel detto battuto sei o sette pomodori a pezzi condendoli con sale e pepe. Quando saranno ben cotti passatene il sugo, che potrà servire per quattro o cinque persone, e col medesimo unito a parmigiano grattato, condite gli spaghetti, ossia i vermicelli, asciutti, ma abbiate l'avvertenza di cuocerli poco, in molta acqua, e di mandarli subito in tavola, onde non avendo tempo di succhiar l'umido, restino succosi.

Anche le tagliatelle sono buonissime così condite.

105. SPAGHETTI COI PISELLI

È una minestra da famiglia, ma buona e gustosa se preparata con attenzione; del resto queste minestre asciutte vengono opportune per alternare con quell'eterno e spesso tiglioso e insipido lesso.

Spaghetti, grammi 500.
Piselli sgranati, grammi 500.
Carnesecca, grammi 70.

Fate un battuto con la suddetta carnesecca, una cipolla novellina, un aglio fresco e qualche costola di sedano e prezzemolo. Mettetelo al fuoco con olio e, quando comincia a prender colore, versate i piselli insieme con qualche gambo di aneto tritato, se lo avete; conditeli con sale e pepe e cuoceteli.

Gli spaghetti tritateli con le mani per ridurli corti meno di mezzo dito, cuoceteli nell'acqua salata, scolateli bene, mescolateli coi piselli e serviteli con parmigiano a parte.

Questa quantità potrà bastare per sei o sette persone.

106. SPAGHETTI CON LA BALSAMELLA

Tolti asciutti dall'acqua e conditi sul vassoio con parmigiano e burro, né più né meno come siete soliti a fare, versateci sopra, se gli spaghetti fossero grammi 300, una *balsamella* composta di

Latte molto buono decilitri n. 3.
Burro, grammi 20.
Farina, grammi 5 che corrispondono a una mezza cucchiaiata.

È una minestra che potrà bastare a quattro persone.

107. MINESTRA DI ERBE PASSATE

Prendete un mazzo di bietola, uno di spinaci, un cesto (cespo) di lattuga e uno spicchio di cavolo cappuccio. Alla bietola togliete le costole più grosse, trinciate tutte queste erbe all'ingrosso e tenetele per alcune ore nell'acqua fresca.

Fate un battuto con un quarto di cipolla e tutti gli odori, cioè, prezzemolo, sedano, carota e qualche foglia di basilico, oppure di aneto; mettetelo al fuoco con un pezzetto di burro e quando sarà ben colorito, versate sul medesimo le dette erbe alquanto grondanti, insieme con alcuni pomodori a pezzi e con una patata tagliata a fette. Condite con sale e pepe e lasciate bollire rimescolando spesso. Quando le erbe saranno ristrette, versate acqua calda e fatele cuocer tanto che divengan disfatte. Allora passatele per istaccio, sul quale rimarrà lo scarto di bucce e filamenti, e servitevi del sugo passato per cuocervi del riso o per bagnare una zuppa; ma prima assaggiatelo, per aggiungere condimento, e specialmente del burro, che sarà quasi sempre necessario.

Le dette minestre servitele con parmigiano a parte, ma vi prevengo di non tenerle troppo dense onde non sembrino impiastri.

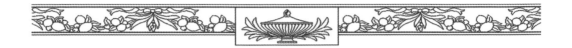

PRINCIPII

Principii o antipasto sono propriamente quelle cosette appetitose che s'imbandiscono per mangiarle o dopo la minestra, come si usa in Toscana, cosa che mi sembra più ragionevole, o prima, come si pratica in altre parti d'Italia. Le ostriche, i salumi, tanto di grasso, come prosciutto, salame, mortadella, lingua; quanto di magro: acciughe, sardine, caviale, mosciame (che è la schiena salata del tonno), ecc., possono servire da principio tanto soli che accompagnati col burro. Oltre a ciò i crostini, che vi descriverò qui appresso, servono benissimo all'uopo.

108. CROSTINI DI CAPPERI

Capperi sotto aceto, grammi 50.
Zucchero in polvere, grammi 50.
Uva passolina, grammi 30.
Pinoli, grammi 20.
Candito, grammi 20.

I capperi tritateli all'ingrosso, l'uva passolina nettatela dai gambi e lavatela bene, i pinoli tagliateli per traverso in tre parti, il prosciutto foggiatelo a piccolissimi dadi e il candito riducetelo a pezzettini. Mettete al fuoco, in una piccola cazzaruola, un cucchiaino colmo di farina e due del detto zucchero e quando questa miscela avrà preso il color marrone, versate nella medesima mezzo bicchier d'acqua mista a pochissimo aceto. Quando avrà bollito tanto che i grumi siensi sciolti, gettate nella cazzaruola tutti gli ingredienti in una volta e fateli bollire per dieci minuti, assaggiandoli nel frattempo, per sentire se il sapore dolce e forte sta bene; non v'ho precisato la quantità di aceto necessaria, perché tutte le qualità di aceto non hanno la stessa forza. Quando il composto è ancora caldo distendetelo sopra fettine di pane fritte in olio buono o semplicemente arrostite appena. Potete servire questi crostini diacci anche a metà del pranzo, per eccitare l'appetito dei vostri commensali. Il miglior pane per questi crostini è quello in forma all'uso inglese.

109. CROSTINI DI TARTUFI

Prendete a preferenza i bastoncini di pane e tagliateli a fette diagonali: in mancanza di essi preparate fettine di pane a forma elegante, arrostitele appena e così a bollore ungetele col burro. Sopra di esse distendete i tartufi preparati nel modo descritto al n. 269 e bagnateli coll'intinto che resta.

110. CROSTINI DI FEGATINI DI POLLO

Sapete già che ai fegatini va levata la vescichetta del fiele senza romperla, operazione questa che eseguirete meglio operando dentro a una catinella d'acqua. Mettete i fegatini al fuoco insieme con un battutino composto di uno scalogno, e in mancanza di questo di uno spicchio di cipollina bianca, un pezzetto di grasso di prosciutto, alcune foglie di prezzemolo, sedano e carota, un poco d'olio e di burro, sale e pepe; ma ogni cosa in poca quantità per non rendere il composto piccante o nauseante. A mezza cottura levate i fegatini asciutti e, con due o tre pezzi di funghi secchi rammolliti, tritateli fini colla lunetta. Rimetteteli al fuoco nell'intinto rimasto della mezza cottura e con un poco di brodo finite di cuocerli, ma prima di servirvene legateli con un pizzico di pangrattato fine e uniteci un po' d'agro di limone.

Vi avverto che questi crostini devono esser teneri e però fate il composto alquanto liquido, oppure intingete prima, appena appena, le fettine di pane nel brodo.

111. CROSTINI DI FEGATINI DI POLLO CON LA SALVIA

Fate un battutino con pochissima cipolla e prosciutto grasso e magro. Mettetelo al fuoco con un pezzetto di burro e quando sarà ben rosolato gettateci i fegatini tritati fini insieme con delle foglie di salvia (quattro o cinque per tre fegatini potranno bastare). Conditeli con sale e pepe e, tirato che abbiano l'umido, aggiungete un altro poco di burro e legateli con un cucchiaino di farina; poi bagnateli col brodo per cuocerli, ma prima di ritirarli dal fuoco versateci tre o quattro cucchiaini di parmigiano grattato e assaggiateli se stanno bene di condimento.

I crostini formateli di midolla di pane rafferno, grossi poco meno di un centimetro e spalmateli generosamente da una sola parte col composto quando non sarà più a bollore. Dopo diverse ore, allorché sarete per servirli, o soli o per contorno all'arrosto, frullate un uovo misto a un gocciolo d'acqua e, prendendo i crostini a uno a uno, fate loro toccar la farina dalla sola parte del composto, poi immergeteli nell'uovo e buttateli in padella dalla parte del composto medesimo.

112. CROSTINI DI BECCACCIA

Sbuzzate le beccacce e levatene le interiora gettando via soltanto la estremità del budello che confina coll'ano. Unite alle medesime i ventrigli, senza vuotarli; qualche foglia di prezzemolo e la polpa di due acciughe per ogni tre interiora. Sale non occorre. Tritate il tutto ben fine colla lunetta, poi mettetelo al fuoco con un pezzetto di burro e una presa di pepe, bagnandolo con sugo di carne.

Spalmate con questo composto fettine di pane a forma gentile, arrostite appena, e mandate questi crostini in tavola accompagnati dalle beccacce che avrete cotto arrosto con qualche ciocchettina di salvia e fasciate con una fetta sottile di lardone.

113. CROSTINI DIVERSI

Il pane che meglio si presta per questi crostini è quello bianco fine, in forma, all'uso inglese. Non avendone, prendete pane di un giorno, con molta midolla, e riducetelo a fette quadre, grosse un centimetro, che spalmerete co' seguenti composti ridotti come ad unguento:

Crostini di caviale. Tanto caviale e tanto burro mescolati insieme; e se il caviale è duro lavorateli un poco al fuoco, con un mestolo, a moderato calore.

Se invece del burro vorrete servirvi di olio, aggiungete qualche goccia d'agro di limone e immedesimate bene i tre ingredienti.

Crostini di acciughe. Lavate le acciughe e togliete loro la spina e le lische; poi tritatele colla lunetta, aggiungete burro in proporzione, e stiacciate il composto con la lama di un coltello da tavola per ridurlo una pasta omogenea.

Crostini di caviale, acciughe e burro. Mi servirei delle seguenti proporzioni, salvo a modificarle secondo il gusto:

Burro, grammi 60.
Caviale, grammi 40.
Acciughe, grammi 20.

Fate un miscuglio di tutto e lavoratelo per ridurlo fine e liscio.

114. SANDWICHES

Possono servir di principio alla colazione o di accompagnamento a una tazza di the. Prendete pane finissimo di un giorno, o pane di segale, levategli la corteccia e tagliatelo a fettine grosse mezzo centimetro e all'incirca lunghe 6 e larghe 4. Spalmatele di burro fresco da una sola parte e appiccicatele insieme mettendovi framezzo una fetta sottile o di prosciutto cotto grasso e magro, o di lingua salata.

115. CROSTINI DI FEGATINI E ACCIUGHE

Fegatini di pollo, n. 2.
Acciughe, n. 1.

Cuocete i fegatini nel burro e quando l'avranno tirato bagnateli con brodo; unite una presa di pepe, ma punto sale. Quando sono cotti tritateli fini insieme coll'acciuga lavata e nettata; poi rimettete il battuto nel tegamino dove sono stati cotti i fegatini, aggiungete un altro po' di burro, scaldate il composto al fuoco senza farlo bollire, e spalmate con esso delle fettine di midolla di pane fresco.

116. CROSTINI DI MILZA

Milza di castrato, grammi 120.
Acciughe, n. 2.

Levate la pelle alla milza e cuocetela col burro e sugo di carne. In mancanza di questo, servitevi di un battutino di poca cipolla, olio, burro, sale, pepe e spezie per condimento. Tritate poi ben fine questi ingredienti insieme colle acciughe, rimetteteli al fuoco nell'intinto che resta, unendovi un cucchiaino di pangrattato per legarli insieme, e, senza farli più bollire, spalmate con essi delle fettine di pane, fatte prima asciugare al fuoco senz'arrostire ed unte col burro.

117. CROSTINI FIORITI

Questi crostini sono di facile fattura, belli a vedersi e discretamente buoni.
Tagliate della midolla di pane finissimo alla grossezza di un centimetro, dandole la forma di mandorle o di quadretti. Spalmateli di burro fresco e distendeteci sopra due o tre foglie di prezzemolo, contornandole con filetti di acciuga, in forma di biscioline.

118. BACCALÀ MONTEBIANCO

Com'è bizzarra la nomenclatura della cucina! Perché montebianco e non montegiallo, come apparisce dal suo colore quando questo piatto è formato? E i Francesi come hanno potuto, facendosi belli di un traslato de' più arditi, stiracchiare il vocabolo corrispondente in *Brandade de morue? Brandade,* dicono essi, deriva da *brandir,* muovere, scuotere, vibrare una spada, un'alabarda, una lancia ed armi simili, e infatti qui si brandisce; ma che cosa? Un povero mestolo di legno. Non si può negare che i Francesi non sieno ingegnosi in tutto!
Comunque sia, è un piatto che merita tutta la vostra attenzione, perché il baccalà così trattato perde la sua natura triviale e diventa gentile in modo da poter figurare, come principio o tramesso, in una tavola signorile.

Baccalà polputo, ammollito, grammi 500.
Olio sopraffino, grammi 200.
Panna o latte eccellente, decilitri 1.

La detta quantità nettata dalla spina, dalle lische, dalla pelle e dai nerbetti, che si presentano come fili, rimarrà al pulito grammi 340 circa.

Dopo averlo così curato, pestatelo nel mortaio e poi ponetelo in una cazzaruola, insieme con la panna, sopra a un fuoco non troppo ardente, rimestando continuamente. Quando avrà assorbito la panna, o latte che sia, cominciate a versar l'olio a centellini per volta, come fareste per la maionese, sempre lavorandolo molto con *l'arma brandita,* cioè col mestolo, onde si affini e non impazzisca. Levatelo quando vi parrà cotto al punto e servitelo freddo con un contorno di tartufi crudi tagliati a fette sottilissime, oppure con crostini di pane fritto, o crostini di caviale. Se è venuto bene non deve ributtar l'olio quando è nel piatto.

Questa quantità potrà bastare per otto persone.

SALSE

La migliore salsa che possiate offrire ai vostri invitati è un buon viso e una schietta cordialità. Brillat Savarin diceva: «Invitare qualcuno è lo stesso che incaricarsi della sua felicità per tutto il tempo che dimora sotto il vostro tetto».

Le poche ore che vorreste rendere piacevoli all'amico ospitato, vengono oggigiorno preventivamente turbate da certe cattive usanze che cominciano ad introdursi e minacciano di generalizzarsi; intendo della così detta *visita di digestione* entro gli otto giorni e della mancia ai servitori della casa per un pranzo ricevuto. Quando si abbia a spendere per un pranzo, meglio è di pagarlo al trattore, che così non si contraggono obblighi con nessuno; di più, quella seccatura di una visita a termine fisso e a rima obbligata, che non parte spontanea dal cuore, è una vera balordaggine.

119. SALSA VERDE

Per fare la salsa verde, tritate tutto insieme colla lunetta, capperi spremuti dall'aceto, un'acciuga, poca cipolla e pochissimo aglio. Stiacciate il composto colla lama di un coltello per renderlo fine e ponetelo in una salsiera. Aggiungete una buona dose di prezzemolo, tritato con qualche foglia di basilico, e sciogliete il tutto, con olio fine e agro di limone. Questa salsa si presta bene coi lessi di pollo o di pesce freddi, e colle uova sode o affogate.

Mancando i capperi, possono servire i peperoni.

120. SALSA VERDE, CHE I FRANCESI CHIAMANO «SAUCE RAVIGOTE»

Questa salsa merita di far parte della cucina italiana perché si presta bene a condire il pesce lesso, le uova affogate ed altre simili cose.

Si compone di prezzemolo, basilico, cerfoglio, pimpinella, detta anche salvestrella, di qualche foglia di sedano, di due o tre scalogni e, in mancanza di questi, una cipollina. Poi un'acciuga o due se sono piccole, e capperi indolciti. Tritate ogni cosa ben fine, oppure pestatela e passatela dallo staccio, indi mettetela in una salsiera con un rosso d'uovo crudo, conditela con olio, aceto, sale e pepe; mescolatela bene e servitela. Io la compongo con grammi 20 di capperi, il rosso dell'uovo e tutto il resto a discrezione.

121. SALSA DI CAPPERI E ACCIUGHE

Questa salsa, alquanto ribelle agli stomachi deboli, si usa ordinariamente colla bistecca. Prendete un pizzico di capperi indolciti, spremeteli dall'aceto e tritateli colla lunetta insieme con un'acciuga che avrete prima nettata dalle scaglie e dalla spina. Mettete questo battuto a scaldare al fuoco con dell'olio, e versatelo sulla bistecca che appena levata dalla gratella, avrete condita con sale e pepe ed unta col burro; in questo caso, però, ungetela poco, perché altrimenti il burro farebbe, nello stomaco, a' pugni coll'aceto dei capperi.

122. SALSA DI MAGRO PER PASTE ASCIUTTE

Questa salsa, se mi fosse lecito fare un paragone tra i due sensi della vista e del palato, la rassomiglierei ad una di quelle giovani donne la cui fisionomia non avventa, né vi colpisce; ma che, osservata bene, può entrarvi in grazia pe' suoi lineamenti delicati e modesti.

Spaghetti, grammi 500.
Funghi freschi, grammi 100.
Burro, grammi 70.
Pinoli, grammi 60.
Acciughe salate, n. 6.
Pomodori, n. 7 o 8.
Un quarto di una grossa cipolla.
Farina, un cucchiaino.

Ponete in una cazzaruola la metà del burro e con esso rosolate i pinoli: levateli asciutti e pestateli in un mortaio coll'indicata farina. Trinciate la cipolla ben fine, mettetela nell'intinto rimasto e quando avrà preso molto colore buttateci i pomodori a pezzi, conditeli con pepe e poco sale, e quando saranno cotti passateli. Rimettete il sugo al fuoco coi funghi tagliati a fettine, sottili non più grandi di un seme di zucca, la pasta dei pinoli che prima potete sciogliere con un po' d'acqua, e il resto del burro. Fate bollire per mezz'ora aggiungendo acqua per render la salsa più liquida, e per ultimo sciogliete le acciughe al fuoco con un poco di questa salsa, senza farle bollire, ed unitele alla medesima.

Levate gli spaghetti asciutti, conditeli con questa salsa e se li volete migliori aggiungete del parmigiano.

Bastano per cinque persone.

123. SALSA ALLA MAÎTRE D'HÔTEL

Sentite che nome ampolloso per una briccica da nulla!

Ma pure i Francesi si sono arrogati il diritto in questo e in altre cose di dettar legge; l'uso ha prevalso, ed è giocoforza subirlo. Anche questa è una salsa che serve per la bistecca. Tritate un pizzico di prezzemolo e per levargli l'acredine (come suggerisce qualcuno) mettetelo entro la punta di un tovagliuolo e spremetelo leggermente nell'acqua fresca. Poi formatene un impasto con burro, sale, pepe e agro di limone; mettetelo sopra al fuoco in una teglia o in un piatto e, senza farlo bollire, intingetevi la bistecca quando la levate dalla gratella, oppure delle *cotolette* fritte.

124. SALSA BIANCA

È una salsa da servire cogli sparagi lessati, o col cavolfiore.

Burro, grammi 100.
Farina, una cucchiaiata.
Aceto, una cucchiaiata.
Un rosso d'uovo.
Sale e pepe.
Brodo o acqua, quanto basta.

Mettete prima al fuoco la farina colla metà del burro e quando avrà preso il color nocciuola versate il brodo o l'acqua a poco per volta girando il mestolo e, senza farla troppo bollire, aggiungete il resto del burro e l'aceto. Tolta dal fuoco, scioglieteci il rosso d'uovo e servitela. La sua consistenza dev'essere eguale a quella della crema fatta senza farina. Per un mazzo comune di sparagi possono bastare grammi 70 di burro colla farina e l'aceto in proporzione.

125. SALSA DI POMODORO

C'era un prete in una città di Romagna che cacciava il naso per tutto e, introducendosi nelle famiglie, in ogni affare domestico voleva metter lo zampino. Era, d'altra parte, un onest'uomo e poiché dal suo zelo scaturiva del bene più che del male, lo lasciavano fare; ma il popolo arguto lo aveva battezzato *Don Pomodoro,* per indicare che i pomodori entrano per tutto; quindi una buona salsa di questo frutto sarà nella cucina un aiuto pregevole.

Fate un battuto con un quarto di cipolla, uno spicchio d'aglio, un pezzo di sedano lungo un dito, alcune foglie di basilico e prezzemolo a sufficienza. Conditelo con un poco d'olio, sale e pepe, spezzate sette o otto pomodori, e mettete al fuoco ogni cosa insieme. Mescolate di quando in quando e allorché vedrete il sugo condensato come una crema liquida, passatelo dallo staccio e servitevene.

Questa salsa si presta a moltissimi usi, come v'indicherò a suo luogo; è buona col lesso, è ottima per aggraziare le paste asciutte condite a cacio e burro, come anche per fare il risotto n. 77.

126. SALSA MAIONESE

Questa è una delle migliori salse, specialmente per condire il pesce lesso. Ponete in una ciotola due torli d'uovo crudi e freschi e, dopo averli frullati alquanto, lasciate cadere sui medesimi a poco per volta e quasi a goccia a goccia, specialmente da principio, sei o sette cucchiaiate od anche più, se lo assorbono, d'olio d'oliva; quindi fate loro assorbire il sugo di un limone. Se la salsa riesce bene deve avere l'apparenza di una densa crema; ma occorre lavorarla per più di 20 minuti.

Per ultimo conditela con sale e pepe bianco a buona misura.

Per essere più sicuri dell'esito, ai due rossi d'uovo crudi si usa aggiungerne un altro assodato.

127. SALSA PICCANTE I

Prendete due cucchiaiate di capperi sotto aceto, due acciughe e un pizzico di prezzemolo. Tritate finissimo ogni cosa insieme e ponete questo battuto in una salsiera con un'abbondante presa di pepe e molto olio. Se non riuscisse acida abbastanza, aggiungete aceto o agro di limone, e servitela col pesce lesso.

128. SALSA PICCANTE II

Fate un battutino trinciato ben fine con poca cipolla, prezzemolo, qualche foglia di basilico, prosciutto tutto magro e capperi spremuti dall'aceto. Mettetelo al fuoco con olio buono, fatelo bollire adagio e quando la cipolla sarà rosolata fermatelo con un poco di brodo. Lasciatelo dare ancora qualche bollore, poi levatelo aggiungendovi una o due acciughe tritate e agro di limone.

Questa salsa può servire per le uova affogate, per le bistecche, le quali in questo caso non occorre salare, ed anche per le *cotolette*.

129. SALSA GIALLA PER PESCE LESSO

La seguente dose potrà bastare per un pezzo di pesce a taglio o per un pesce intero del peso di grammi 300 a 400.

Mettete al fuoco in una piccola cazzaruola grammi 20 di burro con un cucchiaino colmo di farina e dopo che questa avrà preso il color nocciuola, versatele sopra a poco per volta due ramaiuoli di brodo del pesce medesimo. Quando vedrete che la farina, nel bollire, non ricresce più, ritirate la salsa dal fuoco e versateci due cucchiaiate d'olio e un rosso d'uovo, mescolando bene. Per ultimo aggiungete l'agro di mezzo limone, sale e pepe a buona misura. Lasciatela diacciare e poi versatela sopra il pesce che manderete in tavola contornato di prezzemolo naturale.

Questa salsa deve avere l'apparenza di una crema non tanto liquida per restare attaccata al pesce. Sentirete che è buona e delicata. Per chi non ama il pesce diaccio servitela calda.

130. SALSA OLANDESE

Burro, grammi 70.
Rossi d'uovo, n. 2.
Agro di limone, una cucchiaiata.
Acqua, un mezzo guscio d'uovo.
Sale e pepe.

Sciogliete il burro a parte senza scaldarlo troppo.

Mettete i rossi coll'acqua in una bacinella, e sopra a un fuoco leggiero o sull'orlo del fornello cominciate a batterli con la frusta e a un po' per volta versate il burro; quando il composto si sarà condensato aggiungete il limone e per ultimo il sale e il pepe.

Va preparata al momento di servirla; è una salsa delicata per pesce lesso o per altra cosa consimile, e sarà sufficiente per un quantitativo di grammi 500 circa.

131. SALSA PER PESCE IN GRATELLA

Questa salsa, semplice, ma buona e sana, si compone di rossi d'uovo, acciughe salate, olio fine e agro di limone. Fate bollire le uova col guscio per 10 minuti e per ogni rosso d'uovo così assodato prendete un'acciuga grossa o due piccole. Levate loro la spina e passatele dallo staccio insieme coi rossi, poi diluite il composto coll'olio e il limone per ridurlo come una crema. Coprite con questa salsa il pesce già cotto in gratella, prima di mandarlo in tavola, oppure servitela a parte in una salsiera.

132. SALSA CON CAPPERI PER PESCE LESSO

Burro, grammi 50.
Capperi spremuti dall'aceto, grammi 50.
Farina, un cucchiaino colmo.
Sale, pepe e aceto.

Questa dose basta per un pesce di circa grammi 500. Il burro come sostanza grassa, è già per sé stesso un condimento non confacente a tutti gli stomachi, specialmente quando è soffritto; quando poi si unisce agli acidi, come in questo e in altri casi consimili, si rende spesso ribelle agli stomachi che non sieno a tutta prova.

Cuocete il pesce e, mentre lo lasciate in caldo nel suo brodo, preparate la salsa. Ponete al fuoco la farina colla metà del burro, mescolate, e quando comincia a prender colore aggiungete il burro rimasto.

Lasciate bollire un poco e poi versate un ramaiuolo di brodo del pesce; condite abbondantemente con sale e pepe e ritirate la cazzaruola dal fuoco. Gettateci allora i capperi metà interi e metà tritati, più un gocciolo d'aceto; ma assaggiate per dosare la salsa in modo che riesca di buon gusto e della densità di una crema liquida.

Collocate il pesce asciutto e caldo entro a un vassoio, versategli sopra la salsa, calda anch'essa, contornatelo di prezzemolo intero e servitelo.

133. SALSA TONNATA

È una salsa da potersi servire coi lessi tanto di carne che di pesce.

Tonno sott'olio, grammi 50.
Capperi spremuti dall'aceto, grammi 50.
Acciughe, n. 2.
Rossi d'uova sode, n. 2.
Un buon pizzico di prezzemolo.
L'agro di mezzo limone.
Una presa di pepe. olio, quanto basta.

Nettate le acciughe e poi tritatele con la lunetta insieme col tonno, i capperi e il prezzemolo; pestateli dopo nel mortaio coi rossi d'uovo e qualche poco d'olio per rammorbidire il composto e poterlo passar meglio dallo staccio. Indi diluitelo con molt'olio e il sugo di limone, per ridurlo come una crema liquida.

134. SALSA GENOVESE PER PESCE LESSO

Pinoli, grammi 40.
Capperi spremuti dall'aceto, grammi 15.
Un'acciuga salata.
Un rosso d'uovo sodo.
La polpa di tre olive in salamoia.
Mezzo spicchio d'aglio.
Un buon pizzico di prezzemolo, non esclusi i gambi.
Una midolla di pane grossa quanto un uovo, inzuppata nell'aceto.
Una presa di sale ed una di pepe.

Tritate finissimo con la lunetta il prezzemolo e l'aglio e poi mettete questi e tutto il resto in un mortaio e dopo aver ridotto il composto finissimo passatelo dallo staccio e diluitelo con grammi 60 d'olio e un gocciolo d'aceto; ma assaggiatelo prima per dosarlo giusto. È una salsa eccellente e bastante a grammi 600 di pesce.

135. SALSA DEL PAPA

Non crediate che questa salsa prenda il nome dal Papa del Vaticano, ritenendola perciò una delizia in ghiottoneria; nonostante è discretamente buona per condire le *cotolette* fritte.

Prendete un pugnello di capperi e spremeteli dall'aceto; prendete tante olive indolcite che levando loro il nocciolo riescano in quantità eguale ai capperi e tritate gli uni e le altre minutamente colla lunetta. Mettete al fuoco un battutino di cipolla tritata fine con un pezzetto di burro e quando avrà preso colore, bagnatelo a poco per volta con acqua perché si disfaccia. Versateci dentro il miscuglio di capperi e olive e fate bollire alquanto; unite infine un gocciolo d'aceto, una presa di farina e un altro pezzetto di burro. Per ultimo aggiungete un'acciuga tritata, e senza più far bollire la salsa, servitela.

136. SALSA TARTUFATA

Fate un battutino ben trito con un pezzetto di cipolla grosso quanto una noce, mezzo spicchio d'aglio e un poco di prezzemolo. Mettetelo al fuoco con grammi 20 di burro e quando avrà preso colore versateci due dita di marsala o di vino bianco nel quale avrete prima stemperato un cucchiaino colmo di farina. Condite la salsa con una presa di sale, una di pepe e una di spezie e rimuovetela sempre col mestolo.

Quando la farina avrà legato, aggiungete un poco di brodo e poi gettate in questa salsa fettine sottilissime di tartufi. Lasciatela ancora un momento sul fuoco e servitevene per guarnire *cotolette* di vitella di latte fritte, bistecche o altra carne arrostita.

Vi avverto, che il vino, come condimento, non si confà a tutti gli stomachi.

137. BALSAMELLA

Questa salsa equivale alla *béchamel* dei Francesi, se non che quella è più complicata.

Ponete al fuoco in una cazzaruola una cucchiaiata di farina e un pezzo di burro del volume di un uovo. Servitevi di un mestolo per isciogliere il burro e la farina insieme e quando questa comincia a prendere il colore nocciuola, versateci a poco per volta mezzo litro di latte del migliore, girando continuamente il mestolo finché non vedrete il liquido condensato come una crema di color latteo. Questa è la *balsamella*. Se verrà troppo soda aggiungete del latte, se troppo liquida rimettetela al fuoco con un altro pezzetto di burro intriso di farina. La dose è abbondante, ma potete proporzionarla secondo i casi.

Una buona *balsamella* e un sugo di carne tirato a dovere, sono la base, il segreto principale della cucina fine.

138. SALSA DI PEPERONI

Prendete peperoni grossi e verdi, apriteli, nettateli dai semi e tagliateli per il lungo in quattro o cinque strisce. Date loro una piccola scottatura in padella con poco olio per poterli sbucciare. Dopo sbucciati, mettete al fuoco uno spicchio d'aglio tritato fine con olio e burro e quando sarà rosolato gettatevi i peperoni, salateli, lasciateli tirare un poco il sapore ed aggiungete sugo di pomodoro.

Non cuoceteli troppo perché perderebbero il loro piccante, che è quello che dà grazia, e serviteli col lesso.

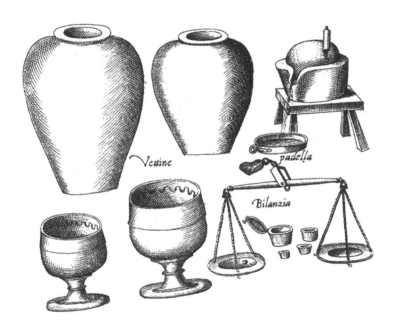

UOVA

Le uova, dopo la carne, tengono il primo posto fra le sostanze nutritive. L'illustre fisiologo Maurizio Schiff, quando teneva cattedra a Firenze, dimostrava che la chiara è più nutriente del torlo, il quale è composto di sostanze grasse e che le uova crude o pochissimo cotte sono meno facili a digerirsi delle altre, perché lo stomaco deve fare due operazioni invece di una: la prima di coagularle, la seconda di elaborarle per disporle all'assimilazione. Meglio è dunque attenersi alla via di mezzo, e cioè: né poco, né troppo cotte.

La primavera è la stagione in cui le uova sono di più grato sapore. Le uova fresche si danno a bere alle puerpere e il popolo giudica sia cibo conveniente anche agli sposi novelli.

Ci fu una volta il figlio di un locandiere da me conosciuto, un giovinastro grande, grosso e minchione, il quale essendosi sciupata la salute nel vizio, ricorse al medico che gli ordinò due uova fresche a bere ogni mattina. Datosi il caso favorevole e sfavorevole, insieme, che nella locanda v'era un grande pollaio, ivi si recava e beveva le uova appena uscite dalla gallina; ma, come accade, il tempo dando consiglio, dopo qualche giorno di questa cura il baccellone cominciò a ragionare: «Se due uova fanno bene, quattro faranno meglio» e giù quattro uova. Poi: «Se quattro fanno bene, sei faranno meglio che mai» e giù sei uova per mattina; e con questo crescendo arrivò fino al numero di dodici o quattordici al giorno; ma finalmente gli fecero fogo, e un forte gastricismo lo tenne in letto non so quanto tempo a covar le uova bevute.

139. UOVA A BERE E SODE

Le uova a bere fatele bollire due minuti, le uova sode dieci, cominciando a contare dal momento che le gettate nell'acqua bollente; se vi piacciono bazzotte, bastano sei o sette minuti, e in ambedue i casi, appena tolte dal fuoco, le metterete nell'acqua fredda.

140. UOVA AFFOGATE

Scocciatele quando l'acqua bolle e fatele cadere da poca altezza. Quando la chiara è ben rappresa e il torlo non è più tremolante, levatele con la mestola forata e conditele con sale, pepe, cacio e burro. Se ci volete una salsa può servire quella di pomodoro, la salsa verde del n. 119, quella del n. 127, oppure una appositamente fatta che comporrete disfacendo un'acciuga nel burro caldo e aggiungendovi capperi spremuti dall'aceto e alquanto tritati; ma questa salsa non è per tutti gli stomachi.

Ho veduto servirle anche sopra uno strato, alto un dito, di *purè* di patate, oppure sopra spinaci rifatti al burro.

141. UOVA STRACCIATE

Questo è un piatto di compenso o da servirsi per principio a una colazione, ed è dose bastevole per tre persone.

Uova, n. 4.
Burro, grammi 40.
Panna, un decilitro.

Mettete il burro al fuoco e quando soffrigge versate le uova frullate, conditele con sale e pepe e girando sempre il mestolo, unite la panna a poco per volta. Assodato che sia il composto, coprite con esso tre fette di pane arrostito, grosse quasi un dito e senza corteccia, che avrete disposte prima sopra un vassoio, dopo averle unte calde col burro.

Spolverizzatele sopra di cacio parmigiano e mandatele in tavola.

142. ROSSI D'UOVO AL CANAPÈ

Come mi ripugna di dare alle pietanze questi titoli stupidi e spesso ridicoli! Ma è giuocoforza seguire l'uso comune per farsi intendere.

È un piatto da servire per principio a una colazione, se prendete norma da questa ricetta, che fu servita a cinque persone. Formate cinque fette di midolla di pane quadrate, grosse un dito abbondante, larghe quasi quanto la palma di una mano e fate ad ognuna una buca nel mezzo, ma che non isfondi; soffriggetele nel burro e collocatele in un vassoio che regga al fuoco. Ponete nella buca di ognuna un rosso d'uovo crudo ed intero e poi fate una *balsamella* con decilitri tre scarsi di latte, grammi 40 di farina e grammi 40 di burro. Tolta dal fuoco aggiungeteci tre cucchiaiate colme di parmigiano, l'odore della cannella o della noce moscata e salatela. Lasciatela freddare e poi versatela sul vassoio per coprire i rossi d'uovo e i crostoni. Rosolatela alquanto sotto il coperchio del forno da campagna in modo che non induriscano troppo le uova, e mandatela calda in tavola.

Dove si trova il pane inglese, cotto in forma, meglio è servirsi di questo.

143. UOVA RIPIENE I

Dopo avere assodate le uova come quelle del n. 139 tagliatele a metà per il lungo ed estraetene i rossi. Prendete un'acciuga per ogni due uova, lavatele, nettatele dalla spina, e tritatele con poco prezzemolo e pochissima cipolla; uniteci poi i rossi e tanto burro da potere, con la lama di un coltello, impastare ogni cosa insieme. Con questo composto colmate i vuoti lasciati dai rossi, e le mezze uova così ripiene ponetele pari pari sopra un vassoio e copritele con la salsa maionese n. 126.

Si possono mangiare anche semplicemente condite con sale, pepe, olio e aceto, ché non sono da disprezzarsi; ed anche pare che lo stomaco non se ne mostri offeso.

144. UOVA RIPIENE II

Per principio a una colazione possono bastare a sei persone:

Uova, n. 6.
Burro, grammi 30.
Midolla di pane, grammi 20.
Parmigiano, due cucchiaiate colme.
Funghi secchi, un pizzico.
Prezzemolo, alcune foglie.
Sale, quanto basta.

Le uova assodatele, tagliatele per il lungo e mettete i rossi da parte.
La midolla di pane inzuppatela bene nel latte e spremetela.
I funghi rammolliteli nell'acqua tiepida.
Pestate il tutto finissimo per riempire, anzi colmare i vuoti delle chiare, e queste 12 mezze uova ricolme collocatele in un vassoio, dalla parte convessa, sopra a uno strato di patate passate come alla ricetta del n. 443, ma nella quantità di grammi 350 da crude. Invece di patate potete posarle sopra uno strato di spinaci, di piselli o di altri legumi. Prima di mandarle in tavola scaldatele col fuoco, che porrete sul coperchio del forno da campagna.

145. FRITTATE DIVERSE

Chi è che non sappia far le frittate? E chi è nel mondo che in vita sua non abbia fatta *una qualche frittata?* Pure non sarà del tutto superfluo il dirne due parole.

Le uova per le frittate non è bene frullarle troppo: disfatele in una scodella colla forchetta e quando vedrete le chiare sciolte e immedesimate col torlo, smettete. Le frittate si fanno semplici e composte; semplice, per esempio, è quella *in foglio* alla fiorentina che quando un tale l'ebbe attorcigliata tutta sulla forchetta e fattone un boccone, si dice ne chiedesse una risma. Però riesce molto buona nell'eccellente olio toscano, anche perché non si cuoce che da una sola parte, il qual uso è sempre da preferirsi in quasi tutte. Quando è assodata la parte disotto, si rovescia la padella sopra un piatto sostenuto colla mano e si manda in tavola.

Ogni erbaggio o semplicemente lessato o tirato a sapore col burro, serve per le frittate, come può servire un pizzico di parmigiano solo o mescolato con prezzemolo. Se non fosse indigesta, grata è la frittata colle cipolle. Due delle più delicate, a gusto mio, sono quelle di sparagi e di zucchini. Se di sparagi, lessateli e tirate a sapore la parte verde con un poco di burro, mescolando un pizzico di parmigiano nelle uova; se di zucchini, servitevi di quelli piccoli e lunghi, tagliateli a fette rotonde, salateli alquanto e quando avranno buttato l'acqua infarinateli e friggeteli nel lardo o nell'olio, aspettando che sieno rosolati per versare le uova. Anche i piselli del n. 427, mescolati tra le uova, si prestano per un'eccellente frittata.

Si fanno anche frittate *alla confettura,* spargendovi sopra della conserva di frutta qualsiasi, ridotta liquida, quando la frittata è cotta. Esse saranno buone, ma non mi garbano; e vi dirò che quando le vedo segnate sole fra i piatti dolci di una trattoria, comincio a prendere cattivo concetto della medesima.

146. FRITTATA IN ZOCCOLI

Questa frittata merita una menzione speciale perché richiede un trattamento alquanto diverso. Prendete fette di prosciutto sottili, grasse e magre, tagliatele a pezzi larghi quanto una moneta di 10 centesimi, mettetele in padella col burro, e quando avranno soffritto un poco versateci le uova pochissimo salate. Quando la frittata ha cominciato ad assodare, ripiegatela per metà, onde prenda più propriamente il nome di pesce d'uova, ed aggiungete altro burro per finire di cuocerla.

147. FRITTATA DI CIPOLLE

Preferite cipolle bianche e grosse, tagliatele a costole larghe mezzo dito e gettatele nell'acqua fresca per lasciarvele almeno un'ora. Prima di buttarle in padella con lardo od olio, asciugatele bene in un canovaccio e quando cominciano a prendere colore salatele alquanto, come salerete le uova prima di versarle sopra la cipolla che avvertirete non prenda il nero per troppa cottura.

148. FRITTATA DI SPINACI

Gli spinaci, tolti dall'acqua, lessateli, grondanti, e appena levati dal fuoco rimetteteli nell'acqua fresca. Spremeteli bene, tritateli all'ingrosso, gettateli in padella con un pezzo di burro e conditeli con sale e pepe. Rivoltateli spesso e quando avranno tirato l'unto versate le uova sbattute e salate alquanto. Rosolata da una parte, rivoltatela con un piatto per rimetterla in padella con un altro pezzetto di burro. Alle uova, piacendovi, potete unire un pizzico di parmigiano.

Grammi 200 di spinaci crudi, grammi 40 di burro, tra prima e dopo, e quattro uova, mi sembra la proporzione più giusta.

149. FRITTATA DI FAGIOLINI IN ERBA

Lessate i fagiolini in acqua salata e tagliateli in due o tre parti. Poi trascinateli in padella con burro e olio condendoli con sale e pepe. Sbattete le uova con un pizzico di parmigiano e una presa di sale per versarle sui fagiolini quando li vedrete aggrinziti.

150. FRITTATA DI CAVOLFIORE

Per fare questa frittata di un erbaggio de' più insipidi, com'è il cavolfiore, è necessario, onde renderla grata al gusto, ve ne indichi le dosi.

Cavolfiore lessato, privo delle foglie e del gambo, grammi 300.
Burro, grammi 60.
Parmigiano grattato, due cucchiaiate ben colme.
Olio, una cucchiaiata.
Uova, n. 6.

Tritate minuto il cavolfiore e mettetelo in padella col burro e l'olio, condendolo con sale e pepe. Sbattete le uova col parmigiano, salatele e versatele sopra il cavolo quando avrà ritirato l'unto.

Tenete sottile la frittata, per non rivoltarla, e se la padella è piccola fatene piuttosto due.

151. FRITTATA IN RICCIOLI PER CONTORNO

Lessate un mazzetto di spinaci e passateli dallo staccio.

Sbattete due uova, conditele con sale e pepe e mescolate fra le medesime i detti spinaci in tal quantità da renderle soltanto verdi. Mettete la padella al fuoco con un gocciolo d'olio, tanto per ungerla, e quando è ben calda versate porzione delle dette uova, girando la padella per ogni verso onde la frittata riesca sottile come la carta. Quando sarà bene assodata ed asciutta, voltandola se occorre, levatela, e col resto delle uova ripetete o triplicate l'operazione. Ora queste due o tre frittate arrocchiatele insieme, tagliatele fini a forma di taglierini, che metterete a soffriggere un poco nel burro, dando loro sapore con parmigiano, servendovi poi di questi taglierini per contorno al fricandò o ad altro piatto consimile. Oltre a fare bella mostra di sé, questo contorno, che riesce bene anche senza gli spinaci, farà strologare qualcuno dei commensali per sapere di che sia composto.

152. FRITTATA COLLA PIETRA DI VITELLA DI LATTE

Prendete una pietra (rognone) di vitella di latte, apritela dal lato della sua lunghezza e lasciatele tutto il suo grasso. Conditela con olio, pepe e sale, cuocetela in gratella e tagliatela a fettine sottili per traverso. Sbattete delle uova in proporzione della pietra, condite anche queste con sale e pepe e mescolate fra le medesime un pizzico di prezzemolo tritato e un poco di parmigiano.

Gettate la pietra nelle uova, mescolate e fatene una frittata cotta nel burro, che, quando la parte disotto è assodata, ripiegherete per metà onde resti tenera.

PASTE E PASTELLE

153. PASTA MATTA

Si chiama *matta* non perché sia capace di qualche pazzia, ma per la semplicità colla quale si presta a far la parte di stival che manca in diversi piatti, come vedrete. Spegnete farina con acqua e sale in proporzione e formate un pane da potersi tirare a sfoglia col matterello.

154. PASTA SFOGLIA

La bellezza di questa pasta è che, gonfiando, sfogli bene e riesca leggiera, quindi è di difficile fattura per chi non vi ha molta pratica. Bisognerebbe vederla fare da un maestro capace; ma nonostante mi proverò di insegnarvela alla meglio, se mi riesce.

Farina fine o d'Ungheria, grammi 200.
Burro, grammi 150.

Oppure:

Farina, grammi 300.
Burro, grammi 200.

Spegnete d'inverno la farina con acqua calda, ma non bollente; sale quanto basta, una cucchiaiata di acquavite e burro quanto una noce, levandolo dai suddetti 150 o 200 grammi.

Formato che ne avrete un pane non troppo sodo né troppo tenero, lavoratelo moltissimo, mezz'ora almeno, prima colle mani, poi gettandolo con forza contro la spianatoia. Fatene un pane rettangolare, involtatelo in un canovaccio e lasciatelo un poco in riposo. Frattanto lavorate il burro, se è sodo, con una mano bagnata nell'acqua, sopra la spianatoia per renderlo pastoso e tenero tutto ugualmente; poi formatene un pane come quello della farina e gettatelo in una catinella d'acqua fresca. Quando la pasta sarà riposata, levate il burro dall'acqua, asciugatelo con un pannolino e infarinatelo tutto per bene.

Spianate la pasta col matterello soltanto quanto è necessario per rinchiudervi dentro il pane di burro. Questo si pone nel mezzo e gli si tirano sopra i lembi della pasta unendoli insieme colle dita e procurando che aderisca al burro in tutte le parti onde non resti aria framezzo. Cominciate ora a spianarla prima colle mani, poi col matterello assottigliandola la prima volta più che potete, avvertendo che il burro non isbuzzi. Se questo avviene gettate subito, dove il burro apparisce, un po' di farina, e di farina spolverizzare pure spesso la spianatoia e il matterello a ciò che la pasta scorra e si distenda sotto al medesimo. Eseguita la prima spianatura, ripiegate la pasta in tre, come sarebbero tre sfoglie soprammesse e di nuovo spianatela a una discreta grossezza. Questa operazione ripetetela per sei volte in tutto, lasciando di tratto in tratto riposare la pasta per dieci minuti. All'ultima, che sarebbe la settima, ripiegatela in due e riducetela alla grossezza che occorre, cioè qualcosa meno di un centimetro. Eccettuata quest'ultima piegatura, procurate di dare alla pasta, ogni volta che la tirate, la forma rettangolare, tre volte più lunga che larga, e se apparissero delle gallozze, per aria rimasta, bucatele con uno spillo.

Meglio della spianatoia comune, servirebbe una tavola di marmo che è più fredda e più levigata. Nell'estate è necessario il ghiaccio, tanto per assodare il burro prima di adoperarlo, quanto per tirar meglio la pasta, il che si ottiene passando il ghiaccio, quando occorra, sopra la pasta stessa entro a un canovaccio ben fitto o, meglio, messa fra due piatti coperti di ghiaccio.

Con la pasta sfoglia si fanno, come sapete, i *vol-au-vent,* i pasticcini con marmellata o conserve, e torte ripiene di marzapane. Se volete servirvi dei pasticcini per tramesso, allora riempiteli con un battuto delicato di carne, fegatini e animelle; ma in tutte le maniere queste paste vanno dorate col rosso d'uovo alla superficie ma non sugli orli per non impedire il rigonfiamento.

Se servono per dolce, spolverizzatele calde con zucchero a velo.

155. PASTA SFOGLIA A METÀ

Metà burro del peso della farina e di più un pezzetto dentro la pasta. Pel resto vedi il numero precedente.

156. PASTELLA PER LE FRITTURE

Farina, grammi 100.
Olio fine, una cucchiaiata.
Acquavite, una cucchiaiata.
Uova, n. 1.
Sale, quanto occorre.
Acqua diaccia, quanto basta.

Spegnete la farina col rosso d'uovo e cogli altri ingredienti, versando l'acqua a poco per volta per farne una pasta non troppo liquida. Lavoratela bene col mestolo, per

intriderla, e lasciatela in riposo per diverse ore. Quando siete per adoperarla aggiungete la chiara montata. Questa pastella può servire per molti fritti e specialmente per quelli di frutta ed erbaggio.

157. PASTELLA PER FRITTI DI CARNE

Stemperate tre cucchiaini colmi di farina con due cucchiaini d'olio, aggiungete due
uova, una presa di sale e mescolate bene.

Questo composto prenderà l'aspetto di una crema scorrevole e servirà per dorare
i fritti di cervello, schienali, animelle, granelli, testicciuole d'agnello, testa di vitella di
latte e simili. Queste cose, quali più, quali meno, secondo la natura loro, scottatele tutte, compresi il cervello e gli schienali che bollendo assodano; salate l'acqua e aggiungete un pizzico di sale e una presa di pepe quando le ritirate dall'acqua. I granelli tagliateli a filetti nella loro lunghezza; gli schienali teneteli lunghi mezzo dito all'incirca; le
animelle, se sono d'agnello, lasciatele intere; i cervelli fateli a tocchetti grossi quanto una
noce, e tenetevi per le teste a un volume alquanto maggiore. Gettate i pezzi nella pastella dopo averli infarinati e friggeteli nello strutto vergine o nell'olio.

Questi fritti bianchi si uniscono spesso a fegato o a *cotolette* di vitella di latte. Il fegato tagliatelo a fette sottilissime, le *cotolette* battetele colla costola del coltello o tritate la carne con la lunetta per riunirla dopo a forma elegante; tanto l'uno che le altre li
condirete con sale e pepe, li metterete in infusione nell'uovo frullato e dopo qualche
ora, prima di friggerli, li involterete nel pangrattato fine, ripetendo l'operazione anche
due volte se occorre. Accompagnate sempre questi fritti con spicchi di limone.

158. PASTA PER PASTICCI DIACCI DI CARNE

Farina, grammi 250.
Burro, grammi 70.
Sale, un pizzico generoso.
Latte, quanto basta per intriderla e ridurla di giusta consistenza.

Non occorre lavorarla soverchiamente: formatene un pane e lasciatelo in riposo per
circa mezz'ora involtato in un panno umido e infarinato.

Questa dose potrà bastare per un pasticcio anche più grande di quello di cacciagione descritto alla ricetta n. 370.

159. PASTA PER PASTICCI DI CACCIAGIONE

Per questa pasta vedi il *Pasticcio di lepre* descritto al n. 372.

RIPIENI

160. RIPIENO PEI POLLI

Magro di vitella di latte, grammi 100 all'incirca, un pezzetto di poppa di vitella e le rigaglie dello stesso pollo. Alla vitella di latte e alla poppa si può sostituire magro di maiale, petto di tacchino o semplicemente vitella.

Cuocete questa carne insieme con un piccolo battuto di scalogno o cipolla, prezzemolo, sedano, carota e burro; conditela con sale, pepe e spezie, bagnandola con brodo. Levatela asciutta dal fuoco, togliete al ventriglio il tenerume, aggiungete alcuni pezzetti di funghi secchi rammolliti, una fettina di prosciutto grasso e magro e tritate ogni cosa ben fine colla lunetta. Nell'intinto rimasto della cottura della carne gettate una midolla di pane per fare una cucchiaiata di pappa soda

Mescolatela al composto, aggiungete un buon pizzico di parmigiano e due uova, e con tutto questo riempite il pollo e cucitelo. Potrete cuocerlo a lesso o in umido. Se lo cuocete lesso sentirete un brodo eccellente; ma ponete attenzione a scalcarlo per estrarre il ripieno tutto in un pezzo che poi taglierete a fette.

Un altro ripieno pei polli è quello del pollo arrosto n. 539.

161. RIPIENO DI CARNE PER PASTICCINI DI PASTA SFOGLIA

Si può fare questo ripieno o con vitella di latte stracottata, o con fegatini di pollo, o con animelle. Io preferirei le animelle come cosa più delicata d'ogni altra; ma comunque sia non mancherei di dare a questo ripieno l'odore de' tartufi alla loro stagione. Se trattasi di animelle mettetele al fuoco con un pezzetto di burro, conditele con sale e pepe, e quando avran preso colore finite di cuocerle col sugo n. 4, poi tagliatele alla grossezza di un cece o meno. Alle medesime unite un cucchiaio o due di *balsamella* n. 137, un po' di lingua salata, oppure un poco di prosciutto grasso e magro tagliato a piccoli dadi, un pizzico di parmigiano e una presa di noce moscata, procurando che gli ingredienti sieno in dose tale da rendere il composto di grato e delicato sapore. Lasciatelo ghiacciare bene che così assoda e si adopra meglio.

Per chiuderlo nella pasta sfoglia n. 154 ci sono due modi, potendovi servire in ambedue dello stampo delle offelle di marmellata n. 614, od anche di uno stampo ovale. Il primo sarebbe di cuocere la pasta col composto framezzo, il secondo di riempirla dopo cotta. Nel primo caso ponete il composto in mezzo al disco, inumiditene l'orlo con un dito bagnato, copritelo con altro disco simile e cuoceteli. Nel secondo caso, che riesce più comodo per chi, avendo un pranzo da allestire, può cuocere la pasta sfoglia un giorno avanti, si uniscono i due dischi insieme senza il composto; ma nel disco di sopra, prima di sovrapporlo, s'incide con un cerchietto di latta un tondo della grandezza di una moneta da 10 centesimi. Il pasticcino cuocendo rigonfia naturalmente e lascia un vuoto nell'interno; sollevando poi colla punta di un coltello il cerchietto inciso di sopra, che ha la forma di un piccolo coperchio, potete alquanto ampliare, volendo, il vuoto stesso, riempirlo e riporvi il suo coperchio. In tal modo, per mandarli in tavola, basta scaldarli; ma la pasta sfoglia prima di esser cotta va sempre dorata coi rosso d'uovo, solo alla superficie.

Se si trattasse di riempire un *vol-au-vent* va tirato invece un intingolo con rigaglie di pollo ed animelle, il tutto tagliato a pezzi grossi.

boccalle con il bacile

setola

FRITTI

162. FRITTO DI PASTA RIPIENA

Prendete la pasta n. 212 oppure la pasta sfoglia n. 154, distendetela alla grossezza di uno scudo, tagliatela a dischi smerlati della grandezza all'incirca di quello qui segnato, ponete nei medesimi il ripieno del numero antecedente, copriteli con altrettanti dischi della stessa pasta, bagnandoli all'ingiro affinché si attacchino insieme, friggeteli e serviteli caldi.

163. FRITTO DI RICOTTA

Ricotta, grammi 200.
Farina, grammi 40.
Uova, n. 2.
Zucchero, due cucchiaini scarsi.
Odore di scorza di limone.
Sale, un pizzico e due cucchiaiate d'acquavite.

Ogni qualità di ricotta è buona purché non abbia preso il forte; ma adoperando quelle di Roma e di Maremma, che sono eccellenti, sarete sicuri di farvene onore.
Lasciate il composto in riposo per parecchie ore prima di friggerlo. Colle dosi sud-

dette il composto riescirà sodettino e questo è bene onde il fritto prenda la forma di bombe della grandezza di una noce all'incirca. Spolverizzatele di zucchero a velo e servitele calde per contorno a un fritto di carne. Dello zucchero dentro, come vedete, ce ne va poco, perché esso brucia e il fritto non prenderebbe allora un bel giallo dorato.

Per dare a queste e simili bombe la forma possibilmente rotonda, va preso su il composto con un cucchiaio unto col liquido bollente della padella, dandogli la forma coll'estremità di un coltello da tavola, intinto esso pure nell'unto medesimo.

164. FRITTO RIPIENO DI MOSTARDA

Questo fritto si può fare in Romagna ove d'inverno è messa in commercio la mostarda di Savignano o fatta all'uso di quel paese, che una volta era molto apprezzata; ma non saprei dirvi se siasi mantenuta in credito.

Mancandovi questa, potete servirvi di quella fatta in casa, descritta al n. 788.

Formate una pasta piuttosto tenera coi seguenti ingredienti, lavorandola molto colle mani sulla spianatoia.

Farina, grammi 220.
Burro, grammi 30.
Sale, un pizzico.
Latte, quanto basta per intriderla.

Lasciatela in riposo mezz'ora, poi tiratela col matterello alla grossezza di uno scudo scarso.

Tagliatene tanti dischi con lo stampino del n. 162, ed ammesso che ne riuscissero 80, ponete sopra a 40 un po' di mostarda e cogli altri 40 copriteli bagnandone prima gli orli con un dito intinto nell'acqua per appiccicarli insieme.

Friggeteli e spolverizzateli di zucchero avanti di mandarli in tavola.

165. FRITTO DI MELE

Prendete mele grosse, di buona qualità, non troppo mature; levatene il torsolo col cannello di latta fatto a quest'uso, che lascia il buco in mezzo, sbucciatele e tagliatele a fette grosse poco meno di un centimetro. Mettetele nella pastella n. 156 quando siete per friggerle e se non vi dispiace l'odor degli anaci, che qui sta bene, mettetene un pizzico.

Spolverizzatele di zucchero a velo e servitele calde.

166. FRITTO DI CARDONI

Dopo aver tolto i filamenti ai cardoni, lessateli in acqua salata, tagliateli a pezzetti e fateli soffriggere nel burro salandoli ancora un poco. Poi infarinateli, poneteli nella pastella n. 156 e friggeteli. Possono far comodo per contorno a un fritto di carne o a un umido.

167. FRITTO DI FINOCCHI

Tagliateli a spicchi, nettateli dalle foglie più dure e lessateli in acqua salata. Prima di metterli nella pastella n. 156 asciugateli e infarinateli.

168. CAROTE FRITTE

Queste carote possono servire di contorno a un fritto, quando non ci sono più gli zucchini.

Senza sbucciarle tagliatele a filetti sottili lunghi un dito, salatele e dopo qualche ora, prese su così umide, passatele nella farina e, scosse da questa, mettetele nell'uovo, rivoltatele nel medesimo e, presi con le dita i filetti a uno a uno, gettateli in padella.

169. FRITTO DI PESCHE

Prendete pesche burrone non tanto mature, tagliatele a spicchi non troppo grossi e, come le mele e i finocchi, avvolgetele nella pastella n. 156 e spolverizzatele di zucchero dopo cotte. Non è necessario sbucciarle.

170. FRITTO DI SEMOLINO

Semolino di grana fine, grammi 70 a 80.
Latte, decilitri 3.
Uova, n. 1.
Zucchero, tre cucchiaini.
Burro, quanto una noce.
Sale, un pizzico.
Odore di scorza di limone.

Ponete il latte al fuoco col burro e lo zucchero e quando comincia a bollire versate il semolino a poco a poco, girando in pari tempo il mestolo. Salatelo e scocciategli dentro l'uovo; mescolate e quando l'uovo si è incorporato levate il semolino dal fuoco e distendetelo sopra a un vassoio unto col burro o sulla spianatoia infarinata, all'altezza di un dito. Tagliatelo a mandorle e mettetelo prima nell'uovo sbattuto poi nel pangrattato fine e friggetelo. Spolverizzatelo di zucchero a velo, se lo desiderate più dolce, e servitelo solo o, meglio, per contorno a un fritto di carne.

171. PALLOTTOLE DI SEMOLINO

A me sembra che questo fritto riesca assai bene e che compensi la fatica che si fa a pestarlo.

Semolino, grammi 120.
Burro, grammi 15.

Farina di patate, una cucchiaiata colma, pari a gr. 25.
Uova, uno intero e due rossi.
Zucchero, un cucchiaino colmo.
Odore di scorza di limone.
Latte, decilitri 4.

Cuocete bene il semolino nel latte col detto zucchero, aggiungendo il burro, l'odore e una presa di sale, quando lo ritirate dal fuoco. Quando sarà ben diaccio pestatelo nel mortaio con le uova, prima i rossi uno alla volta poi l'uovo intero. Versate per ultima la farina di patate, lavorando molto col pestello il composto. Versatelo poi in un piatto e gettatelo in padella a cucchiaini per ottener le pallottole alquanto più grosse delle noci, che servirete spolverizzate di zucchero a velo quando avranno perduto il forte calore.

È un fritto leggiero, delicato e di bell'aspetto.

172. FRITTELLE DI POLENTA ALLA LODIGIANA

Latte, mezzo litro.
Farina gialla, grammi 100.

Fatene una polenta e, prima di ritirarla dal fuoco, salatela; così a bollore versatela sulla spianatoia e con un coltello da tavola intinto nell'acqua distendetela alla grossezza di mezzo dito scarso. Diaccia che sia, servendovi dello stampino della ricetta n. 182, o di altro consimile, tagliatene tanti dischi che riusciranno 30 o 32 se vi aggiungete i ritagli impastandoli e stiacciandoli con le mani. Questi dischi appaiateli, mettendovi in mezzo una fettina di gruiera, per ottenere così da 15 a 16 frittelle.

Frullate ora due uova, ché tante occorrono per poterle dorare con queste e col pangrattato, e friggetele nello strutto o nell'olio.

Servitele calde per contorno a un arrosto.

173. FEGATO DI MAIALE FRITTO

Gli animali superiori sono forniti di una glandola biancastra (il *pancreas*) che, collocata fra il fegato e la milza, sbocca col suo condotto escretore nel duodeno. L'umor pancreatico, di natura alcalina, vischioso come l'albumina, contribuisce con la bile, a sciogliere le sostanze alimentari; ma la sua azione è più specialmente rivolta a convertire le sostanze grasse in una emulsione che le rende più digeribili. Codeste secrezioni, i succhi gastrici e la saliva contribuiscono poi tutti insieme a compiere una digestione perfetta. Per la sua somiglianza alle glandole salivari (le comuni animelle) e pel suo delicato sapore, il *pancreas* è conosciuto da molti col nome di *animella del fegato;* in Toscana, quello del maiale, vien chiamato *stomachino.*

A mio parere, per sentire il vero gusto del fegato di maiale bisogna friggerlo naturale, a fette sottili, nel lardo vergine e mescolato collo stomachino a pezzetti. In questa maniera va levato dalla padella con un poco del suo unto, condito con sale e pepe e mentre è ancora bollente gli va strizzato sopra un limone, il cui agro serve a smorzare il grassume. Le fette sottili di fegato si possono anche infarinare prima di friggerle.

174. GRANELLI FRITTI

Ho sentito dire che quando nella Maremma toscana viene il giorno della castratura dei puledri, s'invitano gli amici ad un pranzo ove il piatto che fa i primi onori è un magnifico fritto di granelli. Del sapore di quelli non posso dir nulla non avendoli assaggiati, benché del cavallo, ed anche dell'asino, chi sa quante volte, senza saperlo, voi ed io ne avremo mangiato.

Vi parlerò bensì di quelli di montone che per bontà non devono valer di meno, perché offrono un gusto come di animelle, ma più gentile ancora.

Lessateli in acqua salata, poi fate loro un'incisione superficiale per il lungo onde togliere l'involucro esteriore che è composto, come dicono i fisiologi, della tunica e dell'epididimo.

Tagliateli a filetti sottili, salateli ancora un poco, infarinateli bene, passateli nell'uovo sbattuto e friggeteli.

175. FRITTO COMPOSTO ALLA BOLOGNESE

A questo fritto si potrebbe più propriamente dare il nome di *crocchette fini.* Prendete un pezzo di magro di vitella di latte stracottata, un piccolo cervello lessato o cotto nel sugo, e una fettina di prosciutto grasso e magro. Tritate ogni cosa colla lunetta e poi pestatela ben fine nel mortaio. Dopo aggiungete un rosso d'uovo o un uovo intero, secondo la quantità, e un poco di *balsamella* n. 137. Mettete il composto al fuoco e rimestando sempre lasciate che l'uovo si cuocia.

Aggiungete per ultimo parmigiano grattato, l'odore della noce moscata, dei tartufi tritati finissimi e versatelo in un piatto. Quando sarà ben diaccio fatene tante pallottole rotonde della grossezza di una piccola noce e infarinatele. Poi mettetele nell'uovo e dopo nel pangrattato finissimo, ripetendo per due volte l'operazione e friggetele.

176. FRITTO ALLA ROMANA I

Mettete al fuoco un battutino di cipolla e burro, e quando sarà ben colorito cuoceteci un pezzo di magro di vitella di latte condendolo con sale e pepe. Allorché la carne sarà rosolata bagnatela con marsala per tirarla a cottura. Pestatela nel mortaio e per rammorbidirla alquanto servitevi dell'intinto rimasto, e se questo non basta aggiungete un gocciolo di brodo e per ultimo un rosso d'uovo; ma badate che il composto deve rimaner sodettino.

Ora prendete delle cialde, ossia ostie, non troppo sottili, e tagliatele a quadretti consimili a quelli che usano i farmacisti per le presine.

Frullate un uovo e la chiara rimasta; poi prendete su con le dita un'ostia, intingetela nell'uovo e posatela sopra uno strato di pangrattato; sulla medesima ponete tanto composto quanto una piccola noce, intingete nell'uovo un'altra ostia, fatela toccare il pangrattato da una sola parte, cioè da quella che deve rimanere all'esterno, e con essa coprite il composto appiccicandola all'ostia sottostante, panatela ancora, se occorre, e mettete il pezzo da parte, ripetendo l'operazione fino a roba finita.

Friggetelo nell'olio o nel lardo e servite questo fritto come piatto di tramesso. Con grammi 200 di carne senz'osso, otterrete una ventina di questi bocconi.

177. FRITTO ALLA ROMANA II

Questo fritto potrete farlo quando avrete d'occasione un petto di pollo arrostito e, per una quantità all'incirca eguale all'antecedente, eccovi le proporzioni:

Petto di pollo, grammi 50.
Lingua salata, grammi 40.
Prosciutto grasso e magro, grammi 30.
Parmigiano, una cucchiaiata.
Un piccolo tartufo o, mancando questo, odore di noce moscata.

Al pollo levate la pelle e tagliatelo a piccolissimi dadi e così pure la lingua e il prosciutto; il tartufo a fettine.
Fate una *balsamella* con:
Latte, decilitri 2.
Burro, grammi 30.
Farina, grammi 30.
Quando questa sarà cotta versateci gl'ingredienti suddetti e lasciatela diacciar bene per servirvene usando le ostie come nel precedente.

178. FRITTELLE DI RISO I

Latte, mezzo litro.
Riso, grammi 100.
Farina, grammi 100.
Uva sultanina, grammi 50.
Pinoli tritati alla grossezza del riso, grammi 15.
Uova, tre rossi e una chiara.
Burro, quanto una noce.
Zucchero, due piccoli cucchiaini.
Rhum, una cucchiaiata.
Odore di scorza di limone.
Lievito di birra, grammi 30.
Un pizzico di sale.

Preparate il lievito di birra come pei Krapfen n. 182, intridendolo con grammi 40 della detta farina.

Cuocete il riso nel latte in modo che riesca sodo e però lasciate da parte alquanto latte per aggiungerlo se occorre; ma per evitare che si attacchi, rimestate spesso e ritirate la cazzaruola sopra un angolo del fornello.

Tolto dal fuoco e tiepido che sia versateci il lievito già rigonfiato, le uova, il resto della farina, cioè i 60 grammi rimasti, i pinoli, il rhum, e un altro po' di latte se occorre; dopo averlo lavorato alquanto, uniteci l'uva e rimettete la cazzaruola vicino al fuoco onde lieviti a moderatissimo calore tutto il composto. Quando avrà rigonfiato, gettatelo in padella a cucchiaiate per formar frittelle che riusciranno grosse e leggiere. Spolverizzatele di zucchero a velo quando avranno perduto il primo bollore e servitele calde.

179. FRITTELLE DI RISO II

Queste sono più semplici delle descritte al numero precedente e riescono anch'esse buone e leggiere.

Cuocete molto, o meglio moltissimo, in mezzo litro circa di latte, grammi 100 di riso dandogli sapore e grazia con burro quanto una noce, poco sale, un cucchiaino scarso di zucchero e l'odore della scorza di limone. Diaccio che sia aggiungete una cucchiaiata di rhum, tre rossi d'uovo e grammi 50 di farina. Mescolate bene e lasciate riposare il composto per diverse ore. Allorché sarete per friggerlo montate le chiare quanto più potete, aggiungetele mescolando adagio e gettatelo in padella a cucchiaiate. Spolverizzatele al solito di zucchero a velo e servitele calde.

180. FRITTELLE DI SEMOLINO

Latte, mezzo litro.
Semolino, grammi 130.
Burro, quanto una noce.
Rhum, una cucchiaiata.
Odore di scorza di limone.
Sale, quanto basta.
Uova, n. 3.

Cuocete il semolino nel latte, salatelo quando è cotto e, diaccio che sia, aggiungete le uova e il rhum. Friggetele nell'olio o nel lardo e mandatele in tavola spolverizzate di zucchero a velo.

Questa quantità può bastare per quattro o cinque persone.

181. FRITTELLE DI TONDONE

Se non sapete cosa sia un tondone, chiedetelo a Stenterello che ne mangia spesso perché gli piace.

Farina, grammi 250.
Uova, n. 6.
Acqua, decilitri 3.
Un pizzico di sale.
Odore di scorza di limone.

Stemperate la farina con la detta acqua versata a poco per volta e salatela. Gettate questo intriso in padella per cuocerlo in bianco con burro, olio o lardo e quando è assodato da una parte voltatelo con un piatto dall'altra, ed eccovi il tondone.

Ora pestatelo nel mortaio con l'odore suddetto e rammorbiditelo con le uova: due a un tratto, le altre quattro una alla volta con le chiare montate, lavorando molto il composto. Friggetelo a cucchiaiate per ottener le frittelle che, gonfiando molto, prendono l'aspetto di bombe. Spolverizzatele di zucchero a velo.

Al composto potete unire, piacendovi, grammi 100 di uva malaga, ma allora questa tenetela prima in molle per ventiquattr'ore nell'acqua fresca e dopo toglietele i semi. Potranno bastare per sei persone, o per quattro se fate la metà della dose.

182. KRAPFEN I

Proviamoci di descrivere il piatto che porta questo nome di *tedescheria* ed andiamo pure in cerca del buono e del bello in qualunque luogo si trovino; ma per decoro di noi stessi e della patria nostra non imitiamo mai ciecamente le altre nazioni per solo spirito di *stranieromania*.

Farina d'Ungheria, grammi 150.
Burro, grammi 40.
Lievito di birra, quanto una grossa noce.
Uova, uno intero e un rosso.
Zucchero, un cucchiaino.
Sale, una buona presa.

Prendete un pugno della detta farina, ponetela sulla spianatoia e, fattale una buca in mezzo, stemperateci dentro il lievito di birra con latte tiepido e formatene un pane di giusta sodezza, sul quale inciderete un taglio in croce per poi conoscer meglio se ha rigonfiato. Ponete questo pane in un tegamino o in una cazzarolina nel cui fondo sia un sottilissimo strato di latte, copritela e lasciatela vicino al fuoco onde il pane lieviti a moderatissimo calore: vedrete che basterà una ventina di minuti. Lievitato che sia mettetelo in mezzo alla farina rimasta ed intridetela colle uova, col burro liquefatto, collo

Circonferenza esterna

zucchero e col sale. Se questo pastone riesce troppo morbido, aggiungete tanta farina da ridurlo in modo che si possa distendere col matterello alla grossezza di mezzo dito. Così avrete una stiacciata dalla quale con un cerchio di latta taglierete tanti dischi della grandezza di quello soprassegnato.

Ammesso che ne facciate 24, prendete un uovo o altro arnese di forma consimile e colla punta del medesimo pigiate nel mezzo di ognuno dei dischi per imprimergli una buca. In 12 di detti dischi ponete un cucchiaino di un battutino tirato col sugo e la *balsamella,* composto di fegatini, animelle, prosciutto, lingua salata, odore di tartufi o di funghi, il tutto tagliato a piccoli dadi.

Bagnate i dischi all'intorno con un dito intinto nell'acqua e sopra ciascuno sovrapponete un altro disco dei 12 rimasti vuoti; quando saranno tutti coperti premete sopra ai medesimi un altro cerchio di latta di dimensione eguale a quello qui delineato, onde si formi un'incisione tutto all'ingiro.

Incisione interna

Ora che avete questi 12 pasticcini ripieni bisogna lievitarli, ma a lieve calore, e ciò otterrete facilmente ponendoli vicino al fuoco, o dentro a una stufa. Quando saranno rigonfiati bene friggeteli nel lardo o nell'olio in modo che sieno ricoperti dall'unto e serviteli caldi come fritto o piatto di tramesso, il quale, per la sua apparenza e bontà sarà giudicato piatto di cucina fine.

Se volete che servano per dolce non avrete altro a fare che riempirli di una crema alquanto soda o di conserva di frutta, spolverizzandoli, dopo cotti, di zucchero a velo.

Per un'altra ricetta di questi *Krapfen,* vedi il n. 562.

183. BOMBE E PASTA SIRINGA

Questa ricetta che può servire ugualmente bene per le bombe e per la pasta siringa, è un po' faticosa, ma non è di difficile esecuzione.

Acqua, grammi 150.
Farina d'Ungheria o finissima, grammi 100.
Burro, quanto una noce.
Sale, una presa.
Odore di scorza di limone.
Uova, n. 2 e un rosso.

Mettete al fuoco l'acqua col burro e il sale e quando bolle versate la farina tutta a un tratto e rimestatela forte. Tenete la pasta sul fuoco fino a che la farina sia ben cotta (10 minuti) rimovendola sempre; poi levatela dalla cazzaruola e stiacciatela alla grossezza di un dito perché si diacci bene.

Cominciate a lavorarla per tempo da prima con un rosso d'uovo e quando l'ha incorporato aggiungete una chiara ben montata, poi un altro rosso e, lavorandola sempre col mestolo, un'altra chiara montata e così di seguito se la dose fosse doppia o tripla della presente. A forza di lavorarlo il composto deve riuscire in ultimo fine come un unguento. Se si tratta di bombe gettatelo in padella a cucchiaini dandogli la forma rotonda; se desiderate la pasta siringa fatelo passare per la canna a traverso a un disco stellato, come la figura riportata qui sopra, e tagliatelo via via alla lunghezza di 9 a 10 centimetri. Quando avrà perduto il primo bollore spolverizzatela di zucchero a velo. Il doppio di questa dose potrà bastare per otto o dieci persone.

Queste bombe possono anche servire come fritto composto praticandovi una piccola incisione quando son cotte per introdur nell'interno un poco di battuto delicato di carne; ma allora non vanno spolverizzare di zucchero.

184. BOMBE COMPOSTE

Queste bombe devono essere scoppiate la prima volta a Bologna. La carica che contengono di cacio e mortadella me lo fanno supporre. Comunque sia, aggraditele perché fanno onore all'inventore.

Acqua, grammi 180.
Farina, grammi 120.
Formaggio gruiera, grammi 30.
Burro, quanto una noce.
Mortadella di Bologna, grammi 30.
Uova, n. 3.
Un pizzico di sale.

Mettete l'acqua al fuoco col burro e col sale e quando comincia a bollire gettate in essa il formaggio a pezzettini e subito la farina tutta in un tratto rimestando forte. Tenete la pasta al fuoco 10 minuti circa rimuovendola sempre, poi lasciatela diacciare. Lavoratela moltissimo ed a riprese col mestolo gettandovi un uovo per volta, prima il rosso poi la chiara montata, e quando sarete per friggerla aggiungete la mortadella a dadi larghi un centimetro e grossettini. Qualora l'impasto riuscisse un po' troppo sodo per la qualità della farina, o perché le uova erano piccole, aggiungetene un altro e ne otterrete tante che basteranno per sei persone. Se queste bombe sono venute bene, le vedrete gonfiare e rimaner vuote dentro, ma ci vuol forza in chi le lavora.

Servitele calde per contorno a un fritto di carne o di fegato, oppure miste a qualunque altro fritto.

185. BOMBE DI SEMOLINO

Latte, 3 decilitri, pari a grammi 300.
Semolino di grana fine, grammi 130.
Burro, quanto una noce.
Zucchero, un cucchiaino.
Sale, quanto basta.
Odore di scorza di limone.
Uova, n. 3.

Mettete al fuoco il latte col burro e lo zucchero e quando comincia a bollire versate il semolino a poco a poco onde non abbia a far bozzoli. Tenetelo sul fuoco fino a che non sia ben sodo, agitandolo sempre col mestolo perché non si attacchi al fondo. Ritiratelo dal fuoco, salatelo e subito scocciateglieli dentro il primo uovo, poi quando sarete per friggerlo, gli altri due, uno alla volta, montando le chiare e lavorandolo sempre molto col mestolo. Quando lo gettate in padella dategli la forma di pallottole le quali rigonfieranno per divenir bombe leggerissime che vanno spolverizzare di zucchero a velo, perduto che abbiano il forte calore. Usate fuoco leggiero e dimenate la padella.

186. CARCIOFI FRITTI

Questo è un fritto molto semplice; ma pure, pare incredibile, non tutti lo sanno fare. In alcuni paesi lessano i carciofi prima di friggerli, il che non va bene: in altri li avvolgono in una pastella la quale non solo non è necessaria, ma leva al frutto il suo gusto naturale. Eccovi il metodo usato in Toscana che è il migliore. Colà, facendosi grande uso ed abuso di legumi ed erbaggi, si cucinano meglio che altrove.

Prendete, per esempio, due carciofi, nettateli dalle foglie coriacee, spuntateli, mondatene il gambo e tagliateli in due parti; poi questi mezzi carciofi tagliateli a spicchi o per meglio dire a fette da cavarne 8 o 10 per carciofo anche se non è molto grosso. Di mano in mano che li tagliate, gettateli nell'acqua fresca e quando si saranno ben rinfrescati, levateli ed asciugateli così all'ingrosso o spremeteli soltanto, gettandoli subito nella farina perché vi resti bene attaccata.

Montate a mezzo la chiara di un uovo, ché uno solo basta per due carciofi, poi nella chiara mescolate il torlo e salatelo. Mettete i carciofi in un vagliettino per scuoterne la farina superflua e dopo passateli nell'uovo, mescolate e lasciateceli qualche poco onde l'uovo s'incorpori. Gettate i pezzi a uno a uno in padella con l'unto a bollore e quando avranno preso un bel colore dorato levateli e mandateli in tavola con spicchi di limone perché, come ognun sa, l'agro sui fritti che non sono dolci dà sempre grazia ed eccitamento al buon bere.

Se desiderate che i carciofi restino bianchi, è meglio friggerli nell'olio e strizzare mezzo limone nell'acqua quando li mettete in molle.

187. COTOLETTE DI CARCIOFI

Certe signore si dolevano di non trovare nel mio libro questo fritto, ed eccole appagate.

Prendete due carciofi grossi, nettateli dalle foglie dure e raschiatene il gambo, poi lessateli, ma non troppo, e così bollenti tagliateli per il lungo in cinque fette ciascuno, lasciandoci un po' di gambo, e conditeli con sale e pepe.

Fate una balsamella così:

Farina, grammi 30.
Burro, grammi 30.
Parmigiano grattato, grammi 20.
Latte, decilitri 2.

Tolta dal fuoco mescolateci un rosso d'uovo, il parmigiano e una presa di sale, e prese su ad una ad una pel gambo le fette dei carciofi immergetele nella *balsamella*, distendetele su un vassoio e, con un cucchiaio, ricopritele con la balsamella rimasta. Dopo diverse ore, quando saranno ben diacce, doratele con un uovo frullato, impanatele e friggetele nell'olio o nello strutto.

188. ZUCCHINI FRITTI I

Gli zucchini fritti bene piacciono generalmente a tutti e si prestano a meraviglia per rifiorire o contornare un altro fritto qualunque.

Prendete zucchini di forma allungata della dimensione di un dito e più; lavateli e tagliateli a filetti larghi un centimetro o meno, levate loro una parte del midollo e salateli non troppo. Dopo un'ora o due da questa preparazione scolateli dall'acquosità che hanno gettata e, senza asciugarli punto, buttateli nella farina e da questa nel vaglietti-no, scuotendoli bene dalla farina superflua; subito dopo gettateli in padella ove l'unto, olio o lardo che sia, si trovi in abbondanza e bollente. Da principio non li toccate per non romperli e solo quando si sono assodati rimuoveteli colla mestola forata e levate-li quando cominciano a prendere colore.

Si possono anche cucinare come i carciofi in teglia del n. 246, ma allora bisogna ta-gliarli a fette rotonde e prepararli come quelli da friggere.

189. ZUCCHINI FRITTI II

Questi riusciranno migliori e più appariscenti di quelli della ricetta antecedente. Prendete zucchini grandi e grossi da non potersi abbrancare con una mano. Sbuccia-teli per rendere il fritto più bello, apriteli in due parti per il lungo e levate loro il midol-lo in quella parte che mostrano i semi. Poi tagliateli a strisce lunghe e sottili, larghe un dito buono e poneteli col sale a far l'acqua lasciandoveli per qualche ora. Quando sa-rete per friggerli prendeteli su con ambedue le mani e stringeteli forte per ispremerne l'acqua che ancora contengono, poi gettateli nella farina sciogliendoli colle dita, indi nel vagliettino e buttateli subito in padella con molto unto.

190. CIAMBELLINE

Anche questo piatto, se non si vede manipolare, è difficile che riesca bene; mi pro-verò a descriverlo, ma non garantisco di farmi capire. A me queste ciambelline furono insegnate col nome di *beignets*; ma la loro forma mi suggerisce quello più proprio di *ciambelline*, e per tali ve le offro.

Mettete al fuoco in una cazzaruola grammi 180 di acqua, un pezzetto di burro quanto una grossa noce, due cucchiaini di zucchero e un pizzico di sale. Quando il li-quido bolle, stemperateci grammi 120 di farina gettandola tutta a un tratto onde non si formino bozzoli e dimenate subito col mestolo. Levatela presto dal fuoco e mentre è così a bollore scocciate nella medesima un uovo e mescolate forte finché sia bene incor-porato; poi ad intervalli, quando il composto è diaccio, aggiungete altre due uova lavo-rando sempre e molto col mestolo finché sia ben mantecato; e ciò si conosce dal-l'azione del mestolo stesso, il quale, nei vuoti che lascia, si tira dietro un sottil velo di pa-sta. Datele l'odore di vainiglia e preparate sulla spianatoia una certa quantità di farina sulla quale verserete la detta pasta. Allora cominciate a palparla colle mani imbrattate nella stessa farina e avvoltolatevela entro in modo che della farina se ne appropri tanta da rendersi maneggevole, ma però morbida alquanto.

Dividete questo pastone in 16 o 18 parti, formando tante pallottole che riusciranno grosse poco più di una noce: ad ognuna di queste pallottole fate un buco in mezzo premendole colla punta di un dito contro la spianatoia e girandole sopra sé stesse; rivoltatele e fate altrettanto dalla parte opposta onde il buco diventi largo ed aggraziato; così queste pallottole prenderanno la forma di ciambelline. Ora mettete al fuoco un vaso d'acqua di bocca larga, e quando l'acqua sarà ben calda, ma non bollente, gettatevi le ciambelline a tre o quattro per volta. Se si attaccano al fondo sollevatele leggermente colla mestola forata, voltatele ed allorché vengono a galla levatele asciutte e ponetele sopra un pannolino, poi colla punta di un coltello, fate ad ognuna giro giro, tanto dalla parte esterna che interna, un'incisione od anche due a una certa distanza, perché possan rigonfiar meglio.

In questo stato potrete lasciarle anche per delle ore se vi fa comodo. Friggetele con molto unto, lardo od olio che sia, a fuoco lento, dimenando spesso la padella; se saranno venute bene le vedrete crescere a un volume straordinario, restando asciutte. Calde ancora, ma non bollenti, spolverizzatele di zucchero a velo e servitele, augurandosi lo scrivente che esse, per la loro bontà ed eleganza di forma, siano gustate da bocche gentili e da belle e giovani signore; e così sia.

191. DONZELLINE

Farina, grammi 100.
Burro, quanto una noce.
Latte, quanto basta.
Un pizzico di sale.

Formatene un intriso né troppo sodo, né troppo morbido, lavoratelo molto colle mani sulla spianatoia e tiratene una sfoglia della grossezza di uno scudo. Tagliatela a piccole mandorle, friggetela nel lardo o nell'olio, e la vedrete gonfiare, riuscendo tenera e delicata al gusto.

Così avrete le donzelline, che vanno spolverizzare con zucchero a velo quando non saranno più bollenti.

192. FRITTO DI CHIFELS

È un fritto di poco conto, ma per contorno a un fritto di carne può servire da pane.

Chifels, n. 2.
Latte, decilitri 2.
Zucchero, grammi 20.

Levate le punte ai chifels e tagliateli a rotelline grosse un centimetro che collocherete sopra un vassoio. Ponete il latte al fuoco col detto zucchero e quando sarà a bollore versatelo sulle medesime per inzupparle non molto. Diacce che sieno bagnatele in due uova frullate, panatele e friggetele. Per signore facili a contentarsi possono servire come piatto dolce, se date loro l'odore della vainiglia spolverizzandole, dopo cotte, di zucchero a velo.

193. AMARETTI FRITTI

Prendete 20 amaretti piccoli, bagnateli leggermente, onde non rammolliscano troppo, di rhum o di cognac, involtateli nella pastella del n. 156, che è dose bastante, e friggeteli nello strutto, nel burro o nell'olio. Spolverizzateli leggermente di zucchero a velo e serviteli caldi.

Non è fritto da fargli le furie e da andarlo a cercare; ma può servir di compenso quando capiti il caso.

194. CRESCENTE

Che linguaggio strano si parla nella dotta Bologna!

I tappeti (da terra) li chiamano *i panni*; i fiaschi, i fiaschetti (di vino), *zucche, zucchette*; le animelle, *i latti*. Dicono *zigàre* per piangere, e ad una donna malsana, brutta ed uggiosa, che si direbbe una calìa o una scamonea, danno il nome di *sagoma*. Nelle trattorie poi trovate la *trifola*, la *costata* alla fiorentina ed altre siffatte cose da spiritare i cani. Fu là, io credo, che s'inventarono le *batterie* per significare le corse di gara a baroccino o a sediolo e dove si era trovato il vocabolo *zona* per indicare una corsa in tranvai. Quando sentii la prima volta nominare la *crescente*, credei si parlasse della luna; si trattava invece della schiacciata, o focaccia, o pasta fritta comune che tutti conoscono e tutti sanno fare, con la sola differenza che i Bolognesi, per renderla più tenera e digeribile, nell'intridere la farina coll'acqua diaccia e il sale, aggiungono un poco di lardo.

Pare che la stiacciata gonfi meglio se la gettate in padella coll'unto a bollore, fuori del fuoco.

Sono per altro i Bolognesi gente attiva, industriosa, affabile e cordiale e però, tanto con gli uomini che con le donne, si parla volentieri, perché piace la loro franca conversazione. Codesta, se io avessi a giudicare, è la vera educazione e civiltà di un popolo, non quella di certe città i cui abitanti son di un carattere del tutto diverso.

Il Boccaccio in una delle sue novelle, parlando delle donne bolognesi, esclama:

«O singolar dolcezza del sangue bolognese! quanto se' tu sempre stata da commendare in così fatti casi! (*casi d'amore*) mai di lagrime né di sospir fosti vaga; e continuamente a' prieghi pieghevole e agli amorosi desiderio arrendevol fosti; se io avesse degne lodi da commendarti, mai sazia non se ne vedrebbe la voce mia».

195. CRESCIONI

Perché si chiamino *crescioni* e non tortelli di spinaci vattel'a pesca. So che si lessano degli spinaci secondo l'uso comune, cioè senz'acqua e, spremuti bene, si mettono, tagliati all'ingrosso, in umido con un soffritto di olio, aglio, prezzemolo, sale e pepe; poi si aggraziano con un po' di sapa e con uva secca, a cui siano stati levati gli acini. In mancanza della sapa e dell'uva secca si supplisce con lo zucchero e l'uva passolina.

Poi questi spinaci, così conditi, si chiudono nella pasta matta n. 153 intrisa con qualche goccia d'olio, tirata a sfoglia sottile e tagliata con un disco all'incirca di quello segnato in questa pagina. Questi dischi si piegano in due per far prender loro la forma di mezza luna, si stringe bene la piegatura e si friggono nell'olio. Servono come piatto di tramesso.

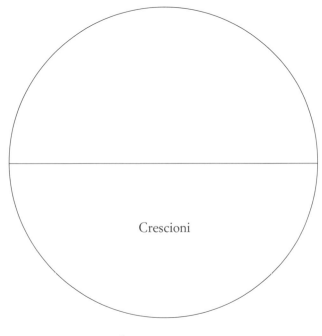

Crescioni

196. CROCCHETTE

Si possono fare con ogni sorta di carne avanzata e si preparano come le polpette del n. 314, senza però l'uva passolina e i pinoli. Invece si può dar loro, piacendo, l'odore dell'aglio unendovi anche qualche foglia di prezzemolo. A queste crocchette convien meglio dare la forma a rocchetti e generalmente si mangiano soltanto fritte.

197. CROCCHETTE DI ANIMELLE

Prendete grammi 150 di animelle, cuocetele nel sugo oppure con un battutino di cipolla e burro, e conditele con sale, pepe e l'odore della noce moscata. Poi tagliatele a piccoli dadi e mescolatele a due cucchiaiate di *balsamella* piuttosto soda aggiungendo un rosso d'uovo e un buon pizzico di parmigiano. Prendete su il composto a piccole cucchiaiate, versatelo nel pangrattato dandogli la forma bislunga ad uso rocchetto. Dopo immergetele nell'uovo sbattuto, poi un'altra volta nel pangrattato e friggetele. Potrete renderle di gusto più grato se nel composto aggiungete prosciutto grasso e magro, lingua salata a piccoli dadi e se, invece della noce moscata, date loro l'odore dei tartufi a pezzettini.

Col suddetto quantitativo di animelle otterrete dieci o dodici crocchette le quali potete unire ad altra qualità di fritto per fare un piatto di fritto misto.

198. CROCCHETTE DI RISO SEMPLICI

Latte, mezzo litro.
Riso, grammi 100.
Burro, grammi 20.
Parmigiano grattato, grammi 20.
Uova, n. 2.

Cuocete molto sodo il riso nel latte, e a mezza cottura aggiungete il burro e salatelo.

Levatelo dal fuoco, versateci il parmigiano e così a bollore scocciateci dentro un uovo mescolando subito per incorporarlo. Quando sarà ben diaccio prendetelo su a cucchiaiate ed involtatelo nel pangrattato dandogli forma cilindrica; con questa dose otterrete dodici crocchette. Frullate l'uovo rimasto, gettateci dentro le crocchette a una a una, involtatele di nuovo nel pangrattato e friggetele.

Si possono servir sole; ma meglio accompagnate con altra qualità di fritto.

199. CROCCHETTE DI RISO COMPOSTE

Servitevi della ricetta antecedente e mescolate framezzo al riso, quando sarà cotto e dosato, le rigaglie di un pollo tirate a cottura con burro e sugo, e se questo vi manca, supplite con un battutino di cipolla.

Le rigaglie tagliatele dopo cotte alla grossezza di un cece.

200. CROCCHETTE DI PATATE

Patate, grammi 300.
Burro, grammi 30.
Parmigiano grattato, grammi 20.
Rossi d'uovo, n. 2.
Zucchero, un cucchiaino.
Odore di noce moscata.

Le patate sbucciatele e se sono grosse tagliatele in quattro parti e mettetele a bollire in acqua salata per passarle dallo staccio asciutte quando saranno cotte ed ancora bollenti. Al passato aggiungete il burro, sciolto d'inverno, e tutto il resto, mescolando.

Lasciate che il composto diacci bene, dividetelo in dieci o dodici parti e, sopra uno strato leggiero di farina, date loro la forma di rocchetto per ottener le crocchette. Frullate un uovo e nel medesimo immergetele ad una ad una, panatele e friggetele in olio o lardo onde servirle per contorno a un fritto di carne o ad un arrosto.

201. PALLOTTOLE DI PATATE RIPIENE

Patate, grammi 300.
Parmigiano, due cucchiaiate ben colme.
Uova, n. 2.
Odore di noce moscata.
Farina, quanto basta.

Lessate le patate, sbucciatele e passatele calde dallo staccio sopra a un velo di farina. Fate una buca sul monte delle patate, salatele, date loro l'odore della noce moscata e versateci le uova e il parmigiano. Poi, con meno farina che potete, formatene un pastone morbido e lungo che dividerete in 18 parti e ad ognuna di queste, con le dita infarinate, fate una piccola buca per riempirla con un battuto di carne. Tirateci sopra i lembi per coprirlo e, con le mani infarinate, formate palle rotonde che friggerete nello strutto o nell'olio, mandandole in tavola per contorno a un fritto di carne.

È un piatto appariscente, buono e di poca spesa perché il ripieno potete formarlo anche con le rigaglie di una sola gallina, quando vi capita, se vi comprenderete la cresta, il ventriglio lessato prima e le uova non nate tirate a cottura con un piccolo battutino di cipolla e burro, unendovi dopo una fettina di prosciutto grasso e magro tagliato a dadini e tutto il resto tritato.

Se non avete la gallina formate il ripieno in altra maniera.

202. PERINE DI RISO

Riso, grammi 100.
Latte, mezzo litro.
Burro, poco più di una noce.
Parmigiano, un buon pizzico.
Uova, n. 1.

Bocca del piccolo imbuto

Cuocete il riso ben sodo nel latte aggiungendovi il burro e, quando è cotto, salatelo ed aspettate che abbia perduto il forte calore per scocciarvi l'uovo e mettervi il parmigiano. Tirate poi a cottura due fegatini di pollo e due animelle di agnello, facendone un umidino delicato, e dategli l'odore della noce moscata; tagliatelo a pezzetti grossi meno di una nocciuola e uniteci dei pezzetti di prosciutto, di tartufi o di funghi che gli donano molta grazia.

Per dare a questo riso ripieno la forma di perette fatevi fare un imbutino di latta del quale vi disegnerei la forma e la grandezza, se ne fossi capace, ma non conoscendo il disegno contentatevi del cerchio già delineato che ne rappresenta la bocca, la parte opposta della quale termina col suo cannoncino che ha due centimetri di lunghezza. Ungetelo col burro liquido e spolverizzatelo di pangrattato fine, poi riempitelo per metà di riso, poneteci due o tre pezzetti dell'umido descritto e finite di riempirlo con altro riso. Formata la pera, per estrarla soffiate dal cannoncino, ripetendo l'operazione finché avrete roba. Già s'intende che per friggerle queste perette bisogna dorarle con uova e pangrattato.

203. FRITTO NEGLI STECCHINI

Fegatini grossi di pollo, n. 2.
Lingua salata, grammi 40.
Gruiera, grammi 40.

I fegatini cuoceteli nel burro e conditeli con sale e pepe. Dopo cotti tagliateli in 12 pezzetti e lo stesso fate del gruiera e della lingua. Prendete 12 stecchini da denti ed infilate nei medesimi i suddetti 36 pezzi; prima la lingua, in mezzo il gruiera e in cima il fegatino a una certa distanza tra loro. Poi, servendovi della *balsamella* del n. 220 intonacate con la medesima i tre pezzetti in modo che restino ben coperti; indi passateli nell'uovo frullato, panateli e friggeteli.

Potete ai detti ingredienti aggiungere, volendo, pezzetti di animelle cotte come i fegatini e pezzetti di tartufi crudi.

204. AGNELLO IN FRITTATA

Spezzettate una lombata d'agnello, che è la parte che meglio si presta per questo piatto, e friggetela nel lardo vergine; poco basta, perché in quel posto la carne è piuttosto grassa. A mezza cottura condite l'agnello con sale e pepe e quando sarà totalmente cotto versateci quattro o cinque uova frullate e leggermente condite anch'esse con sale e pepe. Mescolate, badando che le uova assodino poco.

205. POLLO DORATO I

Prendete un pollastro giovane, vuotatelo, levategli la testa e le zampe, lavatelo bene e tenetelo nell'acqua bollente per un minuto. Poi tagliatelo a pezzi nelle sue giunture, infarinatelo, conditelo con sale e pepe e versategli sopra due uova frullate. Dopo mezz'ora almeno di infusione involtate i pezzi nel pangrattato, ripetendo per due volte l'operazione se occorre e cuoceteli a brace in questa maniera: prendete una *sauté* o una teglia di rame stagnata, ponete in essa olio, o meglio lardo vergine, e quando comincia a grillettare buttate giù i pezzi del pollo facendoli rosolare da ambedue le parti a moderato calore onde la cottura penetri nell'interno. Serviteli bollenti con spicchi di limone. L'ala di tacchino, che lessa è la parte più delicata, si presta egualmente bene per essere tagliata a pezzetti e così cucinata.

La punta del petto e le zampe dei polli, compreso il tacchino, possono darvi una norma della tenerezza delle loro carni perché, quando invecchiano, la punta del petto indurisce e non cede alla pressione delle dita, e le zampe, da nere che erano, si fanno giallastre.

206. POLLO DORATO II

Dopo averlo trattato come il precedente, tagliatelo a pezzi più piccoli, infarinatelo, immergetelo in due uova frullate e salate a buona misura; friggetelo in padella, conditelo ancora un poco con sale e pepe, e servitelo con spicchi di limone.

207. PETTI DI POLLO ALLA SCARLATTA

Da un petto di cappone o di una grossa pollastra potrete cavare sei fette sottili, che in un pranzo basteranno per quattro o cinque persone. Cuocetele col burro e conditele con sale e pepe.

Fate una *balsamella* con: burro, grammi 20; farina, grammi 40; latte, decilitri 2.

Quando è cotta uniteci grammi 50 di lingua salata tritata fine con la lunetta e, diaccia che sia, spalmate con la medesima i petti di pollo da tutte le parti. Tuffateli poi nell'uovo frullato, un solo uovo sarà sufficiente, panateli e rosolateli nel burro o nel lardo alla *sauté*, e serviteli con spicchi di limone

208. POLLO ALLA CACCIATORA

Trinciate una grossa cipolla e tenetela per più di mezz'ora nell'acqua fresca, indi asciugatela e gettatela in padella con olio o lardo. Quando è cotta mettetela da parte. Spezzettate un pollastro, friggetelo nell'unto che resta e, rosolato che sia, uniteci la detta cipolla, conditelo con sale e pepe e annaffiatelo con mezzo bicchiere di San Giovese od altro vino rosso del migliore e alquanto sugo di pomodoro e, dopo cinque minuti di bollitura, servitelo. Vi avverto che non è piatto per gli stomachi deboli.

209. POLLO FRITTO COI POMODORI

Ogni popolo usa per friggere quell'unto che si produce migliore nel proprio paese. In Toscana si dà la preferenza all'olio, in Lombardia al burro, e nell'Emilia al lardo che vi si prepara eccellente, cioè bianchissimo, sodo e con un odorino di alloro che consola annusandolo. Da ciò la strage inaudita, in quella regione, di giovani pollastri fritti nel lardo, coi pomodori.

Nelle fritture di grasso io preferisco il lardo perché mi sembra dia un gusto più grato e più saporito dell'olio. Il pollo si taglia a piccoli pezzi, si mette in padella così naturale con sufficiente quantità di lardo, condendolo con sale e pepe. Quando è cotto si scola dall'unto superfluo e vi si gettano i pomodori a pezzetti dopo averne tolti i semi. Si rimesta continuamente finché i pomodori siensi quasi strutti e si manda in tavola.

210. FEGATO COL VINO BIANCO

Il vino, come condimento, non è molto nelle mie grazie, ammenoché non si tratti di vino da bottiglia e di certi piatti in cui è necessario pel carattere loro speciale. Ma poiché i gusti sono tanti diversi, che quel che non piace ad uno potrebbe piacere ad altri, eccovi un piatto col vino.

Tagliate il fegato a fette sottili e così naturale friggetelo in padella con olio e burro. Frullate in un pentolino un cucchiaio di farina con vino bianco ottimo ed asciutto, per formare un intriso molto liquido; quando il fegato sarà a due terzi di cottura versateglielo sopra. Finite di cuocerlo e conditelo con sale e pepe.

211. FEGATO ALLA CACCIATORA

Se il fegato fosse grammi 300 circa, trinciate tre grosse cipolle e tenetele in molle nell'acqua fresca per un'ora o due. Sgrondata dall'acqua, gettate la cipolla in padella per asciugarla; asciutta che sia versateci il lardo per friggerla, e quando avrà preso il color marrone uniteci il fegato tagliato a fette sottili. Lasciatelo soffriggere alquanto, frammisto alla cipolla; versate poi nella padella poco meno di mezzo bicchiere di vino rosso buono e dopo cinque minuti, movendolo sempre, servitelo condito con sale e pepe. Non è piatto per gli stomachi delicati.

212. CASTAGNOLE I

Questo piatto particolare alle Romagne, specialmente di carnevale, è, a dir vero, di genere non troppo fine, ma può piacere.

Intridete sulla spianatoia una pasta soda con farina, due uova, una cucchiaiata di fumetto, odore di scorza di limone e sale quanto basta. Lavoratela molto e con forza colle mani come fareste del pane comune, facendole a poco per volta assorbire una cucchiaiata di olio fine. Per ultimo tiratela a bastoncini, tagliateli a pezzetti del volume di una noce e gettateli subito in padella a lento fuoco dimenandola continuamente. Cotte che sieno le *castagnole,* spolverizzatele di zucchero a velo e servitele diaccie; ché sono migliori che calde.

Se invece di fumetto vi servirete di cognac o di acquavite, il che sembra lo stesso, vi prevengo che non otterrete il medesimo effetto e che rigonfieranno poco.

213. CASTAGNOLE II

Eccovi una seconda ricetta di *castagnole.* Provatele tutt'e due ed attenetevi a quella che più vi garba.

Uova, n. 2.
Acqua, due cucchiaiate.
Fumetto, due cucchiaiate.
Burro, grammi 20.
Zucchero, grammi 20.
Un pizzico di sale.

Mettete in un vaso i rossi d'uovo, lo zucchero, il fumetto, l'acqua e il sale. Mescolate, montate le chiare e con questi ingredienti e il burro intridete tanta farina sulla spianatoia da formare un pastone che si possa lavorar colle mani. Dimenatelo molto perché si affini, poi fatene delle pallottole grosse quanto una piccola noce e friggetele come le antecedenti a fuoco lento e in molto unto.

214. CREMA FRITTA I

Amido, grammi 100.
Zucchero, grammi 30.
Burro, grammi 20.
Latte, decilitri 4.
Uova, due intere.
Odore di scorza di limone.
Sale, una presa.

Lavorate le uova collo zucchero, poi aggiungete l'amido ridotto in polvere, la scorza di limone grattata, il latte versato a poco per volta e il burro. Mettete il composto al fuoco rimestando continuamente come fareste per una crema comune e quando sarà condensato da non crescer più, gettate la presa di sale e versatelo in un vassoio o sopra un'asse, distendendolo alla grossezza di un dito.

Tagliatelo a mandorle quando sarà ben diaccio, doratelo coll'uovo e pangrattato, friggetelo nel lardo o nell'olio e servitelo caldo per contorno ad altro fritto.

215. CREMA FRITTA II

Farina, grammi 100.
Zucchero, grammi 20.
Uova intere, n. 2.
Latte, decilitri 5.
Odore di vainiglia o di scorza di limone.

Per la cottura tenetela sul fuoco finché la farina non abbia perduto il crudo. In quanto al resto regolatevi come quella del numero precedente. Metà dose, mista ad altro fritto, potrà bastare per quattro o cinque persone.

216. TESTICCIUOLA D'AGNELLO

La testicciuola d'agnello, quando non si voglia mangiar lessa, io non conosco che due modi di cucinarla; fritta e in umido (vedi n. 321). Per friggerla tanto sola che col cervello, vedi la *Pastella per fritti di carne*, n. 157.

217. CORATELLA D'AGNELLO ALLA BOLOGNESE

Tagliate il fegato a fettine e il pasto a pezzetti e così naturali buttateli in padella con del lardo. Quando la coratella sarà quasi cotta scolatela da tutto l'unto e gettatevi dentro un pezzetto di burro; continuate a friggere e poco dopo versate in padella sugo di pomodoro o conserva sciolta nell'acqua o nel brodo. Conditela con sale e pepe, mandatela in tavola con questa sua salsa, e state sicuri che sarà lodata.

218. FRITTO D'AGNELLO ALLA BOLOGNESE

Il meglio posto dell'agnello per friggere è la lombata: ma può servire benissimo anche la spalla, compreso il collo. Spezzettatelo e friggetelo come la coratella del numero precedente.

219. CONIGLIO FRITTO

La ripugnanza che molti in Italia sentono pel coniglio (*Lepus cuniculus*) non mi sembra giustificata. È una carne di non molta sostanza e di poco sapore al che si può supplire coi condimenti; ma è tutt'altro che cattiva e non ha odore disgustoso, anzi è sana e non indigesta come quella d'agnello. Si offre poi opportuna per chi non avendo mezzi sufficienti a procurarsi carne di manzo, è costretto a cibarsi di legumi ed erbaggi. Il miglior modo è di friggerlo come la coratella del n. 217.

Dicono poi che il coniglio lesso fa un brodo eccellente.

La domesticità del coniglio rimonta ad un'epoca assai antica, giacché Confucio, 500 anni avanti l'era cristiana, parla di questi animali, come degni di essere immolati agli Dei, e della loro propagazione.

220. COTOLETTE IMBOTTITE

Formate delle *cotolette* di vitella di latte oppure di petti di pollo o di tacchino, tagliate sottili e, se tenete a dar loro una forma elegante, tritatele e riunitele dopo, schiacciandole. Se trattasi di vitella di latte basteranno grammi 170 di magro senz'osso, per ottenerne 6 o 7. Soffriggetele, così a nudo, nel burro, salatele e mettetele da parte.

Fate una *balsamella* con grammi 70 di farina, 20 di burro e 2 decilitri di latte e appena tolta dal fuoco, salatela, gettateci una cucchiaiata di parmigiano e un rosso d'uovo mescolando bene. Quando sarà diaccia spalmate con questa le *cotolette* da ambedue le parti alla grossezza di uno scudo pareggiandola colla lama di un coltello da tavola intinto nell'olio, poi immergetele nell'uovo frullato, panatele e rosolatele friggendole nell'olio o nello strutto.

Servitele con spicchi di limone.

221. BRACIOLINE DI VITELLA DI LATTE ALL'UCCELLETTO

Prendete carne magra di vitella di latte, tagliatela a bracioline sottili e battetele bene con la costola del coltello. Ponete al fuoco in una cazzaruola o nella *sauté* olio e burro in proporzione con alcune foglie intere di salvia e quando queste avranno soffritto un poco gettateci le bracioline, conditele con sale e pepe e quando avranno bollito a fuoco vivo per cinque o sei minuti spremeteci del limone e mandatele in tavola.

È un piatto da servire per colazione.

222. SALTIMBOCCA ALLA ROMANA

Li ho mangiati a Roma, alla trattoria *Le Venete,* e perciò posso descriverli con esattezza.

Sono bracioline di vitella di latte, condite leggermente con sale e pepe, sopra ognuna delle quali si pone mezza foglia di salvia (una intera sarebbe di troppo) e sulla salvia una fettina di prosciutto grasso e magro. Per tenere unite insieme queste tre cose s'infilzano con uno stecchino da denti e si cuociono col burro alla *sauté*; ma vanno lasciate poco sul fuoco dalla parte del prosciutto perché questo non indurisca. Come vedete è un piatto semplice e sano.

Con 300 grammi di magro ne otterrete 11 o 12 e potranno bastare per tre o quattro persone.

Le bracioline tenetele alla grossezza di mezzo dito, e prima di prepararle bagnatele e spianatele.

Potete servirle con un contorno qualunque.

223. BOCCONI DI PANE RIPIENI

Se scrivessi in francese, seguendo lo stile ampolloso di quella lingua, potrei chiamare questi bocconi: *bouchées de dames*; e allora forse avrebbero maggior pregio che col loro modesto nome.

Prendete un fegatino o due, di pollo, qualche animella e, se lo avete, un ventriglio di pollo o di tacchino, che non guastano; ma quest'ultimi, che sono duri, lessateli prima a metà e levatene il tenerume. Tritate il tutto colla lunetta, mettetelo al fuoco con un battutino di cipolla, prosciutto, un pezzetto di burro e conditelo con poco sale, pepe, e odore di noce moscata o di spezie. Quando comincia a grillettare versate un cucchiaino scarso di farina, mescolate perché s'incorpori e poi bagnatelo con sugo di carne o col brodo. Fate bollire e quindi versateci dentro a poco per volta un uovo frullato e, rimestando sempre, lasciate che il composto assodi. Ritiratelo dal fuoco, aggiungete un pizzico di parmigiano e versatelo in un piatto.

Ora prendete una pagnotta di pane raffermo, tagliatela a fette grosse un centimetro scarso, levatene la corteccia e fatene dei dadi larghi come un pezzo da 10 centesimi o poco più. Mettete abbondantemente il composto sopra ai medesimi da una sola parte, e questa, mezz'ora prima di friggere, infarinatela, e distendete i pezzetti di pane sopra un vassoio. Versate loro sopra dell'uovo frullato in abbondanza onde il pane s'inzuppi e il composto resti coperto e ben dorato: gettateli in padella dalla parte del composto stesso.

Vi prevengo che questo fritto fa molta comparita, talché colle rigaglie di un pollo, e due o tre animelle di agnello, potrete ottenere una ventina di bocconi i quali misti a un fritto di cervello o d'altro piaceranno molto. Si può fare anche a meno delle animelle; l'odore dei tartufi, se li avete, non potrà far che bene.

224. FRITTO ALLA GARISENDA

Signore che vi dilettate alla cucina non mettete questo fritto nel dimenticatoio, perché piacerà ai vostri sposi e, per gl'ingredienti che contiene, forse sarete da essi rimeritate. Prendete pane raffermo, non troppo spugnoso, levategli la corteccia e tagliatelo a mandorle o a quadretti di quattro centimetri circa per ogni lato, tutti di un'eguale misura. Distendete sopra ad ognuno prima una fetta di prosciutto grasso e magro, poi fettine di tartufi e sopra a questi una fetta di cacio gruiera. Coprite il ripieno con altrettanti pezzetti di pane che combacino premendoli insieme perché stieno uniti; ma tagliate ogni cosa sottile onde i pezzi del fritto non riescano troppo grossolani.

Ora che lo avete preparato, bagnatelo leggermente col latte diaccio e quando lo avrà assorbito tuffate ogni pezzo nell'uovo frullato indi nel pangrattato ripetendo due volte l'operazione onde anche gli orli restino dorati e chiusi. Friggetelo nel lardo o nell'olio e servitelo solo o misto a qualche altro fritto.

225. CERVELLO, ANIMELLE, SCHIENALI, TESTICCIUOLA, ECC.

Per questi fritti, vedi la *Pastella per fritti di carne*, n. 157.

LESSO

226. POLLO LESSO

Il pollame lesso, specialmente i capponi e le pollastre ingrassate, riusciranno più bianchi e più puliti senza che la sostanza del brodo ne soffra, se li cuocete entro a un pannolino sottile e legato.

Pei lessi rifatti vedi i numeri 355, 356 e 357.

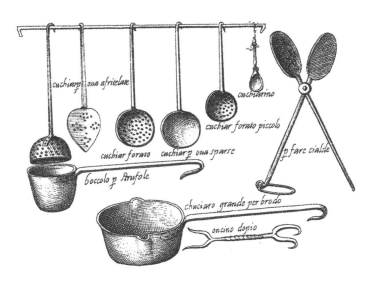

TRAMESSI

Sono gli *entremets* dei Francesi; piatti di minor conto, che si servono tra una portata e l'altra.

227. CRESENTINE

Se l'aglio è un vermifugo, come si reputa generalmente, questo è un cibo semplice e appetitoso pei bambini. Arrostite delle fette di pane da ambedue le parti e così calde strofinatele con uno spicchio d'aglio. Poi conditele con sale, olio, aceto e zucchero.

228. DONZELLINE RIPIENE DI ACCIUGHE SALATE

Farina, grammi 220.
Burro, grammi 30.
Latte, quanto basta.
Sale, un pizzico.
Acciughe salate, n. 4.

Intridete la farina col burro, il latte e il sale formandone un pane di giusta consistenza, lavorandolo moltissimo se volete che la pasta rigonfi in padella.

Lasciatelo un poco in riposo, tagliatelo a metà ed allargate alquanto le due parti.

Nettate le acciughe, dividetele a metà per il lungo, levate loro la spina e tagliatele a pezzetti quadri e questi collocateli distesi sopra una delle dette porzioni di pasta, copritela con quell'altra per appiccicarle insieme e così unite tiratele col matterello a sfoglia sottile che taglierete a mandorle per friggerle nell'olio. Questa dose basterà per sei persone e potrà servire per principio in una colazione o per contorno a un fritto di pesce.

229. DONZELLINE AROMATICHE

Farina, grammi 180 circa.
Olio, due cucchiaiate.
Vino bianco o marsala, due cucchiaiate.
Salvia, cinque o sei foglie.
Un uovo.
Sale, quanto basta.

La salvia tritatela con la lunetta e poi intridete la farina con tutti gl'ingredienti lavorandola bene e procurando che la pasta resti piuttosto morbida. Poi tiratela col matterello alla grossezza di uno scudo spolverizzandola con farina, se occorre, e tagliata a mandorle friggetela nell'olio o nel lardo. Sento dire che qualcuno le mangia insieme ai fichi e al prosciutto.

Ritengo questa quantità sufficiente per quattro persone.

230. GNOCCHI DI SEMOLINO

Latte, decilitri 4.
Semolino, grammi 120.
Burro, grammi 50.
Parmigiano grattato, grammi 40.
Uova, n. 2.
Sale, quanto basta.

Cuocete il semolino nel latte e quando siete per ritirarlo dal fuoco salatelo e versatevi metà del burro e metà del parmigiano. Poi, quando è ancora ben caldo, aggiungete le uova e mescolate, indi versatelo sulla spianatoia, o sopra un vassoio, distendetelo alla grossezza di un dito e mezzo e lasciate che diacci per tagliarlo a mandorle. Eccovi gli gnocchi che collocherete uno sopra l'altro in bella mostra entro un vassoio proporzionato, intramezzandoli col resto del burro a pezzetti e spolverizzandoli, suolo per suolo, ma non alla superficie, col resto del parmigiano. Per ultimo, rosolateli al forno da campagna e serviteli caldi o soli o per contorno ad un piatto di carne stracottata o fatta in altra maniera.

231. GNOCCHI ALLA ROMANA

Questi gnocchi, che io ho modificato e dosati nella seguente maniera, spero vi piaceranno come sono piaciuti a quelli cui li ho imbanditi. Se ciò avviene fate un brindisi alla mia salute se sarò vivo, o mandatemi un *requiescat* se sarò andato a rincalzare i cavoli.

Farina, grammi 150.
Burro, grammi 50.
Cacio gruiera, grammi 40.

Parmigiano, grammi 20.
Latte, mezzo litro.
Uova, n. 2.

Si dice che a tavola non si dovrebbe essere in meno del numero delle Grazie, né in più del numero delle Muse. Se vi aggirate intorno al numero delle Muse, raddoppiate la dose.

Intridete la farina colle uova e col latte versato a poco per volta entro una cazzaruola, aggiungete il cacio gruiera a pezzettini e mettete l'intriso al fuoco mescolando continuamente. Quando sarà assodato per la cottura della farina, salatelo e aggiungete la metà del detto burro. Lasciate che il composto diacci e poi, nella stessa guisa degli gnocchi di farina gialla, mettetelo a tocchetti in un vassoio che regga al fuoco e conditeli via via col resto del burro a pezzetti e col parmigiano suddetto grattato; ma non alla superficie, perché il parmigiano col fuoco sopra prende l'amaro. Rosolateli sotto a un coperchio di ferro o nel forno da campagna e serviteli caldi.

232. POLENTA DI FARINA GIALLA COLLE SALSICCE

Fate una polenta piuttosto tenera di farina di granturco, distendetela sulla spianatoia alla grossezza di un dito e tagliatela a mandorle.

Ponete in un tegamino diverse salsicce intere con un gocciolo d'acqua e quando saranno cotte spellatele, sbriciolatele ed aggiungete sugo o conserva di pomodoro. Collocate la polenta in una teglia o in un vassoio che regga al fuoco, conditela a suoli col parmigiano, queste salsicce e qualche pezzetto di burro sparso qua e là, poi mettetela fra due fuochi e quando sarà ben calda servitela, specialmente per primo piatto di una colazione alla forchetta. La detta polenta si può fare anche dura per tagliarla a fette.

233. POLENTA PASTICCIATA

Fate una polenta soda di farina di granturco cotta nel latte. Salatela quando siete per ritirarla dal fuoco e versatela sopra la spianatoia, alta due dita circa. Diaccia che sia, tagliatela a mandorle grosse mezzo centimetro, che disporrete nella seguente maniera in un vassoio di metallo o di porcellana che regga al fuoco. Fate un intingolo come quello per condire i maccheroni alla bolognese n. 87 o consimile, e fate un poco di *balsamella* n. 137, spolverizzare il fondo del vassoio con parmigiano grattato e distendete un suolo di polenta; conditela con parmigiano, l'intingolo e la *balsamella*; poi sopra a questo ponete un altro suolo di polenta e conditela egualmente; e così di seguito finché avrete roba. Anche qualche pezzettino di burro qua e là non ci farà male: però mettetene poco se non volete che stucchi per soverchio condimento.

Preparato così il vassoio colla sua colma, ponetelo nel forno da campagna per rosolare la polenta e servitela calda per tramesso in un pranzo durante l'autunno e l'inverno. Se viene bene sarà lodata per la sua delicatezza. Nel tempo della cacciagione un abile cuoco può metterla in forma riempiendola di uccelletti cotti in umido.

234. MACCHERONI COLLA BALSAMELLA

Prendete maccheroni lunghi alla napoletana e cuoceteli per due terzi nell'acqua salata. Levateli asciutti e rimetteteli al fuoco con un pezzetto di burro e quando l'avranno assorbito aggiungete tanto latte che finisca di cuocerli a moderato calore. Preparate intanto una *balsamella* come al n. 137 e quando non sarà più a bollore legatela con un rosso d'uovo e poi versatela sui maccheroni insieme con parmigiano grattato in proporzione. Maccheroni così preparati sono molto opportuni per contorno a un pezzo di stracotto o a un pezzo di vitella di latte in fricandò. Potete in questo caso prendere un vassoio che regga al fuoco, collocarvi una forma di latta in mezzo e i maccheroni all'ingiro.

Ponete il vassoio nel forno da campagna o sotto a un coperchio di ferro col fuoco sopra, e quando i maccheroni saranno leggermente rosolati, ritirateli dal fuoco e, levata la forma di latta, ponete nel suo posto la carne e serviteli. Potete anche mandarli in tavola separati, ma sempre leggermente rosolati al di sopra per più bellezza; badate che restino sugosi.

235. MACCHERONI COL PANGRATTATO

Se è vero, come dice Alessandro Dumas padre, che gli Inglesi non vivono che di *roast-beef* e di budino; gli olandesi di carne cotta in forno, di patate e di formaggio; i Tedeschi di *sauer-kraut* e di lardone affumicato; gli Spagnuoli di ceci, di cioccolata e di lardone rancido; gl'Italiani di maccheroni, non ci sarà da fare le meraviglie se io ritorno spesso e volentieri sopra ai medesimi, anche perché mi sono sempre piaciuti; anzi poco mancò che per essi non mi acquistassi il bel titolo di *Mangia maccheroni,* e vi dirò in che modo.

Mi trovavo nella trattoria dei *Tre Re* a Bologna, nel 1850 in compagnia di diversi studenti e di Felice Orsini amico d'uno di loro. Erano tempi nei quali in Romagna si discorreva sempre di politica e di cospirazioni; e l'Orsini, che pareva proprio nato per queste, ne parlava da entusiasta e con calore si affannava a dimostrarci come fosse prossima una sommossa, alla testa della quale, egli e qualche altro capo che nominava, avrebbero corsa Bologna armata mano. Io nel sentir trattare con sì poca prudenza e in un luogo pubblico di un argomento tanto compromettente e di un'impresa che mi pareva da pazzi, rimasi freddo a' suoi discorsi e tranquillamente badavo a mangiare un piatto di maccheroni che avevo davanti. Questo contegno fu una puntura all'amor proprio dell'Orsini, il quale, rimasto mortificato, ogni volta che poi si ricordava di me, domandava agli amici: – Come sta *Mangia maccheroni?* –

Mi par di vederlo ora quel giovane simpatico, di statura mezzana, snello della persona, viso pallido rotondo, lineamenti delicati, occhi nerissimi, capelli crespi, un po' bleso nella pronunzia. Un'altra volta, molti anni dopo, lo combinai in un caffè a Meldola nel momento che fremente d'ira contro un tale che, abusando della sua fiducia, l'aveva offeso nell'onore, invitava un giovane a seguirlo a Firenze, per aiutarlo, diceva egli, a compiere una vendetta esemplare.

Una sequela di fatti e di vicende, una più strana dell'altra, lo trassero dopo a quella tragica fine che tutti conoscono e tutti deplorano, ma che fu forse una spinta a Napoleone III per calare in Italia.

Ritorniamo a bomba.

Maccheroni lunghi e che reggano bene alla cottura, grammi 300.
Farina, grammi 15.
Burro, grammi 60.
Formaggio gruiera, grammi 60.
Parmigiano, grammi 40.
Latte, decilitri 6.
Pangrattato, quanto basta.

Se vi piacessero più saporiti aumentate la dose del condimento.

Ai maccheroni date mezza cottura, salateli e versateli sullo staccio a scolare. Mettete al fuoco in una cazzaruola metà del burro e la farina, mescolando continuamente; quando questa comincia a prender colore versate il latte a poco per volta e fatelo bollire per una diecina di minuti; indi gettate in questa *balsamella* i maccheroni e il gruiera grattato o a pezzettini e ritirate la cazzaruola sull'orlo del fornello onde, bollendo adagino, ritirino il latte. Allora aggiungete il resto del burro e il parmigiano grattato; versateli poi in un vassoio che regga al fuoco e su cui faccian la colma e copriteli tutti di pangrattato.

Preparati in questa maniera metteteli nel forno da campagna o sotto un coperchio di ferro col fuoco sopra e quando saranno rosolati serviteli caldi per tramesso o, meglio, accompagnati da un piatto di carne.

236. COSTOLETTE D'AGNELLO VESTITE

Prendete costolette d'agnello di carne fina, denudate l'osso della costola, stiacciatele, pareggiatele, cuocetele, così naturali, alla *sauté* col burro, conditele calde con sale e pepe e mettetele da parte.

Fate una *balsamella* sodettina e nella medesima gettate prosciutto e lingua salata a piccolissimi dadi, un pizzico di parmigiano, una presa di noce moscata e un tartufo a fettine oppure funghi secchi rammolliti e tritati, e mettete anche questo composto da parte perché diacci bene.

Fate una pasta sfoglia, n. 154, proporzionata alla quantità delle costolette e colla medesima avvolgetele una per una, lasciando fuori l'osso della costola, ma prima spalmatele da una parte e dall'altra abbondantemente col detto composto. Quando le avrete chiuse doratele col rosso d'uovo, collocatele ritte intorno all'orlo di una teglia, cuocetele nel forno da campagna e servitele calde. Saranno generalmente aggradite e tenute in conto di piatto fine.

La pasta sfoglia potrete tagliarla con un modellino di carta, che così l'involucro vi verrà più preciso; per più pulizia ed eleganza, prima di mandarle in tavola, fasciate l'estremità di ogni costola con carta bianca smerlata.

237. COSTOLETTE NELLA CARTA

Queste costolette, che i Francesi chiamano *côtelettes en papillote*, si possono condizionare nella seguente maniera che è la più semplice e da non disprezzarsi. Prendete costolette di vitella di latte, denudate l'osso della costola, levandone la carne, cuocetele nel burro alla *sauté* e conditele con sale e pepe. Fate un composto proporzionato di prosciutto grasso e magro e prezzemolo, tritatelo fine, aggiungete burro e midolla di pangrattato per tenerlo unito e con questo spalmate da ambedue le parti le costolette, poi rifioritele con fettine di tartufi crudi. Tagliate a modello della carta bianca grossettina per quante sono le costolette, ungetela col burro o coll'olio da ambedue le parti e con essa involtatele strette con l'osso della costola fuori. Ora ponetele in gratella a fuoco leggero avvertendo che la carta non bruci e mandatele in tavola, per più pulizia, con l'estremità della costola fasciata di carta bianca smerlata. Possono servire a quest'uso anche le costolette d'agnello se sono grandi.

238. SALAMI DAL SUGO DI FERRARA

I salami dal sugo di Ferrara sono una specialità di quel paese. Hanno la forma di *bondiole* del peso di grammi 500 circa e sono di sapore piccante e appetitoso. A differenza degli altri salumi della loro specie migliorano invecchiando ed ordinariamente questi si mangiano quando quelli hanno fatto la loro stagione. Allorché vorrete servirvene lavateli diverse volte con acqua tiepida per nettarli da quella patina untuosa che li ricopre e metteteli al fuoco in acqua diaccia abbondante per farli bollire lentamente un'ora e mezzo soltanto, chiusi stretti in un pannolino onde evitare che la pelle schianti. Serviteli caldi con contorno come i coteghini; ma il sugo di cui si vantano talvolta non apparisce, o se pure, non è molto copioso.

239. PAGNOTTELLE RIPIENE

Nelle grandi città un bravo cuoco è, a male agguagliare, come un generale d'armata in un vasto campo ben trincerato con numerose ed agguerrite legioni ove può far valere tutte le sue prodezze. Le grandi città oltre all'esser sempre ben provvedute d'ogni grazia di Dio, hanno chi pensa a fornirvi anche le più piccole cose, le quali, benché di poca importanza, contribuiscono alla varietà, all'eleganza e alla precisione de' vostri lavori. Così, come vi si trovano bastoncini di pane che, tagliati a fette, s'infilano nello spiedo cogli uccelli, vi si fabbricano pagnottelle della grandezza di una mela comune per farle ripiene.

Raspatene leggermente la corteccia colla grattugia e fate in mezzo ad ognuna un tassello rotondo della dimensione di una moneta da 10 centesimi. Vuotatele del midollo lasciando le pareti all'intorno alquanto grossette. Bagnatele dentro e fuori con latte bollente e quando saranno discretamente inzuppate chiudetele col loro tassello, inzuppato anch'esso, immergetele nell'uovo per dorarle e friggetele nel lardo o nell'olio, ma buttatele in padella dalla parte del coperchio perché vi resti aderente. Distaccate dopo, colla punta di un temperino, il tassello, riempitele di un battuto di carne delicato e ben caldo, richiudetele e mandatele in tavola. Se le fate accuratamente possono benissimo figurare in qualunque pranzo.

Il battuto di carne, a pezzetti grossi quanto i ceci, sarà bene farlo con fegatini, petti di pollo, animelle e cose simili tirate col sugo di carne e legate con una presa di farina; ma ciò che sarebbe indispensabile, per rendere il composto più grato, sono i tartufi.

240. MIGLIACCIO DI FARINA DOLCE VOLGARMENTE DETTO CASTAGNACCIO

Anche qui non posso frenarmi dal declamare contro la poca inclinazione che abbiamo noi Italiani all'industria. In alcune province d'Italia non si conosce per nulla la farina di castagne e credo che nessuno abbia mai tentato d'introdurne l'uso; eppure pel popolo, e per chi non ha paura della ventosità, è un alimento poco costoso, sano e nutriente. Interrogai in proposito una rivendugliola in Romagna descrivendole questo migliaccio e le dimandai perché non tentava di guadagnare qualche soldo con questo commercio. Che vuole, mi rispose, è roba troppo dolce, non la mangerebbe nessuno. – o le *cottarone* che voi vendete non sono dolci? eppure hanno dello smercio, diss' io. Provatevi, almeno, soggiunsi; da principio volgetevi ai ragazzi, datene loro qualche pezzo in regalo per vedere se cominciassero a gustarlo, e poi dietro ad essi è probabile che a poco a poco si accostino i grandi. Ebbi un bel dire; fu lo stesso che parlare al muro.

Le *cottarone*, per chi non lo sa, sono mele o pere, per lo più cascaticce, cotte in forno entro una pentola nella quale si versa un gocciolo d'acqua, coprendone la bocca con un cencio bagnato. Veniamo ora alla semplicissima fattura di questo migliaccio.

Prendete grammi 500 di farina di castagne e siccome questa farina si appasta facilmente passatela dal setaccio prima di adoperarla per renderla soffice; poi mettetela in un recipiente e conditela con uno scarso pizzico di sale. Fatto questo, intridetela con 8 decilitri di acqua diaccia versata a poco per volta onde ridurla una liquida farinata, in cui getterete un pugno di pinoli interi. Alcuni aggiungono ai pinoli delle noci a pezzetti, altri anche dell'uva secca e, sopra, qualche fogliolina di ramerino.

Ora prendete una teglia ove il migliaccio venga grosso un dito e mezzo all'incirca, copritene il fondo con un leggiero strato d'olio, ed altr'olio, due cucchiaiate, spargetelo sulla farinata quando è nella teglia. Cuocetelo in forno o anche in casa fra due fuochi e sformatelo caldo.

Con questa farinata si possono fare anche delle frittelle.

241. MIGLIACCIO DI FARINA GIALLA I

Questo è un piatto de' più ordinari, ma non è disgradevole a quelli cui la farina di granturco piace, e non produce acidi allo stomaco. I bambini poi salteranno dall'allegrezza se qualche volta la mamma lo darà loro caldo caldo per colazione nell'inverno.

La farina gialla è sempre bene che sia macinata piuttosto grossa.

Ponete in un recipiente qualunque quella quantità di farina di cui volete servirvi, salatela bene ed intridetela soda con acqua bollente; quando sarà mescolata in modo che in fondo al vaso non resti farina asciutta, unitevi uva secca o zibibbo in giusta dose; l'uva secca nostrale è preferibile, in certi casi, allo zibibbo perché conserva un acidetto che le dà grazia. Prendete una teglia di rame e mettetela al fuoco con lardo vergine in abbondanza e, quando questo comincia a grillettare, versate l'impasto, il quale, per averlo intriso consistente, fa d'uopo distendere e pareggiare col mestolo. Poi spalmatene la superficie con un altro poco di lardo e rifioritelo con ciocchettine di ramerino fresco. Cuocetelo al forno o tra due fuochi, fate che rosoli alquanto e sformatelo. Col detto impasto potete anche far frittelle, ma senza ramerino. La miglior farina gialla che io abbia sentito è quella d'Arezzo, ove il granturco viene curato molto e seccato in forno.

242. MIGLIACCIO DI FARINA GIALLA II

Questo piatto è più signorile del precedente.

Farina di granturco, grammi 300.
Zibibbo o uva secca, grammi 100.
Strutto, grammi 40.
Pinoli, grammi 30.
Zucchero, tre cucchiaini.

All'uva levate i semi, i pinoli tagliateli in due parti per traverso. La teglia ungetela collo strutto e infarinatela. Pel resto regolatevi come per l'antecedente.

243. SALSICCIA COLLE UOVA

Le uova e la salsiccia messe insieme pare non si trovino in cattiva compagnia, come non vi si trova la carnesecca tagliata a dadi; se le prime sono sciocche, le seconde sono saporite e si forma una lega che piace a molti, benché si tratti di piatti ordinari.

Se la salsiccia è fresca spaccatela in due parti per il lungo e mettetela a cuocere in un tegame senz'unto né condimento, perché ne contiene di per sé stessa; se è stagionata tagliatela a fette e levatene la pelle. Appena la salsiccia sarà cotta, scocciate le uova e servitela quando queste saranno rapprese. Per ogni rocchio comune di salsiccia, basta un solo uovo o al più due.

Se le salsicce fossero troppo magre sarà bene cuocerle con un po' di burro o di lardo. Se invece di salsiccia si tratta di carnesecca, aggiungete un pezzettino di burro e le uova versatele dopo averle frullate a parte.

244. SALSICCIA COLL'UVA

È un piatto triviale e comune, ma lo noto perché la salsiccia, con quel dolce acidetto dell'uva, potrebbe dar nel gusto a qualcuno.

Bucate le salsicce colla punta di una forchetta e mettetele in tegame così intere con un poco di lardo o burro. Quando saranno cotte unite l'uva, non in quantità, a chicchi interi e fatela bollire finché si strugga a metà. La salsiccia sola poi, oltreché in gratella, può cuocersi intera in un tegame, con un gocciolo d'acqua.

245. RISO PER CONTORNO

Quando avrete per lesso una pollastra o un cappone mandateli in tavola con un contorno di riso che vi sta bene. Per non consumar tanto brodo *imbiancate* il riso nell'acqua e terminate di cuocerlo col brodo dei detti polli. Tiratelo sodo e, quando è quasi cotto, dategli sapore con burro e parmigiano in poca quantità; posto che il riso sia grammi 200, quando lo ritirate dal fuoco legatelo con un uovo o, meglio, con due rossi.

Se il riso, invece che al lesso di pollo dovesse servire di contorno a uno stracotto di vitella di latte o a braciolinc, aggiungetc agl'ingredienti sopra indicati duc o trc cucchiaiate di spinaci lessati e passati per istaccio. Avrete allora un riso verde e più delicato.

Si può dare migliore aspetto a questi contorni restringendo il riso a bagno-maria entro a uno stampo; ma badate non indurisca troppo, che sarebbe un grave difetto.

246. CARCIOFI IN TEGLIA

Anche questo è un piatto di uso famigliare in Toscana, di poca spesa e relativamente buono. Potendo servire da colazione, per principio o per tramesso in un desinare di famiglia, non so comprendere come non sia conosciuto in altri luoghi d'Italia.

Preparate i carciofi nel modo descritto al n. 186, e dopo averli scossi dalla farina superflua, distendeteli in una teglia ove abbia cominciato a grillettare olio buono e in quantità sufficiente. Quando le fette dei carciofi saranno rosolate da ambe le parti, versate sulle medesime delle uova sbattute, ma avvertite di non cuocerle troppo. Il condimento di sale e pepe spargetelo parte sui carciofi e parte nelle uova prima di versarle.

Invece della teglia potete servirvi della padella; ma allora otterrete una frittata il cui gusto riuscirà alquanto diverso e inferiore.

247. CACIMPERIO

Chi frequenta le trattorie può formarsi un'idea della grande varietà dei gusti nelle persone. Astrazion fatta da quei divoratori, come lupi, che non sanno distinguere, sto per dire, una torta di marzapane da un piatto di scardiccioni, sentirete talvolta portare al cielo una vivanda da alcuni giudicata mediocre e da altri perfino, come pessima, rigettata. Allora vi tornerà in mente la gran verità di quella sentenza che dice: *De gustibus non est disputandum.*

A questo proposito Giuseppe Averani, trattando *Del vitto e delle cene degli antichi,* scrive: «Vario ed incostante sopra tutti gli altri sentimenti si è il gusto. Imperocché gli organi della lingua, per cui gustiamo i sapori, non sono d'una maniera in tutti gli uomini e in tutti i climi, e s'alterano sovente o per mutazione d'età o per infermità o per altra più possente cagione. Per la qual cosa molti di quei cibi che di soverchio appetiscono i fanciulli, non allettano gli uomini; e quelle vivande e quelle bevande che gustevoli e delicate solleticano con diletto e soavità il palato de' sani, non rade volte, come spiacevoli e sazievoli, sono abbominate dagli infermi. Accade ancora bene spesso, che una certa fantastica apprensione ci rende più o meno aggradevoli e piacenti le vivande, secondoché la stravolta immaginazione ce le rappresenta. I cibi e le vivande rare e strane sono più piacevoli al gusto che le comunali e nostrali non sono. La carestia e l'abbondanza, il caro e la viltà dà e toglie il sapore alle vivande: e la comune approvazione de' ghiotti le fa saporite e dilettevoli. Quindi è avvenuto che tutti i tempi e tutte le nazioni gli stessi cibi non pregiarono, né buoni e delicati medesimamente gli reputarono».

Io, per esempio, non sono del parere di Brillat Savarin, che nella sua *Physiologie du goût* fa gran caso della *fondue* (cacimperio) e ne dà la seguente ricetta:

«Pesate, egli dice, le uova e prendete un terzo del loro peso di formaggio gruiera e un sesto del loro peso di burro, sale ben poco e pepe a buona misura».

Io, in opposizione a Savarin, di questo piatto ho poco conto, sembrandomi non possa servire che come principio in una colazione o per ripiego quando manca di meglio.

In Italia essendo questo un piatto speciale ai Torinesi, ritenuto perciò che essi lo facciano alla perfezione, mi sono procurato da Torino la seguente ricetta la quale, avendo corrisposto alla prova, ve la descrivo. Basta per sei persone.

Fontina, netta dalla corteccia, grammi 400.
Burro, grammi 80.
Rossi d'uovo, n. 4.
Latte, quanto basta.

La fontina è un formaggio poco dissimile dal gruiera, ma alquanto più grasso.

Tagliatelo a piccoli dadi e tenetelo per due ore in infusione nel latte. Mettete il burro al fuoco e quando avrà preso colore versateci la fontina, ma del latte, ove è stata in molle, lasciatecene due sole cucchiaiate. Lavoratela molto col mestolo senza farla bollire e quando il formaggio sarà tutto sciolto ritiratela dal fuoco per aggiungervi i rossi. Rimettetela per un poco sul fuoco rimestandola ancora e, d'inverno, versatela in un vassoio caldo.

Se è venuta bene non dev'essere né granulosa, né far le fila; ma aver l'apparenza di una densa crema. A Torino ho visto servirla con uno strato superficiale di tartufi bianchi crudi tagliati a fettine sottili come un velo.

248. TORTINO DI POMODORI

Fate bollire dei pomodori tagliati a pezzi in un soffritto di aglio, prezzemolo e olio; sale e pepe per condimento.

Quando saranno cotti in maniera che il loro sugo si sia condensato, passatelo e rimettetelo al fuoco con uova in proporzione, frullate avanti. Aggiungete un pizzico di parmigiano, mescolate e quando le uova saranno assodate, versatele in un vassoio e contornatele di crostini tagliati a mandorle e fritti nel burro o nel lardo.

Qualche foglia di nepitella, o un pizzico di regamo, dopo passato il sugo, dà al tortino un odore gradevole.

249. TORTINI DI RICOTTA

Ricotta, grammi 200.
Parmigiano grattato, grammi 50.
Farina, grammi 30.
Uova, n. 2.
Prezzemolo tritato, un pizzico.
Odore di spezie.
Sale, quanto occorre.

Formate un impasto coi suddetti ingredienti, versatelo sulla spianatoia sopra a un leggiero strato di farina e fategliene prender tanta, con le mani infarinate, da poter formare dodici crocchette morbide che schiaccerete alquanto. Mettete una *sauté* o una teglia al fuoco con un pezzo di burro per rosolarle, e quando avranno preso colore da ambedue le parti bagnatele con sugo di pomodoro o conserva sciolta nell'acqua.

Possono servir da tramesso e possono esser portate in tavola accompagnate da una bistecca o da un pezzo di rosbiffe caldo.

250. CROSTINI DI TRE COLORI

Prendete due chifels e tagliateli a rotelline grosse un centimetro che friggerete nel burro o nell'olio. Prendete degli spinaci tirati col sugo o col burro e parmigiano, tritati fini, e coprite le fette del chifel con uno strato dei medesimi. Prendete due uova sode, sgusciatele, tagliatele a metà per traverso e mettete da parte i torli. Del bianco tagliate tanti cerchietti concentrici e poneteli sopra lo strato degli spinaci. Del torlo fatene tanti pezzetti o dadi grossetti e poneteli in mezzo ai cerchietti del bianco. Così formerete dei crostini che potranno contornare un piatto d'arrosto i quali avendo per base il pane fritto coperto dal verde degli spinaci, col bianco e il giallo-rosso delle uova figureranno di tre colori; ma sono più belli che buoni.

251. INSALATA MAIONESE

Certi cuochi di cattivo gusto vi presentano questa insalata composta di tanti intrugli da dovervi raccomandare il giorno appresso all'olio di ricino o all'acqua ungherese. Alcuni la fanno col pollo lesso, altri perfino con avanzi di carne qualunque arrostita; ma è da preferirsi sempre il pesce, specialmente se di qualità fine come sarebbe il dentice, l'ombrina, il ragno, lo storione, oppure i gamberi sbucciati, l'arigusta, e, per ultimo, il palombo. Io vi indicherò la seguente che, a mio parere, per essere la più semplice è la più buona.

Prendete insalata romana o lattuga, tagliatela a strisce larghe un dito, mescolateci barbabietole e patate lesse tagliate a fette sottili, alcune acciughe lavate, nettate dalla spina e tagliate in quattro o cinque parti, ed infine pesce lesso a pezzetti. Potete aggiungere al più alcuni capperi e la polpa di due o tre olive indolcite. Condite ogni cosa insieme con sale, olio e non molto aceto, rivoltatela onde prenda bene il condimento ed ammucchiatela tutta insieme che faccia la colma.

Fate una salsa maionese come quella del n. 126 che, nella dose ivi indicata, potrà bastare per sette od otto persone; ma invece del pepe datele il piccante con un cucchiaino di senapa ed al limone aggiungete un gocciolo di aceto, in cui potete stemperare la senapa. Con questa salsa spalmate tutta l'insalata alla superficie e poi fioritela con altre fette di barbabietole e patate intercalate in modo che facciano bella mostra; se avete uno stampino adatto collocate in cima all'insalata, per bellezza, non per mangiarlo, un fiore fatto col burro.

A proposito d'insalata, a me sembra che il radicchio cotto, col suo sapore amarognolo, stia molto bene insieme colla barbabietola, la quale è dolce.

252. PIZZA A LIBRETTI

Una signora mi scrive: «Voglio insegnarle, come mi ero proposta, una buona ed elegante pizza fritta; ma guai a lei se la chiamerà stiacciata, perché deve riuscire tutt'altro. La chiami pizza a libretti e sarà nel vero».

In obbedienza all'ordine della signora, avendo fatto due prove di questa pizza a libretti, che sono riuscite bene, ve la descrivo.

Tirate una sfoglia non troppo soda e quanto più potrete sottile intridendo la farina con due uova, un pizzico di sale e tre cucchiaiate di cognac o di spirito, e forse meglio di fumetto. Fatta la sfoglia ungetela con grammi 20 di burro sciolto e arrotolatela, ossia piegatela sopra sé stessa alla larghezza di 10 a 11 centimetri, ma che la parte unta resti all'interno; indi tagliate il rotolo a metà per la sua lunghezza e poi per traverso a proporzionate distanze onde ottenere tanti rettangoli e a questi pigiate con le dita l'orlo esterno, ossia la costola che non è stata tagliata. Friggeteli in padella con molto unto e prima di servirli spolverizzateli di zucchero a velo. Se vengono bene vedrete che questi libretti si aprono e restano sfogliati.

Questa dose potrà bastare per quattro persone.

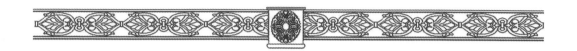

UMIDI

Gli umidi, generalmente, sono i piatti che più appetiscono; quindi è bene darsi per essi una cura speciale, onde riescano delicati, di buon gusto e di facile digestione. Sono in mala voce di esser nocivi alla salute; ma io non lo credo. Questa cattiva opinione deriva più che altro da non saperli ben fare; non si pensa, cioè, a digrassarli, si è troppo generosi cogli aromi e coi soffritti e, ciò che è il peggio, se ne abusa.

Nelle grandi cucine, ove il sugo di carne non manca mai, molti umidi si possono tirare con questo insieme col burro; e allora riescono semplici e leggieri; ma quando il sugo manca, ed è necessario ricorrere ai soffritti, bisogna usarli con parsimonia e farli con esattezza tanto nella quantità, che nel grado di cottura.

253. STRACOTTO DI VITELLA

Lo stracotto di vitella per condire la minestra di maccheroni o per fare un risotto col sugo, è d'uso comune nelle famiglie della borghesia fiorentina; la cosa non è mal pensata se si considera che esso in tal modo serve a doppio scopo, cioè di minestra e di companatico. Guardatevi però dal dissugar troppo la carne per voler molto sugo e sostituite in tutto o in parte l'olio, come si usa in Toscana, colla carnesecca, che dà un sapore più spiccato e più grato. Eccovi le proporzioni per condire 250 a 300 grammi di maccheroni.

Carne magra di vitella, compreso l'osso o la giunta, grammi 500.
Carnesecca, grammi 50.
Burro, grammi 30.
Un quarto di una cipolla grossa; una piccola carota; due pezzi di sedano.

Questi tre ultimi capi tagliateli all'ingrosso e la carnesecca a piccoli dadi.
Mettete al fuoco ogni cosa insieme e condite con sale e pepe. Voltate la carne spesso e quando sarà rosolata, spargete sulla medesima un pizzico di farina, annaffiatela con sugo di pomodoro o conserva e tiratela a cottura con acqua versata a poco per volta. La farina serve per legare il sugo e per dargli un po' di colore; ma badate

ch'essa non bruci che altrimenti gli comunicherebbe un ingrato sapore e un colore quasi nero che il sugo non deve avere. Passatelo, e se gli darete odore con alcuni pezzetti di funghi secchi, rammolliti prima nell'acqua calda e bolliti un poco nel sugo, non farete che bene.

I maccheroni cotti in acqua salata, scolateli bene, ma prima di servirli teneteli un poco nel sugo vicini al fuoco e conditeli con burro e con parmigiano a scarsa misura, perché questo si può aggiungere in tavola.

Se trattasi di riso, cuocetelo nell'acqua versandola a poco per volta, a mezza cottura aggiungete il sugo e un pezzetto di burro e, prima di levarlo, un po' di parmigiano.

È bene mandare in tavola il pezzo dello stracotto con un contorno di erbaggi o legumi. Il lucertolo è il taglio migliore. Se vi servite di olio basteranno circa grammi 20 di carnesecca.

254. STRACOTTO ALLA BIZZARRA

Se avete, puta caso, un pezzo di magro di vitella del peso, senz'osso, di grammi 700 a 800 steccatelo con grammi 100 di lardone i cui lardelli, grossi un dito, avrete prima conditi con sale e pepe, e così anche la carne. Legatela onde stia raccolta e ponetela al fuoco mezzo coperta d'acqua con due foglie di salvia, una ciocca di ramerino e mezzo spicchio d'aglio; se la carne è molto frolla metteteci meno acqua. Quando, nel bollire, sarà rimasta asciutta, fatele prender colore con un cucchiaino di farina; aggiungete un pezzetto di burro, poi bagnatela con un ramaiuolo di brodo e con un dito (di bicchiere) di marsala. Passate il sugo senza spremerlo e versatelo sul pezzo della carne quando lo mandate in tavola.

255. FRICANDÒ

Prendete un pezzo di vitella di latte tutto unito, levato dalla coscia, e lardellatelo con prosciutto grasso e magro. Legate il pezzo e salatelo poco o meglio punto perché il troppo salato è il peggior difetto delle vivande. Steccate una cipolla con due chiodi di garofani e componete un mazzetto con carota tagliata a strisce, sedano e prezzemolo. Mettete ogni cosa in una cazzaruola con un pezzetto di burro, fate rosolare la carne e tiratela a cottura col brodo.

Quando è cotta gettate via la cipolla e il mazzetto, passate il sugo, digrassatelo e restringetelo a parte fino a ridurlo una gelatina che unirete al fricandò quando lo mandate in tavola.

Qui è bene avvertire che il brodo (il quale ha tanta parte alla preparazione delle pietanze) può talvolta mancare: perciò alcuni stanno provvisti dell'estratto di carne Liebig che, lì per lì, sciolto nell'acqua, può sostituirlo. Ogni sorta di carne va lardellata per il lungo della fibra, dovendosi scalcare per traverso.

145

256. FRICASSEA

La fricassea si può fare di petto o di muscolo di vitella di latte, d'agnello e di pollo. Prendiamo ad esempio il primo, cioè il petto, e questo, in proporzioni all'incirca eguali, serva per le altre qualità di carne indicata.

Petto di vitella di latte, grammi 500.
Burro, grammi 50.
Farina, grammi 5, ossia una cucchiaiata scarsa.
Acqua calda, non bollente, decilitri 2.
Due rossi d'uovo.
Mezzo limone.
Un mazzetto odoroso.

Spezzettate il petto lasciandolo con tutte le sue ossa. Mettete una cazzaruola al fuoco colla metà del burro e, quando comincia a liquefarsi, versate la farina mescolando finché questa abbia preso il color nocciuola. Allora cominciate a versare a poco per volta l'acqua e poi il mazzetto che potete comporre di alcune strisce di cipolla e di carota, di fili di prezzemolo, di sedano e di basilico, il tutto legato insieme, escluse le foglie perché queste potrebbero disfarsi e far bruttura alla fricassea, un pregio della quale è di avere un bel colore paglia unito. Quando l'acqua bolle gettate giù la carne e il resto del burro e condite con sale e pepe bianco, il quale è il fiore del pepe comune. Coprite la cazzaruola con un foglio tenuto fermo dal coperchio e fate bollire adagio. A due terzi di cottura levate il mazzetto e, se fosse la stagione dei funghi freschi, la potete rendere più grata con grammi 100 o 150 di questi tagliati a fette sottili; se no, un pizzico di funghi secchi.

Quando siete per mandarla in tavola ritirate la cazzaruola dal fuoco e versateci a poco per volta, mescolando, i rossi d'uovo frullati coll'agro di limone.

Se la fricassea fosse di pollo, tagliatelo a pezzi nelle giunture, escludendo la testa, il collo e le zampe; pel resto regolatevi nello stesso modo.

La fricassea fatta in questa maniera è un piatto sano e delicato che piace specialmente a chi non ha il gusto viziato a sapori forti e piccanti.

257. CIBREO

Il cibreo è un intingolo semplice, ma delicato e gentile, opportuno alle signore di stomaco svogliato e ai convalescenti. Prendete fegatini (levando loro la vescichetta del fiele com'è indicato nel n. 110), creste e fagiuoli di pollo; le creste spellatele con acqua bollente, tagliatele in due o tre pezzi e i fegatini in due. Mettete al fuoco, con burro in proporzione, prima le creste, poi i fegatini e per ultimo i fagiuoli e condite con sale e pepe, poi brodo se occorre per tirare queste cose a cottura.

A tenore della quantità, ponete in un pentolino un rosso o due d'uova con un cucchiaino, o mezzo soltanto, di farina, agro di limone e brodo bollente frullando onde l'uovo non impazzisca. Versate questa salsa nelle rigaglie quando saranno cotte, fate bollire alquanto ed aggiungete altro brodo, se fa d'uopo, per renderla più sciolta, e servitelo. Per tre o quattro creste, altrettanti fegatini e sei o sette fagiuoli, porzione sufficiente a una sola persona, bastano un rosso d'uovo, mezzo cucchiaino di farina e mezzo limone.

I granelli del n. 174, lessati e tagliati a filetti, riescono buoni anch'essi cucinati in questa maniera.

258. POLLO DISOSSATO RIPIENO

Per disossare un pollo il modo più semplice è il seguente:

Tagliategli il collo a metà, la punta delle ali e le zampe alla giuntura della coscia; poi, senza vuotarlo, apritelo lungo il dorso superficialmente, dalle ali al codrione, e con un coltellino ben tagliente cominciate a levar dall'interno le ossa delle ali scarnendole bene. Dopo, sempre dall'interno, levate quelle delle anche e delle coscie, quindi, radendo via via col coltello le ossa esterne della carcassa, vi riescirà di levarla tutta intera, comprese le interiora. I piccoli ossicini della stizza lasciateli, oppure levatela tutta e levate la forcella del petto.

Fatto questo, rovesciate le coscie e le ali, già spoglie d'ossa, ritirandole all'interno e portate via tutti i tendini che trovate framezzo alla carne.

Ora che il pollo è disossato, se fosse alquanto grosso, formate il composto per riempirlo, con grammi 300 circa di magro di vitella di latte; se piccolo, regolatevi in proporzione. Tritatelo prima, poi pestatelo nel mortaio per ridurlo ben fine, e a questa carne aggiungete una grossa midolla di pane inzuppata nel brodo, un pugno di parmigiano grattato, tre rossi d'uovo, sale, pepe e, se vi piace, odore di noce moscata. Per ultimo mescolate nel composto, grammi 20 di prosciutto grasso e magro, e grammi 20 di lingua salata, tagliati l'uno e l'altra a piccoli dadi; riempito che abbiate il pollo cucitelo, involtatelo stretto in un pannolino e legatelo. Mettetelo a cuocere nell'acqua per un paio d'ore a fuoco lento, poi toglietegli l'involucro e fatelo prender colore prima col burro poi in un sugo tirato nella seguente maniera:

Spezzate tutte le ossa levate dal pollo, il collo e la testa compresi, e con carnesecca a pezzetti, burro, cipolla, sedano e carota mettetele al fuoco in una cazzaruola, condite con sale e pepe, tiratene il sugo con l'acqua in cui ha bollito il pollo, la quale è già divenuta un buon brodo. Prima di mandarlo in tavola, da solo o con un contorno, levategli il filo con cui fu cucito.

259. SOUFFLET DI POLLO

Questo piatto nutriente, leggero e poco eccitante può venire opportuno se, dopo un pranzo, restano degli avanzi di pollo arrosto (petti ed anche); specialmente poi se nella famiglia si trovasse qualche persona vecchia, o di stomaco delicato e debole.

Polpa di pollo priva della pelle, grammi 80.
Farina, grammi 50.
Burro, grammi 30.
Parmigiano grattato, grammi 20.
Latte, decilitri 2 ½.
Uova, n. 4.
Sale, una presa.

Fate una balsamella col burro, la farina e il latte, dopo cotta e non più a bollore, uniteci il parmigiano, il sale, i rossi d'uovo e il pollo tritato fine con la lunetta. Poi montate ben sode le chiare, aggiungete in bel modo al composto anche queste per versarlo in un vassoio che regga al fuoco, rosolatelo leggermente al forno da campagna e servitelo caldo, benché sia buono anche diaccio.

260. POLLASTRA IN UMIDO COL CONTORNO DI RISO

Una pollastra del peso, vuota, di circa grammi 700.
Riso, grammi 300.
Burro, grammi 100.
Prosciutto grasso e magro, grammi 40.
Una cipolla più che di mezzana grandezza.
Un pezzo di carota.
Un pugnello di funghi secchi.

Legate la pollastra per tenerne unite le parti, poi ponete in una cazzaruola grammi 30 del detto burro e il prosciutto tagliato a striscioline; trinciateci sopra la cipolla e la carota, indi collocateci la pollastra dalla parte del petto condendola con sale e pepe. Tenetela coperta e, colorita che sia da ambedue le parti, bagnatela via via con acqua calda fino a cottura completa, lasciandoci il sugo sufficiente per dar sapore al riso, ma il sugo passatelo.

Il riso mettetelo al fuoco così naturale con la metà del burro rimasto, poi tiratelo a cottura con acqua calda e per ultimo col sugo della pollastro. A cottura completa aggiungete il resto del burro e dategli maggior sapore con un buon pugno di parmigiano grattato.

Il fegatino e il ventriglio cuoceteli insieme con la pollastra e tagliati a pezzetti, mescolateli fra il riso. Il risotto così preparato può anche servire per minestra e bastare a tre persone, ma allora servite la pollastra a parte con alquanto del suo sugo e i funghi per contorno.

261. BRACIUOLA DI MANZO RIPIENA IN UMIDO

La braciuola di manzo ripiena arrosto del n. 537 potete cuocerla anche in umido col burro tirandola a cottura con acqua e sugo di pomodoro e servirla con un contorno qualunque.

262. BRACIUOLA DI MANZO ALLA SAUTÉ O IN TEGLIA

Quando, per colazione, vi piacesse di sostituire alla bistecca una braciuola di manzo, che cotta in gratella, potrebbe riuscire troppo arida, cucinatela nella seguente maniera, che riesce molto bene. Battetela ben bene con la costola di un coltello e mettetela al fuoco con un pezzetto di burro proporzionato. Conditela con sale e pepe, voltatela spesso onde ròsoli da ambedue le parti e quando avrà ritirato quasi tutto il burro bagnatela per due volte con un gocciolo d'acqua e, cotta che sia, spargetele sopra un pizzico di prezzemolo tritato, tenetela ancora un momento sul fuoco e servitela col suo sugo.

Potete contornarla, piacendovi, con patate fritte.

263. POLLO ALLA CONTADINA

Prendete un pollastro e steccatelo con alcune ciocchette di ramerino e con uno spicchio d'aglio diviso in quattro o cinque pezzi. Mettetelo al fuoco con un battutino di lardone e conditelo con sale e pepe di fuori e di dentro. Quando sarà rosolato da tutte le parti, aggiungete pomodori a pezzi, toltine i semi, e quando questi saranno disfatti, bagnatelo con brodo od acqua. Rosolate a parte nell'olio, nel lardo o nel burro alcune patate crude tagliate a spicchi, fate loro prendere sapore nell'intinto del pollo, e servitele per contorno. Al lardone sostituite il burro, se volete il pollo di gusto più delicato.

264. POLLO COLLA MARSALA

Tagliate il pollo a grossi pezzi e mettetelo in cazzaruola con un battutino di cipolla tritata fine e un pezzetto di burro. Conditelo con sale e pepe e quando sarà ben rosolato, aggiungete del brodo e tiratelo a cottura. Passate il sugo, digrassatelo se occorre e rimettete il pollo al fuoco con un po' di marsala, levandolo appena abbia ripreso il bollore.

265. POLLO COLLE SALSICCE

Tritate minutamente mezza cipolla e mettetela in una cazzaruola con un pezzetto di burro e quattro o cinque fettine di prosciutto larghe un dito. Sopra questi ingredienti ponete un pollo intero, conditelo con pepe e poco sale e mettetelo al fuoco. Fatelo prender colore da tutte le parti e quando la cipolla sarà tutta strutta, bagnatelo con brodo o con acqua e aggiungete tre o quattro salsicce intere fatte di fresco; lasciate cuocere a lento fuoco procurando che in ultimo resti dell'umido.

266. POLLO IN SALSA D'UOVO

Spezzettate un pollastro giovane e mettetelo nella cazzaruola con grammi 50 di burro. Conditelo con sale e pepe. Quando avrà soffritto alquanto spargetegli sopra un pizzico di farina per fargli prender colore e poi tiratelo a cottura col brodo. Levatelo asciutto in un vassoio, tenendolo in caldo, e nell'intinto che resta versate un rosso d'uovo, frullato avanti con l'agro di mezzo limone, per formare la salsa. Rimestatela alquanto sopra al fuoco, versatela sul pollo e servitelo.

267. POLLO CON LA PANNA

Infilate allo spiedo un busto di pollo giovane per dargli due terzi di cottura arrosto; ungetelo con l'olio, salatelo e fategli prender colore. Poi dividetelo nelle sue giunture e del petto fatene due pezzi per terminare di cuocerlo nella seguente maniera.

Tritate un quarto di cipolla di media grossezza e mettetela al fuoco con grammi 50 di burro; quando sarà ben rosolata buttateci grammi 10 di farina e dopo, a poco per volta, tre decilitri di panna oppure, se questa manca, altrettanto latte buonissimo. Quando crederete che la farina sia cotta versateci i pezzi del pollo per terminare di cuocerli.

268. POLLO ALLA MARENGO

La sera della battaglia di Marengo, nel sottosopra di quella giornata non trovandosi i carri della cucina, il cuoco al primo Console e ai Generali improvvisò, con galline rubate, un piatto che manipolato all'incirca come quello che qui vi descrivo, fu chiamato *Pollo alla Marengo*; e si dice che esso fu poi sempre nelle grazie di Napoleone, se non pel merito suo, ma perché gli rammentava quella gloriosa vittoria.

Prendete un pollo giovane ed escludendone il collo e le zampe, tagliatelo a pezzi grossi nelle giunture. Mettetelo alla *sauté* con grammi 30 di burro, una cucchiaiata d'olio e conditelo con sale, pepe e una presa di noce moscata. Rosolati che sieno i pezzi da una parte e dall'altra scolate via l'unto e gettate nella sauté una cucchiaiata rasa di farina e un decilitro di vino bianco. Aggiungete brodo per tirare il pollo a cottura, coperto, e a fuoco lento. Prima di levarlo dal fuoco fioritelo con un pizzico di prezzemolo tritato e quando è nel vassoio strizzategli sopra mezzo limone. Riesce una vivanda appetitosa.

269. PETTI DI POLLO ALLA SAUTÉ

Il miglior modo di cucinare i petti di pollo mi pare che sia il seguente, perché riescono delicati al gusto e fanno tale comparita che un petto di cappone può bastare in un pranzo per quattro o cinque persone. Tagliate i petti a fette sottili quasi come la carta, date loro la miglior forma che sarà possibile e dei minuzzoli che ricavate nel ripulir bene lo sterno, formatene un intero pezzo, unendoli insieme e schiacciandoli. Poi conditeli con sale e pepe e metteteli in infusione nelle uova frullate. Dopo qualche ora passateli nel pangrattato fine e cuoceteli col burro nella *sauté* o in teglia. Se li aggradite naturali basta l'agro di limone; se poi li volete coi tartufi potete trattarli come le *cotolette* del n. 312, oppure nella maniera che segue:

Prendete un tegamino di metallo, versate nel medesimo tant'olio che appena ne ricuopra il fondo, distendete un suolo di fettine di tartufi, spargendovi sopra pochissimo parmigiano grattato e una presa di pangrattato. Ripetete la stessa operazione per tre o quattro volte, secondo la quantità, e per ultimo condite con olio, sale, pepe e qualche pezzettino di burro, il tutto a piccole dosi perché non nausei. Mettete il tegame al fuoco e quando avrà alzato il bollore annaffiate con un ramaiolino di sugo di carne o di brodo e un po' d'agro di limone. Ritirate presto dal fuoco questo intingolo e versatelo sopra i petti già rosolati nel modo anzidetto.

Non avendo i tartufi, servitevi di funghi secchi rammolliti tritati all'ingrosso, e se manca l'agro di limone ricorrete al sugo di pomodoro o alla conserva.

270. GERMANO OSSIA ANATRA SELVATICA I

Quando comperate un germano (*Anas boscas*) in mercato, apritegli il becco per osservare la lingua. Se la trovate molto risecchita dite pure che l'animale è morto da lunga data e allora annusatelo per accertarvi che non puzzi.

Alcuni suggeriscono di lavare questi uccelli coll'aceto prima di cuocerli, oppure di scottarli nell'acqua per togtier loro il selvatico; ma siccome quel puzzo disgustoso, se troppo forte, risiede principalmente nella glandola urupigiale, io ritengo che basti il recider questa. Essa trovasi all'estremità del codrione, volgarmente chiamato stizza, e racchiude un umore giallastro e vischioso, abbondante negli uccelli acquatici col quale essi spalmansi le penne per renderle impermeabili.

Vuotate il germano serbando il fegatino, il cuore e la cipolla; levategli la testa, e la pelle del collo, dopo averla aperta per estrarne le vertebre, ripiegatela sul petto dell'animale. A questi uccelli, quando si fanno in umido, si addice un contorno di cavolo nero o di lenticchie intere; in ogni modo, si adoperi l'uno o l'altro, preparate un soffritto nella seguente maniera:

Se il germano pesa circa un chilogrammo tritate fine col coltello grammi 30 di prosciutto grasso e magro insieme con tutti gli odori, cioè sedano, prezzemolo, carota e un quarto di una grossa cipolla; mettete ogni cosa insieme con dell'olio in una cazzaruola e sopra al battuto adagiate il germano, condendolo con sale e pepe. Fatelo prender colore da tutte le parti e poi aggiungete acqua per tirarlo a cottura.

Cuocete nell'acqua il contorno di cavolo nero o di lenticchie e, sia l'uno o l'altro, rifatelo nel suddetto intinto: assaggiatelo per aggiungervi, se occorre, un pezzetto di burro, che lo renda più grato e saporito, e unitelo al germano quando lo mandate in tavola. Il cavolo tagliatelo all'ingrosso e conditelo pure con sale e pepe.

271. GERMANO IN UMIDO II

Mettete il germano nella cazzaruola con grammi 30 di burro e fategli prender colore. Levatelo e gettate nell'unto rimasto un cucchiaio di farina per farle prendere, rimuovendola col mestolo, il color marrone. Tolto dal fuoco e non più a bollore, versate su quell'intriso mezzo litro di acqua e rimetteteci il germano; conditelo con sale e pe-pe e fatelo bollire coperto fino a cottura completa con un quarto di una buccia d'aran-cio in un sol pezzo, una costola di sedano lunga un palmo e un pezzo di carota, l'uno e l'altra trinciati all'ingrosso. Per ultimo passate il sugo, spezzettate il germano nelle sue giunture, rimettetelo nel suo intinto spremendogli sopra il sugo del ricordato arancio per farlo bollire ancora pochi minuti e servitelo.

Nella stessa guisa si può trattare l'anatra domestica, ma questa essendo molto gras-sa, sarà bene togliere dallo intinto il soverchio unto prima di mandarla in tavola. Uno dei modi per toglierlo è di versare l'intinto in una scodella e di posarci sopra qualche pezzo di carta straccia sugante la quale ha la proprietà di assorbirlo.

272. ANATRA DOMESTICA

Preparatela come il germano del n. 270 e mettetela al fuoco con un battuto simi-le a quello. Quando l'anatra avrà preso colore bagnatela con sugo di pomodoro o con-serva e tiratela a cottura con acqua o brodo. Passate il sugo, digrassatelo e rimettetelo al fuoco con l'anatra e un pezzetto di burro. Con questo sugo e parmigiano potete con-dire una minestra di strisce o di lasagne fatte in casa e l'anatra servirla con un contor-no d'erbaggi rifatti in un poco di quel sugo medesimo.

273. ANATRA DOMESTICA COL CONTORNO DI RISO

Questo mi sembra un buon umido e che meriti una menzione speciale.
Fate un battuto con un quarto di una grossa cipolla e tutti gli odori, cioè prez-zemolo, carota e sedano tritato insieme con grammi 50 di prosciutto grasso e magro.
Mettetelo al fuoco con due cucchiaiate d'olio e l'anatra sopra, condita con sale e pepe. Rosolata che sia, bagnatela con sugo di pomodoro, o conserva, e l'acqua occor-rente per tirarla a cottura, gettandoci in pari tempo un pizzico di funghi secchi per cuo-cerli in quell'intinto che poi va passato dallo staccio e digrassato, serbando i funghi per unirli al riso. Questo, nella quantità di grammi 200, mettetelo, così crudo, in una caz-zaruola con grammi 40 di burro e quando accenna a prender colore versate acqua cal-da a poco per volta, dandogli sapore coll'intinto dell'anatra e parmigiano quando sie-te per levarlo dal fuoco.

274. FEGATO D'OCA

Leggete l'articolo *Oca domestica* n. 548 e vi troverete in ultimo il modo di cucina-re il fegato della medesima; ma essendomene capitato un altro, l'ho cucinato diversa-mente ed essendo, a mio avviso, riuscito migliore del primo ve lo descrivo. Dopo cot-to nel modo ivi indicato levatelo asciutto e legatelo con un intriso composto di gr. 20 di burro messo al fuoco con un cucchiaino colmo di farina e, allorché questa avrà preso il color nocciuola, diluitela con un ramaiuolo di brodo e tre cucchiaiate di marsala, versateci il fegato, fatelo di nuovo bollire alquanto e servitelo.

275. FOLAGHE IN UMIDO

La folaga (*Fulica atra*) si potrebbe chiamare uccello pesce, visto che la Chiesa permette di cibarsene ne' giorni magri senza infrangere il precetto. La sua patria sono i paesi temperati e caldi dell'Europa e dell'Africa settentrionale, e come uccello anche migratorio viaggia di notte. Abita i paduli e i laghi, è nuotatore, nutrendosi di piante acquatiche, d'insetti e di piccoli molluschi. Due sole specie trovansi in Europa. Fuori del tempo della cova le folaghe stanno unite in branchi numerosissimi, il che dà luogo a cacce divertenti e micidiali. È assai cognita quella con barchetti, chiamata *la tela,* nelle vicinanze di Pisa sul lago di Massaciuccoli, di proprietà del marchese Ginori Lisci, che ha luogo diverse volte nell'autunno inoltrato e nell'inverno. Nella caccia del novembre 1903, alla quale presero parte con cento barche cacciatori di ogni parte d'Italia, furono abbattute circa seimila folaghe; così riferirono i giornali.

La carne della folaga è nera e di poco sapore, e pel selvatico che contiene bisogna, in cucina, trattarla così:

Prendiamo, ad esempio (come ho fatto io), quattro folaghe e, dopo averle pelate e strinate alla fiamma per tor via la gran caluggine che hanno, vuotatele e lavatele bene. Dopo trapassatele per la lunghezza del corpo con uno spiedo infuocato, poi tagliatele in quattro parti gettando via la testa, le zampe e le punte delle ali; indi tenetele in infusione nell'aceto per un'ora e dopo lavatele diverse volte nell'acqua fresca. Dei fegatini non me ne sono servito; ma le cipolle, che sono grosse e muscolose come quelle della gallina, dopo averle vuotate, lavate e tagliate in quattro pezzi, le ho messe pure nell'infusione.

Ora, fate un battuto, tritato fine, con una grossa cipolla e tutti gli odori in proporzione, cioè sedano, carota e prezzemolo, e mettetelo al fuoco con grammi 80 di burro, e nello stesso tempo le folaghe e i ventrigli condendole con sale, pepe e odore di spezie. Quando saranno asciutte bagnatele con sugo di pomodoro o conserva sciolta in acqua abbondante per cuocerle e perché vi resti molto intinto. Cotte che sieno, passate il sugo e in questo unite un petto e mezzo di folaga tritato fine e altri grammi 40 di burro, per condire con esso e con parmigiano tre uova di pappardelle o grammi 500 di strisce che, pel loro gusto particolare, saranno lodate. Le folaghe, con alquanto del loro intinto, servitele dopo come piatto di companatico che non saranno da disprezzarsi. Tutta questa roba credo potrà bastare per cinque o sei persone.

Ho inteso dire che si ottiene anche un discreto brodo cuocendole a lesso con due salsicce in corpo.

276. PICCIONI IN UMIDO

A proposito di piccioni sentite questa che vi do per vera, benché sembri incredibile, e valga come riprova di ciò che vi dicevo sulle bizzarrie dello stomaco.

Una signora prega un uomo, che le capita per caso, di ucciderle un paio di piccioni, ed egli, lei presente, li annega in un catino d'acqua. La signora ne ricevé una tale impressione che d'allora in poi non ha più potuto mangiar la carne di quel volatile.

Guarnite i piccioni con foglie di salvia intere, poneteli in un tegame o in una cazzaruola sopra a fettine di prosciutto grasso e magro e conditeli con olio, sale e pepe. Quando essi avranno preso colore, aggiungete un pezzo di burro e tirateli a cottura con brodo. Prima di ritirarli dal fuoco spremeteci sopra un limone e adoperate il loro sugo per servirli con fette di pane arrostito postevi sotto. Avvertite di salarli pochissimo a motivo del prosciutto e del brodo. Al tempo dell'agresto, potete usare quest'ultimo invece del limone, seguendo il dettato:

Quando Sol est in leone,
Bonum vinum cum popone,
Et agrestum cum pipione.

277. PICCIONE ALL'INGLESE O PICCION PAIO

Avverto qui una volta per tutte che nella mia cucina non si fa questione di nomi e che io non do importanza ai titoli ampollosi. Se un inglese dicesse che questo piatto, il quale chiamasi anche con lo strano nome di *piccion paio*, non è cucinato secondo l'usanza della sua nazione, non me ne importa un fico; mi basta che sia giudicato buono, e tutti pari. Prendete:

Un piccione giovane, ma grosso.
Vitella di latte magra, gr. 100, oppure un petto di pollo.
Fette sottili di prosciutto grasso e magro, grammi 40.
Fette di lingua salata, grammi 30.
Burro, grammi 40.
Mezzo bicchiere di brodo buono digrassato.
Un uovo sodo.

Tagliate il piccione a piccoli pezzi nelle sue giunture scartando la testa e le zampe.

Tagliate la vitella di latte o il petto di pollo a bracioline e battetele colla costola del coltello. Tagliate il prosciutto e la lingua a strisce larghe un dito. Tagliate l'uovo in otto spicchi.

Prendete un piatto ovale di metallo o di porcellana che regga al fuoco e distendetevi a strati uno sopra all'altro, prima la metà del piccione e della vitella, poi la metà del prosciutto e della lingua, la metà del burro sparso qua e là a pezzettini e la metà, ossia quattro spicchi, dell'uovo; condite con pochissimo sale, pepe e odore di spezie, e ripetete l'operazione col rimanente in modo che tutto l'insieme faccia la colma. Per ultimo annaffiate col brodo suddetto, ma diaccio, che vedrete galleggiare sul primo orlo del piatto e che rimarrà in gran parte dopo la cottura. Ora formate una pasta per ricoprirlo, nelle seguenti proporzioni:

Farina, grammi 150.
Burro, grammi 50.
Spirito di vino, un cucchiaino.
Zucchero, un cucchiaino.
Agro di limone, uno spicchio.
Un rosso d'uovo.
Sale, quanto basta.

Intridete la farina coi suddetti ingredienti e, se non bastano, aggiungete acqua tiepida per fare una pasta alquanto morbida. Lavoratela molto gettandola con forza contro la spianatoia, lasciatela un poco in riposo e tiratene una sfoglia addoppiandola quattro o cinque volte, riducendola, per ultimo, grossa come uno scudo, col matterello rigato. Con essa coprite il piatto adornandolo, se è possibile, coi ritagli della stessa pasta, indi doratela con rosso d'uovo; cuocete questo pasticcio (che tale si può chiamare) al forno da campagna e servitelo caldo.

A me pare che questo piatto venga meglio ammannito nella seguente maniera per dargli un carattere e un gusto più nazionale. Date prima mezza cottura al piccione e alle altre carni col detto burro, condendole col sale, il pepe e le spezie. Poi disponetele sul vassoio nel modo indicato, non escludendo l'intinto dell'umido e il brodo. Aumentando il condimento potrete unirvi anche rigaglie di pollo, animelle e tartufi.

278. MANICARETTO DI PICCIONI

Tagliateli a quarti o a pezzi grossi nelle giunture e metteteli al fuoco con una fetta di prosciutto, un pezzetto di burro e un mazzetto guarnito, condendoli con sale e pepe. Quando cominciano ad asciugare bagnateli con brodo e, a mezza cottura, aggiungete le loro rigaglie, delle animelle a pezzi, e funghi freschi tagliati a fette, od anche secchi ma fatti prima rinvenire nell'acqua calda, oppure tartufi; questi però vanno messi a cottura quasi compita. Dopo averli bagnati con del brodo, versateci, se i piccioni son due, mezzo bicchiere di vino bianco che avrete prima fatto scemare di metà al fuoco, in un vaso a parte. Continuate a farli bollire dolcemente, poi aggiungete altro pezzetto di burro intriso nella farina, oppure farina sola, per legarne la salsa, e per ultimo, avanti di mandarli in tavola, levate il prosciutto e il mazzetto, e strizzate sui piccioni un limone. Le animelle scottatele prima e spellatele se sono di bestia grossa.

In questo stesso modo si possono cucinare i pollastri giovani, guarnendoli di rigaglie invece che di animelle.

279. TIMBALLO DI PICCIONI

Questa pietanza dicesi *timballo,* forse dalla forma che si approssima all'istrumento musicale di questo nome.

Fate un battuto con prosciutto, cipolla, sedano e carota, aggiungete un pezzetto di burro e mettetelo al fuoco con un piccione o due, a seconda del numero delle persone che dovranno fargli la festa. Unite ai medesimi le loro rigaglie con altre di pollo, se ne avete. Condite con sale e pepe e, quando i piccioni saranno rosolati, bagnateli con brodo per tirarli a cottura, ma procurate che vi resti del sugo. Passate questo e gettatevi dei maccheroni che avrete già cotti, ma non del tutto, in acqua salata e teneteli presso al fuoco rimovendoli di quando in quando. Fate un poco di *balsamella,* poi spezzate i piccioni nelle loro giunture, escludendone il collo, la testa, le zampe e le ossa del groppone quando non vi piacesse di disossarli del tutto, il che sarebbe meglio.

Le rigaglie tagliatele a pezzi piuttosto grossi e alle cipolle levate il tenerume. Allorché i maccheroni avranno succhiato il sugo, conditeli con parmigiano, pezzettini di burro, dadini o, meglio, fettine di prosciutto grasso e magro, noce moscata, fettine di tartufi o, mancando questi, un pugnello di funghi secchi rammolliti. Unite infine la *balsamella* e mescolate.

Prendete una cazzaruola di grandezza proporzionata, ungetela tutta con burro diaccio e foderatela di pasta frolla. Versate il composto, copritelo della stessa pasta e cuocetelo al forno; sformatelo caldo e servitelo subito.

Con grammi 300 di maccheroni e due piccioni farete un *timballo* per dieci o dodici persone se non sono forti mangiatori. Volendo potete anche dargli la forma di pasticcio come quello del n. 349.

280. TORDI COLLE OLIVE

I tordi e gli altri uccelli minuti in umido si possono fare come i piccioni n. 276; anzi ve li raccomando cucinati in quella maniera che sono buonissimi. Le olive indolcite, state cioè in salamoia, si usano mettere intere col loro nocciolo quando i tordi sono a mezza cottura. Il nocciolo però è meglio levarlo: con un temperino si fa della polpa un nastrino, che, avvolto a spirale sopra sé stesso, par che formi un'oliva intera.

Una volta furono regalati sei tordi a un signore, il quale, avendo in quei giorni la famiglia in campagna, pensò di mangiarseli arrostiti a una trattoria. Erano belli, freschi e grassi come i beccafichi e però, stando in timore non glieli barattassero, li contrassegnò tagliando loro la lingua. I camerieri entrati in sospetto cominciarono ad esaminarli se segno alcuno apparisse e, guarda guarda, aiutati dalla loro scaltrezza, lo ritrovarono. Per non la cedere a furberia, o forse perché con essi quel signore si mostrava soltanto largo in cintura, «gliela vogliamo fare» gridarono ad una voce; e, tagliata la lingua a sei tordi dei più magri che fossero in cucina, gli prepararono quelli, serbando i suoi per gli avventori che più premevano. Venuto l'amico coll'ansietà di fare in quel giorno un ghiotto mangiare e vedutili secchi allampanati, cominciò a stralunare gli occhi e voltandoli e rivoltandoli fra sé diceva: – Io resto! ma che sono proprio i miei tordi questi? – Poi, riscontrato che la lingua mancava, tutto dolente, si dette a credere che avessero operata la metamorfosi lo spiedo e il fuoco.

Agli avventori che capitarono dopo, la prima offerta che in aria di trionfo facevano quei camerieri, era: – Vuol ella oggi un bellissimo tordo? – e qui a raccontar la loro bella prodezza, come fu narrata a me da uno che li aveva mangiati.

281. TORDI FINTI

Tordi finti perché li rammenta l'odore del ginepro e un poco anche il sapore della composizione. È un piatto che può piacere e farete bene a provarlo.

Magro di vitella di latte senz'osso per sei tordi, gr. 300.
Coccole di ginepro, n. 6.
Fegatini di pollo, n. 3.
Acciughe salate, n. 3.
Olio, cucchiaiate n. 3.
Lardone, quanto basta.

Questi finti tordi devono aver l'apparenza di bracioline ripiene, quindi della vitella di latte fatene sei fette sottili, spianatele, date loro una bella forma e mettete da parte i ritagli. Questi coi fegatini, un pezzetto di lardone, le coccole di ginepro, le acciughe nettate, e una foglia di salvia, formeranno il composto per riempirle; e però tritate il tutto finissimo e conditelo con poco sale e pepe. Dopo avere arrocchiate le bracioline con questo composto, fasciatele con una fetta sottile del detto lardone, frapponendo fra questo e la carne mezza foglia di salvia, e legatele in croce. Grammi 60 di lardone in tutto, credo potrà bastare.

Ora che avete preparato le bracioline, ponetele a fuoco vivo in una *sauté* oppure in una cazzaruola scoperta con le dette tre cucchiaiate d'olio, e conditele ancora leggermente con sale e pepe. Quando saranno rosolate da tutte le parti, scolate l'unto, lasciando però il bruciaticcio in fondo al vaso, e tiratele a cottura col brodo versato a pochino per volta, perché devono rimanere in ultimo quasi asciutte.

Mandatele in tavola slegate, sopra a sei fette di pane appena arrostito e bagnate coll'intinto ristretto rimasto dopo la cottura.

Sono buone anche diacce.

282. STORNI IN ISTUFA

Gli storni, essendo uccelli di carne ordinaria e dura, hanno bisogno del seguente trattamento per renderli mangiabili.

Per numero sei storni fate un battuto, tritato fine, con un quarto di una grossa cipolla e grammi 30 di grasso di prosciutto. Mettetelo al fuoco con grammi 20 di burro, tre o quattro striscioline di prosciutto grasso e magro e due coccole di ginepro. Collocateci sopra gli storni senza sventrarli e, guarniti con foglie di salvia, conditeli con sale e pepe. Quando avranno tirato il sapore del battuto, voltandoli spesso, e che la cipolla sarà ben colorita, bagnateli con un poco di vino bianco asciutto e poi versatecene tanto che fra la prima e la seconda volta sia tre decilitri. Mancandovi il vino bianco supplite con due decilitri d'acqua ed uno di marsala. Coprite la cazzaruola con un foglio di carta a quattro doppi tenuto fermo da un coperchio pesante e fate bollire a fuoco dolce fino a cottura completa. Levateli col loro sugo e serviteli.

283. UCCELLI IN SALMÌ

Cuoceteli, non del tutto, arrosto allo spiedo conditi con sale e olio. Dopo levati, se sono uccelli piccoli o tordi, lasciateli interi; se sono grossi tagliateli in quattro parti, e levate loro tutte le teste che pesterete in un mortaio insieme con qualche uccellino pure arrostito o con qualche ritaglio di uccelli grossi. Mettete una cazzarolina al fuoco con un battuto composto di burro, qualche pezzetto di prosciutto, sugo di carne, oppure brodo, madera o marsala nella quantità all'incirca del brodo, uno scalogno trinciato, una coccola o due di ginepro, se sono tordi, o una foglia d'alloro se sono uccelli di altra specie. Condite con sale e pepe e quando questo intingolo avrà bollito mezz'ora passatelo dallo staccio, e collocatevi gli uccelli arrostiti; fateli bollire fino a cottura completa e mandateli in tavola con fettine di pane arrostito sotto.

284. STUFATO DI LEPRE

Vi descriverò più avanti il pasticcio di lepre, e vi dirò anche come questa si cuoce arrosto; aggiungo ora che per farla dolce-forte potete servirvi della ricetta del cignale n. 285, e che si può mettere in istufato nella seguente maniera:

Prendiamo, per esempio, la metà di una lepre, e dopo averla spezzettata tritate fine un battuto con una cipolla di mediocre grandezza, due spicchi d'aglio, un pezzo di sedano lungo un palmo e diverse foglie di ramerino. Mettetelo al fuoco con un pezzetto di burro, due cucchiaiate d'olio e quattro o cinque strisce di prosciutto larghe un dito. Quando avrà soffritto per cinque minuti, gettateci la lepre e conditela con sale, pepe e spezie. Rosolata che sia, bagnatela con mezzo bicchiere di vino bianco o marsala, poi buttateci un pugnello di funghi freschi, o secchi rammolliti, e tiratela a cottura con brodo e sugo di pomodoro o conserva; ma prima di servirla, assaggiatela per aggiungere un altro poco di burro, se occorre.

285. CIGNALE DOLCE-FORTE

A me pare sia bene che il cignale da fare dolce-forte debba avere la sua cotenna con un dito di grasso, perché il grasso di questo porco selvatico, quando è cotto, resta duro, non nausea ed ha un sapore di callo piacevolissimo.

Supposto che il pezzo sia di un chilogrammo all'incirca, eccovi le proporzioni del condimento.

Fate un battuto con mezza cipolla, la metà di una grossa carota, due costole di sedano bianco lunghe un palmo, un pizzico di prezzemolo e grammi 30 di prosciutto grasso e magro. Tritatelo fine colla lunetta e ponetelo in una cazzaruola con olio, sale e pepe sotto al cignale per cuocerlo in pari tempo. Quando il pezzo ha preso colore da tutte le parti, scolate buona parte dell'unto, spargetegli sopra un pizzico di farina, e tiratelo a cottura con acqua calda versata di quando in quando. Preparate intanto il dolce-forte in un bicchiere coi seguenti ingredienti e gettatelo nella cazzaruola; ma prima passate il sugo.

Uva passolina, grammi 40.
Cioccolata, grammi 30.
Pinoli, grammi 30.
Candito a pezzetti, grammi 20.
Zucchero, grammi 50.

Aceto quanto basta; ma di questo mettetene poco, perché avete tempo di aggiungerlo dopo. Prima di portarlo in tavola fatelo bollire ancora onde il condimento s'incorpori, anzi debbo dirvi che il dolce-forte viene meglio se fatto un giorno per l'altro. Se lo amate più semplice componete il dolce-forte di zucchero e aceto soltanto.

Nello stesso modo potete cucinare la lepre.

286. CIGNALE FRA DUE FUOCHI

Tenetelo in una marinata come quella della lepre n. 531 per 12 o 14 ore. Levato da questa, asciugatelo con un canovaccio e poi preparatelo nella seguente maniera. Collocate nel fondo di una cazzaruola tre o quattro fette di lardone sottili come la carta, ponete il pezzo del cignale sopra alle medesime, conditelo con sale e pepe e aggiungete una cipolla intera, un mazzetto guarnito, un pezzetto di burro e, se il cignale fosse un chilogrammo circa, mezzo bicchiere di vino bianco. Distendete sul pezzo della carne altre tre o quattro fette dello stesso lardone e copritelo con un foglio unto col burro, che vi stia aderente. Cuocetelo con fuoco sotto e sopra e quando accenna a prosciugarsi, bagnatelo con brodo. Cotto che sia, passate il sugo senza spremerlo, digrassatelo e unitelo al cignale quando lo mandate in tavola.

287. COSTOLETTE DI DAINO ALLA CACCIATORA

Le carni del daino, del capriolo e di simili bestie di selvaggina sono aride e dure, quindi è necessario che il tempo le frolli per essere meglio gustate.

Servitevi per questo piatto della lombata, da cui taglierete le costolette tenendole sottili. Mettete al fuoco olio e burro in proporzione della quantità che avrete a cuocere, uno spicchio d'aglio intero e diverse foglie di salvia. Quando l'aglio avrà preso colore collocateci sopra le costolette, conditele con sale e pepe e cuocetele a fuoco ardente, alla svelta, annaffiandole col marsala.

288. CONIGLIO IN UMIDO

Per cucinare questo piatto, vedi le *Pappardelle col sugo di coniglio*, n. 94.

289. LINGUA DOLCE-FORTE

Prendete una lingua di vitella di latte tutta intera colla sua pappagorgia, perché questa è la parte più delicata; spellatela e lessatela a mezza cottura. Regolatevi del resto come per il cignale del n. 285, servendovi dell'acqua dove ha bollito per finire di cuocerla. Per spellare la lingua arroventate una paletta e ponetegliela sopra ripetendo l'operazione diverse volte, se occorre.

290. LINGUA DI BUE AL SUGO DI CARNE

Eccovi un'altra maniera di cucinare una lingua di bue del peso, senza la pappagorgia, di oltre un chilogramma.

Spellatela come è indicato nella ricetta n. 289 e steccatela con grammi 60 di lardone tagliato in lardelli conditi con sale e pepe. Legatela perché resti distesa e mettetela al fuoco con grammi 30 di burro; conditela con altro sale e pepe rosolandola alquanto, e poi tiratela a cottura col sugo di carne versato un poco per volta. Cotta che sia, il sugo che resta passatelo e condensatelo al fuoco con un pezzetto di burro e meno di mezza cucchiaiata di farina per unirlo alla lingua, che manderete in tavola tagliata a fette contornata di erbaggi lessati e rifatti col burro ed il sugo.

291. ARNIONI SALTATI

Prendete una pietra, come la chiamano a Firenze, cioè un arnione o rognone di bestia grossa oppure diversi di bestie piccole, apritelo e digrassatelo tutto perché quel grasso ha un odore sgradevole. Tagliatelo per traverso a fette sottili, ponetelo in un vaso, salatelo e versate sul medesimo tanta acqua bollente che lo ricopra. Quando l'acqua sarà diacciata levatelo asciutto e mettetelo in padella per farlo ributtar l'acqua che getterete via. Spargetegli sopra un pizzico di farina, buttateci un pezzetto di burro e rimovendolo spesso fatelo grillettare per soli cinque minuti. Conditelo con sale, pepe e mezzo bicchiere scarso di vino bianco: lasciatelo ancora per poco sul fuoco e quando siete per levarlo aggiungete un altro pezzetto di burro, un pizzico di prezzemolo tritato e un po' di brodo, se occorre.

Per vostra regola gli arnioni tenuti troppo sul fuoco induriscono. Il vino è bene farlo prima bollire a parte finché sia scemato di un terzo; se invece di vino bianco farete uso di marsala o di *champagne*, tanto meglio.

292. ARNIONI PER COLAZIONE

Arnioni di vitella di latte, di castrato, di maiale e simili si prestano bene per una colazione cucinati nella seguente maniera. Tenete in pronto un battutino tritato fine, composto di prezzemolo, mezzo spicchio d'aglio, il sugo di mezzo limone e cinque o sei fette di midolla di pane, asciugato al fuoco.

Aprite gli arnioni per digrassarli e tagliateli a fettine sottili per traverso. Dato che siano in tutto del peso di 400 o 500 grammi, gettateli in padella con grammi 50 a 60 di burro a fuoco ardente. Muoveteli spesso e appena cominciano a soffriggere gettateci il battutino; conditeli con sale e pepe e sempre muovendoli col mestolo versateci il sugo del limone e per ultimo un ramaiuolo di brodo.

L'operazione deve farsi in cinque minuti circa e prima di mandarli in tavola versateli sulle fette del pane. Basteranno per quattro persone.

293. ARNIONI ALLA FIORENTINA

Aprite e digrassate gli arnioni come nella ricetta n. 291 e così spaccati a metà per il lungo, cuoceteli nel modo seguente. Ponete un tegame al fuoco con un pezzo di burro proporzionato e quando accenna a bollire, poneteci l'arnione lasciandovelo un poco, poi ritiratelo dal fuoco e conditelo con sale, pepe e un pizzico di prezzemolo tritato. Involtatelo bene nel condimento e, dopo parecchie ore, cuocetelo nello stesso tegame, oppure in gratella, involtato nel pan grattato.

294. COSCIOTTO O SPALLA DI CASTRATO IN CAZZARUOLA I

Per associazione d'idee, la parola castrato mi presenta alla memoria quei servitori, i quali, per un'esigenza ridicola de' loro padroni (sono sfoghi di vanità rientrata), si tagliano i baffi e le ledine da sembrare tanti *castratoni*, e facce da zoccolanti.

Per lo stesso motivo, cioè per la vanità delle loro padrone, sbuffano e mal si prestano le cameriere a portare in capo quelle berrette bianche, chiamate altrimenti cuffie; infatti quando non sono più giovani e non sono belle, con quell'aggeggio in capo sembrano la bertuccia. Le balie, al contrario, gente di campagna, che sente poco la dignità di sé stessa, con quei tanti fiocchi e nastri di vario colore adornate (*indegne pompe, di servitù misere insegne*), se ne tengono, gonfiando impettite e non s'avvedono che risvegliano l'idea della mucca quando è condotta al mercato.

Entrando in materia, dico che la buona fine di questi due pezzi di carne a me sembra di ottenerla nella seguente maniera. Prendiamo, ad esempio, la spalla e sulla medesima regolatevi nelle debite proporzioni per il cosciotto. Non ho bisogno di dirvi che il castrato deve essere di qualità fine e ben grasso. Supponiamo che la spalla sia del peso di un chilogrammo, benché possa essere anche di chilogrammi 1½. Disossatela, steccatela con lardone, e conditela di dentro e di fuori con sale e pepe, poi arrocchiatela e legatela onde prenda una bella forma; indi mettetela in una cazzaruola con grammi 40 di burro per rosolarla, e dopo aggiungete i seguenti ingredienti:

Alcune cotenne di lardone o di prosciutto.
Un mazzetto legato composto di prezzemolo, sedano e carota.
Una cipolla intera di mezzana grossezza.
Le ossa spezzate che avrete levate dalla spalla o dal cosciotto che sia.

Dei ritagli di carne cruda, se ne avete.

Un bicchiere di brodo o mezzo soltanto.

Due o tre cucchiaiate di acquavite.

Tanta acqua fredda che il liquido arrivi poco sotto alla superficie del castrato. Coprite bene la cazzaruola e fatela bollire a fuoco lento finché il pezzo sia cotto, per la qual cosa ci vorranno da quattro e più ore se la bestia è dura. Allora passate il sugo, digrassatelo e gettate via il superfluo, cioè mandate in tavola soltanto il castrato.

Questo piatto si suol guarnire o di carote o di rape o di fagiuoli sgranati; se di carote, mettetene due grosse intere fra la carne e quando saranno cotte levatele e tagliatele a fette rotonde per aggiungerle dopo; se di rape, avvertite che non sappiano di forte per non avere ancora sentito il freddo. Dividetele in quattro parti, *imbiancatele*, tagliatele a dadi, rosolatele appena nel burro ed unitele al sugo, il quale deve vedersi piuttosto abbondante; se di fagiuoli, cuoceteli prima e rifateli in questo sugo.

295. COSCIOTTO O SPALLA DI CASTRATO IN CAZZARUOLA II

Questa è una ricetta più semplice e da preferirsi a quella del numero precedente, quando non si richieda contorno alcuno di erbaggi e di legumi.

Prendete una spalla di castrato e dopo averla disossata steccatela con lardelli di lardone involtati nel sale e nel pepe. Salatela alquanto, poi arrocchiata e legata stretta, mettetela al fuoco con grammi 40 di burro e una mezza cipolla steccata con un chiodo di garofano e fatele prender colore. Ritirata la cazzaruola dal fuoco, versateci un bicchiere d'acqua, o meglio brodo, una cucchiaiata di acquavite, un mazzetto odoroso e, se è il tempo dei pomodori, alcuni di questi spezzati. Fate bollire adagio per circa tre ore colla cazzaruola tenuta chiusa con doppio foglio di carta, rivoltando spesso il pezzo della carne. Quando sarà cotta, gettate via la cipolla, passate il sugo, digrassatelo ed unitelo alla carne quando la mandate in tavola.

Vi avverto di non cuocerla troppo ché allora non si potrebbe tagliare a fette.

Nella stessa maniera, colle debite proporzioni nel condimento, si può fare il cosciotto. Se vi nausea il puzzo speciale al montone, digrassate la carne anche da cruda.

296. LOMBATA DI CASTRATO RIPIENA

Prendete un pezzo di lombata di castrato col suo pannicolo attaccato, del peso di un chilogrammo, digrassatela, ma non del tutto, disossatela e conditela con sale e pepe. Formate il composto per riempirla con

Magro di vitella di latte, grammi 150.

Prosciutto grasso e magro, grammi 50.

Parmigiano grattato, grammi 40.

Un uovo.

Sale e pepe.

Tritatelo ben fine e, dopo avere spalmata con questo tutta la lombata nell'interno, arrocchiatela tirandole sopra il pannicolo, e cucitela onde non isbuzzi il ripieno.

Ora mettetela al fuoco con grammi 50 di burro e quando sarà rosolata bagnatela con un dito (di bicchiere) di marsala, poi gettate nella cazzaruola a crogiolare con lei a fuoco lento, mezza cipolla piuttosto piccola, tagliata in due pezzi, due o tre pezzi di sedano, altrettanti di una carota e dei gambi di prezzemolo, bagnandola con acqua o brodo per tirarla a cottura. Infine passate il sugo e il resto, digrassatelo e servitela. È un piatto che potrà bastare per otto persone e merita di essere raccomandato. Già sapete che per digrassare un sugo basta posargli sopra qualche pezzo di carta straccia sugante.

297. BUE ALLA MODA

Questo piatto va trattato poco diversamente da quello del n. 294.

Prendete non meno di un chilogrammo di magro della coscia o del culaccio di bestia grossa e steccatelo con lardelli grossi un dito di buon lardone che avrete involtati nel sale e nel pepe. Legate il pezzo della carne perché prenda una bella forma, salatelo a sufficienza e ponetelo in una cazzaruola con grammi 50 di burro per rosolarlo; poi aggiungete gl'ingredienti qui appresso: mezza zampa di vitella di latte, oppure un pezzo di zampa di vitella grossa, una grossa cipolla intera, due o tre carote intere, un mazzetto legato di erbe odorose come prezzemolo, sedano, basilico e simili; alcune cotenne di lardone, un bicchiere ardito d'acqua, o meglio un bicchiere di brodo digrassato, e per ultimo mezzo bicchiere di vino bianco, oppure due cucchiaiate di acquavite. Mettete al fuoco la cazzaruola ben coperta e fate bollire adagio finché la carne sia cotta, ma le carote cuocendosi per le prime, levatele onde restino intere. Gettate via il mazzetto odoroso, poi passate il sugo e digrassatelo se occorre. Servite la carne non troppo cotta unitamente alla zampa e contornate il piatto colle carote tagliate a fette rotonde. Se vi riesce bene, sentirete un umido delicato e leggiero.

Alcuni steccano la cipolla con chiodi di garofano; ma questo aroma non è da consigliarsi che agli stomachi forti. Meglio delle carote giudico il contorno di fagiuoli sgranati cotti rifatti nel sugo del bue.

298. BUE ALLA BRACE

Sarebbe il *bœuf braisé* dei Francesi. Procuratevi un bel tocco di carne magra e frolla e, dato che sia del peso di grammi 500 senz'osso, steccatelo con grammi 50 di lardone tagliato a lardelli grossi e lunghi un dito scarso, ma conditeli prima con sale e pepe.

Fate un battuto con un quarto di cipolla di media grandezza, mezza carota e una costola di sedano lunga un palmo. Tritatelo all'ingrosso con la lunetta e mettetelo al fuoco con grammi 30 di burro e sopra al medesimo il pezzo della carne legato e condito con sale e pepe.

Quando il battuto sta per consumarsi, bagnatelo per due volte con un gocciolo d'acqua fredda; consumata che sia e colorita la carne, versate due ramaiuoli di acqua calda, coprite la cazzaruola con foglio doppio di carta e fate bollire adagio finché la carne sia cotta. Allora passate il sugo, digrassatelo e rimettetelo al fuoco con un altro pezzetto di burro per dar maggior grazia alla carne e all'intinto, col quale potrete tirare a sapore un contorno di erbaggi, come sarebbero spinaci, cavoli di Bruxelles, carote, finocchi, quello che più vi piace di questi.

299. GIRELLO ALLA BRACE (GARETTO)

Volete un piatto di carne della cucina bolognese e dei più semplici che si possano immaginare? Fate il *garetto*. Così chiamano a Bologna il girello, che è quel pezzo di carne di manzo, senz'osso, situata quasi alla estremità della coscia, tra il muscolo e lo scannello, che può essere del peso di grammi 700 all'incirca ed è il solo che si presti per quest'uso. Mettetelo al fuoco senz'altro condimento che sale e pepe; niente acqua e niun altro ingrediente. Chiudete la bocca della cazzaruola con un foglio di carta a diversi doppi, tenuto fermo dal suo coperchio, e lasciatelo cuocere molto lentamente. Vedrete che getta una copiosa quantità di sugo che poi riassorbe a poco a poco; quando lo avrà ritirato tutto levatelo e servitelo. È quasi migliore diaccio che caldo.

Che sia un piatto sano e nutriente, nessuno può dubitarne; ma che, per la sua troppa semplicità, possa piacere a tutti non saprei dirlo.

300. BUE ALLA CALIFORNIA

Chi studiò questo piatto, non sapendo forse come chiamarlo, gli applicò questo strano titolo; del resto poi, strani o ridicoli sono quasi tutti i termini culinari.

Le seguenti dosi sono quelle da me prescritte in seguito a diverse prove.

Carne magra senz'osso, di vitella o di manzo, nella groppa, nella lombata o nel filetto, grammi 700.
Burro, grammi 50.
Panna, decilitri 2.
Acqua, decilitri 2.
Aceto forte, una cucchiaiata, o più d'una, se è debole.

Mettete la carne al fuoco col detto burro, mezza cipolla tagliata in quattro spicchi e una carota a pezzetti; sale e pepe per condimento. Quando la carne sarà ben rosolata versate l'aceto, dopo alquanto l'acqua e indi la panna. Fate bollire adagio circa tre ore, ma se il sugo venisse a scarseggiare aggiungete un'altra po' d'acqua.

Mandate la carne in tavola tagliata a fette e col suo sugo passato dallo staccio. In un pranzo di vari piatti potrà bastare per cinque o sei persone.

301. SCANNELLO ANNEGATO

Non sapendo come chiamare quest'umido semplice e sano, gli ho dato il titolo di *scannello annegato*.

Un pezzo di carne di manzo o di vitella, tutto magro e senz'osso, tolto dallo scannello, di circa grammi 800.

Grasso di prosciutto, grammi 80.

Una grossa carota o due mezzane.

Tre o quattro costole di sedano lunghe un palmo.

Mezzo bicchiere di vino bianco asciutto, e mancando questo, due dita di marsala.

Steccate il pezzo della carne col suddetto grasso di prosciutto, tagliato in lardelli involtati nel sale e nel pepe; salatelo e legatelo onde stia unito.

Tagliate a pezzetti la carota e il sedano e metteteli in fondo a una cazzaruola piuttosto piccola ponendoci sopra il pezzo della carne e copritela d'acqua.

Fate bollire adagio a cazzaruola coperta, e quando avrà ritirato l'acqua passate dallo staccio il sugo e gli erbaggi, che poi rimetterete al fuoco insieme con la carne e col vino. Cotto che sia servitelo affettato con sopra il suo intinto.

Potrà bastare per sei persone.

Come avrete notato in questa e in molte altre ricette della presente raccolta, la mia cucina inclina al semplice e al delicato, sfuggendo io quanto più posso quelle vivande che, troppo complicate e composte di elementi eterogenei, recano imbarazzo allo stomaco. Ciò non ostante un mio buon amico, per iscambio, la calunniava. Essendo egli stato colpito da paralisi progressiva, che lo tenne infermo per oltre tre anni, non trovava altro conforto alla sua disgrazia che quello di mangiar bene, e quando ordinava il pranzo alla sua figliuola non mancava di dirle: – Bada di non darmi gl'intrugli dell'Artusi. – Questa signorina, che era la massaia di casa, avendo ricevuta la sua educazione in un collegio svizzero del cantone francese, si era colà provveduta del trattato di cucina di Madame Roubinet; e volgendo a questo tutta la sua simpatia, poco o punto si curava del mio. Gl'intrugli lamentati dal padre erano dunque di questa madama dal *rubinetto*, la quale, si vede, dava con questo la via, più che non farei io, alle acque torbe della cucina.

302. SCALOPPINE ALLA LIVORNESE

Perché si chiamino scaloppine non lo so, e non so nemmeno perché sia stato dato loro il battesimo a Livorno. Comunque sia, prendete delle bracioline di carne grossa, battetele bene per renderle tenere e buttatele in padella, con un pezzo di burro. Quando l'avranno ritirato bagnatele con qualche cucchiaiata di brodo per portarle a cottura, conditele con sale e pepe, legatele con un pizzico di farina, date loro l'odore della marsala, e prima di levarle, rendetele più grate con un pizzico di prezzemolo tritato.

303. SCALOPPINE DI CARNE BATTUTA

Prendete carne magra di bestia grossa, nettatela dai tendini e dalle pelletiche e, se non avete il tritacarne, tritatela ben fine prima col coltello poi colla lunetta. Conditela con sale, pepe e parmigiano grattato; aggiungete l'odore delle spezie, piacendovi, ma c'è il caso allora che sappia di piatto rimpolpettato. Mescolate bene e date alla carne la forma di una palla; poi con pangrattato sotto e sopra, onde non s'attacchi, tiratela col matterello sulla spianatoia, rimuovendola spesso per farne una stiacciata sottile poco più di uno scudo. Tagliatela a pezzi quadri e larghi quanto la palma di una mano e cuoceteli in una teglia col burro. Quando le scaloppine avran preso colore, annaffiatele con sugo di pomodoro o conserva diluita nel brodo o nell'acqua e servitele. Potete anche, senza far uso del matterello, stiacciarle colle mani e dar loro, per più eleganza, la forma di un cuore.

Avendo carne stracottata avanzata, è conveniente il farle con questa e con carne cruda mescolate insieme.

304. SCALOPPINE ALLA GENOVESE

Formate bracioline con carne magra di vitella e, dato che sia grammi 500 senz'osso, tritate un quarto di cipolla di mezzana grandezza e mettetela nel fondo di una cazzaruola con olio e un pezzetto di burro. Distendete sul battuto le bracioline, uno strato sopra l'altro, conditele con sale e pepe e mettetele al fuoco senza toccarle che così attaccandosi insieme non si aggrinzano. Quando avrà preso colore la parte di sotto, versate un cucchiaino di farina e dopo poco un pizzico di prezzemolo e mezzo spicchio d'aglio tritati e due dita scarse (di bicchiere) di vino bianco buono, o, mancando questo, marsala. Poi distaccate le bracioline l'una dall'altra, mescolate, lasciatele tirar l'umido, indi versate acqua calda e un poco di sugo di pomodoro o conserva. Fatele bollire adagio e non molto per terminare di cuocerle e servitele con intinto abbondante, e con fette di pane arrostito sotto, oppure, se più vi piace, con un contorno di riso cotto nell'acqua, tirato asciutto e condito leggermente con burro, parmigiano e l'intinto medesimo. Anzi, il riso ci sta molto bene e così piacciono a tutti.

305. SCALOPPINE CON LA PANNA ACIDA

La panna acida è la panna comune, ossia il fior di latte, quando ha preso l'agro, il qual difetto non nuoce anzi migliora il piatto che riesce delicatissimo.

Prendete carne magra di vitella o di vitella di latte, tagliatela a bracioline, battetele, infarinatele e mettetele al fuoco con un pezzo proporzionato di burro. Conditele con sale e pepe e fatele bollire adagio finché abbiano preso colore da ambedue le parti. Allora bagnatele con la detta panna e per ultimo con un poco d'acqua o brodo, se trattasi di vitella di latte, onde la salsa non riesca troppo densa e possano cuocer meglio.

Servitele con spicchi di limone a parte.

Per quattro persone:
Grammi 500 di magro senz'osso.
Grammi 70 di burro.
Due decilitri di panna.

306. SCALOPPINE DI VITELLA DI LATTE IN TORTINO

Vitella di latte magra senz'osso, tagliata a scaloppine sottilissime del peso, nette dalle pelletiche, di grammi 300, lardone a fettine sottili, grammi 70.

Sciogliete al fuoco, in una cazzaruola proporzionata, un poco di burro e sul fondo e all'ingiro della medesima distendete il lardone, sopra al quale collocherete un primo strato di scaloppine condendole con sale, pepe, l'odore delle spezie, parmigiano grattato e prezzemolo tritato. Poi un altro strato di scaloppine condite nella stessa maniera, e così di seguito finché avrete roba. Sull'ultimo strato di scaloppine spargete diversi pezzetti di burro e cuoceteli tra due fuochi, più sotto che sopra, finché restino quasi asciutte e rosolato il lardone. Versate il tortino sopra a uno strato di spinaci tirati al burro e servitelo a quattro persone.

307. BRACIOLINE RIPIENE

Bracioline sottili di vitella, grammi 300.
Carne magra di vitella o di vitella di latte, grammi 70.
Prosciutto piuttosto magro, grammi 40.
Midollo di vitella, grammi 30.
Parmigiano grattato, grammi 30.
Uova, n. 1.

Delle bracioline ne usciranno 6 o 7 se le tenete larghe quanto una mano: battetele ben bene col batticarne oppure con un manico di coltello intinto spesso nell'acqua per allargarle. Poi tritate fine il prosciutto coi grammi 70 della seconda carne e a questo battuto unite il parmigiano e il midollo ridotto prima pastoso colla lama di un coltello; per ultimo aggiungete l'uovo per legare il composto e una presa di pepe, non occorrendo il sale a motivo del prosciutto e del parmigiano. Distendete le bracioline e sul mezzo delle medesime distribuite il detto composto; poi arrocchiatele e col refe legatele in croce.

Ora che hanno già preso la forma occorrente, preparate un leggiero battuto con un po' di cipolla, un pezzetto di sedano bianco, un pezzetto di carota e grammi 20 di carnesecca, e mettetelo al fuoco in una cazzaruola con grammi 20 di burro, in pari tempo che vi porrete le bracioline. Conditele con sale e pepe, e quando avranno preso colore versate sugo di pomodoro o conserva e tiratele a cottura coll'acqua. Potete anche aggiungere, piacendovi, un gocciolo di vino bianco.

Quando le mandate in tavola togliete il refe con cui le avevate legate.

308. BRACIOLINE ALLA BARTOLA

La carne di vitella o di manzo che meglio si presta per questo piatto sarebbe il filetto o il girello, ma può servire anche il culaccio e la coscia.

Carne suddetta, peso netto senz'osso, grammi 500.
Prosciutto grasso e magro, grammi 50.
Un piccolo spicchio d'aglio.
Un piccolo spicchio di cipolla.
Una costola di sedano lunga un palmo.
Un buon pezzo di carota.
Un pizzico di prezzemolo.

Tagliate la carne a fette grosse quasi un dito per ottenere non più di sette od otto bracioline alle quali procurate di dar bella forma, e battetele con la costola del coltello. Fate un battuto tritato molto fine col prosciutto e gl'ingredienti sopra descritti, poi versate in una *sauté* o teglia di rame sei cucchiaiate d'olio sul quale, a freddo, collocherete le bracioline spalmando sopra ad ognuna un pizzico del detto battuto. Conditele con poco sale, pepe e il solo fiore di quattro o cinque chiodi di garofano, e a fuoco vivo fatele rosolare dalla parte di sotto, poi voltatele ad una ad una col suo battuto per rosolare anche questo, e quando avrà soffritto a sufficienza tornatele a rivoltare onde il battuto ritorni al disopra raccattando quello che è rimasto attaccato alla teglia. Ora bagnatele con sugo di pomodoro o conserva sciolta nell'acqua, cuopritele e fatele bollire adagio per quasi due ore; ma mezz'ora prima di mandarle in tavola cuocete nell'intinto delle medesime una grossa patata sbucciata e tagliata in dieci o dodici tocchetti collocandoli nei vuoti fra una braciolina e l'altra.

Meglio sarebbe mandarle in tavola nel recipiente dove sono state cotte; ma se questo è indecente mettetele pari pari in un vassoio con le patate all'intorno. Questa quantità basta per quattro o cinque persone, e non è piatto da disprezzarsi, perché non lascia lo stomaco aggravato.

309. BRACIOLINE ALLA CONTADINA

Per me, che si ribellano al mio gusto, le lascio mangiare ai contadini; ma, poiché ad altri potrebbero non dispiacere, ve le descrivo.

Preparate le bracioline con carne magra di vitella battuta bene, ungetele coll'olio e conditele con poco sale e pepe. Fate un composto di olive in salamoia, capperi strizzati dall'aceto e un'acciuga, tritando il tutto ben fine. Lasciatelo così semplice, oppure aggiungete un rosso d'uovo e un pizzico di parmigiano; riempitene le bracioline, legatele e quindi cuocetele con burro e sugo di pomodoro, oppure in un soffritto di cipolla.

310. BRACIUOLE NELLA SCAMERITA

Eccovi un piatto di tipo tutto fiorentino. La scamerita è quella parte del maiale macellato ove, finita la lombata, comincia la coscia; essa è marmorizzata di magro e grasso,
quest'ultimo in quantità tale che piace senza nauseare. Ponete le braciuole in un tegame
con pochissimo olio, due o tre spicchi d'aglio, con la loro buccia, un po' stiacciati, e conditele con sale e pepe. Quando avranno preso colore da ambedue le parti, versate nel tegame due o tre dita (di bicchiere) di vino rosso e lasciate che, bollendo, l'umido prosciughi di metà. Allora mettetele da parte asciutte conservandole calde, e in quell'intinto tirate a sapore del cavolo nero già lessato, spremuto dall'acqua, tagliato non tanto minutamente e condito anch'esso con sale e pepe. Mandatele in tavola col cavolo sotto.

311. COTOLETTE DI VITELLA DI LATTE IN SALSA D'UOVO

Dopo averle dorate e cotte alla *sauté*, come quelle dei n. 312 e 313, spargete sopra
alle medesime una salsa di rossi d'uovo, burro e agro di limone, tenetele ancora un poco sul fuoco e servitele. Per sette od otto *cotolette* basteranno tre rossi d'uovo, grammi
30 di burro e mezzo limone, frullati in un pentolino prima di versarli.

312. COTOLETTE DI VITELLA DI LATTE COI TARTUFI ALLA BOLOGNESE

Il posto migliore per questo piatto è il *sotto-noce*, ma può servire anche il magro del
resto della coscia o del culaccio. Tagliatele sottili e della dimensione della palma di una
mano: battetele e date loro una forma smussata ed elegante come, ad esempio, la figura del cuore, cioè larga da capo e restringentesi in fondo, il che si ottiene più facilmente tritando prima la carne colla lunetta. Poi preparatele in un piatto con agro di limone,
pepe, sale e pochissimo parmigiano grattato. Dopo essere state un'ora o due in questa
infusione, passatele nell'uovo sbattuto e tenetecele altrettanto. Poi panatele con pangrattato fine, mettetele a soffriggere col burro in una teglia di rame, e quando saranno appena rosolate da una parte voltatele e sopra la parte cotta distendete prima delle fette di
tartufi e sopra queste delle fette di parmigiano o di gruiera; ma sì le une che le altre tagliatele sottili il più che potete. Fatto questo, terminate di cuocerle con fuoco sotto e sopra aggiungendo brodo o sugo di carne; poi levatele pari pari e disponetele in un vassoio col loro sugo all'intorno strizzandoci l'agro di un limone, o mezzo solo se sono poche.
Nella stessa maniera si possono cucinare le costolette di agnello dopo aver ripuli-
to, raschiandolo, l'osso della costola.

313. COTOLETTE COL PROSCIUTTO

Preparate le *cotolette* come quelle del numero precedente e mettetele nell'uovo con
una fetta sottilissima di prosciutto grasso e magro della dimensione della cotoletta stessa. Panatele col prosciutto appicciato sopra, salatele poco e rosolatele nel burro dal-

la parte dove non è il prosciutto. Sopra al prosciutto, invece de' tartufi, distendete fette sottilissime di parmigiano o di gruiera, finite di cuocerle col fuoco sopra e servitele con sugo di carne ed agro di limone, oppure con sugo di pomodoro.

314. POLPETTE

Non crediate che io abbia la pretensione d'insegnarvi a far le polpette. Questo è un piatto che tutti lo sanno fare cominciando dal ciuco, il quale fu forse il primo a darne il modello al genere umano. Intendo soltanto dirvi come esse si preparino da qualcuno con carne lessa avanzata; se poi le voleste fare più semplici o di carne cruda, non è necessario tanto condimento.

Tritate il lesso colla lunetta e tritate a parte una fetta di prosciutto grasso e magro per unirla al medesimo. Condite con parmigiano, sale, pepe, odore di spezie, uva passolina, pinoli, alcune cucchiaiate di pappa, fatta con una midolla di pane cotta nel brodo o nel latte, legando il composto con un uovo o due a seconda della quantità. Formate tante pallottole del volume di un uovo, *schiacciate ai poli come il globo terrestre*, panatele e friggetele nell'olio o nel lardo. Poi con un soffrittino d'aglio e prezzemolo e l'unto rimasto nella padella passatele in una teglia, ornandole con una salsa d'uova e agro di limone.

Se non tollerate i soffritti mettetele nella teglia con un pezzetto di burro, ma vi avverto che i soffritti, quando siano ben fatti, non sono nocivi, anzi eccitano lo stomaco a digerir meglio. Mi rammento che una volta fui a pranzo con alcune signore in una trattoria di grido la quale pretendeva di cucinare alla francese – troppo alla francese! – ove ci fu dato un piatto di animelle coi piselli. Tanto quelle che questi erano freschi e di primissima qualità, ma essendo stati tirati a cottura nell'umido del solo burro senza soffritto, e almeno un buon sugo, e senza aromi di sorta, nel mangiare quella pietanza, che poteva riuscire un eccellente manicaretto, si sentiva che lo stomaco non l'abbracciava e a tutti riuscì pesante nella digestione.

315. POLPETTONE

Signor polpettone, venite avanti, non vi peritate; voglio presentare anche voi ai miei lettori.

Lo so che siete modesto ed umile perché, veduta la vostra origine, vi sapete da meno di molti altri; ma fatevi coraggio e non dubitate che con qualche parola detta in vostro favore troverete qualcuno che vorrà assaggiarvi e che vi farà forse anche buon viso.

Questo polpettone si fa col lesso avanzato, e, nella sua semplicità, si mangia pur volentieri. Levatene il grasso e tritate il magro colla lunetta; conditelo e dosatelo in proporzione con sale, pepe, parmigiano, un uovo o due, e due o tre cucchiaiate di pappa. Questa può essere di midolla di pane cotta nel latte, o nel brodo, o semplicemente nell'acqua aggraziata con un po' di burro. Mescolate ogni cosa insieme, formatene un pane ovale, infarinatelo; indi friggetelo nel lardo o nell'olio e vedrete che da morbido qual era da prima, diverrà sodo e formerà alla superficie una crosticina. Tolto dalla padella, mettetelo a soffriggere nel burro da ambedue le parti entro a un tegame, e quando siete per mandarlo in tavola, legatelo con due uova frullate, una presa di sale e mezzo limone. Questa salsa fatela a parte in una cazzarolina, regolandovi come si trattasse di una crema, e versatela sopra il polpettone quando l'avrete messo in un vassoio.

Per non sciuparlo, se è grosso, quando l'avete in padella rivoltatelo con un piatto o con un coperchio di rame come fareste per una frittata.

316. POLPETTONE DI CARNE CRUDA ALLA FIORENTINA

Prendete mezzo chilogrammo, senz'osso, di carne magra di vitella, nettatela dalle pelletiche e dalle callosità e prima con un coltello a colpo, poi colla lunetta tritatela fine insieme con una fetta di prosciutto grasso e magro. Conditela con poco sale, pepe e spezie, aggiungete un uovo, mescolate bene e colle mani bagnate formatene una palla e infarinatela.

Fate un battutino con poca cipolla (quanto una noce), prezzemolo, sedano e carota, mettetelo al fuoco con un pezzetto di burro e quando avrà preso colore gettate dentro il polpettone. Rosolatelo da tutte le parti e poi versate nel recipiente mezzo bicchiere abbondante d'acqua in cui avrete stemperata mezza cucchiaiata di farina; copritelo e fatelo bollire a lentissimo fuoco badando che non si attacchi. Quando lo servite, col suo intinto denso all'intorno, strizzategli sopra mezzo limone.

Se lo volete alla piemontese, altro non resta a fare che collocare nel centro della palla, quando la formate, un uovo sodo sgusciato, il quale serve a dar bellezza al polpettone quando si taglia a fette. Non è piatto da disprezzarsi.

317. QUENELLES

Le *quenelles* costituiscono un piatto di origine e di natura francese, come apparisce dal nome, che non ha corrispondente nella lingua italiana, e fu inventato forse da un cuoco il cui padrone non aveva denti.

Vitella di latte, grammi 120.
Grasso di rognone di vitella di latte, grammi 80.
Farina, grammi 50.
Burro, grammi 30.
Uova, uno e un rosso.
Latte, decilitri 2.

Nettate bene la carne dalle pelletiche e il grasso dalle pellicine che lo investono e, dopo averli pesati, tritateli più che potete col coltello e con la lunetta, indi pestateli nel mortaio finché non sian ridotti a una pasta finissima.

Fate una *balsamella* con la farina, il burro e il latte soprannotati e quando sarà diaccia uniteci la roba pestata, le uova, il condimento di solo sale e mescolate ben bene ogni cosa insieme. Distendete sulla spianatoia un velo di farina, versateci sopra il composto e, leggermente infarinato, tiratelo a bastoncino in modo da ottenere 18 o 20 rocchi, simili alle salsicce, lunghi un dito.

Mettete dell'acqua al fuoco in un vaso largo e quando bolle gettateci le *quenelles*; fatele bollire 8 o 10 minuti e le vedrete rigonfiare. Allora con la mestola un po' forata levatele asciutte e servitele sguazzanti nella salsa di pomodoro n. 125, a cui aggiungerete alcuni funghi freschi o secchi (che avrete cotti avanti nella salsa medesima) e alcune olive in salamoia, alle quali leverete il nocciolo. Alla salsa di pomodoro potete sostituire il sugo di carne, oppure guarnire con le *quenelles* un intingolo di rigaglie e animelle. Si possono fare anche con la carne bianca dei polli o con la polpa del pesce e questa quantità può bastare per cinque persone.

Se vi servite della salsa di pomodoro, che è la più opportuna per questo piatto di gusto molto delicato, legatela con un intriso composto di grammi 30 di burro e un cucchiaio di farina, versandola nel medesimo quando avrà preso sul fuoco il color nocciuola.

318. AGNELLO TRIPPATO

Spezzettate grammi 500 di agnello nella lombata e friggetelo con lardo vergine. Fate quindi in un tegame un soffritto coll'unto rimasto in padella, aglio e prezzemolo e, quando l'aglio avrà preso colore, gettateci l'agnello già fritto, conditelo con sale e pepe, rivoltatelo bene e lasciatelo alquanto sopra al fuoco perché s'incorpori il condimento. Poi legatelo con la seguente salsa: frullate in un pentolo due uova con un buon pizzico di parmigiano grattato e mezzo limone. Versatela nell'agnello, mescolate, e quando l'uovo sarà alquanto rappreso, servite in tavola.

319. AGNELLO COI PISELLI ALL'USO DI ROMAGNA

Prendete un quarto d'agnello dalla parte di dietro, steccatelo con due spicchi d'aglio tagliato a striscioline e con qualche ciocca di ramerino; dico ciocche e non foglie, perché le prime si possono levare, volendo, quando l'agnello è cotto. Prendete un pezzo di lardone o una fetta di carnesecca e tritateli fini col coltello. Mettete l'agnello al fuoco in un tegame con questo battuto e un poco d'olio; conditelo con sale e pepe e fatelo rosolare. Allorché avrà preso colore, aggiungete un pezzetto di burro, sugo di pomodoro oppure conserva sciolta nel brodo o nell'acqua e tiratelo a cottura perfetta. Ritirate per un momento l'agnello, versate nell'intinto i piselli e quando avranno bollito un poco, rimettetelo sui medesimi, fateli cuocere e serviteli per contorno.

Si può cucinare nella stessa maniera un pezzo di vitella di latte nella lombata o nel culaccio.

In Toscana questi piatti si manipolano nella stessa guisa, ma si fa uso del solo olio.

320. SPALLA D'AGNELLO ALL'UNGHERESE

Se non è all'ungherese sarà alla spagnola o alla fiamminga; il nome poco importa, purché incontri, come credo, il gusto di chi la mangia.

Tagliate la spalla a pezzi sottili e larghi tre dita in quadro. Trinciate due cipolle no-velline oppure tre o quattro cipolline bianche; mettetele a soffriggere con un pezzetto di burro e quando avranno preso il rosso cupo buttate giù l'agnello e conditelo con sa-le e pepe. Aspettate che la carne cominci a colorire ed aggiungete un altro pezzetto di burro intriso nella farina; mescolate e fategli prendere un bel colore, poi tiratelo a cot-tura con brodo versato a poco per volta. Non mandatelo in tavola asciutto, ma con una certa quantità del suo sugo.

321. TESTICCIUOLA D'AGNELLO IN UMIDO

Per mettere in umido la testicciuola d'agnello non fate come quella serva a cui il padrone avendo detto che la dividesse in due parti la tagliò per traverso; fu la stessa brava ragazza che un'altra volta aveva infilato i tordi nello spiedo dal di dietro al davan-ti. Tagliate dunque la testicciuola per la sua lunghezza e così come stanno i due pezzi naturalmente, metteteli a cuocere in un largo tegame; ma fate prima un soffritto d'aglio, prezzemolo e olio, e quando avrà preso colore, fermatelo con un ramaiuolo di brodo. Buttata giù la testicciuola, conditela con sale e pepe, aggiungete a mezza cottu-ra un pezzetto di burro, un poco di sugo o conserva di pomodoro e tiratela a cottura con altro brodo, se occorre.

È un piatto da non presentarsi ad estranei, ma per famiglia è di poca spesa e gusto-so; la parte intorno all'occhio è la più delicata.

322. COTEGHINO FASCIATO

Non ve lo do per un piatto fine, ma come piatto di famiglia può benissimo andare, an-zi potrete anche imbandirlo agli amici di confidenza. A proposito di questi, il Giusti dice che coloro i quali sono in grado di poterlo fare, devono di quando in quando invitarli ad ungersi i baffi alla loro tavola. Ed io sono dello stesso parere, anche nel supposto che gli invitati vadano poi a lavarsi la bocca di voi, come è probabile, sul trattamento avuto.

Prendete un coteghino del peso di grammi 300 circa e spellatelo da crudo.

Prendete una braciuola di magro di vitella o di manzo del peso di grammi 200 a 300 larga e sottile e battetela bene.

Involtate con essa il coteghino, ammagliatelo tutto col refe e mettetelo al fuoco in una cazzaruola insieme con un pezzetto di burro, sedano, carota e un quarto di cipol-la, il tutto tagliato all'ingrosso.

Sale e pepe non occorrono perché il coteghino contiene ad esuberanza questi condimenti.

Se col sugo vi piacesse di condire una minestra di maccheroni, aggiungete alcune fettine di prosciutto grasso e magro, oppure di carnesecca. Quando il pezzo avrà preso colore da tutte le parti, versate acqua bastante a ricoprirlo per metà e alcuni pezzetti di funghi secchi, facendolo bollire adagino fino a cottura completa. Passate il sugo, unite al medesimo i funghi anzidetti e con questo, cacio e burro condite i maccheroni, servendo il coteghino fasciato, sciolto dal refe, con alquanto del suo sugo all'intorno, per companatico.

Il sugo per condire la minestra sarà bene condensarlo alquanto con un pizzico di farina. Mettetela in una cazzaruola con un pezzetto di burro e quando comincia a prender colore versateci il sugo e fatelo bollire un poco.

A questo piatto si addice molto il contorno di carote, prima lessate a due terzi di cottura, poi rifatte in quel sugo.

323. STUFATINO DI MUSCOLO

Ognun sa che i muscoli di tutte le bestie, compresa la *bestia* uomo, sono fasci di fibre che costituiscono la carne in genere; ma *muscolo* volgarmente si chiama in Firenze quella carne di vitella che, per essere alla estremità della coscia o della spalla verso le gambe, contiene tendini morbidi e gelatinosi che si addicono a questa cucinatura. Tagliate a pezzetti grammi 500 di *muscolo* di vitella o di vitella di latte. Mettete al fuoco dell'olio con due spicchi d'aglio senza sbucciarli, ma alquanto ammaccati; lasciate soffriggere e quindi gettateci la carne, condendola con sale e pepe. Rosolata che sia, spargetele sopra mezza cucchiaiata di farina, aggiungete sugo di pomodoro o conserva e un pezzetto di burro; quindi acqua o brodo, a poco per volta, e tiratela a cottura; ma fate in maniera che vi resti dell'intinto. Disponete sopra un vassoio delle fette di pane arrostito, versate sopra le medesime lo stufatino e mandatelo in tavola. Potete anche servirlo senza crostini e metterci dei funghi freschi, tagliati a fette, oppure delle patate quando la carne sarà quasi cotta.

324. STUFATINO DI PETTO DI VITELLA DI LATTE COI FINOCCHI

Spezzettate il petto di vitella di latte lasciandogli le sue ossa. Fate un battuto con aglio, prezzemolo, sedano, carota e una fetta proporzionata di carnesecca; aggiungete olio, pepe, sale e mettetelo al fuoco insieme colla carne suddetta. Rivoltatela spesso, e quando sarà rosolata alquanto, spargete sulla medesima un pizzico di farina, un po' di sugo di pomodoro o conserva e tiratela a cottura con brodo o acqua. Per ultimo aggiungete un pezzetto di burro e i finocchi tagliati a grossi spicchi già ridotti a mezza cottura nell'acqua e soffritti nel burro. La cazzaruola, tanto in questo che negli altri stufati, tenetela sempre coperta.

Quando parlo di cazzaruole intendo quelle di rame bene stagnate. Hanno a dir quel che vogliono, ma il rame, tenuto pulito, è da preferirsi sempre ai vasi di ferro e di terra, perché quelli si arroventano e bruciano le vivande; questa screpola e suzza gli untumi e col troppo uso comunica qualcosa che sa di lezzo.

325. VITELLA DI LATTE IN GUAZZETTO

Riesce un umido di non molto sapore, ma semplice e sano, perciò lo descrivo. Prendete vitella di latte nel sottonoce o nel culaccio, battetela, legatela perché stia raccolta e ponetela in cazzaruola come appresso.

Ammesso che il pezzo della carne sia grammi 500 senz'osso, coprite il fondo della cazzaruola con grammi 30 di carnesecca a fette sottilissime e grammi 30 di burro e sopra a questo strato collocate meno di mezzo limone tagliato in quattro fette sottili alle quali leverete la corteccia e i semi. Sopra a queste cose ponete la vitella per rosolarla ben bene da tutte le parti; ma badate che non prenda di bruciato a motivo del poco umido che vi si trova. Fatto questo, scolate l'unto superfluo, conditela con sale e pepe e poco dopo bagnatela con un bicchiere di latte caldo, che avrete prima fatto alquanto bollire a parte, ma non vi sgomentate se questo impazzirà, com'è probabile.

Coprite la cazzaruola con carta a doppio e, a fuoco lento, tirate il pezzo della carne a cottura; quando sarete per servirla passate il sugo.

Questa dose potrà bastare per quattro persone.

326. PETTO DI VITELLA DI LATTE RIPIENO

In termine culinario si chiamerebbe *petto farsito.*

Petto di vitella di latte tutto in un pezzo, grammi 500.
Magro di vitella di latte senz'osso, grammi 170.
Prosciutto grasso e magro, grammi 40.
Mortadella di Bologna, grammi 40.
Parmigiano, grammi 15.
Uova, n. 1.
Un quarto appena di spicchio d'aglio e 4 o 5 foglie di prezzemolo.

Fate un composto col suddetto magro di vitella di latte in questa maniera: nettatelo dai tendini e dalle pelletiche, se vi sono, e tritatelo finissimo con un pezzetto di grasso di prosciutto levato dai suddetti 40 grammi. A questa carne battuta aggiungete l'aglio e il prezzemolo, tritati finissimo, il parmigiano, l'uovo, una presa di pepe, pochissimo sale e mescolate il tutto ben bene. Se avete d'occasione una pallina di tartufi tritatela nel composto e sentirete che ci sta d'incanto.

Disossate il petto dalle ossa dure e lasciategli le tenere; apritelo nel tessuto connettente passando il coltello al di sotto delle costole sì che diventi doppio di superficie come si fa di un libro quando si apre. Sopra la metà del petto dove sono rimaste le ossa tenere, distendete parte del composto e sopra a questo disponete parte del prosciutto o della mortadella tagliati a strisce larghe un dito intercalandole a poca distanza tra loro. Sopra a questo primo strato ponetene un secondo e un terzo, se avete roba sufficiente, tramezzando sempre il composto e i salumi. Finita l'operazione tirate sopra al ripieno l'altra metà del petto rimasta nuda, per chiudere, come sarebbe a dire, il libro e con un ago grosso e refe cucite gli orli perché il ripieno non ischizzi fuori; oltre a ciò legatelo stretto in croce con lo spago. Così acconciato mettetelo al fuoco in una cazzaruola con un pezzo di burro, sale e pepe, e quando avrà preso colore da ambedue le parti, portatelo a cottura con acqua versata a poco per volta.

Servitelo caldo col suo sugo ristretto; ma prima scioglietelo dallo spago e dal refe. Se è venuto bene deve potersi tagliare a fette e far bella mostra di sé coi suoi lardelli. Potete contornarlo di piselli freschi cotti nel suo sugo, o di finocchi tagliati a spicchi, ma prima lessati.

327. ARROSTINI DI VITELLA DI LATTE ALLA SALVIA

Questo piatto si forma con la lombata di vitella di latte priva di pelletiche e col suo osso attaccato, e tagliata a braciuole sottili. Servitevi di una *sauté* o di una teglia di rame, e mettetela al fuoco con alcune foglie intere di salvia e un pezzo di burro proporzionato. Quando avrà soffritto un poco gettateci le braciuole e mentre rosolano, a fuoco vivo, salatele da ambedue le parti, poi spargeteci un po' di farina e terminate di cuocerle con la marsala. Devono restare con poco umido.

Dato che con grammi 500 circa di lombata, pulita dal superfluo, formiate sei di dette braciuole, basterà un dito scarso (di bicchiere) di marsala, e se mai un po' di sugo di pomodoro; della farina un cucchiaino.

328. LOMBO DI MAIALE RIPIENO

Per lombo qui s'intende un pezzo di lombata dalla parte che non ha costole.

Lombo di maiale, chilogrammi 1.
Rete di maiale, grammi 100.
Magro di vitella di latte, grammi 100.
Prosciutto grasso e magro, grammi 50.
Mortadella, grammi 50.
Midollo, grammi 30.
Parmigiano grattato, grammi 30.
Un rosso d'uovo.
Odore di noce moscata a chi piace.

Rosolate nel burro la vitella di latte e tanto questa che il prosciutto e la mortadella tritateli coi coltelli e poi pestateli nel mortaio per ridurli finissimi. Versate questo pesto sul tagliere, unitevi il midollo, il parmigiano e il rosso d'uovo, conditelo scarsamente con sale, pepe e noce moscata, e con la lama di un coltello riducetelo a poltiglia tutta eguale. Ora levate il grasso superficiale alla lombata, disossatela e poi tagliatela in sette od otto braciuole, ma in modo che restino tutte unite alla base per poterle aprire come i fogli di un libro e sopra ad ognuna di queste appiccicate una cucchiaiata della detta poltiglia; poi unitele insieme per formarne un rotolo che spolverizzerete di sale e pepe e legherete stretto con lo spago. Fatto ciò copritelo con la rete di maiale, legandola con un filo onde vi stia aderente, e cuocetelo a lento fuoco in cazzaruola senza null'altro. Tre ore di cottura potranno bastare e servirà per otto persone.

È un piatto buono, tanto caldo che freddo, e non grave; ma servito caldo potrete mandarlo in tavola accompagnato da un erbaggio rifatto nel suo unto. Per tagliarlo a fette devesi trinciare non nel senso delle divisioni, ma pel contrario, che così farà bella mostra.

329. BUE GAROFANATO

Per bue, intendo carne grossa, comprendendovi cioè il manzo e la vitella.

Prendete un bel tocco di magro nella coscia o nel culaccio, battetelo, e ponetelo in infusione nel vino la sera per la mattina di poi. Dato che il pezzo sia di un chilogrammo all'incirca, steccatelo con lardone e quattro chiodi di garofani, legatelo e mettetelo al fuoco con mezza cipolla tagliata a fette sottili, burro e olio in quantità eguali e salatelo. Rosolatelo da tutte le parti e strutta la cipolla, versate un bicchier d'acqua e, coperta la bocca della cazzaruola con un foglio di carta a due o tre doppi tenuti fermi dal coperchio, fatelo bollire adagio fino a cottura. Scioglietelo e servitelo col suo sugo all'intorno, passato e digrassato. I lardelli di lardone, come vi ho detto altre volte, è bene tenerli grossi un dito e condirli con sale e pepe.

Non lo credo cibo confacente agli stomachi deboli.

330. ANIMELLE ALLA BOTTIGLIA

Quelle d'agnello non hanno bisogno di alcuna preparazione; a quelle di bestia più grossa bisogna dare mezza cottura nell'acqua, spellandole, se occorre. Le prime lasciatele intere, le seconde tagliatele a pezzi e sì le une che le altre infarinatele bene e mettetele a rosolare nel burro condendole con sale e pepe. Poi bagnatele con vino di Marsala o di Madera, e dopo fate loro alzare un solo bollore. Si può anche tirare la salsa a parte con una presa di farina, un pezzetto di burro e il vino.

Se poi le aggraziate col sugo di carne, da buone che sono, diventeranno squisite.

331. TRIPPA COL SUGO

La trippa, comunque cucinata e condita, è sempre un piatto ordinario. La giudico poco confacente agli stomachi deboli e delicati, meno forse quella cucinata dai Milanesi, i quali hanno trovato modo di renderla tenera e leggiera, non che quella alla côrsa che vi descriverò più sotto. In alcune città si vende lessata e questo fa comodo; non trovandola tale, lessatela in casa e preferite quella grossa cordonata. Lessata che sia, tagliatela a strisce larghe mezzo dito ed asciugatela fra le pieghe di un canovaccio. Mettetela poi in una cazzaruola a soffriggere nel burro e quando lo avrà tirato, aggiungete sugo di carne o, non avendo questo, sugo di pomodoro; conditela con sale e pepe, tiratela a cottura più che potete e quando siete per levarla, gettateci un pizzico di parmigiano.

332. TRIPPA LEGATA COLLE UOVA

Lessate e tagliate la trippa come quella della ricetta precedente, poi mettetela al fuoco in un soffritto di aglio, prezzemolo e burro, conditela con sale e pepe, e quando la credete cotta legatela con uova frullate, agro di limone e parmigiano.

333. TRIPPA ALLA CÒRSA

Sentirete una trippa unica nel suo genere, di grato sapore e facile a digerirsi, superiore a tutte le altre fin qui conosciute; ma il segreto sta nel trattarla con sugo di carne ben fatto e in grande abbondanza, perché ne assorbe molto. Oltre a ciò, è un piatto che non può farsi che in quei paesi ove si usa vendere le zampe delle bestie bovine rasate dal pelo, per la ragione che quella cotenna collosa è necessaria a legare il sugo.

Trippa cruda, grammi 700.
Zampa senz'osso, grammi 100.
Burro, grammi 80.
Lardone, grammi 70.
La metà di una grossa cipolla.
Due piccoli spicchi d'aglio.
Odore di noce moscata e spezie.
Sugo di carne, quanto basta.
Un pugnello di parmigiano.

Dico *cruda* la trippa, perché in molti paesi si usa di venderla lessata.
Dopo averla lavata ben bene, tagliatela a strisce non più larghe di mezzo dito e così pure la zampa. Fatto questo, trinciate minuta la cipolla e mettetela al fuoco col burro, e quando comincia a prender colore aggiungete il lardone tritato fine colla lunetta insieme coll'aglio. Allorché questo soffritto avrà preso il color nocciuola, gettateci la trippa e la zampa condendole con sale, pepe e gli aromi indicati, ma questi ultimi a scarsa misura. Fatela bollire finché sarà asciutta, indi bagnatela col sugo e col medesimo finite di cuocerla a fuoco lento onde ridurla tenera, per il che ci vorranno in tutto da 7 a 8 ore; se per caso il sugo vi venisse a mancare aiutatevi col brodo. Quando sarete per servirla, datele maggior sapore col parmigiano e versatela sopra fette di pane arrostito che devono sguazzare nel sugo. Basterà per cinque persone.

334. POLPETTE DI TRIPPA

Questo piatto, tolto da un trattato di cucina del 1694, vi parrà strano e il solo nome di trippa vi renderà titubanti a provarlo; ma pure, sebbene di carattere triviale, coi condimenti che lo aiutano, riesce gradito e non grave allo stomaco.

Trippa lessata, grammi 350.
Prosciutto più magro che grasso, grammi 100.
Parmigiano grattato, grammi 30.
Midollo di bue, grammi 20.
Uova, n. 2.
Un buon pizzico di prezzemolo.
Odore di spezie o di noce moscata.
Pappa non liquida, fatta di pane bagnato col brodo o col latte, due cucchiaiate.

Tritate con la lunetta la trippa quanto più potete finissima. Fate lo stesso del prosciutto, del midollo e del prezzemolo, aggiungete le uova, il resto, un poco di sale e mescolate. Con questo composto formate 12 o 13 polpette, che potranno bastare per quattro persone, infarinatele bene e friggetele nell'olio o nel lardo.

Ora fate un battutino con un quarto scarso di cipolla di mediocre grossezza e mettetelo in una teglia proporzionata con gr. 60 di burro e, colorito che sia, collocateci le polpette, annaffiatele dopo poco con sugo di pomodoro o conserva sciolta nel brodo, copritele e fatele bollire adagio una diecina di minuti, rivoltandole; quindi mandatele in tavola con un po' del loro intinto e spolverizzate di parmigiano. L'autore aggiunge al composto uva passolina e pinoli, ma se ne può fare a meno.

335. ZAMPA BURRATA

La trippa, per analogia di cucinatura e d'aspetto, richiama alla memoria la zampa burrata che è un piatto di carattere e di fisonomia del tutto fiorentina che va lodato perché nutriente e di natura gentile. Usandosi in Firenze di macellare bestie bovine giovani, se n'è tirato partito per far servire come alimento quello che in altri paesi si lascia unito alla pelle per farne cuoio; intendo dire delle zampe, che, dal ginocchio in giù, vengon rase dal pelo e così belle e bianche son vendute a pezzi od intere.

Prendasi dunque un buon pezzo di questa zampa e si lessi, poi si disossi, si tagli a pezzetti e si metta al fuoco con burro, sale e pepe, un po' di sugo di carne e parmigiano quando si leva. Mancando il sugo di carne, può supplire discretamente il sugo o la conserva di pomodoro.

Di questo piatto prese una solenne indigestione una signora attempata che era in casa mia, forse perché ne mangiò troppa e la molta cottura che richiede non la rese abbastanza morbida.

336. LINGUA IN UMIDO

Prendete una lingua di manzo che, senza la pappagorgia, potrà pesare un chilogrammo all'incirca. Lessatela quel tanto che basti per poterla spellare, e poi trattatela come appresso:

Fate un battuto generoso con grammi 50 di prosciutto grasso e magro, la metà di una cipolla di mezzana grandezza, sedano, carota e prezzemolo, e mettetelo al fuoco con grammi 50 di burro insieme con la lingua condita con sale e pepe. Rosolata che sia, tiratela a cottura con brodo versato a poco per volta e sugo di pomodoro o conserva; poi passate il sugo. Fate a parte un intriso con grammi 20 di burro e una cucchiaiata rasa di farina e quando avrà preso il color nocciuola versateci dentro il detto sugo e nel medesimo rimettete la lingua per tenerla ancora alquanto sul fuoco e poi servitela tagliata a fette grosse un centimetro con un contorno di sedano o altro erbaggio rifatto nel medesimo sugo.

È un piatto che potrà bastare per sette od otto persone.

337. FEGATO DI VITELLA DI LATTE ALLA MILITARE

Tritate ben fine uno scalogno o una cipolla novellina, fatela soffriggere in olio e burro, e quando avrà preso il colore rosso carico, gettateci il fegato tagliato a fette sottili. A mezza cottura conditelo con sale, pepe e un pizzico di prezzemolo trito. Fatelo bollire adagio onde resti sugoso, e servitelo col suo sugo, unendovi l'agro di un limone quando lo mandate in tavola.

338. BRACIUOLE DI CASTRATO E FILETTO DI VITELLA ALLA FINANZIERA

Ponete nel fondo di una cazzaruola una fetta di prosciutto, alquanto burro, un mazzettino composto di carota, sedano e gambi di prezzemolo, e sopra a queste cose delle braciuole intere di castrato nella lombata, che condirete con sale e pepe. Fatele rosolare da ambedue le parti, aggiungete un altro pezzetto di burro, se occorre, e unite alle braciuole ventrigli di pollo, e dopo fegatini, animelle e funghi freschi o secchi, già rammolliti, il tutto tagliato a pezzi; quando anche queste cose avranno preso colore, bagnate con brodo e fate cuocere a fuoco lento. Legate l'umido con un po' di farina, e per ultimo versate mezzo bicchiere, od anche meno, di vino bianco buono, fatto prima scemare di metà al fuoco, in un vaso a parte, e fate bollire ancora un poco perché s'incorpori. Quando siete per mandarlo in tavola levate il prosciutto e il mazzetto, passate il sugo dal colino e digrassatelo.

Nella stessa maniera si può fare un pezzo di filetto di vitella, invece del castrato, aggiungendo ai detti ingredienti anche dei piselli. Se farete questi due piatti con attenzione, sentirete che sono squisiti.

339. BRACIOLINE RIPIENE CON CARCIOFI

Ai carciofi levate tutte le foglie dure e tagliateli in quattro o cinque spicchi. Prendete una fetta di prosciutto grasso e magro, tritatelo fine fine, mescolatelo con un poco di burro e con questo composto spalmate gli spicchi dei carciofi. Battete e spianate le bracioline, che possono essere di vitella o di manzo, conditele con sale e pepe e ponete in mezzo a ciascuna due o tre dei detti spicchi, poi avvolgetele e legatele in croce con un filo. Fate un battutino con poca cipolla, mettetelo in una cazzaruola con burro e olio e quando la cipolla sarà ben rosolata collocateci le bracioline e conditele ancora con sale e pepe. Rosolate che sieno, tiratele a cottura con sugo di pomodoro o conserva sciolta nell'acqua, e quando le mandate in tavola scioglietele dal filo.

340. FILETTO COLLA MARSALA

La carne del filetto è la più tenera, ma se quel briccone del macellaio vi dà la parte tendinosa, andate franco che ne resterà la metà pel gatto.

Arrocchiatelo, legatelo, e, dato che sia un chilogrammo all'incirca, mettetelo al fuoco con una cipolla di mediocre grandezza tagliata a fette sottili, insieme con alcune fettine di prosciutto e un pezzo di burro: conditelo poco con sale e pepe. Quando sarà rosolato da tutte le parti e consumata la cipolla, spargetegli sopra un pizzico di farina, lasciatelo prender colore e poi bagnatelo con brodo o acqua. Fate bollire adagio, indi passate il sugo, digrassatelo e con questo e tre dita (di bicchiere) di marsala rimettetelo al fuoco a bollire ancora, ma lentamente; mandatelo in tavola con sugo ristretto, ma non denso per troppa farina.

Si può anche steccare il filetto con lardone e cuocerlo con solo burro e marsala.

341. FILETTO ALLA PARIGINA

Poiché spesso sentesi chiedere nelle trattorie il filetto alla parigina, forse perché piatto semplice, sano e nutriente, bisognerà pure dirne due parole e indicare come viene cucinato. Fatevi tagliare dal macellaio, nel miglior posto del filetto di manzo, delle braciole rotonde, grosse circa mezzo dito, e queste mettetele a soffriggere nel burro dopo che esso avrà preso colore a fuoco ben vivo; sale e pepe per condimento, e quando avranno fatto la crosticina da tutte le parti onde dentro restino succose e poco cotte, spargeteci sopra un pizzico di prezzemolo tritato e levatele subito: ma prima di portarle in tavola copritele con sugo di carne o con una salsa consimile, oppure, che è cosa più semplice, nel sugo rimasto dopo la cottura gettateci un pizzico di farina e con brodo, fate un intriso e servitevi di questo invece del sugo.

342. CARNE ALLA GENOVESE

Prendete una braciuola magra di vitella del peso di grammi 300 a 400, battetela e spianatela bene. Frullate tre o quattro uova, conditele con sale e pepe, un pizzico di parmigiano, alquanto prezzemolo tritato e friggetele nel burro in forma di frittata, della larghezza approssimativa della braciuola su cui la distenderete ritagliandola dove sopravanza e collocando i ritagli dove essa è mancante. Fatto questo, arrocchiate la braciuola insieme colla frittata ben stretta e legatela; indi infarinatela e mettetela in una cazzaruola con burro, condendola con sale e pepe.

Quando sarà ben rosolata da tutte le parti, bagnatela con brodo per finire di cuocerla e servitela col suo sugo, che a motivo della farina riuscirà alquanto denso.

343. SFORMATO DI SEMOLINO RIPIENO DI CARNE

Gli sformati ripieni di bracioline o di rigaglie si fanno ordinariamente di erbaggi, di riso o di semolino; se di quest'ultimo, servitevi della ricetta n. 230, mescolate tutto il burro e il parmigiano entro al composto, versatelo in una forma liscia, oppure col buco in mezzo che avrete prima imburrata, coprendone il fondo con carta unta egualmente col burro. Il ripieno di carne, che porrete in mezzo al semolino o nel buco dello stampo, tiratelo a sapor delicato con odore di tartufi o di funghi secchi. Cuocetelo a bagnomaria e servitelo caldo con alquanto sugo sopra, per dargli migliore apparenza.

344. SFORMATO DI PASTA LIEVITA

Questo sformato di pasta lievita serve come di pane per mangiare con esso il suo contenuto, che può essere un umido qualunque di carne o di funghi.

Farina d'Ungheria, grammi 300.
Burro, grammi 70.
Altro burro, grammi 30.
Lievito di birra, grammi 30.
Rossi d'uovo, n. 3.
Panna, o latte buonissimo, decilitri 2.
Sale, quanto basta.

Vi avverto che la panna sarà troppa al bisogno.

Con un quarto della detta farina, il lievito di birra e un poco della detta panna tiepida formate un panino come quello dei Krapfen e mettetelo a lievitare. Intridete il resto della farina, coi grammi 70 di burro, sciolto d'inverno, i rossi d'uovo, il sale, il panino quando sarà cresciuto del doppio e tanta panna tiepida da ottenerne una pasta di giusta consistenza da potersi lavorare col mestolo entro a una catinella. Quando con la lavorazione darà cenno di distaccarsi dalle pareti del vaso, mettetela a lievitare in luogo tiepido e, ciò ottenuto, versatela sulla spianatoia sopra a un velo di farina e con le mani infarinate spianatela alla grossezza di mezzo centimetro.

Prendete uno stampo liscio col buco in mezzo della capacità di circa un litro e mezzo di acqua, perché con la pasta deve riempirsi solo per metà, ungetelo e infarinatelo e, tagliata la pasta a strisce, disponetele in questa maniera. Ad ogni suolo di strisce, finché ne avrete, ungetele coi grammi 30 di burro soprindicato servendovi di un pennello. Coprite lo stampo e messo nuovamente a lievitare il composto, quando sarà arrivato alla bocca, cuocetelo al forno o al forno da campagna.

Riempitelo dopo averlo sformato e mandatelo in tavola per servire cinque o sei persone.

345. SFORMATO DI RISO COL SUGO GUARNITO DI RIGAGLIE

Tirate un buon sugo di carne e servitevi del medesimo tanto pel riso che per le rigaglie. Queste, a cui potete aggiungere qualche fettina di prosciutto, fatele dapprima soffriggere nel burro, conditele con sale e pepe e tiratele a cottura col detto sugo. L'odore dei funghi o dei tartufi non fa che bene.

Il riso fatelo soffriggere ugualmente nel burro così all'asciutto, poi tiratelo a cottura coll'acqua bollente e dategli grazia e sapore col detto sugo, e per ultimo col parmigiano. Ammesso che il riso sia grammi 300, uniteci due uova frullate quando avrà perduto il forte calore.

Prendete una forma liscia, tonda od ovale, ungetela col burro, copritene il fondo con una carta imburrata e versateci il riso per assodarlo al forno da campagna. Quando lo avrete sformato versateci sopra il sugo delle rigaglie, che avrete prima condensato alquanto con un pizzico di farina, e servitelo colle sue rigaglie in giro, avvertendovi che queste devono diguazzare nel sugo.

346. SFORMATO DELLA SIGNORA ADELE

La bella e gentilissima signora Adele desidera vi faccia conoscere questo suo sformato di gusto assai delicato.

Burro, grammi 100.
Farina, grammi 80.
Gruiera, grammi 70.
Latte, mezzo litro.
Uova, n. 4.

Fate una *balsamella* con la farina, il latte e il burro, e prima di levarla dal fuoco aggiungete il gruiera grattato o a pezzettini e salatela. Non più a bollore gettateci le uova, prima i rossi, uno alla volta, poi le chiare montate. Versatelo in uno stampo liscio col buco in mezzo dopo averlo unto col burro e spolverizzato di pangrattato, e cuocetelo al forno da campagna per mandarlo in tavola ripieno di un umido di rigaglie di pollo e di animelle. Potrà bastare per sei persone.

347. BUDINO ALLA GENOVESE

Vitella di latte, grammi 150.
Un petto di pollo di circa grammi 130.
Prosciutto grasso e magro, grammi 50.
Burro, grammi 30.
Parmigiano grattato, grammi 20.
Uova, n. 3.
Odore di noce moscata.
Un pizzico di sale.

Tritate colla lunetta la vitella, il petto e il prosciutto e poi metteteli in un mortaio insieme col burro, col parmigiano, con un pezzetto di midolla di pane inzuppata nel latte e pestate moltissimo il tutto per poterlo passare dallo staccio. Ponete il passato in una catinella ed aggiungete tre cucchiaiate di *balsamella* n. 137, che, per questo piatto, farete della consistenza di una pappa; unite al medesimo le uova e l'odore e mescolate bene.

Prendete uno stampo liscio di latta, ungetelo tutto con burro e ponete in fondo al medesimo, tagliato a misura, un foglio di carta ugualmente unto col burro; versatcci il composto e cuocetelo a bagno-maria.

Dopo sformato, levate il foglio e sul posto di quello spargete un intingolo composto di un fegatino di pollo tritato e cotto nel sugo. Servitelo caldo e se vi verrà ben fatto, lo sentirete da tutti lodare per la sua delicatezza.

Però qui viene opportuno il dire che tutti i ripieni di carni pestate riescono più pesanti allo stomaco di quelle vivande che hanno bisogno di essere masticate perché, come dissi in altro luogo, la saliva è uno degli elementi che contribuiscono alla digestione.

348. BUDINO DI CERVELLI DI MAIALE

Per le sostanze che lo compongono è un budino nutriente ed atto ad appagare, io credo, il gusto delicato delle signore.

Cervelli di maiale, n. 3.
Questi, che possono arrivare al peso di grammi 400 circa, richiedono:

Uova, n. 2 e un rosso.
Panna, grammi 240.
Parmigiano grattato, grammi 50.
Burro, grammi 30.
Odore di noce moscata.
Sale, quanto basta.
Per panna intendo quella densa che i lattai preparano per montare.

Mettete al fuoco i cervelli col suddetto burro, salateli e, rimovendoli spesso perché s'attaccano, cuoceteli; ma avvertite di non rosolarli, indi passateli dallo staccio. Aggiungete dopo il parmigiano, la noce moscata, le uova frullate, la panna e, mescolato bene ogni cosa, versate il composto in uno stampo liscio, che avrete unto con burro diaccio e mettetelo al fuoco per restringerlo a bagno-maria.

È quasi migliore freddo che caldo e questa dose potrà bastare a sei persone.

349. PASTICCIO DI MACCHERONI

I cuochi di Romagna sono generalmente molto abili per questo piatto complicatissimo e costoso, ma eccellente se viene fatto a dovere, il che non è tanto facile. In quei paesi questo è il piatto che s'imbandisce nel carnevale, durante il quale si può dire non siavi pranzo o cena che non cominci con esso, facendolo servire, il più delle volte, per minestra.

Ho conosciuto un famoso mangiatore romagnolo che, giunto una sera non aspettato fra una brigata di amici, mentre essa stava con bramosia per dar sotto a un pasticcio per dodici persone che faceva bella mostra di sé sulla tavola, esclamò: – Come! per tante persone un pasticcio che appena basterebbe per me? – Ebbene, gli fu risposto, se voi ve lo mangiate tutto, noi ve lo pagheremo. – Il brav'uomo non intese a sordo e messosi subito all'opra lo finì per intero. Allora tutti quelli della brigata a tale spettacolo strabiliando, dissero: – Costui per certo stanotte schianta! – Fortunatamente non fu nulla di serio; però il corpo gli si era gonfiato in modo che la pelle tirava come quella di un tamburo, smaniava, si contorceva, nicchiava, nicchiava forte come se avesse da partorire; ma accorse un uomo armato di un matterello, e manovrandolo sul paziente a guisa di chi lavora la cioccolata, gli sgonfiò il ventre, nel quale chi sa poi quanti altri pasticci saranno entrati.

Questi grandi mangiatori e i parassiti non sono a' tempi nostri così comuni come nell'antichità, a mio credere, per due ragioni: l'una, che la costituzione dei corpi umani si è affievolita; l'altra, che certi piaceri morali, i quali sono un portato della civiltà, subentrarono ai piaceri dei sensi.

A mio giudizio, i maccheroni che meglio si prestano per questa pietanza sono quelli lunghi all'uso napoletano, di pasta sopraffine e a pareti grosse e foro stretto perché reggono molto alla cottura e succhiano più condimento.

Eccovi le dosi di un pasticcio all'uso di Romagna, per dodici persone, che voi potrete modificare a piacere, poiché, in tutti i modi, un *pasticcio* vi riuscirà sempre:

Maccheroni, grammi 350.
Parmigiano, grammi 170.
Animelle, grammi 150.
Burro, grammi 60.
Tartufi, grammi 70.
Prosciutto grasso e magro, grammi 30.
Un pugnello di funghi secchi.

Le rigaglie di 3 o 4 polli, e i loro ventrigli, i quali possono pur anche servire, se li scattivate dai tenerumi.

Se avete oltre a ciò creste, fagiuoli e uova non nate, meglio che mai.

Odore di noce moscata.

Tutto questo gran condimento non vi spaventi, poiché esso sparirà sotto alla pasta frolla.

Imbiancate i maccheroni, ossia date loro mezza cottura nell'acqua salata, levateli asciutti e passateli nel sugo n. 4, e lì, a leggerissimo calore, lasciateli ritirare il sugo stesso, finché sieno cotti.

Frattanto avrete fatta una *balsamella* metà dose del n. 137 e tirate a cottura le rigaglie col burro, sale e una presina di pepe, annaffiandole col sugo. Tagliate le medesime e le animelle a pezzetti grossi quanto una piccola noce e dopo cotte, aggiungete il prosciutto a piccole strisce, i tartufi a fettine sottili, i funghi fatti prima rinvenire nell'acqua calda e qualche presa di noce moscata, mescolando ogni cosa insieme.

La pasta frolla suppongo l'abbiate già pronta, avendo essa bisogno di qualche ora di riposo. Per questa servitevi della intera dose del n. 589, ricetta A, dandole odore colla scorza di limone; ed ora che avete preparato ogni cosa, cominciate ad incassare il vostro pasticcio, il che si può fare in più modi; io, però, mi attengo a quello praticato in Romagna ove si usano piatti di rame fatti appositamente e bene stagnati. Prendetene dunque uno di grandezza proporzionata ed ungetelo tutto col burro; sgrondate i maccheroni dal sugo superfluo e distendetene un primo suolo che condirete con parmigiano grattato, con pezzetti di burro sparsi qua e là e con qualche cucchiaiata di *balsamella* e rigaglie; ripetete la stessa operazione finché avrete roba, colmandone il piatto.

Tirate ora, prima col matterello liscio, poi con quello rigato, una sfoglia di pasta frolla grossa uno scudo e coprite con essa i maccheroni fino alla base, poi tiratene due strisce larghe due dita e colle medesime formanti una croce a traverso, rinforzate la copritura; cingetelo all'intorno con una fasciatura larga quanto gli orli del piatto e se avete gusto per gli ornamenti, fatene tanti quanti n'entrano colla pasta che vi rimane, non dimenticando di guarnire la cima con un bel fiocco. Dorate l'intera superficie con rosso d'uovo, mandate il pasticcio in forno, e in mancanza di questo cuocetelo in casa nel forno da campagna; infine imbanditelo caldo a chi sta col desiderio di farne una buona satolla.

350. UMIDO INCASSATO

Fate una *balsamella* con:

Farina, grammi 150.
Burro, grammi 70.
Parmigiano, grammi 30.
Latte, decilitri 6.

Prendete poi:

Uova, n. 3.

Sale, quanto basta.

Spinaci, un mazzetto.

Gli spinaci lessateli, spremeteli e passateli dal setaccio. Le uova scocciatele quando ritirate la *balsamella* dal fuoco, e alla metà della medesima date il color verde coi detti spinaci.

Prendete uno stampo di rame fatto a ciambella, col buco in mezzo e scannellato all'ingiro, ungetelo bene con burro diaccio e riempitelo prima colla *balsamella* verde, poi colla gialla e fatela ristringere a bagno-maria. Sformatela calda e riempitela nel mezzo con un intingolo ben fatto di rigaglie di pollo e di animelle, oppure di bracioline di vitella di latte con odore di funghi o tartufi. Il manicaretto tiratelo a cottura col burro e col sugo di carne oppure in altra maniera, facendo in modo che riesca delicato, e vedrete che questo piatto farà bellissima figura e sarà lodato.

351. SFORMATO DI RISO COLLE RIGAGLIE

Riso, grammi 150.

Parmigiano, grammi 30.

Burro, grammi 20.

Latte, circa decilitri 7.

Uova, n. 3.

Sale, quanto basta.

Cuocete il riso nel latte unendovi il burro, salatelo e in ultimo, quando è diaccio, aggiungete il resto. Versatelo in uno stampo liscio col buco in mezzo e la carta imburrata sotto, mettetelo per poco tempo, onde non indurisca, a bagno-maria, sformatelo caldo e guarnitelo colle rigaglie in mezzo. Questa dose potrà bastare per cinque persone.

352. UMIDO DI RIGAGLIE DI POLLO COL SEDANO

Quando alle rigaglie di pollo si uniscono i colli, le teste e le zampe, diventa un piatto da famiglia che tutti conoscono; ma quando si tratta di farlo più gentile coi soli fegatini, creste, uova non nate, fagiuoli e anche ventrigli (purché questi li scottiate prima nel brodo e li nettiate dal tenerume), per renderlo di grato sapore e delicato, potete regolarvi nella seguente maniera:

Prima date un terzo di cottura nell'acqua salata al sedano tagliato lungo mezzo dito all'incirca. Poi fate un battutino di prosciutto grasso e magro e poca cipolla, mettetelo al fuoco con burro e quando sarà ben rosolato, versate prima i ventrigli, tagliati in tre pezzi, poi un pizzico di farina di patate, indi i fegatini in due pezzi e tutto il resto. Conditelo con sale, pepe e odore di spezie e quando avrà tirato il sapore annaffiatelo con brodo e poco sugo di pomodoro o conserva. Mettete a soffriggere a parte il sedano nel burro e quando sarà cotto versateci dentro le rigaglie, fatelo bollire ancora alquanto, se occorre brodo versatecene e servitele.

353. SCALOPPINE ALLA BOLOGNESE

Questo è un piatto semplice e sano che può servire da colazione o per tramesso in un pranzo famigliare.

Magro di vitella di latte senz'osso, grammi 300.
Patate, grammi 300.
Prosciutto grasso e magro tagliato fine, grammi 80.
Burro, grammi 70.
Parmigiano grattato, grammi 30.
Odore di noce moscata.

Lessate le patate non troppo cotte, o cuocetele a vapore, il che sarebbe meglio, e dopo tagliatele a fette sottili più che potete. Tagliate il prosciutto per traverso a striscioline larghe un dito scarso.

Tritate minutissima la carne con un coltello a colpo, e conditela con sale, pepe e un poco di noce moscata, perché questa e le droghe in genere, come già sapete, sono opportune nei cibi ventosi. Dividete questa carne in dodici parti per formarne altrettante scaloppine, schiacciandole con la lama del coltello, poi cuocetele in bianco, cioè senza rosolarle, con la metà del detto burro.

Prendete un piatto o un vassoio di metallo, versateci l'unto che può esser rimasto dalla cottura e quattro scaloppine, coprendole con la terza parte del prosciutto e sopra questo collocate la terza parte delle patate che condirete col parmigiano e con pezzetti del burro rimasto. Ripetete la stessa operazione per tre volte, e per ultimo ponete il piatto a crogiolar fra due fuochi e servitelo. È un quantitativo che può bastare per quattro o cinque persone.

354. PICCIONE COI PISELLI

Vogliono dire che la miglior morte dei piccioni sia in umido coi piselli. Fateli dunque in umido con un battutino di cipolla, prosciutto, olio e burro collocandovi i piccioni sopra, bagnandoli con acqua o brodo quando avranno preso colore da tutte le parti per finirli di cuocere. Passatene il sugo, digrassatelo e nel medesimo cuocete i piselli co' quali contornerete i piccioni nel mandarli in tavola.

355. LESSO RIFATTO

Talvolta per mangiare il lesso più volentieri, si usa rifarlo in umido; ma allora aspettate di avere un tocco di carne corto e grosso, del peso non minore di mezzo chilogrammo. Levatelo dal brodo avanti che sia cotto del tutto e mettetelo in cazzaruola sopra un battuto di carnesecca, cipolla, sedano, carota e un pezzetto di burro, condendolo con sale, pepe e spezie. Quando il battuto sarà strutto, tirate la carne a cottura con sugo di pomodoro o conserva sciolta nel brodo. Passate l'intinto, digrassatelo e rimettetelo al fuoco col pezzo della carne e con un pugnello di funghi secchi rammolliti.

356. LESSO RIFATTO ALL'INGLESE

L'arte culinaria si potrebbe chiamare l'arte dei nomi capricciosi e strani. *Toad in the hole,* rospo nella tana; così chiamasi questo lesso rifatto, il quale, come osserverete dalla ricetta, e come sentirete mangiandolo, se non è un piatto squisito sarebbe ingiuria dargli del rospo.

A Firenze mezzo chilogrammo di carne da lesso, che può bastare per tre persone, resta, netta dell'osso, gr. 350 circa e, prendendo questa quantità per base, frullate in un pentolo un uovo con grammi 20 di farina e due decilitri di latte. Tagliate il lesso in fette sottili e, preso un vassoio che regga al fuoco, scioglieteci dentro grammi 50 di burro e distendetelo sopra questo, poi conditelo con sale, pepe e spezie. Quando avrà soffritto da una parte e dall'altra spargetegli sopra una cucchiaiata colma di parmigiano e poi versate sul medesimo il contenuto del pentolo. Lasciate che il liquido assodi e mandatelo in tavola.

357. LESSO RIFATTO ALL'ITALIANA

Se non vi dà noia la cipolla, questo riesce migliore del precedente. Per la stessa quantità di lesso trinciate gr. 150 di cipolline, mettetele in padella con grammi 50 di burro e allorché cominciano a rosolare buttateci il lesso tagliato a fette sottili, uno spicchio d'aglio intero, vestito e leggermente stiacciato, che poi leverete, e conditelo con sale e pepe. Via via che accenna a prosciugare bagnatelo col brodo e dopo sette od otto minuti uniteci un pizzico di prezzemolo tritato e il sugo di mezzo limone, e servitelo.

358. OSSO BUCO

Questo è un piatto che bisogna lasciarlo fare ai Milanesi, essendo una specialità della cucina lombarda. Intendo quindi descriverlo senza pretensione alcuna, nel timore di essere canzonato.

È l'*osso buco* un pezzo d'osso muscoloso e bucato dell'estremità della coscia o della spalla della vitella di latte, il quale si cuoce in umido in modo che riesca delicato e gustoso. Mettetene al fuoco tanti pezzi quante sono le persone che dovranno mangiarlo, sopra a un battuto crudo e tritato di cipolla, sedano, carota e un pezzo di burro; conditelo con sale e pepe. Quando avrà preso sapore aggiungete un altro pezzetto di burro intriso nella farina per dargli colore e per legare il sugo e tiratelo a cottura con acqua e sugo di pomodoro o conserva. Il sugo passatelo, digrassatelo e rimesso al fuoco, dategli odore con buccia di limone tagliata a pezzettini, unendovi un pizzico di prezzemolo tritato prima di levarlo dal fuoco.

359. CARNE ALL'IMPERATRICE

Vi è molta ampollosità nel titolo, ma come piatto famigliare da colazione può andare; le dosi qui indicate bastano per cinque persone.

Carne magra di manzo nello scannello, grammi 500.
Prosciutto grasso e magro, grammi 50.
Parmigiano grattato, cucchiaiate colme n. 3.
Uova, n. 2.

Se non avete il tritacarne per ridurre in poltiglia tanto la carne che il prosciutto, servitevi del coltello e del mortaio. Uniteci il parmigiano e le uova, condite il composto con sale e pepe, mescolatelo bene, e con le mani bagnate fatene una stiacciata alta due dita.

Ponete al fuoco in una teglia o in un tegame 30 grammi di burro e due cucchiaiate d'olio; quando cominciano a bollire collocateci la detta stiacciata di carne e sulla medesima spargete uno spicchio d'aglio tagliato a fettine e alcune foglie di ramerino. Fate bollire, e quando comincia a prosciugarsi bagnatela con sugo di pomodoro o conserva sciolta nell'acqua. Mandatela in tavola contornata dalla sua salsa.

RIFREDDI

360. LINGUA ALLA SCARLATTA

Alla scarlatta perché prende un bel color rosso; ed è, per aspetto e gusto, un piatto ben indovinato.

Dovendovi parlar di lingua, mi sono venuti alla memoria questi versi del Leopardi:

> Il cor di tutte
> Cose alfin sente sazietà, del sonno,
> Della danza, del canto e dell'amore,
> Piacer più cari che il parlar di lingua,
> Ma sazietà di lingua il cor non sente.

È vero, il prurito della loquacità non si sazia cogli anni, anzi cresce in proporzione, come cresce il desiderio di una buona tavola, unico conforto ai vecchi, ai quali però le inesorabili leggi della natura impongono di non abusarne sotto pena di gravi malanni; l'uomo nella vecchiaia consuma meno e l'azione degli organi facendosi via via meno attiva e le secrezioni imperfette, si generano nel corpo umano umori superflui e malefici, quindi dolori reumatici, gotta, colpi apoplettici e simile progenie uscita dal vaso di madonna Pandora.

Tornando alla lingua, di cui devo parlarvi, prendetene una di bestia grossa, cioè di vitella o di manzo, e con grammi 20 o 30 di salnitro, a seconda del volume, strofinatela tutta finché l'abbia tirato a sé. Dopo ventiquattr'ore lavatela con acqua fredda diverse volte e così umida strofinatela con molto sale e lasciatela sul medesimo otto giorni, avvertendo di voltarla ogni mattina sulla sua salamoia, prodotta dal sale che si scioglie in acqua. Il modo migliore di cucinarla essendo di farla lessa, mettetela al fuoco con acqua diaccia, la sua salamoia naturale, un mazzetto guarnito e mezza cipolla steccata con due chiodi di garofani, facendola bollire per tre o quattro ore. Spellatela quando è ancora a bollore, lasciatela freddare e mandatela in tavola; sarà poi un rifreddo eccellente e signorile se la contornerete con la gelatina n. 3.

Si può servire anche calda, o sola, o accompagnata da patate oppure da spinaci.

È un piatto da non tentarsi nei grandi calori estivi perché c'è il caso che il sale non basti per conservarla.

361. LINGUA DI VITELLA DI LATTE IN SALSA PICCANTE

Prendete una lingua tutta intera di vitella di latte e lessatela in acqua salata, al che accorreranno circa due ore. Fate un battutino di sedano e carota tritato fine, mettetelo a bollire con olio a buona misura per cinque minuti e lasciatelo da parte. Fate un altro battuto con due acciughe salate, lavate e nettate dalla spina, gr. 50 di capperi strizzati dall'aceto, un buon pizzico di prezzemolo, una midolla di pane quanto un uovo, bagnata appena nell'aceto, cipolla quanto una nocciuola, meno della metà di uno spicchio d'aglio e, quando il tutto sarà ben tritato, lavoratelo con la lama di un coltello e un gocciolo d'olio per ridurlo unito e pastoso e poi mescolatelo col precedente battuto di sedano e carota. Per ridurlo liquido aggiungete altr'olio e il sugo di mezzo limone, conditelo col pepe e salatelo, se occorre. Questa è la salsa.

Spellate la lingua ancora calda, scartate la pappagorgia co' suoi ossicini, che è buona mangiata lessa, e il resto della lingua tagliatelo a fette sottili per coprirle con la descritta salsa e servitela fredda.

È un piatto appetitoso, opportuno nei calori estivi quando lo stomaco si sente svogliato.

362. SCALOPPE DI LINGUA FARSITE IN BELLA VISTA

Fra i rifreddi questo è uno dei migliori e di bella apparenza.

Fatevi tagliare dal vostro salumaio dieci fettine di lingua salata nella parte più grossa, il cui peso in tutto riesca grammi 130 circa. Fatevi anche tagliare in fette sottili grammi 100 di prosciutto cotto grasso e magro. Tagliate giro giro i bordi della lingua per dare alle fette una forma elegante e i ritagli metteteli da parte. Poi levate dal prosciutto dieci fettine della dimensione di quelle della lingua e i ritagli tanto del prosciutto che della lingua gettateli nel mortaio con grammi 70 di burro e grammi 20 di un tartufo bianco e odoroso. Pestate queste cose insieme per ridurle fini come un unguento, di cui vi servirete per ispalmare le fette della lingua da una sola parte, ed appiccicatevi sopra le fettine del prosciutto.

Ora che avete così composto questi dieci pezzi, vi danno tutto il tempo che volete per metterli in gelatina. Questa è descritta nella ricetta n. 3 e può bastar quella dose; ma due sono le maniere per adornar con essa i pezzi suddetti. La prima consiste nel prendere un largo piatto o una teglia, versarvi un leggero strato di gelatina sciolta e quando comincia a condensare collocarvi sopra i pezzi e questi coprirli con un altro strato di gelatina sciolta per levarli dopo a uno a uno allorché siasi assodata.

La seconda sarebbe di collocare i pezzi ritti in uno stampo a qualche distanza tra loro dopo averci colato in fondo un leggero strato di gelatina sciolta, e di coprirli poi tutti della stessa gelatina per isformare quindi lo stampo e mandarli in tavola tutti in un pezzo, che così faranno più bella mostra.

In un pranzo di parecchie portate io credo che questa dose potrebbe bastare anche per dieci persone, ma per istar sul sicuro meglio sarà di non servirla a più di otto.

363. VITELLO TONNATO

Prendete un chilogrammo di vitella di latte, nella coscia o nel culaccio, tutto unito e senz'osso, levategli le pelletiche e il grasso, poi steccatelo con due acciughe. Queste lavatele, apritele in due, levate loro la spina e tagliatele per traverso facendone in tutto otto pezzi. Legate la carne non molto stretta e mettetela a bollire per un'ora e mezzo in tanta acqua che vi stia sommersa e in cui avrete messo un quarto di cipolla steccata con due chiodi di garofani, una foglia d'alloro, sedano, carota e prezzemolo. L'acqua salatela generosamente e aspettate che bolla per gettarvi la carne. Dopo cotta scioglietela, asciugatela e, diaccia che sia tagliatela a fette sottili e tenetela in infusione un giorno o due in un vaso stretto, nella seguente salsa in quantità sufficiente da ricoprirla.

Pestate grammi 100 di tonno sott'olio e due acciughe; disfateli bene colla lama di un coltello o, meglio, passateli dallo staccio aggiungendo olio fine in abbondanza a poco a poco per volta e l'agro di un limone od anche più, in modo che la salsa riesca liquida; per ultimo mescolateci un pugnello di capperi spremuti dall'aceto. Servite il vitello tonnato con la sua salsa e con spicchi di limone.

Il brodo colatelo e servitevene per un risotto.

364. RIFREDDO DI VITELLA DI LATTE

Una braciuola senz'osso, tutta magra, di vitella di latte, del peso di circa grammi 400.
Altro magro della stessa carne, grammi 120.
Una grossa fetta di prosciutto grasso e magro, di gr. 50.
Altro prosciutto come sopra, grammi 20.
Una fetta di mortadella, di grammi 50.
Parmigiano grattato, grammi 30.
Burro, grammi 20.
Un petto di pollo crudo.
Un uovo.

La braciuola bagnatela coll'acqua e battetela col batticarne per ridurla alla grossezza di un centimetro circa.

Tritate con la lunetta i suddetti gr. 120 di magro, insieme coi suddetti gr. 20 di prosciutto e dopo pestateli nel mortaio aggiungendo il parmigiano, il burro, l'uovo, poco sale e poco pepe per fare con questi ingredienti il composto da tenere unito il ripieno che formerete come appresso.

Tagliate a filetti, grossi più di un centimetro, il petto di pollo e le due fette di mortadella e prosciutto e poi col composto spalmate una parte della braciuola e sopra al medesimo collocate una terza parte dei filetti, intercalandoli, poi spalmateli di sopra e così per altre due volte. Fatto questo arrocchiate la braciuola con entro il ripieno e ammagliatela ad uso salame per metterla al fuoco con grammi 30 di burro, sale e pepe a scarsa misura. Quando avrà preso colore, scolate l'unto, il quale potrà servire per qualche altro piatto, e tiratela a cottura per circa tre ore col brodo versato a poco per volta. Diaccia che sia scioglietela dallo spago, tagliatela a fette e servitela.

Potrà bastare per 10 o 12 persone, specialmente se la guarnite di gelatina di carne che qui ci sta a pennello.

365. POLLO IN SALSA TONNATA

Prendete un busto di pollo giovane (per busto s'intende un pollo al quale siano state levate le interiora, il collo e le zampe), gettatelo nella pentola quando bolle e fatelo bollire mezz'ora che basta per cuocerlo. Quando lo levate toglietegli la pelle, ché non serve per questo piatto, disossatelo tutto e mettetelo in pezzi per condirli con sale, non tanto, pepe e due cucchiaiate d'olio. Dopo diverse ore che è rimasto ammucchiato sopra un vassoio, copritelo con la seguente salsa. Dato che il busto da crudo sia del peso di grammi 600 circa, prendete:

Tonno sott'olio, grammi 50.
Capperi strizzati dall'aceto, grammi 30.
Acciughe, n. 3.
Prezzemolo un pugno, ossia tanto che dia il colore verde alla salsa.

Le acciughe nettatele dalle scaglie e dalle spine. Il prezzemolo tritatelo fine con la lunetta e poi pestatelo nel mortaio con tutto il resto per ridurre il composto della salsa finissimo. Tolto dal mortaio mettetelo in una scodella e diluitelo con quattro cucchiaiate d'olio e mezzo cucchiaio d'aceto. Con la metà di questa salsa inzafardate il pollo e con l'altra metà copritelo onde faccia più bella mostra, ma con tutto ciò, rimanendo sempre un piatto di poco grata apparenza, potete adornarlo, quando lo mandate in tavola, con due uova sode tagliate a spicchi messevi per contorno. Potrà bastare per sei persone ed è un cibo appetitoso, opportuno per principio a una colazione o ad un pranzo per gente di poco appetito, nei giorni caldi, quando lo stomaco trovasi svogliato.

Per raschiare e pulir bene il mortaio di cose morbide o liquide, come questa salsa, è molto a proposito una grossa fetta di patata cruda.

366. CAPPONE IN GALANTINA

Vi descriverò un cappone in galantina fatto in casa mia e servito a un pranzo di dieci persone; ma poteva bastare per venti, poiché, pelato, risultò chilogrammi 1,500.

Vuotato e disossato (per disossare un pollo vedi il n. 258) rimase chilogrammi 0,700 e fu riempito con la quantità di ingredienti che qui appresso vi descrivo:

Magro di vitella di latte, grammi 200.
Detto di maiale, grammi 200.
Mezzo petto di pollastra.
Lardone, grammi 100.
Lingua salata, grammi 80.

Prosciutto grasso e magro, grammi 40.
Tartufi neri, grammi 40.
Pistacchi, grammi 20.

Mancandovi il maiale, può servire il petto di tacchino. I tartufi tagliateli a pezzi grossi come le nocciuole e i pistacchi sbucciateli nell'acqua calda. Tutto il resto tagliatelo a filetti della grossezza di un dito scarso e mettetelo da parte salando le carni.

Fate un battuto con altro maiale e con altra vitella di latte, grammi 200 di carne in tutto, pestatelo fine in un mortaio con grammi 60 di midolla di pane bagnata nel brodo; aggiungete un uovo, le bucce dei tartufi, i ritagli della lingua e del prosciutto, conditelo con sale e pepe e, quando ogni cosa è ben pesta, passatelo per istaccio.

Ora, allargate il cappone, salatelo alquanto e cominciate a distendervi sopra un poco di battuto e poi un suolo di filetti intercalati nelle diverse qualità, qualche pezzetto di tartufo e qualche pistacchio; e così di seguito un suolo di filetti e una spalmatura di battuto finché avrete roba, avvertendo che i filetti del petto di pollastra è meglio collocarli verso la coda del cappone per non accumulare sul petto di questo la stessa qualità di carne. Ciò eseguito tirate su i lembi del cappone dalle due parti laterali, non badando se non si uniscono perfettamente, che ciò non importa, e cucitelo. Legatelo per il lungo con uno spago, involtatelo stretto in un pannolino, che avrete prima lavato, onde togliergli l'odore di bucato, legate le due estremità del medesimo e mettetelo a bollire nell'acqua per due ore e mezzo. Dopo scioglietelo, lavate il pannolino, poi di nuovo rinvoltatelo e mettetelo sotto un peso in piano e in modo che il petto del cappone resti al disotto o al disopra e in questa posizione tenetelo per un paio d'ore almeno, onde prenda una forma alquanto schiacciata.

L'acqua dove ha bollito il cappone può servire per brodo e anche per la gelatina n. 3.

367. CAPPONE IN VESCICA

Si dirà che io sono armato della virtù dell'asino, la pazienza, quando si sappia che dopo quattro prove non riuscite, ho finalmente potuto alla quinta ed alla sesta, cuocer bene un cappone in vescica. I primi quattro furono sacrificati a Como, il dio delle mense, perché non avendo prese tutte le necessarie precauzioni, le vesciche si rompevano bollendo. È un piatto però che merita di occuparsene, visto che il cappone, già ottimo per sé stesso, diventa squisito cotto in tale maniera.

Prendete una vescica di bue, meglio di maiale che sembra più resistente, grande, grossa e senza difetti; lavatela bene con acqua tiepida e tenetela in molle per un giorno o due. Sbuzzate il cappone, levategli il collo e le zampe, gettategli nell'interno un buon pugnello di sale, internate le estremità delle coscie, e piegate le ali aderenti al corpo onde le punte non isfondino la vescica. Poi cucite le aperture del buzzo e del collo e fasciatelo tutto con grammi 150 di prosciutto più magro che grasso a fette sottilissime, legandole aderenti al cappone. Acconciato in questa maniera ponetelo nella vescica, facendo a questa un'incisione per quel tanto che basta e dopo cucitela fitta.

Ora prendete un cannello lungo un palmo almeno, che serve di sfiatatoio, fategli un becco in cima a mo' di fischietto e un'intaccatura in fondo per infilarlo e legarlo nel collo della vescica e con questo apparecchio mettete il cappone al fuoco entro a una pentola di acqua tiepida e lasciatelo bollire per tre ore continue col cannello di fuori, ma badiamo bene, perché qui sta il *busillis*: deve bollire in modo da veder solamente quelle piccole e rade bollicine che vengono a galla. Se il cannello gettasse grasso o altro liquido non ne fate caso e raccoglietelo in un tegamino. Cotto che sia il cappone lasciatelo diacciare nella sua acqua e servitelo il giorno appresso scartando il prosciutto che ha già perduto tutto il sapore. Entro al cappone troverete della gelatina ed altra ne potrete aggiungere se vorrete fargli un conveniente contorno e sarà allora un rifreddo da principe. Anche una pollastra ingrassata, se manca il cappone, si presta all'uopo.

Sarà bene vi prevenga che l'ultima vescica mi fu assicurato che era di maiale e che avrebbe resistito al fuoco più di quella di bue.

368. TORDI DISOSSATI IN GELATINA

Per sei tordi prendete:

Magro di vitella di latte, grammi 100.
Lingua salata, grammi 40.
Prosciutto grasso e magro, grammi 30.
Una palla di tartufi neri di circa grammi 30.

Lasciate da parte la metà della lingua e un terzo del prosciutto, più grasso che magro, e la carne suddetta col resto della lingua e del prosciutto tritateli e pestateli nel mortaio insieme con la corteccia del tartufo, rammorbidendo il composto con un gocciolo di marsala. Poi passatelo dallo staccio ed uniteci un rosso d'uovo.

Disossate i tordi come fareste pel pollo ripieno n. 258 e lasciate ad essi il collo e la testa attaccati; poi riempiteli col composto descritto nel quale avrete già mescolato il tartufo, la lingua e il prosciutto messi da parte, il tutto tagliato a dadini. Ora cuciteli in modo da poter levare il filo quando saranno cotti, e per cuocerli avvolgete ciascun tordo in un pezzo di velo e fateli bollire per un'ora nel brodo della gelatina n. 3.

Serviteli per rifreddo sopra alla gelatina medesima e se con questa formate sei stampini, grandi a modo di nido, sembrerà che il tordo vi stia sopra a covare.

Riesce un piatto fine e delicato.

369. ÀRISTA

Si chiama àrista in Toscana la schiena di maiale cotta arrosto o in forno, e si usa mangiarla fredda, essendo assai migliore che calda. Per schiena di maiale s'intende, in questo caso, quel pezzo della lombata che conserva le costole, e che può pesare anche 3 o 4 chilogrammi.

Steccatela con aglio, ciocche di ramerino e qualche chiodo di garofano, ma con parsimonia, essendo odori che tornano facilmente a gola, e conditela con sale e pepe.

Cuocetela arrosto allo spiede, che è meglio, o mandatela al forno senz'altro, e servitevi dell'unto che butta per rosolar patate o per rifare erbaggi.

È un piatto che può far comodo nelle famiglie, perché d'inverno si conserva a lungo.

Durante il Concilio del 1430, convocato in Firenze onde appianare alcune differenze tra la Chiesa romana e la greca, fu ai vescovi e al loro seguito imbandita questa pietanza conosciuta allora con altro nome. Trovatala di loro gusto cominciarono a dire: *àrista, àrista* (buona, buona!), e quella parola greca serve ancora, dopo quattro secoli e mezzo a significare la parte di costato del maiale cucinato in quel modo.

370. PASTICCIO FREDDO DI CACCIAGIONE

Prendiamo, per esempio, una starna o una pernice e con essa facciamo un pasticcio che potrà bastare per sei o sette persone. La starna (*Perdrix cinerea*) si distingue dalla pernice (*Perdrix rubra*) perché questa ha i piedi e il becco rosso ed è alquanto più grossa.

Sono gallinacei dell'ordine dei *Rasores*; si nutrono di vegetali, particolarmente di granaglie, e però hanno il ventriglio a pareti molto muscolose, ed abitano i monti dei paesi temperati. Le loro carni sono ottime, di sapor delicato; ma fra le due specie, la pernice è da preferirsi. Eccovi gli ingredienti per questo pasticcio:

Una starna oppure una pernice alquanto frolla.
Fegatini di pollo, n. 3.
Rossi d'uovo, n. 1.
Foglie d'alloro, n. 2.
Marsala, due dita di bicchiere comune.
Tartufi neri, grammi 50.
Lingua salata, grammi 50.
Prosciutto grasso e magro, grammi 30.
Burro, grammi 30.
Una midolla di pane grossa quanto un pugno.
Un piccolo battuto di cipolla, carota e sedano.
Un poco di brodo.

La starna vuotatela, lavatela e mettetela al fuoco col detto battuto, col burro, col prosciutto tagliato a fettine, con le foglie d'alloro intere, e conditela con sale e pepe. Quando la cipolla avrà preso colore, bagnatela con la marsala versata poco per volta, e se non basta per tirar la starna a mezza cottura servitevi di brodo. Tolta la starna dal fuoco, levatele il petto e formatene otto filetti che lascierete in disparte. Il resto tagliatelo a piccoli pezzi per tirarli a cottura intera, unicamente ai fegatini, quello della starna compresovi.

Cotta che sia questa roba, levatela asciutta e mettetela in un mortaio, gettando via le foglie dell'alloro. Nell'intinto che ancora resta gettate la midolla del pane e con un poco di brodo, rimestando, fate una pappa che verserete anch'essa nel mortaio, come pure la raschiatura dei tartufi, e pesterete ogni cosa ben fine per passarla dallo staccio. In questo passato stemperate il rosso d'uovo e lavoratelo bene col mestolo per mantecarlo.

Ora, formate la pasta per coprirlo servendovi della ricetta n. 372. Prendete uno di quegli stampi speciali per questi pasticci, che sono fatti a barchetta o rotondi, scannellati, di ferro bianco, a cerniera che si apre. Ungetelo col burro e, tirata la pasta sottile poco più di uno scudo, foderatelo con la medesima e fategli il fondo che poserete sopra una teglia di rame unta anch'essa col burro.

Prima gettate nel fondo parte del composto e disponetevi sopra una parte dei filetti (petto della starna e lingua) ed alcuni pezzetti di tartufi grossi quanto le nocciuole e crudi; poi altro composto intramezzato di tartufi e filetti e così di seguito se il pasticcio fosse voluminoso. Pigiatelo bene perché venga tutto unito e compatto e fategli il coperchio della stessa pasta con qualche ornamento, lasciandovi nel mezzo un buco onde sfiati il vapore.

Dorate il di fuori e cuocetelo in forno o nel forno da campagna, e quando lo levate coprite il buco con un fiocco della stessa pasta, fatto a misura e cotto a parte.

La stessa regola potete tenere per un pasticcio di due beccacce le quali non hanno bisogno di essere vuotate, né degli intestini, né del ventriglio; soltanto verificherete che nelle parti basse non vi sia qualcosa di poco odoroso.

371. PASTICCIO DI CARNE

Magro di vitella di latte, grammi 200.
Magro di maiale, grammi 100.
Burro, grammi 60.
Prosciutto cotto tagliato grosso, grammi 60.
Lingua salata tagliata grossa, grammi 50.
Midolla di pane, grammi 50.
Un petto di pollo.
Un fegatino di pollo.
Un'allodola o un uccello consimile.
Un tartufo.
Marsala, un decilitro.

Mettete al fuoco col detto burro e conditeli con sale e pepe, la vitella, il maiale, l'uccello (a cui leverete il becco e le zampe), il petto di pollo e per ultimo il fegatino, bagnandoli con la marsala e poi con brodo per tirarli a cottura, e prima di levarli lasciateci per un poco il tartufo. Poi nell'intinto che resta gettateci la midolla del pane per fare un poco di pappa e questa messa in un mortaio con l'uccelletto, un rosso d'uovo, la quarta parte circa della vitella e del maiale, fate un composto passandolo da uno staccio di fil di ferro, ma se riuscisse troppo sodo diluitelo con brodo.

Tutta la carne rimasta, il prosciutto, la lingua, il fegatino e il tartufo tagliateli a quadretti grossi come le nocciuole e mescolate ogni cosa insieme unicamente col composto passato. Ora prendete uno degli stampi appositi da pasticcio, di forma rotonda, e servendovi della pasta descritta al n. 372, incassatelo; ma quando avrete distesa per bene la pasta tanto sul fondo che intorno allo stampo foderatela con fettine di lardone sottili come un velo e dopo riempito fategli il suo coperchio regolandovi pel resto come il pasticcio di cacciagione n. 370.

Se lo desideraste più signorile non riempite lo stampo fino alla bocca e nel vuoto versateci, dopo cotto, un po' di gelatina n. 3 e servitelo freddo con altra gelatina a parte.

Basterà per otto persone.

372. PASTICCIO DI LEPRE

Chi non ha buone braccia non si provi intorno a questo pasticcio. La natura arida delle carni della bestia di cui si tratta e il molto ossame, richiedono una fatica improba per estrarne tutta la sostanza possibile, senza di che non fareste nulla di veramente buono.

Quello che qui vi descrivo fu fatto alla mia presenza, nelle seguenti dosi e proporzioni sulle quali, regolandovi, ritengo non sia il caso di sciupare i vostri quattrini.

Mezza lepre, senza testa e gli zampucci, un chilogrammo.
Magro di vitella di latte, grammi 230.
Burro, grammi 90.
Lingua salata, grammi 80.
Grasso di prosciutto, grammi 80.
Prosciutto grasso e magro, tagliato grosso mezzo dito, grammi 50.
Detto, tagliato fine, grammi 30.
Tartufi neri, grammi 60.
Farina per la *balsamella*, grammi 30.
Marsala, decilitri 3.
Uova, n. 2.
Latte, mezzo bicchiere.
Brodo, quanto basta.

Dalla lepre, dopo averla lavata ed asciugata, levate grammi 80 di magro dal filetto o altrove e ponetelo da parte. Poi scarnite tutte le ossa, per separarle dalla carne, rompetele e ponete anche queste da parte. La carne tagliatela a pezzi, e coi suddetti grammi 80 di magro, lasciato intero, mettetela in infusione con due terzi circa della detta marsala e coi seguenti odori tagliati all'ingrosso: un quarto di una grossa cipolla, mezza carota, una costola di sedano lunga un palmo, diversi gambi di prezzemolo e due foglie di alloro. Conditela con sale e pepe, rivoltate bene ogni cosa e lasciatela in riposo diverse ore. Frattanto nettate dalle pelletiche la carne di vitella di latte, sminuzzatela col coltello e pestatela nel mortaio quanto più fine potete.

Scolate dalla marsala la carne messa in infusione e con tutte le ossa, gli odori indicati, il grasso di prosciutto, tagliato a pezzettini e grammi 30 del detto burro, ponetela in una cazzaruola coperta e, a fuoco vivo, lasciatela rosolar bene, rimuovendola spesso col mestolo e bagnandola, quando sarà asciutta, con marsala, servendovi anche di quella rimasta dell'infusione, e con brodo fino a cottura completa. Allora separate nuovamente la carne dalle ossa e rimettete da parte gli 80 grammi di magro per formare con questo, coi grammi 50 di prosciutto e con la lingua, tanti filetti grossi più di mezzo dito.

Pestate prima tutta la carne della lepre nel mortaio, bagnandola di quando in quando per renderla più pastosa, ma non troppo liquida, col resto della marsala e con brodo e passatela; poi pestate le ossa e procurate che passi di queste tutto quel che più potete, avvertendovi però occorrervi a quest'uopo uno staccio di fil di ferro.

Ora, fate una *balsamella* con grammi 30 del detto burro, la farina e il latte indicati e, cotta che sia, versate nella stessa cazzaruola tutta la carne passata, tanto quella della lepre che della vitella di latte cruda, aggiungete le due uova, mescolate bene ed assaggiate il composto se è dosato giusto di condimenti, per aggiungere, se occorre, sale e il resto del burro.

Adesso incassate il pasticcio colla pasta qui sotto descritta e per riempirlo regolatevi come nel n. 370. I tartufi tagliateli a tocchetti grossi come le nocciuole e così crudi e con tutti i filetti descritti disponeteli a tre suoli alternati col composto ben pigiato onde vengano sparsi regolarmente, e facciano bella mostra quando il pasticcio si taglia. Per ultimo distendetegli sopra i grammi 30 di prosciutto a fette piuttosto sottili e copritelo.

Potete coprirlo con pasta sfoglia a metà, come quella della ricetta n. 155, oppure con la seguente:

Farina, grammi 250.
Burro, grammi 80.
Spirito di vino, cucchiaini n. 2.
Zucchero, cucchiaini n. 2.
Rossi d'uovo, n. 2.
L'agro di uno spicchio di limone.
Sale, grammi 5.
Acqua fredda, se occorre.

Con la norma di questo, salvo qualche variazione del caso, potete fare diversi altri pasticci di selvaggina, come sarebbe di cignale, daino e capriolo. Questo ritengo possa bastare per un pranzo anche di venti persone.

373. PANE DI LEPRE

Eccovi un altro rifreddo.

Magro di lepre senz'osso, grammi 250,
Burro, grammi 100.
Farina, grammi 50.
Parmigiano grattato, grammi 30.
Rossi d'uovo, n. 6.
Latte, mezzo litro.

Fate un battutino tritato ben fine con grammi 20 circa di prosciutto e un pezzetto di cipolla, mettetelo al fuoco colla metà del detto burro e con la lepre tagliata a piccoli pezzi, salandola. Quando l'unto sarà quasi consumato e prima che la carne ròsoli, versate del buon brodo per tirarla a cottura. Cotta che sia, pestatela nel mortaio bagnandola col suo sugo, poi passatela per istaccio.

Colla farina indicata, col resto del burro e col latte fate una *balsamella* e quando sarà diaccia frullate bene i rossi d'uovo e mescolate ogni cosa insieme. Mettete il composto in uno stampo liscio con una carta imburrata nel fondo e cuocetelo a bagno-maria. Servitelo freddo, contornato e coperto di gelatina; ma poiché oggigiorno nei pranzi si cerca molto la bellezza e l'eleganza nei piatti, ed anche qualche grata sorpresa, meglio sarebbe in questo caso che il pan di lepre fosse coperto da una veste tutta unita di gelatina, il che si ottiene facilmente. Si prende uno stampo più grande di quello che ha servito al pan di lepre, se ne copre il fondo di gelatina e quando questa è rappresa vi si colloca il rifreddo in mezzo e si riempie con altra gelatina liquida il vuoto all'intorno.

374. PAN DI FEGATO

Tra i rifreddi, questo che vi descrivo, è uno dei migliori ed ha il diritto, pel suo delicato sapore, di comparire su qualunque tavola.

Fegato di vitella di latte, grammi 500.
Burro, grammi 70.
Midolla di pane fresco, grammi 50,
Parmigiano grattato, grammi 20.
Fegatini di pollo, n. 4.
Marsala, decilitri 1.
Sugo di carne, oppure brodo, cucchiaiate n. 6.
Uova, uno intero e due rossi.
Una foglia di alloro.
Sale e pepe, quanto basta.

Tagliate il fegato a fette sottili e i fegatini in due parti, e gettate queste due cose in padella con la foglia di alloro e la metà del burro e quando lo avranno assorbito aggiungete l'altra metà e condite con sale e pepe. Poi versate la marsala e dopo 4 o 5 minuti al più di fuoco vivo, dovendo il fegato rimaner tenero, levatelo asciutto e insieme con l'alloro pestatelo nel mortaio. Nell'intinto che resta in padella sminuzzate la midolla del pane e fatene una pappa che getterete anch'essa nel mortaio, poi passate ogni cosa dallo staccio; indi aggiungete il parmigiano e le uova, diluendo il composto col detto sugo o brodo. Per ultimo collocatelo in uno stampo liscio con foglio sotto, unto col burro, ed assodatelo a bagno-maria.

Sformatelo tiepido e quando sarà diaccio copritelo tutto di gelatina del n. 3, entro a uno stampo di circonferenza maggiore del primo. Potrà bastare per dodici persone.

375. PASTICCIO DI FEGATO

Servitevi del composto n. 374, aggiungendo soltanto grammi 30 di tartufi neri tagliati a spicchi e facendo loro alzare il bollore nella marsala prima di spargerli nel pasticcio. Copritelo con la pasta da pasticcio n. 372, cuocetelo in forno o nel forno da campagna, e servitelo freddo. Potrà bastare anche questo per dodici persone.

ERBAGGI E LEGUMI

Gli erbaggi, purché non se ne abusi, sono un elemento di igiene nella cucina. Diluiscono il sangue, e, amalgamati alla carne, rendono questa meno nauseabonda; ma il più o meno uso dei medesimi, in un paese qualsiasi, dipende in gran parte dal clima.

376. ZUCCHINI COL REGAMO

Il regamo (*Origanum volgare*) è il seme odoroso di una pianticella selvatica della famiglia delle labiate.

Prendete zucchini lunghi, non a piccola quantità perché scemano molto, e tagliateli a fette rotonde della grossezza di uno scudo. Mettete al fuoco una *sauté* o una teglia di rame con olio a buona misura e quando comincia a bollire gettateci gli zucchini così naturali e, a fuoco ardente, rimuoveteli spesso. Conditeli a mezza cottura con sale e pepe e quando accennano a rosolare spargeteci sopra un buon pizzico di regamo e levateli subito colla mestola forata. Potranno servirsi soli o per contorno e piaceranno.

Il regamo si presta a rendere odorose anche altre vivande, come i funghi in umido, le uova nel tegame, le acciughe, ecc.

377. ZUCCHINI RIPIENI

Gli zucchini per farli ripieni si possono tagliare o a metà per il lungo, o a metà per traverso, o anche lasciarli interi. Io preferisco quest'ultimo modo come più elegante e perché gli zucchini fanno di sé bella mostra. Comunque sia, vanno vuotati per far posto al ripieno. Per vuotarli interi meglio è il servirsi di un cannello di latta che si fa passare dal basso all'alto; ma se per la maggior grossezza dello zucchino, il vuoto non paresse grande a sufficienza, allargatelo con un coltellino sottile.

Per fare il ripieno prendete del magro di vitella di latte, tagliatelo a pezzi e mettetelo al fuoco in una cazzaruola con un battutino di cipolla, prezzemolo, sedano, carota, un poco di carnesecca tagliata a pezzettini, un poco d'olio, sale e pepe. Rivoltatela di frequente coi mestolo e quando la carne avrà tirato tutto l'umido e preso colore, versate un ramaiolino d'acqua; dopo che avrà tirato anche questa, versatene un altro e dopo poco un altro ancora, per finire di cuocerla, avvertendo che vi resti del sugo. Allora questo passatelo e lasciatelo in disparte.

Tritate la carne asciutta ben fine colla lunetta, e con un uovo, un poco di parmigiano grattato, una midolla di pane bollita nel brodo o nel latte e l'odore delle spezie, fate tutto un composto e servitevene per ripieno. Preparati così gli zucchini, metteteli a soffriggere nel burro cui farete prima prendere il color nocciuola e per ultimo tirateli a cottura col sugo già messo da parte.

Gli zucchini si possono riempire anche col composto del n. 347 e mancandovi il sugo di carne potete cuocerli o col solo burro o con burro e salsa di pomodoro n. 125.

378. ZUCCHINI RIPIENI DI MAGRO

Preparateli come i precedenti e riempiteli con un composto fatto con tonno sott'olio tritato fine colla lunetta ed intriso con uova, un pizzico di parmigiano e un poco di quel midollo levato dagli zucchini, l'odore delle spezie, una presa di pepe e punto sale. Metteteli a cuocere nel burro quando questo avrà preso il color nocciuola e aggraziateli colla salsa di pomodoro n. 125. Se li farete con attenzione vi riusciranno tanto buoni da non credersi.

379. FAGIUOLINI E ZUCCHINI ALLA SAUTÉ

Questi erbaggi così cucinati servono per lo più di contorno. ora la così detta *cucina fine* ha ridotto l'uso dei condimenti a una grande semplicità. Sarà più igienica, se vogliamo, e lo stomaco si sentirà più leggiero; ma il gusto ne scapita alquanto e viene a mancare quel certo stimolo che a molte persone è necessario per eccitare la digestione. Qui siamo in questo caso. Se trattasi di fagiuolini lessateli a metà, se di zucchini lasciateli crudi tagliati a spicchi o a tocchetti, metteteli a soffriggere nel burro quando questo, bollendo, avrà preso il color nocciuola. Per condimento mettete soltanto sale e pepe in poca quantità.

Se dopo cotti in questa maniera vi aggiungerete un poco di sugo di carne oppure un poco della salsa di pomodoro n. 125 non sarete più nelle regole della cucina forestiera o moderna; ma sentirete, a mio parere, un gusto migliore e lo stomaco resterà più soddisfatto. Se il sugo di carne o la salsa di pomodoro vi mancano, spolverizzateli almeno di parmigiano quando li ritirate dal fuoco.

380. FAGIUOLINI IN SALSA D'UOVO

Prendete grammi 300 circa di fagiuolini in erba, togliete loro le due punte e il filo e poi, come dicono i cuochi in gergo *francioso, imbianchiteli,* cioè date loro mezza cottura in acqua alquanto salata. Levateli asciutti, tagliateli in tre pezzi e tirateli a sapore col burro, sale e pepe. Frullate in un pentolo un rosso d'uovo con un cucchiaino di farina e il sugo di un quarto di limone, allungate il miscuglio con un ramaiuolo di brodo ghiaccio digrassato e ponete questo liquido al fuoco in una cazzarolina girando sempre il mestolo e quando, per la cottura, sarà divenuto come una crema scorrevole, versatelo sui fagiuolini: tenete questi ancora un poco sul fuoco perché la salsa s'incorpori e serviteli per contorno al lesso.

Per far prendere ai fagiuolini e agli zucchini un bel verde, gettate nell'acqua, quando bolle, oltre al sale, un cucchiaino di soda.

381. FAGIUOLINI COLLA BALSAMELLA

Lessate i fagiuolini in modo che (mediante un cucchiaino di soda) restino ben verdi. Poi soffriggeteli nel burro, ma leggermente onde non perdano il bel colore e conditeli con sale e pepe. Versateci sopra una *balsamella* scorrevole, ma non troppo copiosa, fatta con panna, burro e farina, e mandateli in tavola con un contorno di pane fritto tagliato a mandorle. Possono servire per tramesso in un pranzo.

382. FAGIUOLINI CON L'ODORE DI VAINIGLIA

Ponete i fagiuolini in molle nell'acqua fresca e se sono teneri metteteli crudi e interi, senza sgrondarli troppo, in umido, nel seguente modo.

Fate un soffritto con olio, uno scalogno, prezzemolo, carota e sedano, il tutto tritato fine. Invece dello scalogno può servire la cipolla novellina o la cipolla comune. Conditelo con sale e pepe e quando avrà preso colore, allungatelo con brodo o passatelo spremendolo bene. A questo sugo passato, aggiungete sugo di pomodoro e nel medesimo gettate i fagiuolini per cuocerli; prima di levarli aggraziateli con due cucchiaini di zucchero vanigliato e se questo odore non piace, sostituite la nepitella.

383. FAGIUOLINI DALL'OCCHIO IN ERBA ALL'ARETINA

Spuntateli alle due estremità e tagliateli in tre parti. Metteteli in una cazzaruola con due spicchi d'aglio interi, sugo di pomodoro crudo e con tant'acqua diaccia che li ricopra. Conditeli con olio, sale e pepe; poi metteteli al fuoco e fateli bollire adagio fino a cottura completa avvertendo che vi resti alquanto sugo ristretto per renderli più gradevoli. Possono servire come piatto di tramesso o di contorno al lesso.

384. FAGIUOLI A GUISA D'UCCELLINI

Nelle trattorie di Firenze ho sentito chiamare *fagiuoli all'uccelletto* i fagiuoli sgranati cucinati così:

Cuoceteli prima nell'acqua e levateli asciutti. Mettete un tegame al fuoco con l'olio in proporzione e diverse foglie di salvia; quando l'olio grilletta forte buttate giù i fagiuoli e conditeli con sale e pepe. Fateli soffriggere tanto che tirino l'unto e di quando in quando scuotete il vaso per mescolarli; poi versate sui medesimi un poco di sugo semplice di pomodoro e allorché questo si sarà incorporato, levateli. Anche i fagiuoli secchi di buccia fine possono servire al caso dopo lessati.

Questi fagiuoli si prestano molto bene per contorno al lesso, se non si vogliono mangiar da soli.

385. FAGIUOLI SGRANATI PER CONTORNO AL LESSO

Fagiuoli sgranati, grammi 300.
Carnesecca intera, grammi 30.
Acqua, decilitri 2.
Olio, cucchiaiate 4.
Una ciocchettina di 4 o 5 foglie di salvia.
Sale e pepe bianco.

Mettete al fuoco i fagiuoli con tutti gl'ingredienti suddetti, fateli bollire adagio e scuoteteli spesso. Levate la salvia e la carnesecca e serviteli. È un contorno che potrà bastare per quattro persone.

386. SFORMATO DI FAGIUOLINI

Prendete grammi 500 di fagiuolini ben teneri e levate loro le punte e il filo se l'hanno. Gettateli nell'acqua bollente con un pizzico di sale ed appena avranno ripreso il bollore levateli asciutti e buttateli nell'acqua fresca.

Se avete sugo di carne tirateli a sapore con questo e col burro, se no fate un soffritto con un quarto di cipolla, alcune foglie di prezzemolo, un pezzo di sedano e olio, e quando la cipolla avrà preso colore, buttate giù i fagiuolini condendoli con sale e pepe e tirandoli a cottura con un po' d'acqua, se occorre.

Preparate una *balsamella* con grammi 30 di burro, una cucchiaiata scarsa di farina e due decilitri di latte. Con questa, con un pugno di parmigiano grattato e con quattro uova frullate, legate i detti fagiuolini, già diacciati, mescolate e versate il composto in uno stampo liscio, imburrato prima e il cui fondo sia coperto di un foglio. Cuocetelo al fuoco o a bagno-maria e servitelo caldo.

387. SFORMATO DI CAVOLFIORE

Prendete una palla di cavolfiore e, ammesso che questa sia, per esempio, del peso di grammi 350 netta dal gambo e dalle foglie, adoperate per condimento le seguenti dosi all'incirca:

Latte, decilitri 3.
Uova, n. 3.
Burro, grammi 60.
Parmigiano grattato, grammi 30.

Date mezza cottura nell'acqua alla palla del cavolfiore e dopo tagliatela a pezzetti. Poneteli a soffriggere, colla metà del detto burro, salandoli, e quando l'avranno tirato, finite di cuocerli con un poco del detto latte: poi potete lasciarli così o passarli dallo staccio. Colla rimanenza del burro e del latte e con una cucchiaiata di farina non colma fate una *balsamella* e aggiungetela al composto insieme colle uova, prima frullate, e col parmigiano. Cuocetelo in uno stampo liscio come lo sformato di fagiuolini e servitelo caldo.

Questa quantità può bastare per sei persone.

388. CAVOLFIORE ALL'USO DI ROMAGNA

Dividete una grossa palla di cavolfiore, o due se sono piccole, in spicchiettini che laverete; e così crudi, senza asciugarli, cuoceteli in questo modo: ponete al fuoco un battuto proporzionato di aglio, prezzemolo e olio, e quando sarà rosolato fermatelo con un gocciolo d'acqua. Gettateci allora il cavolfiore condendolo con sale e pepe e quando avrà assorbito il battuto tiratelo a cottura mediante conserva di pomodoro sciolta nell'acqua calda. Dategli grazia e più sapore col parmigiano quando lo mandate in tavola, ove può servir per contorno al lesso, a un umido o ad un coteghino.

389. SFORMATO DI CARDONI

Regolatevi in tutto come per lo sformato di cavolfiore del numero 387. Tagliate il cardone a piccoli pezzi, onde vengano penetrati bene dal condimento; prima di metterlo nello stampo, assaggiatelo.

390. SFORMATO DI SPINACI

Lessate gli spinaci in pochissima acqua o soltanto con quella che sgronda dai medesimi quando li levate dall'acqua fresca dov'erano in molle. Passateli dallo staccio e, regolandovi sulla quantità, condizionateli con sale, pepe, cannella in polvere, alcune cucchiaiate di *balsamella* n. 137, burro, uova, parmigiano, un pugnello di uva secca o zibibbo ai quali siansi tolti i semi, oppure uva passolina. Mescolate per bene e versate il composto in una forma liscia, bucata nel mezzo, cuocendolo a bagnomaria. Sformatelo quand'è tuttora caldo e mandatelo in tavola riempito di un umido delicato di rigaglie di pollo oppure di animelle, o di vitella di latte, o anche di tutte queste cose insieme, frammiste a pezzetti di funghi secchi

391. SFORMATO DI CARCIOFI

Questo è uno sformato da farsi quando i carciofi costano poco e ve lo do per uno de' più delicati.

Levate ai carciofi le foglie più dure, spuntateli e sbucciatene i gambi, lasciandoli tutti, anche se sono lunghi. Tagliateli in quattro spicchi e fateli bollire nell'acqua salata per soli cinque minuti. Se li lasciate di più sopra al fuoco, oltre ad inzupparsi troppo di acqua, perdono molto del loro aroma. Levateli asciutti, pestateli nel mortaio e passateli per istaccio. Dosate la polpa così ottenuta con tutti quegli ingredienti soliti negli altri sformati di erbaggio, e cioè: uova, non facendo avarizia d'uno di più, onde restringa, due o tre cucchiaiate di *balsamella* ove non iscarseggi il burro; parmigiano, sale e odore di noce moscata, ma assaggiate il composto più volte per ridurlo a giusto sapore.

Se avete sugo di carne o di stracotto non è male l'unirci un poco anche di questo e, se i carciofi sono teneri, anziché passarli potete lasciarli a piccoli spicchi.

Cuocetelo a bagno-maria in uno stampo bucato, se avete un intingolo di carne per riempirlo; se no, mettetelo in uno stampo liscio e servitelo per tramesso.

392. SFORMATO DI FINOCCHI

Questo sformato, per ragione del grato odore e del sapore dolcigno de' finocchi, riesce uno de' più gentili.

Levate ai finocchi le foglie più dure, tagliateli a piccoli spicchi e cuoceteli per due terzi nell'acqua salata, poi scolateli bene e metteteli a soffriggere con un pezzetto di burro. Conditeli con sale e quando avranno succhiato il burro, bagnateli con un poco di latte; allorché avranno tirato anche questo, aggiungete un po' di *balsamella*. Ritirateli dal fuoco e lasciateli come sono, o passateli dallo staccio; quando saranno diacci uniteci parmigiano grattato e, a seconda della quantità, tre o quattro uova frullate. Versate il composto in uno stampo liscio, o col buco nel mezzo, regolandovi come per gli altri sformati; cuocetelo a bagno-maria e servitelo caldo come piatto di tramesso o in compagnia di un cappone lessato. Potete anche guarnirlo di un manicaretto di rigaglie e animelle.

393. FUNGHI MANGERECCI

I funghi, pei principii azotati che contengono sono, fra i vegetali, i più nutrienti. Il fungo, pel suo profumo particolare, è un cibo gratissimo ed è gran peccato che fra le tante sue specie se ne trovino delle velenose, le quali solo un occhio esercitato e pratico può distinguere dalle innocue; una certa garanzia possono darla le località riconosciute per lunga esperienza esenti da pericolo.

In Firenze, ad esempio, si fa un uso enorme di funghi che scendono dai boschi delle circostanti montagne, e se la stagione è piovosa, cominciano ad apparire nel giugno; ma il forte della produzione è in settembre. A lode del vero, bisogna dire che la città non è mai stata funestata da disgrazie cagionate da questi vegetali, forse perché le due specie che quasi esclusivamente vi si consumano sono i porcini di color bronzato e gli ovoli. Tanta è la fiducia nella loro innocuità che non si prende nessuna precauzione in proposito, neppur quella che suggeriscono alcuni, di far loro alzare il bollore in acqua acidulata d'aceto, cautela che per altro sarebbe a carico della loro bontà.

Delle due specie sopraindicate, i porcini si prestano meglio fritti e in umido; gli ovoli trippati e in gratella.

394. FUNGHI FRITTI

Scegliete funghi di mezzana grandezza che sono anche di giusta maturazione; più grandi riescono molliconi e molto piccoli sarebbero troppo duri.

Raschiatene il gambo, nettateli dalla terra e lavateli interi senza tenerli in molle, che spenderebbero nell'acqua il loro grato profumo. Poi tagliateli a fette piuttosto grosse e infarinateli prima di gettarli in padella. L'olio è il migliore degli unti per questa frittura, e il condimento si compone esclusivamente di sale e pepe che vi si sparge quando sono ancora a bollore. Si possono anche dorare gettandoli nell'uovo dopo infarinati, ma ciò è superfluo.

395. FUNGHI IN UMIDO

Per l'umido sono da preferirsi quelli che stanno sotto la grandezza mediocre. Nettateli, lavateli e tagliateli a fette più sottili dei precedenti. Mettete un tegame al fuoco con olio, qualche spicchio di aglio intero, un po' ammaccato, e un buon pizzico di foglie di nepitella. Quando l'olio comincia a grillettare gettate giù i funghi senza infarinarli, conditeli con sale e pepe e, a mezza cottura, bagnateli con sugo di pomodoro semplice; siate però parchi coi condimenti perché i funghi non li assorbono.

396. FUNGHI TRIPPATI

A questa cucinatura si prestano bene gli ovoli e si dicono *trippati* forse perché vengono trattati come la trippa. Gli ovoli, come sapete, sono di color giallo-arancione; i più giovani sono chiusi in forma d'uovo, i più maturi sono aperti e spianati. Preferite i primi e dopo averli nettati e lavati, tagliateli a fette sottili. Cuoceteli nel burro e conditeli con sale, pepe e parmigiano grattato. Se aggiungete sugo di carne riusciranno anche migliori.

397. FUNGHI IN GRATELLA

Gli ovoli aperti sono i più atti a questa cucinatura. Dopo averli nettati e lavati, asciugateli fra le pieghe di un canovaccio e conditeli con olio, sale e pepe. Servono molto bene per contorno alla bistecca o a un arrosto qualunque.

398. FUNGHI SECCHI

Ogni anno in settembre, quando costano poco, io fo la mia provvista di funghi porcini e li secco in casa. Per questa operazione aspettate una vela di tempo buono perché, essendo indispensabile il calore del sole, vi potrebbero andare a male. Preferite funghi giovani, duri, di mezzana grandezza ed anche grossi, ma non mollicconi. Raschiatene il gambo, nettateli bene dalla terra senza lavarli e tagliateli a pezzi molto grossi perché, seccando, diminuiscono un visibilio. Se nell'aprirli troverete dei bacolini nel gambo, tagliate via soltanto quella parte che essi avevano cominciato a guastare.

Teneteli esposti continuamente al sole per due o tre giorni, poi infilateli e teneteli all'aria ventilata ed anche nuovamente al sole finché non saranno secchi del tutto. Allora riponeteli e teneteli ben chiusi in un cartoccio o in un sacchetto di carta; ma a lunghi intervalli non mancate di visitarli, perché i funghi hanno il vizio di rinvenire; se ciò accadesse, bisogna di nuovo esporli per qualche ora alla ventilazione. Senza questo custodimento c'è il caso che li troviate tutti bacati.

Per servirsene vanno rammolliti nell'acqua calda; ma teneteceli il meno possibile, onde non perdano l'odore.

399. PETONCIANI

Il petonciano o melanzana è un ortaggio da non disprezzarsi per la ragione che non è né ventoso, né indigesto. Si presta molto bene ai contorni ed anche mangiato solo, come piatto d'erbaggi, è tutt'altro che sgradevole, specialmente in quei paesi dove il suo gusto amarognolo non riesce troppo sensibile. Sono da preferirsi i petonciani piccoli e di mezzana grandezza, nel timore che i grossi non siano amari per troppa maturazione.

Petonciani e finocchi, quarant'anni or sono, si vedevano appena sul mercato di Firenze; vi erano tenuti a vile come cibo da ebrei, i quali dimostrerebbero in questo, come in altre cose di maggior rilievo, che hanno sempre avuto buon naso più de' cristiani.

I petonciani fritti possono servire di contorno a un piatto di pesce fritto; fatti in umido, al lesso; in gratella, alla bistecca, alle braciole di vitella di latte o a un arrosto qualunque.

400. PETONCIANI FRITTI

Sbucciateli, tagliateli a tocchetti piuttosto grossi, salateli e lasciateli stare per qualche ora.

Asciugateli dall'umido che hanno buttato, infarinateli e friggeteli nell'olio.

401. PETONCIANI IN UMIDO

Sbucciateli, tagliateli a tocchetti e metteteli al fuoco con un po' di burro. Quando lo avranno succhiato tirateli a cottura colla salsa di pomodoro n. 125.

402. PETONCIANI IN GRATELLA

Tagliateli a metà per il lungo senza sbucciarli, fate loro delle incisioni graticolate sulla parte bianca, conditeli con sale, pepe e olio, poneteli in gratella dalla parte della buccia; poi copriteli con un coperchio o tegame di ferro e cuoceteli fra due fuochi, che così non hanno bisogno d'esser voltati; a mezza cottura date loro un'altra untatina d'olio. Saranno cotti quando la polpa è diventata morbida.

403. TORTINO DI PETONCIANI

Sbucciate sette od otto petonciani, tagliateli a fettine rotonde e salateli onde buttino fuori l'acqua. Dopo qualche ora infarinateli e friggeteli nell'olio.

Prendete un vassoio che regga al fuoco e, suolo per suolo, conditeli con parmigiano grattato e colla salsa di pomodoro n. 125, disponendoli in modo che facciano una bella colma. Frullate un uovo con una presa di sale, una cucchiaiata di detta salsa, un cucchiaino di parmigiano, due di pangrattato, e con questo composto copritene la superficie. Ponete il vassoio sotto al coperchio del forno da campagna, col fuoco sopra, e quando l'uovo sarà rappreso, mandate il tortino in tavola. Può servire solo, per tramesso o accompagnato da un piatto di carne. La copertura d'uovo serve a dare al piatto migliore apparenza.

404. CARDONI IN TEGLIA

I cardoni, detti volgarmente *gobbi*, per la loro affinità coi carciofi, si possono cucinare come questi (n. 246), se non che, dopo aver nettati bene i cardoni dai filamenti di cui è intessuta la parte esterna, si deve dar loro metà cottura in acqua salata, gettandoli subito dopo nell'acqua fresca, onde non anneriscano.

Tagliateli a pezzetti, infarinateli e quando l'olio comincia a bollire, buttateli giù e conditeli con sale e pepe. Le uova frullatele prima e aspettate di versarle quando i cardoni saranno rosolati da ambedue le parti.

Il cardone è un erbaggio sano, di facile digestione, rinfrescante, poco nutritivo ed insipido; perciò è bene dargli molto condimento, come è indicato al n. 407.

È poi tale la sua affinità coi carciofi, che sotterrando i fusti di quest'ultima pianta, quando non dà più frutti, si ottengono i così detti *carducci*.

405. CARDONI IN UMIDO

Dopo averli lessati come i precedenti, metteteli in umido con un battutino d'aglio e prezzemolo; olio, sale e pepe.

Se li desiderate più grati al gusto e di più bella apparenza, copriteli di una salsa d'uovo e limone quando sono già sul vassoio. Frullate qualche uovo con agro di limone, mettete il liquido al fuoco in una cazzarolina girando il mestolo, e versatelo quando comincia a condensarsi. Se non usate la salsa conditeli almeno con un pizzico di parmigiano.

406. CARDONI IN GRATELLA

Non è un piatto da raccomandarsi molto, ma se volete provarlo, dopo aver lessati i cardoni, asciugateli bene, lasciate le costole lunghe un palmo, conditeli generosamente con olio, pepe e sale e rosolateli in gratella. Possono servir per contorno a una bistecca o ad un pesce in gratella.

407. CARDONI CON LA BALSAMELLA

Scartate le costole più dure, le altre nettatele dai filamenti e lessatele a mezza cottura. Qui, sia detto una volta per tutte, gli erbaggi vanno messi al fuoco ad acqua bollente e i legumi ad acqua diaccia. Tagliate le costole dei cardoni a pezzetti lunghi tre dita circa e tirateli a sapore con burro e sale a sufficienza, terminate di cuocerli aggiungendo latte, o meglio panna, poi legateli con un poco di *balsamella* n. 137. Aggiungete un pizzico di parmigiano grattato e levateli subito senza più farli bollire. Questo è un eccellente contorno agli stracotti, alle bracioline, allo stufatino di rigaglie e ad altri simili piatti. Nella stessa maniera si possono cucinare le rape a dadi grossi, le patate e gli zucchini a spicchi, ma questi ultimi non vanno lessati.

408. TARTUFI ALLA BOLOGNESE, CRUDI, ECC.

La gran questione dei Bianchi e dei Neri che fece seguito a quella dei Guelfi e dei Ghibellini e che desolò per tanto tempo l'Italia, minaccia di riaccendersi a proposito dei tartufi, ma consolatevi, lettori miei, che questa volta non ci sarà spargimento di sangue; i partigiani dei *bianchi* e dei *neri,* di cui ora si tratta, sono di natura molto più benevola di quei feroci d'allora.

Io mi schiero dalla parte dei bianchi e dico e sostengo che il *tartufo nero* è il peggiore di tutti; gli altri non sono del mio avviso e sentenziano che il nero è più odoroso e il bianco è di sapore più delicato: ma non riflettono che i neri perdono presto l'odore. I bianchi di Piemonte sono da tutti riconosciuti pregevoli, e i bianchi di Romagna, che nascono in terreno sabbioso, benché sappiano d'aglio, hanno molto profumo. Comunque sia, lasciamo in sospeso la gran questione per dirvi come si preferisce di cucinarli a Bologna, *Bologna la grassa per chi vi sta, ma non per chi vi passa.*

Dopo averli bagnati e nettati, come si usa generalmente, con uno spazzolino tuffato nell'acqua fresca, li tagliano a fette sottilissime e, alternandoli con altrettante fette sottilissime di parmigiano, li dispongono a suoli in un vassoio di rame stagnato, cominciando dai tartufi. Li condiscono con sale, pepe e molto olio del migliore, e appena hanno alzato il bollore, spremono sui medesimi un limone togliendoli subito dal fuoco. Alcuni aggiungono qualche pezzetto di burro; se mai mettetene ben poco per non renderli troppo gravi. Si usa pure mangiare i tartufi crudi tagliati a fette sottilissime e conditi con sale, pepe e agro di limone.

Legano bene anche con le uova. Queste frullatele e conditele con sale e pepe. Mettete al fuoco burro in proporzione e quando sarà strutto versateci le uova e dopo poco i tartufi a fette sottili, mescolando.

A tutti è nota la natura calida di questo cibo, quindi mi astengo dal parlarne perché potrei dirne delle graziose. Pare che i tartufi venissero per la prima volta conosciuti in Francia nel Périgord sotto Carlo V.

Io li ho conservati a lungo nel seguente modo, ma non sempre mi è riuscito: tagliati a fette sottili, asciugati al fuoco, conditi con sale e pepe, coperti d'olio e messi al fuoco per far loro alzare il bollore. Da crudi si usa tenerli fra il riso per comunicare a questo il loro profumo.

409. CIPOLLINE AGRO-DOLCI

Non è piatto che richieda molto studio, ma solo buon gusto per poterlo dosare convenientemente; se fatto bene, riuscirà un eccellente contorno al lesso.

Per cipolline intendo quelle bianche, grosse poco più di una noce. Sbucciatele, nettatele dal superfluo e date loro una scottatura in acqua salata. Per un quantitativo di grammi 300 circa mettete al fuoco all'asciutto, in una cazzaruola, grammi 40 di zucchero e, quando è liquefatto, grammi 15 di farina; rimuovete continuamente col mestolo e quando l'intriso sarà divenuto rosso, gettateci a poco per volta due terzi di bicchier d'acqua con aceto e lasciate bollire il liquido tanto che se si formano dei grumi si possano sciogliere tutti. Allora buttate giù le cipolline e scuotete spesso la cazzaruola, avvertendo di non toccarle col mestolo per non guastarle. Assaggiatele prima di servirle, perché se occorre zucchero o aceto siete sempre in tempo ad aggiungerli.

410. CIPOLLINE IN ISTUFA

Spellatele e, pareggiatone il capo e la parte inferiore, gettatele nell'acqua bollente salata e fatele bollire per dieci minuti. Mettete a soffriggere un pezzetto di burro e quando avrà preso il color nocciuola, collocateci le cipolline tutte a un pari, condite con sale e pepe; dopo che saranno rosolate da una parte voltatele dall'altra, quindi bagnatele con sugo di carne, legandole con una presa di farina impastata nel burro.

Mancandovi il sugo, cucinatele in bianco nella seguente maniera: dopo lessate e tenute nell'acqua fresca mettetele in una cazzaruola con un mazzetto guarnito, una piccola fetta di prosciutto, un pezzetto di burro e un ramaiuolo di brodo. Conditele con pepe e poco sale, copritele con fette sottilissime di lardone e sopra queste accostate un foglio di carta unto di burro. Terminate di cuocerle fra due fuochi e servitele per contorno insieme col sugo ristretto che resta.

411. CIPOLLINE PER CONTORNO AI COTEGHINI

Dopo averle lessate, come nella ricetta precedente, mettetele a soffriggere nel burro, conditele con sale e pepe, bagnatele col brodo del coteghino ed aggraziatele con aceto e zucchero. Per 28 o 30 cipolline basteranno grammi 50 di burro, mezzo ramaiuolo di brodo digrassato di coteghino, mezzo cucchiaio d'aceto e un cucchiaino di zucchero.

412. SEDANI PER CONTORNO

Gli antichi, ne' banchetti, s'incoronavano colla pianta del sedano, credendo di neutralizzare con essa i fumi del vino. Il sedano è grato al gusto per quel suo aroma speciale; per questo e per non esser ventoso merita un posto fra gli erbaggi salubri. Preferite quello di costola piena e servitevi solo delle costole bianche e del gambo, che sono le parti più tenere.

Eccovi tre maniere diverse per cucinarlo; per le prime due sarà bene che diate ai pezzi la lunghezza di 10 centimetri, e per la terza di 5 soltanto. Il gambo dopo averlo sbucciato, tagliatelo in croce, e lasciatelo unito alla costola, poi fate bollire quest'ortaggio in acqua alquanto salata non più di cinque minuti e levatelo asciutto:

1ª. Mettetelo a soffriggere nel burro, poi tiratelo a cottura col sugo di carne e uniteci del parmigiano quando lo mandate in tavola.

2ª. Ammesso che i sedani da crudi. siano dai grammi 200 ai 250, ponete in una cazzaruola grammi 30 di burro e un battutino con grammi 30 di prosciutto, grasso e magro, tritato fine insieme con un quarto di cipolla di media grandezza. Aggiungete due chiodi di garofano e fate bollire. Quando la cipolla avrà preso colore, versate brodo e tirate il soffritto a cottura. Allora passate ogni cosa e ponete il sugo in un tegame ove i sedani stiano distesi, conditeli con una presa di pepe, perché il sale non occorre, e mandateli in tavola col loro sugo.

3ª. Infarinatelo, immergetelo nella pastella n. 156 e friggetelo nello strutto o nell'olio; oppure, che è meglio, dopo averlo infarinato, immergetelo nell'uovo, panatelo e friggetelo. Quest'ultima cucinatura de' sedani si presta più delle altre per contorno agli umidi di carne coll'intinto dei quali li bagnerete.

413. SEDANI PER CONTORNO AL LESSO

Servitevi delle costole bianche e tagliatele a pezzetti di due centimetri circa. Lessateli per cinque minuti nell'acqua salata e metteteli a soffriggere nel burro. Poi legateli con la *balsamella* del n. 137, tenuta piuttosto soda, e date loro sapore col parmigiano.

414. LENTICCHIE INTERE PER CONTORNO

Le lenticchie per contorno agli zamponi si dovrebbero tirare a sapore, dopo cotte nell'acqua, col burro e sugo di carne. In mancanza di questo, mettetele a bollire con un mazzetto odoroso e dopo cotte e scolate bene dall'acqua, rifatele con un battutino di prosciutto grasso e magro, un pezzetto di burro e poca cipolla. Quando questa sarà ben rosolata, versate nel soffritto un ramaiuolo o due di brodo digrassato del coteghino o dello zampone. Lasciatelo bollire un poco, passatelo, e in questo sugo rifate le lenticchie aggiungendo un altro pezzetto di burro, sale e pepe. Se il coteghino non è ben fresco, servitevi di brodo.

415. LENTICCHIE PASSATE PER CONTORNO

Questo si chiamerebbe alla francese *purée* di lenticchie; ma il Rigutini ci avverte che la vera parola italiana è *passato,* applicabile ad ogni specie di legumi, le patate inclusive. Dunque, per fare un *passato,* e non un *presente,* colle lenticchie, mettetele a cuocere nell'acqua con un pezzetto di burro e quando saranno cotte, ma non spappolate, passatele per istaccio. Fate un battutino di cipolla (poca però, perché non si deve sentire), prezzemolo, sedano e carota; mettetelo al fuoco con burro quanto basta e quando sarà ben rosolato, fermatelo con un ramaiuolo di brodo che può anche essere quello digrassato del coteghino. Colatelo e servitevi di quel sugo per dar sapore al *passato,* non dimenticando il sale ed il pepe ed avvertite che è bene resti sodo il più possibile.

416. CARCIOFI IN SALSA

Levate ai carciofi le foglie dure, spuntateli e sbucciatene il gambo. Divideteli in quattro parti, o al più in sei se sono grossi, metteteli al fuoco con burro in proporzione e conditeli con sale e pepe. Scuotete la cazzaruola per voltarli e quando avranno tirato a sé buona parte dell'umido, bagnateli con brodo per cuocerli del tutto. Levateli asciutti, e nell'intinto che resta versate un pizzico di prezzemolo tritato, un cucchiaino o due di pangrattato ben fine, sugo di limone, altro sale e pepe se occorrono e, mescolando, fate bollire alquanto; poi ritirate la salsa dal fuoco e quando non sarà più a bollore, aggiungete un rosso d'uovo o due, secondo la quantità, e rimettetela per poco al fuoco con altro brodo per renderla sciolta. Versateci i carciofi per riscaldarli e serviteli specialmente per contorno al lesso.

417. CARCIOFI IN UMIDO COLLA NEPITELLA

Se vi piacesse di sentire questi carciofi con l'odore della nepitella, ecco come dovete regolarvi. Levate ai carciofi tutte le foglie non mangiabili e divideteli in quattro spicchi ognuno, od anche in sei se sono grossi; infarinateli e poneteli al fuoco in una teglia di rame, con olio in proporzione, condendoli con sale e pepe. Quando li avrete rosolati uniteci un battutino composto di uno spicchio d'aglio, o di mezzo soltanto se i carciofi sono pochi, e un buon pizzico di nepitella fresca. Quando avranno tirato l'umido terminate di cuocerli con sugo di pomodoro o conserva sciolta nell'acqua.

Possono servir di contorno o esser mangiati soli.

418. CARCIOFI RITTI

Così chiamansi a Firenze i carciofi cucinati semplicemente nella seguente maniera: levate loro soltanto le piccole e inutili foglie vicine al gambo tagliando quest'ultimo. Svettate col coltello la cima e allargate alquanto le foglie interne. Collocateli ritti in un tegame, insieme coi gambi sbucciati e interi; conditeli con sale, pepe e olio, il tutto a buona misura. Fateli soffriggere tenendoli coperti, e, quando saranno ben rosolati, versate nel tegame un po' d'acqua e con la medesima finite di cuocerli.

419. CARCIOFI RIPIENI

Tagliate loro il gambo alla base, levate le piccole foglie esterne e lavateli. Poi svettateli come i precedenti ed aprite le loro foglie interne in maniera da poter recidere con un temperino il grumolino di mezzo, e toltogli il pelo se vi fosse nel centro, serbate soltanto le tenere foglioline per unirle al ripieno. Questo, se dovesse, ad esempio, servire per sei carciofi, componetelo delle foglioline anzidette, di 50 grammi di prosciutto più grasso che magro, di un quarto di cipolla novellina, aglio quanto la punta di un'unghia, qualche foglia di sedano e di prezzemolo, un pizzico di funghi secchi fatti rinvenire, un pugnello di midolla di pane d'un giorno, ridotta in bricioli, e una presa di pepe.

Tritate prima il prosciutto con un coltello, poi ogni cosa insieme colla lunetta e con questo composto riempite i carciofi che condirete e cuocerete come i precedenti. Alcuni libri francesi suggeriscono di dare ai carciofi mezza cottura nell'acqua prima di riempirli, il che non approvo, sembrandomi che vadano a perdere allora la sostanza migliore, cioè il loro aroma speciale.

420. CARCIOFI RIPIENI DI CARNE

Per sei carciofi, componete il seguente ripieno:

Magro di vitella di latte, grammi 100.
Prosciutto più grasso che magro, grammi 30.
Un grumolino dei carciofi.
Un quarto di cipolla novellina.
Alcune foglie di prezzemolo.
Un pizzico di funghi secchi rammolliti.
Un pizzico di midolla di pane in bricioli.
Un pizzico di parmigiano grattato.
Sale, pepe e odore di spezie.

Quando i carciofi avranno preso colore col solo olio, versate un poco d'acqua e copriteli con un cencio bagnato tenuto fermo dal coperchio. Il vapore che emana, investendoli da tutte le parti, li cuoce meglio.

421. PASTICCIO DI CARCIOFI E PISELLI

È un pasticcio strano, ma potrebbe piacere a molti e perciò lo descrivo.

Carciofi, n. 12.
Piselli sgranati, grammi 150.
Burro, grammi 50.
Parmigiano grattato, grammi 50.
Sugo di carne, quanto basta.

Mondate i carciofi da tutte le foglie dure non mangiabili, divideteli in due parti e levate loro il pelo del centro se l'hanno. Date ad essi ed ai piselli mezza cottura di pochi minuti nell'acqua salata, gettateli dopo nell'acqua fresca, levateli, asciugateli bene ed i carciofi divideteli ancora in due parti. Tanto essi che i piselli metteteli al fuoco con grammi 40 del detto burro, conditeli con sale e pepe e tirateli col sugo di carne a giusta cottura. Coi restanti grammi 10 di burro, una cucchiaiata di farina e sugo suddetto fate una specie di *balsamella* per legare il composto, il quale, messo in un vassoio che regga al fuoco, lo condirete a strati con questa e col parmigiano.

Ora copritelo con la pasta frolla sottosegnata; doratela col rosso d'uovo, cuocete il pasticcio nel forno da campagna e servitelo caldo perché perde molto lasciandolo diacciare. Questa quantità può bastare a sette od otto persone.

Pasta frolla

Farina, grammi 230.
Zucchero a velo, grammi 85.
Burro, grammi 70.
Lardo, grammi 30.
Uova, n. 1.

422. CARCIOFI IN GRATELLA

A tutti è noto come si possono cuocere i carciofi in gratella e contornar coi medesimi una bistecca o un arrosto qualunque. In questo caso scegliete carciofi teneri, svettateli, tagliatene il gambo alla base e lasciateli con tutte le loro foglie. Allargateli alquanto perché prendano bene il condimento, il quale d'altro non deve essere composto che d'olio, pepe e sale. Collocateli ritti sulla gratella e se occorre per tenerli fermi, infilzateli in uno stecco verso il gambo a due o tre insieme. Date loro un'altra untatina a mezza cottura e lasciateli sul fuoco finché le foglie esterne non siano bruciate.

423. CARCIOFI SECCATI PER L'INVERNO

Nelle città meridionali, dove i carciofi si trovano quasi in tutti i mesi dell'anno, è inutile prendersi il disturbo di seccarli, tanto più che tra il carciofo fresco e il secco la differenza è grande; ma fanno comodo in que' paesi dove, passata la stagione, più non si trovano.

Preparateli nel colmo della raccolta quando costano poco; però vanno scelti di buona qualità e giusti di maturazione. Levate loro tutte le foglie coriacee, spuntateli, mondate un buon tratto del loro gambo e tagliateli in quattro spicchi recidendone il pelo, se qualcuno l'avesse. Via via che li tagliate gettateli nell'acqua fresca acidulata con aceto o limone onde non diventino neri e per lo stesso motivo metteteli al fuoco in un vaso di terra contenente acqua bollente alla quale sarà bene dare odore con un mazzetto di erbe aromatiche, come pepolino, basilico, foglie di sedano e simili. Dieci minuti di bollitura, ed anche soli cinque se sono teneri, saranno sufficienti per cuocerli a metà. Scolateli e metteteli in un graticcio ad asciugare al sole; poi infilateli e finite di seccarli all'ombra in luogo ventilato. Possibilmente non teneteli tanto al sole onde non prendano odore di fieno.

Quando si adoperano per fritto o per contorno agli umidi, si rammolliscono nell'acqua bollente.

424. PISELLI ALLA FRANCESE I

Questa che vi do è la dose per un litro di piselli freschi.

Prendete due cipolle novelline, tagliatele a metà per la loro lunghezza, richiudetele con alcuni gambi di prezzemolo in mezzo e legatele. Ciò fatto, mettetele al fuoco con grammi 30 di burro e rosolate che sieno, versate sulle medesime un buon ramaiuolo di brodo.

Fate bollire e quando le cipolle saranno spappolate, passatele, spremendole, insieme col sugo che rimetterete al fuoco coi piselli e con due grumoli interi di lattuga. Conditeli con sale e pepe e fateli bollire adagio. A mezza cottura aggiungete altri grammi 30 di burro intriso in una cucchiaiata non colma di farina e versate brodo, se occorre. Prima di mandarli in tavola legateli con due rossi d'uovo sciolti in un po' di brodo. In questo modo riescono assai delicati.

425. PISELLI ALLA FRANCESE II

Questa ricetta è più semplice e più sbrigativa della precedente, ma non è però così fine. Trinciate alquanta cipolla a fette sottilissime e mettetela al fuoco in una cazzaruola con un pezzo di burro. Quando sarà bene rosolata versate un pizzico di farina, mescolate, e dopo aggiungete, a seconda della quantità, un ramaiuolo o due di brodo e lasciate cuocere la farina. Versate i piselli, conditeli con sale e pepe e, a mezza cottura, aggiungete un grumolo o due interi di lattuga. Fate bollire adagio badando che il sugo non riesca troppo denso.

Alcuni indolciscono i piselli con un cucchiaino di zucchero; ma in questo caso mettetene poco, perché il dolce deve sembrar naturale e non messo ad arte.

Quando li servite levate la lattuga.

426. PISELLI COL PROSCIUTTO

Lasciamo agl'Inglesi il gusto di mangiare i legumi lessati senza condimento o, al più, con un poco di burro; noi, popoli meridionali, abbiamo bisogno che il sapore delle vivande ecciti alquanto.

In nessun altro luogo ho trovato buoni i piselli come nelle trattorie di Roma, non tanto per l'eccellente qualità degli ortaggi di quella città, quanto perché colà ai piselli si dà il grato sapore del prosciutto affumicato. Avendo con qualche prova tentato d'indovinare come si preparino, se non ho raggiunto quella stessa bontà mi ci sono appressato, ed ecco come:

Dividete in due parti per il lungo, secondo la quantità dei piselli, una o due cipolle novelline e mettetele al fuoco con olio e alquanto prosciutto grasso e magro tagliato a piccoli dadi. Fate soffriggere finché il prosciutto sia raggrinzito; allora gettate dentro i piselli, conditeli con poco o punto sale e una presa di pepe; mescolate e finiteli di cuocere col brodo, aggiungendovi un poco di burro.

Serviteli, o soli come piatto di legume, o per contorno; ma prima gettate via tutta la cipolla.

427. PISELLI COLLA CARNESECCA

I piselli vengono bene anche nella seguente maniera, ma gli antecedenti appartengono di più alla cucina fine. Mettete al fuoco un battutino di carnesecca, aglio, prezzemolo e olio; conditelo con poco sale e pepe, e quando l'aglio avrà preso colore, buttate giù i piselli. Tirato che abbiano l'unto, finite di cuocerli con brodo o, in mancanza di questo, con acqua.

I gusci dei piselli, se sono teneri e freschi, si possono utilizzare cotti nell'acqua e passati dallo staccio. Si ottiene così una *purée,* cioè un passato che, sciolto nel brodo, aggiunge delicatezza a una zuppa di erbaggi o ad una minestra di riso e cavolo. Si può anche mescolarlo all'acqua del risotto coi piselli n. 75.

428. SFORMATO DI PISELLI FRESCHI

Piselli sgranati, grammi 600.
Prosciutto grasso e magro, grammi 50.
Burro, grammi 30.
Farina, grammi 20.
Uova, n. 3.
Parmigiano, una cucchiaiata.

Fate un battutino col prosciutto suddetto, una piccola cipolla novellina e un pizico di prezzemolo. Mettetelo al fuoco con olio e quando avrà preso colore versate i piselli condendoli con sale e pepe. Cotti che siano passatene una quarta parte e il passato unitelo a un intriso composto col burro e la farina indicati e diluito sul fuoco con sugo di carne o brodo. Poi mescolate ogni cosa insieme, il parmigiano compreso, e cuocete il composto a bagno-maria in uno stampo liscio col foglio imburrato sotto.

429. FAVE FRESCHE IN ISTUFA

Prendete baccelli di fave grosse e granite; sgranatele e sbucciatele.

Tritate fine una cipolla novellina, mettetela al fuoco con olio, e quando comincia a rosolare, gettate nel soffritto prosciutto grasso e magro tagliato a dadini. Dopo poco versate le fave, conditele con pepe e poco sale e quando avranno preso il condimento, aggiungete un grumolo o due, a seconda della quantità delle fave, di lattuga tagliata all'ingrosso e finite di cuocerle con brodo, se occorre.

430. POMODORI RIPIENI

Prendete pomodori di mezzana grandezza e maturi; tagliateli in due parti eguali, levatene i semi, conditeli con sale e pepe e riempite i buchi formati col seguente composto, in modo che sopravanzi e faccia la colma sulla superficie del pomodoro medesimo.

Fate un battutino con cipolla, prezzemolo e sedano, mettetelo al fuoco con un pezzetto di burro e quando avrà preso colore, versateci un pugnello di funghi secchi rammolliti e tritati finissimi; aggiungete un cucchiaio di pappa col latte, condite con sale e pepe, e fate bollire alquanto, bagnando il composto col latte, se occorre. Tolto dal fuoco aggiungete, quando sarà tiepido, parmigiano grattato e un uovo oppure il rosso soltanto, se è sufficiente a rendere il composto non troppo liquido. Preparati così i pomodori, cuoceteli in una teglia fra due fuochi con un po' di burro e olio insieme e serviteli per contorno a un arrosto qualunque o a una bistecca in gratella. Si posson fare più semplici con un battutino di aglio e prezzemolo mescolato con pochissimo pangrattato, sale e pepe e conditi coll'olio quando sono nella teglia.

Per contorno al lesso vengono eccellenti nella seguente maniera. Prendete un tegame largo oppure una teglia, spargete sulla medesima dei pezzettini di burro e sopra questi collocate, dalla parte della buccia, pomodori tagliati a metà dopo averne levati i semi. Conditeli con sale, pepe e un poco d'olio, spargete sui medesimi altri pezzettini di burro e cuoceteli a vaso scoperto.

431. CAVOLFIORE COLLA BALSAMELLA

I cavoli tutti, siano bianchi, neri, gialli o verdi, sono figliuoli o figliastri di Eolo, dio dei venti, e però coloro che il vento non possono sopportare rammentino che per essi queste piante sono vere *crocifere,* così chiamate perché i loro fiori portano quattro petali in forma di croce. Levate a una grossa palla di cavolfiore le foglie e le costole verdi, fatele un profondo taglio in croce nel gambo e cuocetela in acqua salata. Tagliatela poscia a spicchiettini e tiratela a sapore con burro, sale e pepe. Mettetela in un vassoio che regga al fuoco, buttateci sopra un pizzico scarso di parmigiano, copritela tutta colla *balsamella* del n. 137 e rosolatene la superficie. Servite questo cavolfiore caldo come tramesso o, meglio, accompagnato da un umido di carne o da un pollo lessato.

432. SAUER-KRAUT I

Non è questo il vero *sauer-kraut,* il quale bisogna lasciar fare ai tedeschi: è una pallida imitazione di quello, che però non riesce sgradevole come contorno ai coteghini, agli zamponi ed anche al lesso comune.

Prendete una palla di cavolo bianco, nettatela dalle foglie verdi a grosse costole e tagliatela, in quattro spicchi, cominciando dal gambo. Lavateli bene nell'acqua fresca e poi, con un coltello lungo ed affilato, tagliateli per traverso ben sottili come fareste pei taglierini. Ridotto il cavolo a questo modo, ponetelo in un vaso di terra con un pizzico di sale e versategli sopra acqua bollente fino a coprirlo. Quando sarà diaccio levatelo via strizzandolo bene, poi rimettetelo nel vaso asciutto con un dito di aceto forte mescolato in un bicchier d'acqua fresca. Se la palla di cavolo sarà molto grossa, raddoppiate la dose. Lasciatelo in infusione diverse ore, tornate a strizzarlo bene e mettetelo a cuocere nella seguente maniera.

Tritate fine una fetta proporzionata di prosciutto grasso o di carnesecca e mettetela con un pezzetto di burro in una cazzaruola; quando avranno soffritto un poco, gettateci il cavolo e tiratelo a cottura con brodo di coteghino o di zampone, se questi sono insaccati di fresco e non troppo piccanti, altrimenti servitevi di brodo. Prima di mandarlo in tavola assaggiatelo se sta bene di aceto, il quale deve leggermente sentirsi, e di sale.

A proposito di salumi, in qualche provincia d'Italia, avendo il popolo preso il vizio delle abbondanti e frequenti libazioni a Bacco, si è guasto il senso del palato; per conseguenza i pizzicagnoli dovendo uniformarsi a un gusto pervertito, impinzano le carni porcine di sale, di pepe e di droghe piccanti a dispetto de' buongustai che le aggredirebbero leggiere di condimento e di sapore delicato come quelle, ad esempio, che si manipolano, più che altrove, nel modenese.

433. SAUER-KRAUT II

Può servire per contorno ai coteghini e al lesso come quello del numero precedente. Prendete una palla di cavolo cappuccio o verzotto, tagliatelo a listarelle della larghezza di un centimetro circa e tenetelo in molle nell'acqua fresca. Levatelo dall'acqua senza spremerlo e pigiatelo in una cazzaruola sopra al fuoco per fargli far l'acqua, che poi scolerete strizzandolo col mestolo. Fate un battuto con un quarto di una grossa cipolla, un po' di carnesecca tritata fine, e un pezzetto di burro; quando avrà preso colore versate il cavolo anzidetto con un pezzo di carnesecca intera tramezzo, che poi leverete, e conditelo con sale e pepe. Fatelo bollire adagio, bagnandolo con brodo per tirarlo a cottura e per ultimo aggiungete un poco d'aceto e un cucchiaino di zucchero, ma in modo che l'aceto si faccia appena sentire.

434. BROCCOLI O TALLI DI RAPE ALLA FIORENTINA

I broccoli di rapa non sono altro che le messe o i talli delle rape, le quali soglionsi portare al mercato con qualche foglia attaccata. È un erbaggio dei più sani, usatissimo in Toscana; ma per la sua insipidezza e sapore amarognolo non è apprezzato in altre parti d'Italia, e nemmeno è portato sulla mensa del povero.

Nettate i broccoli dalle foglie più dure, lessateli, spremeteli dall'acqua e tagliateli all'ingrosso. Tritate due o tre spicchi d'aglio o lasciateli interi, e preso che abbiano colore con olio abbondante in padella, gettateci i broccoli, conditeli con sale e pepe, rimestateli spesso e lasciateli soffrigger molto. Possono servirsi per contorno al lesso o anche per mangiarli soli.

Se non vi piaccion così, lessateli e conditeli con olio e aceto. Nel febbraio e nel marzo si mettono in vendita i talli di questa pianta che sono teneri e delicati.

Nei paesi ove l'olio non è perfetto si può supplire col lardo; anzi, a gusto mio, soffritti con questo sono migliori.

435. BROCCOLI ROMANI

Questi broccoli, di cui a Roma si fa gran consumo, hanno le foglie di un verde cupo e il fiore nero o paonazzo.

Nettateli dalle foglie più dure e lessateli. Tolti dall'acqua bollente gettateli nella fredda e, dopo strizzati bene, tritateli all'ingrosso e gettateli in padella con lardo vergine (strutto), condendoli con sale e pepe. Tirato che abbiano tutto l'unto, annaffiateli con vino bianco dolce, continuate a strascinarli in padella finché l'abbiano tutto assorbito ed evaporato, indi serviteli ché saranno lodati.

Eccovi un altro modo di cucinar questi broccoli che così, senza lessarli, riescono migliori. Servitevi soltanto del fiore e delle foglie più tenere; queste tagliatele all'ingrosso e il fiore a piccoli spicchi. Mettete la padella al fuoco con olio in proporzione e uno spicchio d'aglio tagliato a fettine per traverso. Quando l'aglio comincia a rosolare gettate da crude in padella prima le foglie e poi il fiore, sale e pepe per condimento, e via via che, bollendo, si prosciugano rimestandoli sempre, andateli bagnando con un gocciolo d'acqua calda e, quasi a cottura completa, col vino bianco. Non potendo darvi di questo piatto le dosi precise abbiate la pazienza di far qualche prova (ne fo tante io!) per accertarvi del suo gusto migliore.

436. CAVOLO RIPIENO

Prendete una grossa palla di cavolo cappuccio o verzotto, nettatela dalle foglie dure della superficie, pareggiatele il gambo e datele mezza cottura in acqua salata. Mettetela capovolta a scolare, poi aprite le foglie ad una ad una fino al grumolo di mezzo e sul medesimo versate il ripieno; tirategli sopra tutte le foglie per benino, chiudetelo tutto e fategli una legatura in croce.

Il ripieno potete farlo con vitella di latte stracottata sola, od unita a fegatini e animelle, il tutto tritato fine. Per aggraziare e render delicato il composto, aggiungete un poco di *balsamella*, un pizzico di parmigiano, un rosso d'uovo e l'odore di noce moscata. Terminate di cuocere il cavolo nel sugo del detto stracotto, aggiungendovi un pezzetto di burro, con fuoco leggiero sotto e sopra.

Non volendo riempire il cavolo intero, si possono riempire le foglie più larghe ad una ad una avvolgendole sopra sé stesse a guisa di tanti rocchi.

Alla *balsamella* può supplire una midolla di pane inzuppata nel brodo o nel sugo.

437. CAVOLO BIANCO PER CONTORNO

Prendete una palla di cavolo cappuccio o verzotto, tagliatela in croce dalla parte del gambo per formarne quattro parti ed ognuna di queste tagliatela a piccoli spicchi. Tenetelo in molle nell'acqua fresca, e scottatelo in acqua salata e, tolto dal fuoco, scolatelo bene senza spremerlo. Fate un battuto di prosciutto e cipolla e mettetelo al fuoco con un pezzo di burro. Quando la cipolla avrà preso il rosso fermatela con un ramaiuolo di brodo, fate bollire un poco e poi passate il sugo. In questo sugo rimettete il cavolo con un pezzetto di prosciutto, conditelo con pepe e poco sale e fatelo bollire adagio per terminare di cuocerlo. Levate il prosciutto e mandatelo in tavola per contorno al lesso.

438. CAVOLO NERO PER CONTORNO

Levategli le costole dure, lessatelo e tritatelo fine. Se non avete sugo di carne fate un battutino di prosciutto e cipolla, mettetelo al fuoco con un pezzetto di burro e quando la cipolla sarà ben rosolata, bagnatela con un gocciolo di brodo e passate il sugo formatosi. In esso gettate il cavolo, conditelo con pepe, poco o punto sale, aggiungete un altro pezzetto di burro e altro brodo, se occorre, e servitelo per contorno al lesso o al coteghino. Alcuni usano per minestra, di arrostire fette di pane grosse un dito, di strofinarle coll'aglio, d'intingerle appena nell'acqua in cui ha bollito il cavolo nero, ponendoci sopra il cavolo stesso, ancora caldo, e condendolo con sale, pepe e olio. Questo, che chiamasi a Firenze *cavolo con le fette,* è un piatto da Certosini o da infliggersi per penitenza ad un ghiottone.

439. FINOCCHI COLLA BALSAMELLA

Prendete finocchi polputi, nettateli dalle foglie dure, tagliateli a piccoli spicchi, lavateli e scottateli nell'acqua salata. Metteteli a soffriggere nel burro e, quando l'avranno succhiato, tirateli a cottura intera col latte. Assaggiateli se stanno bene a sale, poi levateli asciutti e poneteli in un vassoio che regga al fuoco. Spolverizzateli di parmigiano e copriteli di *balsamella.* Rosolateli col fuoco sopra e serviteli col lesso o coll'umido.

440. FINOCCHI PER CONTORNO

Questa ricetta è più semplice della precedente, ed è egualmente opportuna per contorno al lesso.

Dopo averli tagliati a spicchi e scottati nell'acqua salata, soffriggeteli nel burro, tirateli a cottura col brodo, legateli con un pizzico di farina e quando li levate, date loro sapore con un poco di parmigiano.

441. PATATE ALLA SAUTÉ

Ciò vuol dire, in buono italiano, patate rosolate nel burro. Sbucciate le patate crude e tagliatele a fette sottili che porrete al fuoco in una teglia col burro, condendole con sale e pepe. Si addice molto il metterle sotto la bistecca quando questa si manda in tavola. Si possono anche friggere in padella coll'olio nella seguente maniera. Se sono patate novelline non occorre sbucciarle; basta strofinarle con un canovaccio ruvido. Tagliatele a fettine sottilissime e lasciatele nell'acqua fresca per un'ora circa; poi asciugatele bene fra le pieghe di un canovaccio e infarinatele. Avvertite di non arrostirle troppo e salatele dopo cotte.

442. PATATE TARTUFATE

Tagliate a fette sottili delle patate già mezzo lessate e ponetele a suoli in una tegliettina, intramezzate da tartufi, anch'essi a fette sottili, e da parmigiano grattato. Aggiungete qualche pezzetto di burro, sale e pepe, e quando cominciano a grillettare, annaffiatele con brodo o con sugo di carne. Prima di ritirarle dal fuoco strizzate sulle medesime un po' d'agro di limone e servitele calde.

443. PASSATO DI PATATE

Ormai in Italia se non si parla barbaro, trattandosi specialmente di mode e di cucina, nessuno v'intende; quindi per esser capito bisognerà ch'io chiami questo piatto di contorno non passato di...; ma *purée* di... o più barbaramente ancora patate *mâchées.*

Patate belle, grosse, farinacee, grammi 500.
Burro, grammi 50.
Latte buono, o panna, mezzo bicchiere.
Sale, quanto basta.

Lessate le patate, sbucciatele e, calde bollenti, passatele per istaccio. Poi mettete-le al fuoco in una cazzaruola coi suddetti ingredienti, lavorandole molto col mestolo on-de si affinino. Si conosce se le patate son cotte bucandole con uno stecco appuntato che deve passare da parte a parte liberamente.

444. INSALATA DI PATATE

Benché si tratti di patate vi dico che questo piatto, nella sua modestia, è degno di essere elogiato, ma non è per tutti gli stomachi.

Lessate grammi 500 di patate o cuocetele a vapore, sbucciatele calde, tagliatele a fette sottili e mettetele in un'insalatiera. Prendete:

Capperi sotto aceto, grammi 30.
Peperoni sotto aceto, n. 2.
Cetriolini sotto aceto, n. 5.
Cipolline sotto aceto, n. 4.
Acciughe salate e pulite, n. 4.
Una costola di sedano lunga un palmo.
Un pizzico di basilico; e tutte queste cose insieme tritatele minutissime e mettete-le in una scodella.

Prendete due uova sode, tritatele egualmente, poi stiacciatele con la lama di un col-tello ed unitele al detto battuto.

Conditelo con olio a buona misura, poco aceto, sale e pepe e, mescolato ben bene, servitevi di questa poltiglia, divenuta quasi liquida, per condir le patate, alle quali po-tete aggiungere, se vi piace, l'odore del regamo.

Questa dose può bastare per sei o sette persone ed è un piatto che può conservar-si anche per diversi giorni.

445. TORTINO DI ZUCCHINI

Tagliate gli zucchini a tocchetti grossi poco più delle nocciuole, rosolateli nel burro e conditeli con sale e pepe. Poi versateli in un vassoio che regga al fuoco, spol-verizzateli leggermente di parmigiano in cui avrete mescolato una presa di noce mosca-ta e copriteli di una *balsamella* sodettina. Rosolate alquanto la superficie col coperchio del forno da campagna e serviteli per tramesso o in compagnia del lesso o di un umi-do di carne.

446. TORTINO DI PATATE I

Questo piatto, come quello del n. 443, può servire per tramesso o solo o in compagnia di coteghini e zamponi.

Patate belle, grosse, farinacee, grammi 500.
Burro, grammi 50.
Latte buono, o panna, mezzo bicchiere.
Parmigiano grattato, due cucchiaiate.
Uova, n. 2.
Sale, quanto basta.

Eseguita che avrete la stessa fattura del n. 443, lasciatele diacciare ed aggiungete il parmigiano e le uova.

Prendete un piatto di rame da pasticcio o una teglia proporzionata, ungetela col burro, spolverizzatela di pangrattato fine e versatevi il composto dopo averlo ben mescolato. Dategli la forma di una schiacciata alta un dito o un dito e mezzo e ponetelo sotto il forno da campagna per rosolarlo. Servitelo caldo dalla parte sotto stante o superiore, dove è più appariscente. Invece di un tortino grande potete farne molti dei piccoli, od anche, per dar loro una forma elegante, porre il composto negli stampini.

447. TORTINO DI PATATE II

Il tortino di patate fatto nel seguente modo, mi sembra che venga meglio del precedente.

Patate, grammi 500.
Burro, grattami 50.
Farina, grammi 30.
Uova, n. 2.
Parmigiano, due cucchiaiate.
Latte, quanto basta.
Sale, quanto basta.

Fate una *balsamella* con la detta farina, con la metà del burro e il latte che occorre. Versate nella medesima le patate già cotte e passate. Lavoratele sopra al fuoco versando il burro rimanente, il sale e tanto altro latte che basti a farne una pasta non troppo morbida. Diaccia, aggiungete il resto e rosolate il composto come il precedente.

448. SPINACI PER CONTORNO

Lo spinacio è un erbaggio salubre, rinfrescante, emolliente, alquanto lassativo e di facile digestione quando è tritato. Dopo averli lessati e tritati fini colla lunetta si possono cucinare gli spinaci in questi diversi modi:

1°. Con solo burro, sale e pepe, aggiungendo un poco di sugo di carne, se lo avete, o qualche cucchiaiata di brodo od anche di panna.

2°. Con un piccolissimo soffritto di cipolla tritata fine e tirato col burro.

3°. Con solo burro, sale e pepe come i primi, aggiungendo un pizzico di parmigiano.

4°. Con burro, un gocciolo d'olio appena e sugo di pomodoro o conserva.

449. SPINACI DI MAGRO ALL'USO DI ROMAGNA

Lessateli con la sola acqua che grondano dall'averli tenuti in molle, spremeteli bene e metteteli in umido con un soffritto di olio, aglio, prezzemolo, sale e pepe, lasciandoli interi ed aggraziandoli con una presa di zucchero e alcuni chicchi d'uva secca a cui
siano stati tolti gli acini.

450. SPARAGI

Per dare agli sparagi aspetto più bello, prima di cuocerli, raschiate con un coltello la parte bianca e pareggiate l'estremità del gambo; poi legateli con uno spago in maz-
zi non troppo grossi, e perché restino verdi, salate l'acqua, immergendoli quando bolle forte e facendo vento onde il bollore riprenda subito. La cottura è giusta allorché gli
sparagi cominciano a piegare il capo; ma accertatevi meglio colle dita se cedono a una
giusta pressione, essendo bene che sieno piuttosto poco che troppo cotti. Quando li levate, gettateli nell'acqua fresca, ma poi toglieteli subito per servirli caldi come i più li
desiderano. Questo erbaggio, prezioso non solo per le sue qualità diuretiche e digesti-
ve, ma anche per l'alto prezzo a cui si vende, lessato che sia si può preparare in diverse maniere, ma la più semplice e la migliore è quella comune di condirli con olio finissimo e aceto o agro di limone. Nonostante, per variare, eccovi altri modi di prepara-
li, dopo averli lessati a metà.

Metteteli interi a soffriggere alquanto con la parte verde nel burro e, dopo averli
conditi con sale, pepe e un pizzico assai scarso di parmigiano, levateli versandoci sopra
il burro quando avrà preso il rosso. Oppure, dividete la parte verde dalla bianca e,
prendendo un piatto che regga al fuoco, disponeteli in questa guisa: spolverizzatene il
fondo con parmigiano grattato e distendeteci sopra le punte degli sparagi le une acco-
sto alle altre, conditele con sale, pepe, parmigiano e pezzetti di burro; fate un altro suolo di sparagi e conditeli al modo istesso proseguendo finché ne avrete; ma andate
scarsi a condimento onde non riescano nauseanti. Gli strati degli sparagi incrociateli come un fitto graticolato, metteteli sotto a un coperchio col fuoco sopra per scioglierne
il condimento, e serviteli caldi. Se avete sugo di carne, lessateli a metà e tirateli a cottura con quello, aggiungendo un poco di burro e una leggiera fioritura di parmigiano. In
un fritto misto potete anche servirvi delle punte verdi degli sparagi avvolgendole nella pastella del n. 156.

Altri e diversi modi di prepararli vengono indicati nei libri di cucina; ma il più sovente riescono intrugli non graditi dai buongustai. Nonostante v'indico la salsa del n.

124, che può piacere, se è mandata calda in tavola in una salsiera a parte, per condire con essa tanto gli sparagi quanto i carciofi tagliati in quarti e lessati.

Il cattivo odore prodotto dagli sparagi si può convertire in grato olezzo di viola mammola, versando nel vaso da notte alcune gocce di trementina.

451. SFORMATO DI ZUCCHINI PASSATI

Zucchini, grammi 600.
Parmigiano, grammi 40.
Uova, n. 4.

Fate un battuto con un quarto di cipolla, sedano, carota e prezzemolo. Mettetelo al fuoco con olio e quando avrà preso colore versate gli zucchini tagliati a tocchetti conditi con sale e pepe. Allorché saranno rosolati tirateli a cottura con acqua, passateli asciutti dallo staccio ed aggiungete il parmigiano e le uova.

Fate una *balsamella* con grammi 60 di burro, due cucchiaiate di farina e 4 decilitri di latte. Mescolate ogni cosa insieme e, servendovi di uno stampo liscio e bucato, cuocetelo a bagno-maria. Sformatelo caldo, riempite il vuoto con un umido delicato e servitelo.

Questa dose potrà bastare per otto o dieci persone

452. SFORMATO DI FUNGHI

Tutte le qualità di funghi possono fare al caso; ma io ritengo che i porcini sieno da preferirsi, esclusi però i grossissimi. Nettateli bene dalla terra e lavateli, poi tritateli minuti alla grossezza di un cece o anche meno. Metteteli al fuoco con burro, sale e pepe e quando avranno soffritto alquanto, tirateli a cottura con sugo di carne. Ritirati dal fuoco, legateli con *balsamella,* uova e parmigiano e assodate il composto a bagno-maria.

Grammi 600 di funghi in natura con cinque uova faranno uno sformato bastante per dieci persone.

Servitelo caldo e per tramesso.

453. CAVOLO VERZOTTO PER CONTORNO

Lessatelo a metà, strizzatelo dall'acqua, tritatelo colla lunetta, mettetelo al fuoco con burro e latte per tirarlo a cottura e salatelo. Quando sarà ben cotto unitegli della *balsamella* piuttosto soda; fate che s'incorpori bene sul fuoco col cavolo e aggiungete parmigiano grattato. Assaggiatelo per sentire se ha sapore e se è giusto di condimenti e servitelo per contorno al lesso o a un umido di carne; vedrete che piacerà molto per la sua delicatezza.

454. INSALATA RUSSA

La così detta insalata russa, ora di moda nei pranzi, conservatone il carattere fondamentale, i cuochi la intrugliano a loro piacere. La presente, fatta nella mia cucina, nella sua complicazione, è una delle più semplici.

Insalata, grammi 120.
Barbabietole, grammi 100.
Fagiuolini in erba, grammi 70.
Patate, grammi 50.
Carote, grammi 20.
Capperi sotto aceto, grammi 20.
Cetriolini sotto aceto, grammi 20.
Acciughe salate, n. 3.
Uova sode, n. 2.

L'insalata, che può essere di due o tre qualità, come sarebbe insalata romana (*lattugoni*), radicchio, lattuga, tagliatela a striscioline. Le barbabietole, i fagiuolini, le patate e le carote pesatele dopo lessate e tagliatele a piccoli dadi grossi meno di un cece e così pure le chiare e un rosso delle due uova assodate. I capperi lasciateli interi e i cetriolini tagliateli alla grossezza dei medesimi.

Le acciughe, pulite e toltane la spina, tagliatele a pezzettini, e fatto tutto questo mescolate ogni cosa insieme.

Ora preparate una maionese (vedi n. 126) con due rossi crudi e quello sodo rimasto e 2 decilitri di olio sopraffine. Quando sarà montata aggiungete l'agro di un limone, conditela con sale e pepe e versatela nel detto miscuglio rimestando bene onde lo investa tutto.

Sciogliete al fuoco tre fogli di colla di pesce in due dita, di bicchiere, d'acqua dopo di averla tenuta in molle qualche ora e, sciolta che sia, versatene quanto è grosso un soldo sul fondo di uno stampo liscio e il resto mescolatelo nel composto che poi verserete nel detto stampo per metterlo in ghiaccio. Per isformarla facilmente, bagnate lo stampo con acqua calda e se volete darle un'apparenza più bella ed elegante, quando nello stampo avrete versato lo strato sottile di colla di pesce, prima d'aggiungere il composto ci potrete fare sopra un ornato a diversi colori coll'erbaggio, le chiare e il rosso delle uova sode sopraccennate.

Questa dose potrà bastare per otto o dieci persone.

PIATTI DI PESCE

QUALITÀ E STAGIONE DEI PESCI

Tra i pesci comuni, i più fini sono: lo storione, il dentice, l'ombrina, il ragno, la sogliola, il rombo, il pesce San Pietro, l'orata, la triglia di scoglio, la trota d'acqua dolce; ottimi tutto l'anno, ma la sogliola e il rombo specialmente d'inverno.

Le stagioni per gli altri pesci più conosciuti sono: pel nasello, l'anguilla e i totani, tutto l'anno; ma l'anguilla è più adatta l'inverno e i totani sono migliori l'estate.

Pel muggine grosso di mare, il luglio e l'agosto; pel muggine piccolo (*cefalo*), l'ottobre e il novembre, ed anche tutto l'inverno. Pei ghiozzi, frittura e seppie, il marzo, l'aprile e il maggio. Pei polpi, l'ottobre. Per le sarde e le acciughe, tutto l'inverno fino all'aprile. Per le triglie (*barboni*), il settembre e l'ottobre. Pel tonno, dal marzo all'ottobre. Per lo sgombro, la primavera, specialmente il maggio; questo pesce, per la sua carne dura e tigliosa, si usa cuocerlo in umido; volendolo fare in gratella sarà bene metterlo al fuoco sopra un foglio grosso di carta unto e condirlo con olio, sale, pepe e qualche foglia di ramerino.

Tra i crostacei, uno de' più stimati è l'arigusta, o aragosta, buona tutto l'anno, ma meglio in primavera, e tra le conchiglie, l'ostrica, la quale ne' luoghi di ostricultura si raccoglie dall'ottobre all'aprile.

Il pesce, se è fresco, ha l'occhio vivace e lucido; lo ha pallido ed appannato se non è fresco. Un altro indizio della sua freschezza è il colore rosso delle branchie; ma queste potendo essere state colorite ad arte col sangue, toccatele con un dito e portatevelo al naso: l'odore vi farà la spia. Un altro carattere del pesce fresco è la sodezza delle carni, perché se sta molto nel ghiaccio diventa frollo e morbido al tatto.

I marinai dicono che, i crostacei e i ricci di mare, sono più pieni pescati durante il chiaro di luna.

455. CACCIUCCO I

Cacciucco! Lasciatemi far due chiacchiere su questa parola la quale forse non è intesa che in Toscana e sulle spiagge del Mediterraneo, per la ragione che ne' paesi che costeggiano l'Adriatico è sostituita dalla voce *brodetto.* A Firenze, invece, il brodetto è una minestra che s'usa per Pasqua d'uova, cioè una zuppa di pane in brodo, legata con uova frullate e agro di limone. La confusione di questi e simili termini fra provincia e provincia, in Italia, è tale che poco manca a formare una seconda Babele. Dopo l'unità della patria mi sembrava logica conseguenza il pensare all'unità della lingua parlata, che pochi curano e molti osteggiano, forse per un falso amor proprio e forse anche per la lunga e inveterata consuetudine ai propri dialetti.

Tornando al cacciucco, dirò che questo, naturalmente, è un piatto in uso più che altrove nei porti di mare, ove il pesce si trova fresco e delle specie occorrente al bisogno. Ogni pescivendolo è in grado di indicarvi le qualità che meglio si addicono a un buon cacciucco; ma buono quanto si voglia, è sempre un cibo assai grave e bisogna guardarsi dal farne una scorpacciata.

Per grammi 700 di pesce, trinciate fine mezza cipolla e mettetela a soffriggere con olio, prezzemolo e due spicchi d'aglio intero. Appena che la cipolla avrà preso colore, aggiungete grammi 300 di pomodori a pezzi, o conserva, e condite con sale e pepe. Cotti che siano i pomodori, versate sui medesimi un dito d'aceto se è forte, e due se è debole, diluito in un buon bicchier d'acqua. Lasciate bollire ancora per qualche minuto, poi gettate via l'aglio e passate il resto spremendo bene. Rimettete al fuoco il succo passato, insieme col pesce che avrete in pronto, come sarebbero, parlando dei più comuni, sogliole, triglie, pesce cappone, palombo, ghiozzi, *canocchie,* che in Toscana chiamassi *cicale,* ed altre varietà della stagione, lasciando interi i pesci piccoli e tagliando a pezzi i grossi. Assaggiate se sta bene il condimento; ma in ogni caso non sarà male aggiungere un po' d'olio tenendosi piuttosto scarsi nel soffritto. Giunto il pesce a cottura e fatto il cacciucco, si usa portarlo in tavola in due vassoi separati; in uno il pesce asciutto, nell'altro tante fette di pane, grosse un dito, quante ne può intingere il succo che resta, ma prima asciugatele al fuoco senza arrostirle.

456. CACCIUCCO II

Questo cacciucco, imparato a Viareggio, è assai meno gustoso dell'antecedente, ma più leggiero e più digeribile.

Per la stessa quantità di pesce pestate in un mortaio tre grossi spicchi d'aglio e dello zenzero fresco, oppure secco, per ridurlo in polvere. Per zenzero colà s'intende il peperone rosso piccante, quindi va escluso il pepe. Mettete questo composto al fuoco in un tegame o pentola di terra con olio in proporzione e quando avrà soffritto versateci un bicchiere di liquido composto di un terzo di vino bianco asciutto oppure rosso e il resto acqua. Collocateci il pesce, salatelo e poco dopo sugo di pomodoro o conserva sciolta in un gocciolo d'acqua. Fate bollire a fuoco ardente tenendo *sempre* il vaso coperto, non toccate mai il pesce per non romperlo, e lo troverete cotto in pochi minuti.

Servitelo come il precedente, con fette di pane a parte che asciugherete prima al fuoco senza arrostirle.

Se il pesce, prima di cuocerlo, resta crudo per diverse ore, si conserva meglio salandolo; ma allora è bene di lavarlo avanti di metterlo al fuoco.

457. PESCE AL PIATTO

Ritengo che il pesce, per essere alimento poco nutritivo, sia più igienico usarlo promiscuamente alla carne anziché cibarsi esclusivamente di esso ne' giorni magri, ammenoché non vi sentiate il bisogno di equilibrare il corpo per ripienezza di cibi troppo succolenti. Di più il pesce, in ispecie i così detti frutti di mare e i crostacei, per la quantità notevole d'idrogeno e di fosforo che contengono, sono eccitanti e non sarebbero indicati per chi vuol vivere in continenza.

Meglio è il servirsi per questo piatto di qualità diverse di pesce minuto; ma si può cucinare nella stessa maniera anche il pesce a taglio in fette sottili. Quando io l'ho fatto di sogliole e triglie, ho diviso le prime in tre parti. Dopo che avrete nettato, lavato e asciugato il pesce, ponetelo in un vaso di metallo o di porcellana che regga al fuoco e conditelo con un battuto d'aglio e prezzemolo, sale e pepe, olio, agro di limone e vino bianco buono.

Ponete in fondo metà del battuto con un po' d'olio, distendetegli sopra il pesce, e poi, versando dell'altro olio e il resto degli ingredienti, fate che il pesce vi sguazzi entro. Cuocetelo con fuoco sotto e sopra; se il vassoio è di porcellana posatelo sulla cinigia.

Non è piatto difficile a farsi e però vi consiglio di provarlo, persuaso che ve ne troverete contenti.

458. PESCE MARINATO

Sono parecchie le specie de' pesci che si possono marinare; ma io preferisco le sogliole e le anguille grosse. Se trattasi di sogliole friggetele prima nell'olio e salatele; se di anguilla tagliatela a pezzi lunghi circa mezzo dito e, senza spellarli, cuoceteli in gratella o allo spiedo. Quando hanno gettato il grasso conditeli con sale e pepe.

Prendete una cazzaruola e in essa versate, in proporzione del pesce, aceto, sapa (che qui ci sta come il cacio su' maccheroni), foglie di salvia intere, pinoli interi, uva passolina, qualche spicchio d'aglio tagliato in due per traverso e del candito a pezzettini. Mancandovi la sapa supplite collo zucchero e assaggiate per correggere il sapore dell'aceto, se fosse troppo forte. Fate che questo composto alzi il bollore e poi versatelo sul pesce che avrete collocato in un tegame di terra, disteso in modo che il liquido lo investa da tutte le parti. Fategli spiccare un'altra volta il bollore col pesce dentro, poi coprite il vaso e riponetelo.

Quando lo servite in tavola prendetene quella quantità che vi abbisogna con un poco dei suo intinto, unendovi anche porzione degli ingredienti che vi sono. Se col tempo il pesce prosciugasse, rinfrescatelo con un altro poco di marinato. Anche l'anguilla *scorpionata* che è messa in commercio, potete prepararla in questa maniera.

459. PESCE LESSO

Non sarà male avvertire che si usa cuocere il pesce lesso nella seguente maniera: si mette l'acqua occorrente, non però in molta quantità, al fuoco; si sala e prima di gettarvi il pesce si fa bollire per circa un quarto d'ora coi seguenti odori: un quarto o mezza cipolla, a seconda della quantità del pesce, steccata con due chiodi di garofani, pezzi di sedano e di carota, prezzemolo e due o tre fettine di limone; oppure (come alcuni credono meglio) si mette al fuoco con acqua diaccia e con gli odori indicati e, dopo cotto, si lascia in caldo nel suo brodo fino all'ora di servirlo. Con le fettine di limone strofinatelo prima tutto da crudo, che così rimane con la pelle più unita.

Il punto della cottura si conosce dagli occhi che schizzano fuori, dalla pelle che si distacca toccandola e dalla tenerezza che acquista il pesce bollendo. Mandatelo caldo in tavola, non del tutto asciutto dall'acqua in cui è stato cotto, e se desiderate vi faccia miglior figura, copritelo di prezzemolo naturale e collocatelo in mezzo a un contorno misto di barbabietole cotte nell'acqua se piccole, o in forno se grosse, e di patate lesse, tanto le une che le altre tagliate a fette sottilissime perché prendano meglio il condimento; unite, infine, qualche spicchio di uova sode. Non facendogli il contorno potete servirlo con le salse dei numeri 128, 129, 130, 132, 133 e 134.

Si può anche mandare in tavola il pesce lesso decorato nella seguente maniera che farà di sé bella mostra. Tagliato a pezzetti e colmatone un vassoio, intonacarlo tutto di maionese n. 126 e questa ornarla a disegno con filetti di acciughe salate e di capperi interi.

460. PESCE COL PANGRATTATO

Questo piatto, che può servire anche di tramesso, si fa specialmente quando rimane del pesce lessato di qualità fine. Tagliatelo a pezzetti, nettatelo bene dalle spine e dalle lische, poi ponetelo nella *balsamella* n. 137 e dategli sapore con sale quanto basta, parmigiano grattato e tartufi tagliati fini. Mancandovi questi ultimi, servitevi di un pizzico di funghi secchi rammolliti. Poi prendete un vassoio che regga al fuoco, ungetelo con burro e spolverizzatelo di pangrattato; versateci il composto e copritelo con un sottile strato pure di pangrattato. Per ultimo mettete sul mezzo del colmo un pezzetto di burro, rosolatelo al forno da campagna e servitelo caldo.

461. PESCE A TAGLIO IN UMIDO

Il pesce a taglio di cui potete servirvi per questo piatto di ottimo gusto, può essere il tonno, l'ombrina, il dentice o il ragno, chiamato impropriamente bronzino lungo le coste dell'Adriatico. Qualunque sia prendetene un pezzo di circa grammi 600 che potrà bastare per cinque persone.

Levategli le scaglie e, lavato ed asciugato, infarinatelo tutto e mettetelo a rosolare con poco olio. Levatelo asciutto, gettate via il poco olio rimasto e pulite la cazzaruola. Fate un battuto, tritato molto minuto, con mezza cipolla di mediocre grandezza, un pezzo di sedano bianco lungo un palmo e un buon pizzico di prezzemolo; mettetelo al fuoco con olio a sufficienza e conditelo con sale, pepe e un chiodo di garofano intero. Quando avrà preso colore fermatelo con molto sugo di pomodoro o conserva sciolta nell'acqua. Lasciatelo bollire un poco e poi collocateci il pesce per finirne la cottura, voltandolo spesso, ma vi prevengo di servirlo con molto del suo denso intinto onde vi sguazzi dentro.

462. PESCE SQUADRO IN UMIDO

Il pesce squadro o pesce angelo (*Rhína squatina*) è affine alle razze per avere il corpo depresso. La sua pelle, aspra e resistente, serve per pulimentare il legno e l'avorio e per foderare astucci, guaine di coltelli o di spade e cose simili. La sua carne è ordinaria, ma trattata nella seguente maniera riesce un piatto da famiglia non solo mangiabile, ma più che discretamente buono e di poca spesa, perché trovasi comune da noi.

Componete un battuto, tritato fine, con un buon pizzico di prezzemolo, mezza carota, un pezzo di sedano, mezzo spicchio d'aglio e, se il pesce fosse grammi 600 circa, cipolla quanto una grossa noce. Ponete il battuto al fuoco con olio in proporzione e quando sarà rosolato fermatelo con sugo di pomodoro o conserva sciolta in un mezzo bicchiere d'acqua. Conditelo con sale e pepe e collocateci sopra il pezzo del pesce che preferibilmente dev'essere dalla parte della coda, la quale è molto grossa. Cuocetelo adagio e quando sarà giunto a due terzi di cottura aggiungete, per legare la salsa e per dargli un gusto più delicato, un pezzetto di burro bene impiastricciato di farina e finite di cuocerlo.

463. NASELLO ALLA PALERMITANA

Prendete un nasello (merluzzo) del peso di grammi 500 a 600, tosategli tutte le pinne, eccetto quella della coda, lasciandogli la testa. Sparatelo lungo il ventre per levargli le interiora e la spina, spianatelo e conditelo con poco sale e pepe. Voltatelo dalla parte della schiena, ungetelo con olio, conditelo con sale e pepe, panatelo, poi collocatelo supino con due cucchiaiate d'olio sopra un vassoio che regga al fuoco o sopra una teglia.

Prendete tre grosse acciughe salate, o quattro, se sono piccole, nettatele dalle scaglie e dalle spine, tritatele e mettetele al fuoco con due cucchiaiate d'olio per disfarle, badando che non bollano. Con questa salsa spalmate il pesce nella parte di sopra, cioè sulla pancia e copritela tutta di pangrattato spargendovi sopra qualche foglia di ramerino, piacendovi. Cuocetelo fra due fuochi e fategli fare la crosticina, ma badate non risecchisca troppo, anzi perciò spargetegli sopra dell'altro olio e prima di levarlo strizzategli sopra un grosso mezzo limone. Credo potrà bastare per quattro o cinque persone se lo servite in tavola contornato da crostini di caviale o di acciughe e burro.

464. ROTELLE DI PALOMBO IN SALSA

Il palombo (*Mustelus*) è un pesce della famiglia degli squali ossia de' pescicani, e perciò in alcuni paesi il palombo si chiama pescecane. Questa spiegazione serva per chi non sapesse cosa è il palombo, il quale prende grandi dimensioni e la sua carne è forse la migliore tra i pesci del sott'ordine dei selaci cui appartiene.

Prendete rotelle di palombo grosse mezzo dito; se le lavate, asciugatele dopo in un canovaccio, spellatele con un coltello che tagli bene, conditele con sale e pepe e tenetele per diverse ore in infusione nell'uovo frullato. Friggetele nell'olio, ma prima copritele di pangrattato rituffandole per due volte nell'uovo.

Ora fate la salsa componendola nella seguente maniera:

Prendete una teglia o un tegame largo ove possano star distese e nel medesimo ponete olio in proporzione, un pezzetto di burro intriso bene nella farina, la quale serve per legare la salsa, un pizzico di prezzemolo tritato, sugo di pomodoro, oppure conserva diluita coll'acqua e una presa di sale e pepe. Quando questa salsa avrà soffritto un poco sul fuoco, mettete nella medesima le rotelle di palombo, fritte, voltatele dalle due parti ed aggiungete acqua onde la salsa riesca liquida. Levatele dal fuoco, spargete sulle medesime un poco di parmigiano grattato e mandatele in tavola ove saranno molto lodate.

465. SOGLIOLE IN GRATELLA

Quando le sogliole (*Solea vulgaris*) sono grosse, meglio è cuocerle in gratella e condirle col lardo invece dell'olio; acquistano in questo modo un gusto più grato. Sbuzzatele, raschiatene le scaglie, lavatele e poi asciugatele bene. Dopo spalmatele leggermente di lardo vergine diaccio e che non sappia di rancido; conditele con sale e pepe ed involtatele nel pangrattato. Sciogliete in un tegamino un altro poco di lardo ed ungetele con una penna anche quando le rivoltate sulla gratella.

Le sogliole da friggere quando sono grosse, si possono spellare da ambedue le parti o anche solo dalla parte scura, infarinandole e tenendole nell'uovo per qualche ora, prima di gettarle in padella.

Una singolarità di questo pesce, meritevole di essere menzionata, è che esso nasce, come tutti gli animali bene architettati, con un occhio a destra ed uno a sinistra; ma a un certo periodo della sua vita l'occhio che era nella parte bianca, cioè a sinistra, si trasporta a destra e si fissa come quell'altro nella parte scura. Le sogliole e i rombi nuotano collocati sul lato cieco. Alla sogliola, per la bontà e delicatezza della sua carne, i Francesi danno il titolo di *pernice di mare*; è un pesce facile a digerirsi, regge più di tanti altri alla putrefazione e non perde stagione. Si trova abbondante nell'Adriatico ove viene pescato di nottetempo con grandi reti a sacco, fortemente piombate alla bocca, le quali raschiando il fondo del mare sollevano il pesce insieme colla sabbia e col fango in cui giace.

Il rombo, la cui carne è poco dissimile da quella della sogliola ed anche più delicata, è chiamato *fagiano del mare*.

466. FILETTI DI SOGLIOLE COL VINO

Prendete sogliole che non sieno meno di grammi 150 ciascuna, levate loro la testa e spellatele. Poi con un coltello che tagli bene separate dalle spine la carne per ottenere quattro lunghi filetti per ogni sogliola od anche otto se le sogliole fossero molto grosse. Con la costola del coltello batteli leggermente e con la lama del medesimo spianateli per renderli sottili e così conciati lasciateli per diverse ore nell'uovo frullato condito con sale e pepe. involtateli poi nel pangrattato e friggeteli nell'olio. Dopo versate in un tegame o in una teglia, ove possano star distesi, un gocciolo di quell'olio rimasto nella padella e un pezzetto di burro, disponeteci sopra i filetti, conditeli ancora un poco con sale e pepe e quando avranno soffritto alquanto, bagnateli col vino bianco asciutto, fate bollire per cinque minuti insieme con un poco di prezzemolo tritato e serviteli con la salsa che hanno, spargendoci sopra un pizzico di parmigiano. È un piatto di molta comparita. Servitelo con spicchi di limone. Anche i naselli si possono cucinare nella stessa maniera.

La parola *asciutto* applicata al vino, in questo caso è di rigore perché altrimenti la pietanza saprebbe troppo di dolce. Una sogliola di comune grandezza può servire per una persona.

467. CONTORNO DI FILETTI DI SOGLIOLE A UN FRITTO DELLO STESSO PESCE

Prendete un paio di sogliole mezzane oppure una sola, staccatene i filetti dopo averle spellate, che saranno quattro, e tagliateli per traverso a listarelle fini come fiammiferi. Se li tagliate in isbieco li otterrete alquanto più lunghi e sarà meglio. Metteteli in una scodella col sugo di un limone o più se occorre, e lasciateli così marinare per due o tre ore il che li farà irrigidire, ché altrimenti riuscirebbero mosci. Poco prima di servire in tavola asciugateli con un canovaccio, immergeteli nel latte, infarinateli, cercate che non facciano gomitolo e friggeteli nell'olio; poi salateli leggermente.

468. TRIGLIE COL PROSCIUTTO

Non è sempre vero il proverbio: *Muto come un pesce,* perché la triglia, l'ombrina e qualche altro, emettono suoni speciali che derivano dalle oscillazioni di appositi muscoli, rafforzate da quelle dell'aria contenuta nella vescica natatoria.

Le triglie più grosse e saporose sono quelle di scoglio; ma per cucinarle in questa maniera, possono servire triglie di mezzana grandezza che nella regione adriatica chiamassi *rossioli* o *barboni.* Dopo averle nettate e lavate asciugatele bene con un canovaccio e poi ponetele in una scodella da tavola e conditele con sale, pepe, olio e agro di limone. Lasciatele così per qualche ora e quando sarete per cuocerle, tagliate tante fettine sottili di prosciutto grasso e magro larghe come le triglie e in quantità uguale al numero di esse. Prendete un vassoio o un tegame di metallo, spargete in fondo al medesimo qualche foglia di salvia intera, involtate bene le triglie nel pangrattato e disponetele in questa guisa: addossatele insieme ritte e frapponete le fettine di prosciutto fra l'una e l'altra, spargendovi sopra altre foglie di salvia.

Per ultimo versate sopra le medesime il condimento rimasto e cuocetele fra due fuochi. Se volete che questo piatto riesca più signorile, levate la spina alle triglie da crude aprendole dalla parte davanti, richiudendole poscia.

469. TRIGLIE IN GRATELLA ALLA MARINARA

Dopo averne estratto l'intestino, con la punta di un coltello, dalle branchie, lavatele ed asciugatele e nel posto dov'era l'intestino collocate un pezzetto d'aglio. Conditele con sale, pepe, olio, foglie di ramerino e lasciatele così condite. Quando sarete per cuocerle involtatele nel pangrattato ed ungetele col condimento allorché saranno sul fuoco. Oppure, dopo averle nettate, lavate ed asciugate, conditele con poco sale e pepe e cuocetele così naturali a fuoco ardente. Collocate poi sul vassoio, conditele solo allora con olio, un altro po' di sale e pepe.

Servitele con spicchi di limone.

470. TRIGLIE DI SCOGLIO IN GRATELLA

Questo bellissimo pesce di color rosso vivace, che raggiunge il peso di 500 a 600 grammi, eccellente al gusto, si suole cuocere in gratella nella seguente maniera:

Conditelo con olio, sale e pepe, cuocetelo a fuoco ardente e quando lo levate spalmatelo così a bollore con un composto di burro, prezzemolo trito e agro di limone preparato avanti. Trattamento questo che può servire anche per altri pesci grossi cotti in gratella.

Gli antichi Romani stimavano il pesce più delizioso della carne e le specie che maggiormente apprezzavano erano: lo storione, il ragno, la lampreda, la triglia di scoglio e il nasello pescato nel mar della Siria senza annoverar le murene che alimentavano in modo grandioso in appositi vivai e che nutrivano anche con la carne dei loro schiavi.

Vedio Pollione, noto nella storia per la sua ricchezza e per la sua crudeltà, mentre cenava con Augusto comandò fosse gettato nel vivaio, alle murene, uno sventurato servo che aveva rotto disavvedutamente un bicchiere di cristallo. Augusto, ai cui piedi cadde lo schiavo, invocando la sua intercessione, poté salvarlo a stento con un ingegnoso suo strattagemma.

Le triglie grosse di scoglio, che raggiungevano il peso non mica di soli grammi 500 a 600, come dico più sopra, ma perfino di 4 a 6 libbre, erano stimate assai e pagate a prezzi altissimi, favolosi. La mollezza dei costumi e la golosità avendo nei Romani raffinato il senso del gusto, studiavansi di appagarlo con le vivande più delicate e perciò avevano inventata una certa salsa chiamata *gareleo* nella quale disfacevano e stemperavano la coratella di questo grosso pesce per intingervi la carne del medesimo.

471. TRIGLIE ALLA LIVORNESE

Fate un battutino con aglio, prezzemolo e un pezzo di sedano; mettetelo al fuoco con olio a buona misura e quando l'aglio avrà preso colore, unitevi pomodori a pezzi e condite con sale e pepe. Lasciate che i pomodori cuociano bene, rimestateli spesso e passatene il sugo. In questo sugo collocate le triglie e cuocetele. Se sono piccole non hanno bisogno d'esser voltate e se il vaso dove hanno bollito distese non è abbastanza decente prendetele su a una a una per non romperle e collocatele in un vassoio.

Poco prima di levarle dal fuoco fioritele leggermente di prezzemolo tritato.

La pesca di questo pesce è più facile e più produttiva di giorno che di notte e la sua stagione, quando cioè è più grasso, è, come si disse, il settembre e l'ottobre.

472. TRIGLIE ALLA VIAREGGINA

Se le triglie fossero in quantità di circa mezzo chilogrammo fate un battutino con due spicchi d'aglio e un buon pizzico di prezzemolo. Mettetelo al fuoco con olio a buona misura in un tegame o in una teglia ove le triglie possano star distese e quando il soffritto sarà rosolato fermatelo con sugo di pomodoro semplice. Lasciate bollire alquanto, poi collocateci le triglie rivoltandole nell'intinto a una a una. Copritele e fatele bollire adagio e quando avranno ritirato buona parte dell'umido versateci un dito (di bicchiere) di vino rosso annacquato con due dita di acqua.

Fatele bollire ancora un poco e servitele.

473. TONNO FRESCO COI PISELLI

Il tonno, pesce della famiglia degli sgombri, è proprio del bacino mediterraneo. In certe stagioni abita le parti più profonde del mare, in altre invece si accosta alle spiagge, ove ha luogo la pesca che riesce abbondantissima. La sua carne, per l'oleosità che contiene, rammenta quella del maiale, e perciò non è di facile digestione. Si vuole che si trovino dei tonni il cui peso raggiunga fino i 500 chilogrammi. La parte più tenera e delicata di questo pesce è la pancia, che in Toscana chiamasi *sorra*.

Tagliatelo a fette grosse mezzo dito e mettetelo al fuoco, sopra un abbondante soffritto d'aglio, prezzemolo e olio, quando l'aglio comincia a prender colore. Conditelo con sale e pepe, voltate le fette dalle due parti e, a mezza cottura, aggiungete sugo di pomodoro o conserva sciolta nell'acqua. Cotto che sia levatelo asciutto e nel suo sugo cuocete i piselli, poi rimettetelo sopra i medesimi per riscaldarlo e mandatelo in tavola con questo contorno.

474. TONNO IN GRATELLA

Tagliatelo a fette come il precedente, ma preferite la *sorra;* conditelo con olio, sale e pepe, involgetelo nel pangrattato e cuocetelo, servendolo con spicchi di limone.

475. TONNO SOTT'OLIO IN SALSA ALLA BOLOGNESE

Prendete un pezzo tutto unito di tonno sott'olio del peso di grammi 150, mettetelo al fuoco con acqua bollente e fatelo bollire adagio per mezz'ora cambiandogli l'acqua ogni dieci minuti, cioè tre volte. Frattanto fate un battuto tritato fine con mezza cipollina di quelle indicate al n. 409, un quarto di spicchio d'aglio, due costole di sedano bianco lunghe un palmo ciascuna, un bel pezzo di carota e un pugno abbondante di prezzemolo.

Ponetelo al fuoco con tre cucchiaiate d'olio e grammi 15 di burro e quando avrà preso colore fermatelo con due dita (di bicchiere) d'acqua e lasciatelo bollire un poco. Il tonno, diaccio che sia, tagliatelo a fette più sottili che potete e, preso un tegame, distendetelo nel medesimo a strati, intercalandolo con la salsa e grammi 15 di burro sparso a pezzetti. Fategli alzare il bollore al fuoco per liquefare il burro, strizzategli sopra mezzo limone e servitelo caldo. Potrà bastare per quattro persone come principio a una colazione di magro o come tramesso a un desinare di famiglia e non è piatto da disprezzarsi, perché non aggrava né anche molto lo stomaco.

476. ARIGUSTA

L'aragosta o arigusta è un crostaceo dei più fini e delicati, comune sulle coste del Mediterraneo. È indizio della freschezza e della buona qualità delle ariguste, degli astaci e de' crostacei in genere, il loro peso in proporzione della grossezza; ma sempre è da preferirsi che siano vivi ancora, o almeno che diano qualche segno di vitalità, nel qual caso si usa ripiegare la coda dell'arigusta alla parte sottostante e legarla avanti di gettarla nell'acqua bollente per cuocerla.

A seconda della sua grossezza fatela bollire dai 30 ai 40 minuti; ma prima aromatizzate l'acqua in cui deve bollire con un mazzetto composto di cipolla, carote, prezzemolo e due foglie d'alloro, aggiungendo a questo due cucchiai di aceto e un pizzico di sale. Lasciate che l'arigusta diacci nel suo brodo e quando la levate, sgrondatela dall'acqua strizzandone la coda e dopo averla asciugata strofinatela con qualche goccia d'olio per renderla lucida.

Mandatela in tavola con una incisione dal capo alla coda per poterne estrarre facilmente la polpa e, se non si volesse mangiare condita semplicemente con olio e agro di limone, accompagnatela con la salsa maionese o con altra salsa piccante; ma potete servirla pur anche con una salsa fatta con lo stesso pesce nel seguente modo:

Levate la polpa della testa e questa tritatela ben fine con un rosso d'uovo assodato e alcune foglie di prezzemolo. Ponete il composto in una salsiera, conditelo con pepe, poco o punto sale e diluitelo con olio fine e l'agro di mezzo limone, o aceto.

477. COTOLETTE DI ARIGUSTA

Prendete un'arigusta del peso di grammi 650 circa, lessatela come è indicato nella ricetta precedente, poi sgusciatela per estrarne tutta la parte interna che triterete all'ingrosso con la lunetta. Fate una *balsamella* nelle proporzioni e come quella del n. 220 e quando la ritirate dal fuoco gettateci dentro l'arigusta, salatela e dopo aver mescolato bene il composto, versatelo in un piatto e lasciatelo, per qualche ora, raffreddar bene.

Quando sarete per formare le cotolette dividete il composto in dieci parti eguali e facendole toccare il pangrattato modellatele fra la palma delle mani alla grossezza un po' più di mezzo dito; tuffatele nell'uovo frullato, panatele ancora e friggetele nell'olio. Delle lunghe corna dell'arigusta fatene dieci pezzi che infilerete nelle cotolette quando le mandate in tavola onde facciano fede della nobile materia di cui le cotolette sono composte. Possono bastare per cinque persone ed è un piatto molto delicato.

478. CONCHIGLIE RIPIENE

È un piatto delicato di pesce che può servire per principio a una colazione.

I gusci delle conchiglie marine per quest'uso devono essere, nella parte concava, larghi quanto la palma di una mano onde ognuno, col contenuto suo, possa bastare a una persona. Appartengono al genere *Pecten jacobaeus,* Pettine, detto volgarmente cappa santa perché si usava dai pellegrini. La carne di questa conchiglia, buona a mangiarsi, è molto apprezzata pel suo delicato sapore. In qualche casa signorile usansi conchiglie d'argento e allora possono servire anche per gelati, ma in questo caso, trattandosi di pesce, mi sembrano più opportune quelle naturali marine.

Prendete la polpa di un pesce fine lessato, benché possa prestarsi anche il nasello, il muggine e il palombo, e con questa dose, che potrà bastare per riempire sei conchiglie, formate il seguente composto:

Pesce lesso, grammi 130.
Parmigiano grattato, grammi 20.
Farina, grammi 20.
Burro, grammi 20.
Rossi d'uovo, n. 2.
Latte, decilitri 2 ½.

Fate una *balsamella* col latte, il burro e la farina e quando la ritirate dal fuoco uniteci il parmigiano e, non più a bollore, i rossi d'uovo e il pesce tritato, condendolo con sale e pepe. Versatelo nelle conchiglie unte prima col burro diaccio, rosolatelo appena nel forno da campagna e servitelo.

Si potrebbero riempir le conchiglie anche con la polpa del pollo lesso tritato conservando le stesse proporzioni.

479. STORIONE

Mi permetta il lettore di fare un po' di storia su questo pesce interessantissimo.

Lo storione appartiene all'ordine dei Ganoidi, da *Ganus* che vuol dire lucente, per la lucentezza delle squame, e al sott'ordine dei Chondrostei per avere lo scheletro cartilagineo. Costituisce la famiglia degli *Acipenser* che si qualifica appunto per questi due distintivi e per la pelle a cinque serie longitudinali di placche a smalto. È un pesce che ha la bocca posta alla faccia inferiore del capo, priva di denti e in forma di succhiato-io protrattile, con cirri nasali ossia tentacoli, per cercare sotto le acque, nel fango, il nu-trimento che pare consista di piccoli animalucci.

Sono animali molto in pregio per le loro carni, per le uova che costituiscono il caviale e per l'enorme vescica natatoria con cui si forma l'ittiocolla o colla di pesce. In primavera rimontano i fiumi per deporre le uova in luoghi tranquilli lungo le sponde.

L'Italia ne alberga diverse specie, la più stimata delle quali, come cibo, è l'*Acipen-ser sturio* (storione comune); lo si riconosce pel muso acuto, pel labbro inferiore carno-so e nel mezzo diviso, non che pei cirri nasali semplici e tutti eguali tra loro. Frequen-ta a preferenza le foci del Ticino e del Po ove, non è gran tempo, ne fu pescato uno che pesava Kg. 215; ma la specie che prende maggior sviluppo è l'*Acipenser huso,* il quale raggiunge fino a due metri e più di lunghezza, con ovaia grandi un terzo dell'animale, ed è questa particolarmente che somministra il caviale e l'ittiocolla. Il primo è forma-to dalle uova crude degli storioni, passate per setaccio onde levarne i filamenti che le in-viluppano, indi salate e fortemente compresse; la seconda preparasi sulle spiagge del mar Caspio o sulle coste dei fiumi che vi sboccano, ma più che altrove ad Astrachan. Non farà meraviglia la quantità straordinaria che se ne trova in commercio (servendo l'ittiocolla a molti usi) se si considera che talvolta nel Volga si pescano da quindici a ventimila storioni al giorno; e di là, cioè dalle provincie meridionali della Russia, ci vie-ne anche il caviale. Fu annunziato che dei pescatori dei Danubio presero, non ha gua-ri, uno storione del peso di otto quintali e che la spoglia di questo enorme pesce, lun-go metri 3,30, figura nel Museo di Vienna.

Fra le specie estinte si annovera il *Magadictis,* che raggiungeva la lunghezza di 10 a 12 metri.

480. STORIONE IN FRICANDÒ

Lo storione è buono in tutte le maniere: lesso, in umido, in gratella. Quanto al-l'umido, potete trattarlo nel seguente modo: prendetene un pezzo grosso del peso al-meno di grammi 500, spellatelo e steccatelo con lardelli di lardone conditi avanti con sale e pepe; poi legatelo in croce, infarinatelo, mettetelo al fuoco con olio e burro e con-ditelo ancora con sale e pepe. Quando sarà rosolato da tutte le parti bagnatelo con bro-do per tirarlo a cottura e prima di levarlo strizzategli sopra un limone per mandarlo in tavola col suo sugo.

481. ACCIUGHE ALLA MARINARA

Questo piccolo pesce dalla pelle turchiniccia e quasi argentata, conosciuto sulle spiagge dell'Adriatico col nome di *sardone,* differisce dalla sarda o sardella in quanto che questa è stiacciata, mentre l'acciuga è rotonda e di sapor più gentile. Ambedue le specie appartengono alla stessa famiglia, e quando son fresche, ordinariamente si mangiano fritte. Le acciughe però sono più appetitose in umido con un battutino d'aglio, prezzemolo, sale, pepe e olio; quando son quasi cotte si aggiunge un po' d'acqua mista ad aceto.

Già saprete che i pesci turchini sono i meno digeribili fra le specie vertebrate.

482. ACCIUGHE FRITTE

Se volete dare più bell'aspetto alle acciughe e alle sardine fritte, dopo aver levata loro la testa e averle infarinate, prendetele a una a una per la coda, immergetele nell'uovo sbattuto e ben salato, poi di nuovo nella farina, e buttatele in padella nell'olio a bollore. Meglio ancora se, essendo grosse, le aprite per la schiena incidendole con un coltello di taglio fine e levate loro la spina, lasciandole unite per la coda.

483. SARDE RIPIENE

Per questo piatto ci vogliono sarde delle più grosse.

Prendetene da 20 a 24 che tante bastano per la quantità del ripieno qui sotto descritto. Le sarde lavatele, togliete loro la testa, e con le dita sparatele dalla parte del buzzo per estrarne la spina.

Formate un composto con:

Midolla di pane, gr. 30.
Acciughe salate, n. 3.
Un rosso d'uovo.
Mezzo spicchio d'aglio.
Un pizzico di regamo.

La midolla di pane inzuppatela nel latte e poi strizzatela. Le acciughe nettatele dalle scaglie e dalla spina, e poi tritate e mescolate ogni cosa insieme servendovi per ultimo della lama di un coltello per ridurre il composto ben fine. Spalmate con esso le sarde e richiudetele; indi tuffatele ad una ad una nella chiara d'uovo rimasta, dopo averla sbattuta, avvolgetele nel pangrattato, friggetele nell'olio, salatele alquanto e servitele con spicchi di limone.

484. BROCCIOLI FRITTI

Se vi trovate sulla montagna pistoiese in cerca di clima fresco, di aria pura e di paesaggi incantevoli, chiedete i broccioli, un pesce d'acqua dolce, dalla forma del ghiozzo di mare e di sapore delicato quanto ed anche più della trota. Una signora di mia conoscenza, dopo una lunga passeggiata per quelle montagne, trovava tanto buone le polpette del prete di Piansinatico che le divorava.

241

I totani (*Loligo*) appartengono all'ordine de' cefalopodi e sono conosciuti nel litorale adriatico col nome di *calamaretti.* Siccome quel mare li produce piccoli, ma polputi e saporiti, cucinati fritti, sono giudicati dai buongustai un piatto eccellente. Il Mediterraneo, messe a confronto le stesse specie, dà pesce più grosso, ed ho visto de' totani dell'apparente peso di grammi 200 a 300; ma non sono sì buoni come quelli dell'Adriatico. Questi, anche tagliati a pezzi, riuscirebbero duri in frittura, quindi meglio è cuocerli in gratella ripieni, oppure, se sono grossissimi, in umido. Questo pesce racchiude nell'interno una lamina allungata flessibile, la *penna,* ch'altro non è se non un rudimento di conchiglia che va tolto prima di riempirlo.

Tagliate al totano i tentacoli, che sono le sue braccia lasciandogli il sacco e la testa, e tritateli colla lunetta insieme con prezzemolo e pochissimo aglio. Mescolate questo battutino con molto pangrattato, conditelo con olio, pepe e sale, e servitevi di tal composto per riempire il sacco del pesce; per chiudere la bocca del detto sacco infilzatela con uno stecchino, che poi leverete. Conditelo con olio, pepe e sale e cuocetelo, come si è detto, in gratella.

Se vi trovate a Napoli non mancate di fare una visita all'Acquario nei giardini della Villa Nazionale ove, fra le tante meraviglie zoologiche, osserverete con piacere questo cefalopodo di forme snelle ed eleganti nuotare e guizzare con moltissima grazia ed ammirerete pur anche la sveltezza e la destrezza che hanno le sogliole di scomparire a un tratto fra la sabbia, di cui si ricoprono, per occultarsi forse al nemico che le insegue.

Tornando ai *calamaretti,* che è un pesce alquanto indigesto, ma ottimo in tutte le stagioni dell'anno, dopo aver loro levata la penna e strizzati gli occhi, lavateli, asciugateli, infarinateli e friggeteli nell'olio: ma avvertite non vi passino di cottura, la qual cosa è facile se non si sta molto attenti. Streminziscono allora e si rendono ancora più indigesti. Conditeli caldi con sale e pepe.

486. CICALE RIPIENE

Non crediate che voglia parlarvi delle cicale che cantano su per gli alberi; intendo dire invece di quel crostaceo, squilla *(Squilla mantis),* tanto comune nell'Adriatico e colà cognito col nome di *cannocchia.*

È un crostaceo sempre gustoso a mangiarsi; ma migliore assai quando in certi mesi dell'anno, dalla metà di febbraio all'aprile, è più polputo del solito, e racchiude allora un cannello rosso lungo il dorso, detto volgarmente *cera* o *corallo,* il quale non è altro che il ricettacolo delle uova di quel pesce. È buono lesso, entra con vantaggio, tagliato a pezzi, nella composizione di un buon cacciucco ed eccellente è in gratella, condito con olio, pepe e sale; se lo aggradite anche più appetitoso, sparatelo lungo il dorso, riempitelo con un battutino di pangrattato, prezzemolo e odore d'aglio e condite tanto il ripieno che il pesce con olio, pepe e sale.

487. CICALE FRITTE

Alla loro stagione, cioè quando hanno la *cera,* com'è detto al numero precedente, si possono friggere nel seguente modo e ne merita il conto.

Dopo averle lavate, lessatele in poca acqua, coperte da un pannolino con un peso sopra; 15 minuti di bollitura ritengo siano sufficienti. Sbucciatele dopo cotte e, messa a nudo la polpa, tagliatela in due pezzi, infarinatela, doratela nell'uovo frullato e salato, e friggetela nell'olio.

488. CICALE IN UMIDO

Se non vi rincresce di adoperare le unghie, d'insudiciarvi le dita e di bucarvi fors'anche le labbra, eccovi un gustoso e piacevole trastullino.

Prima di cuocerle tenete le cicale nell'acqua fresca, che così non iscolano, anzi rigonfiano. Fate un battuto con aglio, prezzemolo e olio; rosolato che sia collocateci le cicale intere e conditele con sale e pepe. Quando avranno preso il condimento bagnatele con sugo di pomodoro o conserva e servitele sopra a fette di pane asciugate al fuoco. Prima di mandarle in tavola fate loro un'incisione con le forbici lungo il dorso per poterle sbucciare più facilmente.

489. SPARNOCCHIE

Le cicale mi rammentano le sparnocchie che, a prima vista, le rassomigliano; ma esaminato bene questo crostaceo ha la forma di un grosso gambero di mare del peso comunemente di 50 o 60 grammi. È di sapore più delicato dell'arigusta e, come questa, si usa mangiarlo lesso; ma perché non perda sapore meglio è di arrostirlo in gratcllla, senza condimento alcuno, e dopo sgusciarlo e condirlo con olio, pepe, sale ed agro di limone. Le sparnocchie piccole si possono anche, come i gamberi, infarinare e friggerle così naturali, oppure nel modo indicato per le cicale.

490. ANGUILLA

L'*Anguilla vulgaris* è un pesce dei più singolari. Benché il valligiano di Comacchio pretenda di conoscere, da certi caratteri esterni, il maschio e la femmina non si è riusciti ancora per quanto lo si sia studiato, a distinguerne il sesso, forse perché la borsa spermatica del maschio è simile all'ovario della femmina.

L'anguilla comune abita le acque dolci; ma per generare ha bisogno di scendere in mare. Questa discesa, che chiamasi la *calata,* ha luogo nelle notti oscure e principalmente nelle burrascose dei mesi di ottobre, novembre e dicembre, e n'è allora più facile ed abbondante la pesca. Le anguille neonate lasciano il mare ed entrano nelle paludi o nei fiumi verso la fine di gennaio e in febbraio, e in questo ingresso, che dicesi la *montata,* vengono pescate alla foce de' fiumi in gran quantità col nome di *cieche* e la piscicoltura se ne giova per ripopolare con esse gli stagni ed i laghi, nei quali, se manca la comunicazione con le acque salse del mare, non si possono riprodurre.

Recenti studi nello stretto di Messina hanno rilevato che questo pesce, e i murenoidi congeneri, hanno bisogno di deporre le uova negli abissi del mare a una profondità non minore di 500 metri, e che, a similitudine delle rane, subiscono una metamorfosi. Il *Leptocephalus brevirostris* che ha l'aspetto di una foglia di oleandro, trasparente come il vetro, ritenuto finora una specie a sé, non è che il primo periodo di vita, la larva di questo essere, che poi si trasforma in anguilla capillare, le così dette *cieche* le quali quando rimontano i fiumi in cerca delle acque dolci, non sono lunghe mai meno di cinquanta millimetri. Delle vecchie anguille poi, che sono scese al mare, non si sa che ne avvenga; forse restando nella profonda oscurità degli abissi marini, muoiono sotto a quella enorme pressione, o si modificano per adattarsi all'ambiente in cui si trovano.

Un'altra singolarità dei murenoidi in genere è quella del loro sangue, che iniettato nel torrente della circolazione dell'uomo è velenoso e mortale, mentre cotto e mangiato è innocuo.

L'anguilla, per la conformazione speciale delle sue branchie, a semplice fessura, per la sua forma cilindrica e per le squamme assai minute e delicate può vivere molto tempo fuori dell'acqua: ma ogni qualvolta si sono incontrate a strisciar sulla terra, il che avviene specialmente di notte, si sono viste proceder sempre nella direzione di un corso d'acqua, per tramutarsi forse da un luogo ad un altro, o per cercare, nei prati circostanti alla loro dimora, il cibo che consta di piccoli animali.

Sono celebri le anguille delle valli di Comacchio, paese della bassa Romagna, il quale si può dire viva della pesca di questo pesce che, fresco o marinato, si spaccia non solo in Italia, ma si spedisce anche fuori. È così produttivo quel luogo che in una sola notte buia e burrascosa dell'ottobre 1905 furono pescati chilogrammi 150.000 di anguille, e più meraviglioso ancora è il risultato finale della pesca di quell'annata che troverete descritto alla ricetta n. 688.

In alcuni luoghi d'Italia chiamassi *capitoni* quando son grosse, e *bisatti* quando son piccole ed abitano tutti i fiumi di Europa meno quelli che si versano nel Mar Nero, non eccettuato il Danubio e i suoi affluenti.

La sola differenza di forma tra l'anguilla d'acqua dolce e quella di mare, conosciuta col nome di *conger o congro,* è che la prima ha la mascella superiore più breve dell'inferiore e l'individuo prende meno sviluppo, imperocché trovansi dei *conger* fin di tre metri di lunghezza. Forse, da questo grosso pesce serpentiniforme, è derivata la favola del serpente di mare, sostenuta un tempo anche da persone degne di fede che ne esageravano la grandezza, probabilmente per effetto di allucinazione.

491. ANGUILLA ARROSTO

Potendo, preferite sempre le anguille di Comacchio che sono le migliori d'Italia se non le superano quelle del lago di Bolsena rammentate da Dante.

Quando l'anguilla è grossa e si voglia cuocere allo spiedo è meglio spellarla. Tagliatela a rocchi lunghi tre centimetri ed infilateli tra due crostini con qualche foglia di salvia oppure di alloro se non temete che questo, pel suo odore troppo acuto, vi torni a gola. Cuocetela in bianco a fuoco moderato e per ultimo datele una bella fiammata per farle fare la crosticina croccante. Per condimento sale soltanto e spicchi di limone quando si manda in tavola.

L'anguilla mezzana, a parer mio, riesce più gustosa cotta in gratella con la sua pelle, la quale, rammollita con agro di limone quando è portata in tavola, può offrire, succhiandola, un sapore non sgradito. Per condimento sale e pepe soltanto. I Comacchiesi, per la gratella adoperano anguille mezzane, le spellano se sono un po' grosse, le ripuliscono soltanto se sottili, le inchiodano con la testa sopra un'asse, le sparano con un coltello tagliente, levano la spina e così aperte con le due mezze teste, le mettono in gratella, condite solo di sale e pepe a mezza cottura. Le mangiano bollenti.

L'anguilla richiede nel pasteggiare vino rosso ed asciutto.

492. ANGUILLE ALLA FIORENTINA

Prendete anguille di mezzana grandezza, sbuzzatele e spellatele praticando una incisione circolare sotto alla testa, che terrete ferma con un canovaccio onde non isgusci per l'abbondante mucosità di questo pesce, e tirate giù la pelle che verrà via tutta intera. Allora tagliatela a pezzi lunghi un dito o poco meno, che condirete con olio, sale e pepe, lasciandoli stare per un'ora o due.

Per cuocerle servitevi di una teglia o di un tegame di ferro, copritene il fondo con un velo d'olio, due spicchi d'aglio interi e foglie di salvia; fate soffriggere per un poco e, presi i pezzi dell'anguilla uno alla volta, involgeteli nel pangrattato e disponeteli nel tegame uno accanto all'altro versando lor sopra il resto del condimento. Cuoceteli fra due fuochi e quando avranno preso colore, versate nel tegame un gocciolo d'acqua.

La carne di questo pesce, assai delicato e gustoso, riesce alquanto indigesta per la sua soverchia oleosità.

493. ANGUILLA IN UMIDO

Meglio è che per questo piatto le anguille sieno grosse anzi che no, e, senza spellarle, tagliatele a pezzetti corti. Tritate un battuto piuttosto generoso di cipolla e prezzemolo, mettetelo al fuoco con poco olio, pepe e sale e quando la cipolla avrà preso colore gettateci l'anguilla. Aspettate che abbia succhiato il sapore del soffritto per tirarla a cottura con sugo di pomodoro o conserva sciolta nell'acqua. Procurate che vi rimanga dell'intinto in abbondanza se volete servirla in tavola sopra a crostini di pane arrostito appena. Sentirete un manicaretto delicato, ma non confacente a tutti gli stomachi.

494. ANGUILLA COL VINO

Prendete un'anguilla di circa mezzo chilogrammo, o più d'una, dello stesso peso in complesso, non essendo necessario per questo piatto che sieno grosse; strofinatele con la rena per nettarle dalla mucosità, lavatele e tagliatele a rocchi. Ponete in un tegame uno spicchio d'aglio tagliato a fettine, tre o quattro foglie di salvia tritata all'ingrosso, la corteccia di un quarto di limone e non molto olio. Mettetelo al fuoco e, quando il soffritto avrà preso colore, collocateci le anguille e conditele con sale e pepe. Allorché l'umido comincia a scemare andate scalzandole con la punta di un coltello onde non si attacchino e rosolate che sieno versateci sugo di pomodoro o conserva, e rivoltatele. Rosolate anche dall'altra parte, versateci un buon dito di vino rosso o bianco asciutto mischiato a due dita d'acqua, copritele e lasciatele finir di cuocere a fuoco lento. Mandatele in tavola con alquanto del loro intinto e servitele a quattro persone, a cui potranno bastare.

495. ANGUILLA IN UMIDO ALL'USO DI COMACCHIO

I Comacchiesi non fanno mai uso d'olio per condir l'anguilla in qualunque modo essa venga cucinata, il che si vede anche da questo umido che potrebbe pur chiamarsi zuppa o cacciucco di anguille. Infatti codesto pesce contiene tanto olio in sé stesso che l'aggiungerne guasta anziché giovare. La prova fattane avendo corrisposto alla ricetta favoritami, ve la descrivo tal quale.

"Per un chilogrammo di anguille prendete tre cipolle, un sedano, una bella carota, prezzemolo e la buccia di mezzo limone. Tagliate tutto, meno il limone, a pezzi grossi e fate bollire con acqua, sale e pepe. Tagliate le anguille a rocchi, lasciando però i rocchi uniti tra loro da un lembo di carne. Prendete un pentolo adatto e fateli in fondo uno strato di anguilla cui sopraporrete uno strato delle verdure dette di sopra e quasi cotte (gettando via il limone), poi un altro strato d'anguilla, un altro di verdura, ecc., fin che ce ne cape. Coprite tutto coll'acqua dove le verdure bollirono; mettete il pentolo ben turato a bollire adagio, scuotendolo, girandolo, ma non frugando mai col mestolo perché spappolereste ogni cosa. Noi usiamo circondare il pentolo di cenere e brace fin più che a mezzo, davanti a un fuoco chiaro di legna, sempre scuotendo e girando. Quando i rocchi, che erano uniti per un lembo, si staccano l'un dall'altro, son presso che cotti. Aggiungete allora un buon cucchiaio di aceto forte, conserva di pomodoro e assaggiate il brodo per correggerlo di sale e di pepe (siate generosi); fate dare altri pochi bollori e mandate magari il pentolo in tavola, perché è vivanda di confidenza. Servite in piatti caldi, su fette di pane". Avverto io che qui si tratta di anguille mezzane e non ispellate, che le cipolle, se sono grosse, due bastano e che due bicchieri d'acqua saranno sufficienti per cuocere le verdure. Le fette del pane sarà bene di asciugarle al fuoco senza arrostirle.

496. ANGUILLA COI PISELLI

Mettetela in umido come quella del n. 493 e quando è cotta levatela asciutta per cuocere i piselli nel suo intinto. Rimettetela poi fra i medesimi per riscaldarla e servitela. Qui non ha luogo sugo di pomodoro, ma acqua se occorre.

497. CEFALI IN GRATELLA

Le anguille di Comacchio richiamano alla memoria i cefali abitatori delle stesse valli i quali, quando sono portati ai mercati verso la fine di autunno, sono belli, grassi e di ottimo sapore. I Comacchiesi li trattano nella seguente maniera che persuade. Levano a questo pesce le scaglie e le branchie ma non li sbuzzano perché le interiora, come nella beccaccia, dicono che sono il meglio. Li condiscono con sale e pepe soltanto, e li pongono sulla gratella a fuoco ardente. Cotti che siano li mettono tra due piatti caldi non lontani dal fuoco per cinque minuti. Al momento di servirli rivolgono i piatti, che quel di sopra vada sotto e il grasso colato rimanga così sparso e steso sopra il pesce, mandandolo in tavola con limone da strizzare.

Al n. 688 è dato un cenno come li servono in Romagna.

498. TELLINE O ARSELLE IN SALSA D'UOVO

Le arselle non racchiudono sabbia come le telline e però a quelle basta una buona lavatura nell'acqua fresca.

Tanto le une che le altre mettetele al fuoco con un soffritto di aglio, olio, prezzemolo e una presa di pepe, scuotetele e tenete coperto il vaso onde non si prosciughino. Levatele quando saranno aperte ed aggraziatele con la seguente salsa: uno o più rossi d'uovo, secondo la quantità, agro di limone, un cucchiaino di farina, brodo e un po' di quel sugo uscito dalle telline. Cuocetela ad uso crema e versatela sulle medesime quando le mandate in tavola.

Io le preferisco senza salsa e le fo versare sopra fette di pane asciugate al fuoco. Così si sente più naturale il gusto del frutto di mare. Per la stessa ragione non fo mettere il pomodoro nel risotto con le telline.

499. ARSELLE O TELLINE ALLA LIVORNESE

Fate un battutino di cipolla e mettetelo al fuoco con olio e una presa di pepe. Quando la cipolla avrà preso colore unite un pizzico di prezzemolo tritato non tanto fine e dopo poco gettateci le arselle o le telline con sugo di pomodoro o conserva. Scuotetele spesso e quando saranno aperte, versatele sopra a fette di pane arrostito, preparate avanti sopra un vassoio. Le arselle così cucinate sono buone; ma, a gusto mio, sono inferiori a quelle del numero precedente.

500. SEPPIE COI PISELLI

Fate un battuto piuttosto generoso con cipolla, uno spicchio d'aglio e prezzemolo. Mettetelo al fuoco con olio, sale e pepe, e quando avrà preso colore passatelo da un colino strizzando bene. In questo soffritto gettate le seppie tagliate a filetti, ma prima nettatele com'è indicato al n. 74, bagnatele con acqua, se occorre, e quando saranno quasi cotte versate i piselli grondanti dall'acqua fresca in cui li avrete tenuti in molle.

501. TINCHE ALLA SAUTÉ

Questo pesce (*Tinca vulgaris*) della famiglia dei ciprinoidi, ossia dei carpi, benché si trovi anche ne' laghi e ne' fiumi profondi, abita di preferenza, come ognuno sa, le acque stagnanti dei paduli; ma ciò che ignorasi forse da molti si è che esso, nonché il carpio, offrono un esempio della ruminazione fra i pesci. Il cibo arrivato nel ventricolo è rimandato nella faringe coi movimenti antiperistaltici e dai denti faringei, speciali a quest'uso, ulteriormente sminuzzato e triturato.

Prendete tinche grosse (nel mercato di Firenze vendonsi vive e sono, nella loro inferiorità fra i pesci, delle migliori), tagliate loro le pinne, la testa e la coda; apritele per la schiena, levatene la spina e le lische e dividetele in due parti per il lungo. Infarinatele, poi tuffatele nell'uovo frullato, che avrete prima condito con sale e pepe; involgetele nel pangrattato, ripetendo per due volte quest'ultima operazione. Cuocetele nella *sauté* col burro e servitele in tavola con spicchi di limone e con un contorno di funghi fritti, alla loro stagione.

Qui viene opportuno indicare il modo di togliere o attenuare il lezzo dei pesci di padule. Si gettano nell'acqua bollente, tenendoveli alcuni minuti finché la pelle comincia a screpolare, e si rinfrescano poi nell'acqua diaccia prima di cuocerli. Questa operazione è chiamata dai francesi *limoner*, da *limon*, fango.

502. PASTICCIO DI MAGRO

Mancherei a un dovere di riconoscenza se non dichiarassi che parecchie ricette del presente volume le devo alla cortesia di alcune signore che mi favorirono anche questa, la quale, benché in apparenza accenni ad un vero e proprio *pasticcio,* alla prova è riuscita degna di figurare in qualunque pranzo, se eseguita a dovere.

Un pesce del peso di grammi 300 a 350.
Riso, grammi 200.
Funghi freschi, grammi 150.
Piselli verdi, grammi 300.
Pinoli tostati, grammi 50.
Burro, quanto basta.
Parmigiano, idem.
Carciofi, n. 6.
Uova, n. 2.

Cuocete il riso con grammi 40 di burro e un quarto di cipolla tritata, salatelo, e quando è cotto con l'acqua occorrente legatelo con le dette uova e grammi 30 di parmigiano.

Fate un soffritto con cipolla, burro, sedano, carota e prezzemolo e in esso cuocete i funghi tagliati a fette, i piselli, e i carciofi tagliati a spicchi e mezzo lessati. Tirate
queste cose a cottura con qualche cucchiaiata d'acqua calda e conditele con sale, pepe
e gr, 50 di parmigiano grattato quando le avrete ritirate dal fuoco.

Cuocete il pesce, che può essere un muggine, un ragno o anche pesce a taglio, in
un soffritto d'olio, aglio, prezzemolo, sugo di pomodoro o conserva e conditelo con sale e pepe. Levate il pesce, passate il suo intinto e in questo sciogliete i pinoli che prima
avrete abbrustoliti e pestati. Togliete al pesce la testa, la spina e le lische, tagliatelo a
pezzetti, rimettetelo nel suo intinto e uniteci ogni cosa meno che il riso.

Ora che gli elementi del pasticcio sono tutti pronti, fate la pasta per rinchiuderve-
lo, di cui eccovi le dosi:

Farina, grammi 400.
Burro, grammi 80.
Uova, n. 2.
Vino bianco o marsala, due cucchiaiate.
Sale, un pizzico.

Prendete uno stampo qualunque, ungetelo col burro e foderatelo colla detta pasta
tirata a sfoglia; poi riempitelo versandovi prima la metà del riso, indi tutto il ripieno e
sopra il ripieno il resto del riso, ricoprendolo alla bocca colla stessa pasta. Cuocetelo al
forno, sformatelo e servitelo tiepido o freddo.

Eseguito nelle dosi indicate basterà per dodici persone.

503. RANOCCHI IN UMIDO

Il modo più semplice è di farli con un soffritto di olio, aglio e prezzemolo, sale e
pepe, e quando sono cotti, agro di limone. Alcuni, invece del limone, usano il sugo di
pomodoro, ma il primo è da preferirsi.

Non li spogliate mai delle uova che sono il meglio.

504. RANOCCHI ALLA FIORENTINA

Togliete i ranocchi dall'acqua fresca dove li avrete posti dopo averli tenuti per un
momento appena nell'acqua calda se sono stati uccisi d'allora. Asciugateli bene fra le
pieghe d'un canovaccio e infarinateli. Ponete una teglia al fuoco con olio buono e quando questo comincia a grillettare buttate giù i ranocchi; conditeli con sale e pepe rimuovendoli spesso perché si attaccano facilmente. Quando saranno rosolati da ambedue le
parti, versate sui medesimi delle uova frullate, condite anch'esse con sale e pepe e sugo di limone piacendovi; senza toccarle, lasciatele assodare a guisa di frittata e mandate la teglia in tavola.

Ai ranocchi va sempre tolta la vescichetta del fiele.

Volendoli fritti, infarinateli e, prima di buttarli in padella, teneteli per qualche ora in infusione nell'uovo, condito con sale e pepe; oppure, dopo infarinati, rosolateli appena da ambedue le parti e, presi uno alla volta, immergeteli nell'uovo condito con pepe, sale e agro di limone, rimettendoli poscia in padella per finire di cuocerli.

505. ARINGA INGENTILITA

Signori bevitori, a questa aringa (*Clupea harengus*) posate la forchetta; non è fatta per voi che avete il gusto grossolano.

Ordinariamente si ricerca l'aringa femmina come più appariscente per la copiosa quantità delle uova; ma è da preferirsi il maschio che, co' suoi spermatofori lattiginosi, ossia borsa spermatica, è più delicato. Maschio o femmina che sia, aprite l'aringa dalla parte della schiena, gettatene via la testa e spianatela; poi mettetela in infusione nel latte bollente e lasciatevela dalle otto alle dieci ore. Sarebbe bene che in questo spazio di tempo si cambiasse il latte una volta. Dopo averla asciugata con un canovaccio, cuocetela in gratella come l'aringa comune e conditela con olio e pochissimo aceto o, se più vi piace, con olio e agro di limone.

C'è anche quest'altra maniera per togliere all'aringa il sapore troppo salato. Mettetela al fuoco con acqua diaccia, fatela bollire per tre minuti, poi tenetela per un momento nell'acqua fresca; asciugatela, gettatene via la testa, apritela dalla parte della schiena e conditela come la precedente.

La *Clupea harengus* è il genere tipico dell'importantissima famiglia dei Clupeini, la quale comprende, oltre alle aringhe, le salacche, i salacchini, le acciughe, le sarde e l'*Alosa vulgaris,* o *Clupea comune,* chiamata cheppia in Toscana. Questa, in primavera, rimontando i fiumi per deporre le uova, viene pescata anche in Arno a Firenze.

Le aringhe vivono in numero sterminato nelle profondità dei mari dell'estrema Europa e si fanno vedere alla superficie solo al tempo della riproduzione, cioè nei mesi di aprile, maggio e giugno, e dopo deposte le uova scompariscono nella profondità della loro abituale dimora. Si vede il mare talora per diverse miglia di seguito luccicante e l'acqua divenir torbida per la fregola e per le squame che si distaccano. In Inghilterra arrivano dal luglio al settembre e la pesca, che si fa con reti circolari, n'è sì abbondante sulle spiagge di Yarmouth che talvolta se ne sono preparate fino a 500 mila barili.

506. BACCALÀ ALLA FIORENTINA

Il baccalà appartiene alla famiglia delle Gadidee il cui tipo è il merluzzo. Le specie più comuni de' nostri mari sono il *Gadus minutus* e il *Merlucius esculentus,* o nasello, pesce alquanto insipido, ma di facile digestione per la leggerezza delle sue carni, e indicato ai convalescenti, specialmente se lesso e condito con olio e agro di limone.

Il genere *Gadus morrhua* è il merluzzo delle regioni artiche ed antartiche il quale, dalla diversa maniera di acconciarlo, prende il nome di baccalà o stoccafisso e, come ognun sa, è dal fegato di questo pesce che si estrae l'olio usato in medicina. La pesca del medesimo si fa all'amo e un solo uomo ne prende in un giorno fino a 500, ed è forse il più fecondo tra i pesci, essendosi in un solo individuo contate nove milioni di uova.

In commercio si conoscono più comunemente due qualità di baccalari, *Gaspy* e *Labrador*. La prima proveniente dalla Gaspesia, ossia dai Banchi di Terra Nuova (ove sì pescano ogni anno più di 100 milioni di chilogrammi di merluzzi), è secca, tigliosa e regge molto alla macerazione; la seconda, che si pesca sulle coste del Labrador, forse a motivo di un pascolo più copioso, essendo grassa e tenera, rammollisce con facilità ed è assai migliore al gusto.

Il baccalà di Firenze gode buona reputazione e si può dir meritata perché si sa macerar bene, nettandolo spesso con un granatino di scopa, e perché essendo Labrador di prima qualità, quello che preferibilmente vi si consuma, grasso di sua natura, è anche tenero, tenuto conto della fibra tigliosa di questo pesce non confacente agli stomachi deboli; per ciò io non l'ho potuto mai digerire. Questo salume supplisce su quel mercato, nei giorni magri, con molto vantaggio il pesce, che è insufficiente al consumo, caro di prezzo e spesso non fresco.

Tagliate il baccalà a pezzi larghi quanto la palma della mano e infarinatelo bene. Poi mettete un tegame o una teglia al fuoco con parecchio olio e due o tre spicchi d'aglio interi, ma un po' stiacciati. Quando questi cominciano a prender colore buttate giù il baccalà e fatelo rosolare da ambedue le parti, rimuovendolo spesso affinché non si attacchi. Sale non ne occorre o almeno ben poco previo l'assaggio, ma una presa di pepe non ci fa male. Per ultimo versategli sopra qualche cucchiaiata di sugo di pomodoro n. 6, o conserva diluita nell'acqua; fatelo bollire ancora un poco e servitelo.

507. BACCALÀ ALLA BOLOGNESE

Tagliatelo a pezzi grossi come il precedente e così nudo e crudo mettetelo in un tegame o in una teglia unta coll'olio. Fioritelo di sopra con un battutino di aglio e prezzemolo e conditelo con qualche presa di pepe, olio e pezzetti di burro. Fatelo cuocere a fuoco ardente e voltatelo adagio perché, non essendo stato infarinato, facilmente si rompe. Quando è cotto strizzategli sopra del limone e mandatelo al suo destino.

508. BACCALÀ DOLCE-FORTE

Cuocetelo come il baccalà n. 506, meno l'aglio, e quando sarà rosolato da ambe le parti, versateci su il dolce-forte, fatelo bollire ancora un poco e servitelo caldo.

Il dolce-forte o l'agro-dolce, se così vi piace chiamarlo, preparatelo avanti in un bicchiere, e se il baccalà fosse grammi 500 all'incirca, basteranno un dito di aceto forte, due dita di acqua, zucchero a sufficienza, pinoli e uva passolina in proporzione. Prima di versarlo sul baccalà non è male il farlo alquanto bollire a parte. Se vi vien bene sentirete che nel suo genere sarà gradito.

509. BACCALÀ IN GRATELLA

Onde riesca meno risecchito si può cuocere a fuoco lento sopra un foglio di carta bianca, consistente, unta avanti. Conditelo con olio, pepe e, se vi piace, qualche ciocchettina di ramerino.

510. BACCALÀ FRITTO

La padella è l'arnese che in cucina si presta a molte belle cose; ma il baccalà a me pare vi trovi la fine più deplorevole perché, dovendo prima esser lessato e involtato in una pastella, non vi è condimento che basti a dargli conveniente sapore, e però alcuni, non sapendo forse come meglio trattarlo, lo intrugliano nella maniera che sto per dire. Per lessarlo mettetelo al fuoco in acqua diaccia e appena abbia alzato il primo bollore levatelo che già è cotto. Senz'altra manipolazione si può mangiar così condito con olio e aceto; ma veniamo ora all'intruglio che vi ho menzionato, padronissimi poi di provarlo o di mandare al diavolo la ricetta e chi l'ha scritta. Dopo lessato mettete in infusione il pezzo del baccalà tutto intero nel vino rosso e tenetecelo per qualche ora; poi asciugatelo in un canovaccio e tagliatelo a pezzetti nettandolo dalle spine e dalle lische. Infarinatelo leggermente e gettatelo in una pastella semplice di acqua, farina e un gocciolo d'olio senza salarla. Friggetelo nell'olio e spolverizzatelo di zucchero quando avrà perduto il primo bollore. Mangiato caldo, l'odor del vino si avverte appena; non pertanto, se lo trovate un piatto ordinario, la colpa sarà vostra che l'avete voluto provare.

511. COTOLETTE DI BACCALÀ

Si tratta sempre di baccalà, quindi non vi aspettate gran belle cose; però, preparato in questa maniera sarà meno disprezzabile del precedente; non foss'altro vi lusingherà la vista col suo aspetto giallo-dorato a somiglianza delle *cotolette* di vitella di latte.

Cuocetelo lesso come l'antecedente e, se la quantità fosse di grammi 500, dategli per compagnia due acciughe e un pizzico di prezzemolo, tritando fine fine ogni cosa insieme colla lunetta. Poi aggiungerete qualche presa di pepe, un pugno di parmigiano grattato, tre o quattro cucchiaiate di pappa, composta di midolla di pane, acqua e burro, per renderlo più tenero, e due uova. Formato così il composto, prendetelo su a cucchiaiate, buttatelo nel pangrattato, stiacciatelo colle mani per dargli la forma di *cotolette* che intingerete nell'uovo sbattuto, e poi un'altra volta avvolgerete nel pangrattato.

Friggetelo nell'olio e mandatelo in tavola con spicchi di limone o salsa di pomodoro. Basterà la metà di questa dose per nove o dieci *cotolette*.

512. BACCALÀ IN SALSA BIANCA

Baccalà ammollito, grammi 400.
Burro, grammi 70.
Farina, grammi 30.
Una patata del peso di circa grammi 150.
Latte, decilitri 3 ½.

Lessate il baccalà e nettatelo dalla pelle, dalle lische e dalla spina. Lessate anche la patata e tagliatela a tocchetti. Fate una *balsamella* col latte e la farina e quando è cotta uniteci un poco di prezzemolo tritato, datele l'odore della noce moscata, versateci dentro la patata e salatela. Poi aggiungete il baccalà a pezzi, mescolate e dopo un poco di riposo servitelo che piacerà e sarà lodato. Se non si tratta di forti mangiatori potrà bastare per quattro persone. Per adornarlo un poco potreste contornarlo con degli spicchi di uova sode.

513. STOCCAFISSO IN UMIDO

Stoccafisso ammollito, grammi 500 così diviso:
Schiena, grammi 300; pancette, grammi 200.

Levategli la pelle e tutte le lische, poi tagliate la parte della schiena a fettine sottili e le pancette a quadretti larghi due dita. Fate un soffritto con olio in abbondanza, un grosso spicchio d'aglio o due piccoli e un buon pizzico di prezzemolo. Quando sarà colorito gettateci lo stoccafisso, conditelo con sale e pepe, rimestate per fargli prendere sapore e dopo poco versateci sei o sette cucchiaiate della salsa di pomodoro del n. 125, oppure pomodori a pezzi senza la buccia e i semi, fate bollire adagio per tre ore almeno, bagnandolo con acqua calda versata poco per volta ed unendovi dopo due ore di bollitura una patata tagliata a tocchetti. Questa quantità è sufficiente per tre o quattro persone. È piatto appetitoso, ma non per gli stomachi deboli. Un amico mio, certo di fare cosa gradita, non si perita d'invitare dei gran signori a mangiare questo piatto da colazione.

514. CIECHE ALLA PISANA

Vedi *Anguilla* n. 490.
Lavatele diverse volte e quando non faranno più la schiuma, versatele sullo staccio per scolarle.
Ponete al fuoco, olio, uno spicchio o due d'aglio interi, ma un po' stiacciati, e alcune foglie di salvia. Quando l'aglio sarà colorito versate le cieche e, se sono ancor vive, copritele con un testo onde non saltino via. Conditele con sale e pepe, rimuovetele spesso col mestolo e bagnatele con un poco d'acqua, se prosciugassero troppo.

Cotte che siano, legatele con uova frullate a parte, mescolate con parmigiano, pangrattato e limone.

Se la quantità delle cieche fosse di grammi 300 a 350, la quale basta per quattro persone, potrete legarle con:

Uova, n. 2.
Parmigiano, due cucchiaiate.
Pangrattato, una cucchiaiata.
Mezzo limone e un po' d'acqua.

Se le servite nel vaso ove sono state cotte, ponetele per ultimo fra due fuochi onde facciano alla superficie la crosticina in bianco.

Il chiarissimo prof. Renato Fucini (l'ameno *Neri Tanfucio*) il quale, a quanto pare, è un grande amatore di cieche alla salvia, si compiace farmi sapere che sarebbe una profanazione, un sacrilegio, se queste – benché sembrino teneri pesciolini – si tenessero a cuocere per un tempo minore di una ventina di minuti almeno.

515. CIECHE FRITTE I

Cuocetele in umido con olio, aglio intero e salvia, come quelle descritte al numero precedente; poi, levato l'aglio, tritatele minute. Frullate delle uova in proporzione, salatele, aggiungete parmigiano, un poco di pangrattato e mescolateci dentro le cieche per friggerle a cucchiaiate e farne frittelle che servirete con limone a spicchi, e pochi, mangiandole, si accorgeranno che sia un piatto di pesce.

516. CIECHE FRITTE II

Ho visto a Viareggio che le cieche si possono friggere come l'altro pesce; infarinate soltanto con farina di grano o di granturco e gettate in padella. In questa maniera le avrete più semplici, ma assai meno buone di quelle descritte al numero antecedente.

517. TINCHE IN ZIMINO

La tinca disse al luccio: – Val più la mia testa che il tuo *buccio. – Buccio* per busto, licenza poetica, per far la rima. Poi c'è il proverbio: «Tinca di maggio e luccio di settembre».

Fate un battutino con tutti gli odori, e cioè: cipolla, aglio, prezzemolo, sedano e carota; mettetelo al fuoco con olio e quando avrà preso colore, versate le teste delle tinche a pezzettini e conditele con sale e pepe. Fatele cuocer bene, bagnandole con sugo di pomodoro o conserva sciolta nell'acqua, poi passate il sugo e mettetelo da parte. Nettate le tinche, tagliate loro le pinne e la coda e così intere, ponetele al fuoco con olio quando comincia a soffriggere. Conditele con sale e pepe e tiratele a cottura col detto sugo versato a poco per volta. Potrete mangiarle così che sono eccellenti; ma per dare al zimino il suo vero carattere ci vuole un contorno d'erbaggi, bietola o spinaci a cui, dopo lessati, farete prender sapore nell'intinto di questo umido. I piselli pure vi stanno bene. Anche il baccalà in zimino va cucinato così.

518. LUCCIO IN UMIDO

Il luccio è un pesce comune nelle nostre acque dolci che si fa notare per certe sue particolarità. È molto vorace e siccome si nutre esclusivamente di pesce, la sua carne riesce assai delicata al gusto; però, essendo fornito di molte lische, bisogna scegliere sempre individui del peso di 600 a 700 grammi; sono anche da preferirsi quelli che vivono in acque correnti, i quali si distinguono per la schiena verdastra e il ventre bianco argentato; mentre quelli delle acque stagnanti si conoscono dall'oscurità della pelle. Si trovano dei lucci del peso fino a 10, 15 e anche 30 chilogrammi e di un'età assai elevata; credesi perfino di oltre 200 anni. Le uova della femmina e gli spermatofori lattiginosi del maschio non vanno mangiati perché hanno un'azione molto purgativa.

Ammesso che abbiate da cucinare un luccio dell'indicato peso all'incirca, raschiateglì le scaglie, vuotatelo, tagliate via la testa e la coda e dividetelo in quattro o cinque pezzi, che potranno bastare ad altrettante persone. Ogni pezzo steccatelo per il lungo con due lardelli di lardone conditi con sale e pepe, e poi fate un battuto proporzionato con cipolla quanto una grossa noce, un piccolo spicchio d'aglio, una costola di sedano, un pezzetto di carota e un pizzico di prezzemolo, il tutto tritato fine perché non occorre passarlo. Mettetelo al fuoco con olio e quando avrà preso colore fermatelo con sugo di pomodoro o conserva sciolta nell'acqua, sale e pepe per condimento. Poi condensate alquanto questo intinto con un pezzetto di burro intriso nella farina, mescolate bene e collocateci il pesce facendolo bollire adagio e rivoltandolo; per ultimo versateci una cucchiaiata di marsala o, mancando questa, un gocciolo di vino, e lasciatelo bollire ancora un poco prima di mandarlo in tavola in mezzo alla sua salsa.

519. PALOMBO FRITTO

Tagliate il palombo in rotelle non tanto grosse e lasciatele in infusione nell'uovo alquanto salato per qualche ora. Mezz'ora avanti di friggerle involtatele in un miscuglio formato di pangrattato, parmigiano, aglio e prezzemolo tritati, sale e pepe. Un piccolo spicchio d'aglio basterà per grammi 500 di pesce. Contornatelo con spicchi di limone.

520. PALOMBO IN UMIDO

Tagliatelo a pezzi piuttosto grossi e poi fate un battuto con aglio, prezzemolo e pochissima cipolla. Mettetelo al fuoco con olio e, quando avrà soffritto a sufficienza, collocateci il palombo e conditelo con sale e pepe. Rosolato che sia versateci un po' di vino rosso, o bianco asciutto, e sugo di pomodoro o conserva per tirarlo a cottura.

ARROSTI

Gli arrosti allo spiede, eccezion fatta degli uccelli e dei piccioni, ne' quali sta bene la salvia intera, non si usa più di lardellarli né di pillottarli, né di steccarli con aglio, ramerino od altri odori consimili che facilmente stuccano o tornano a gola. Dove l'olio è buono ungeteli con questo liquido, altrimenti usate lardo o burro ove, per qualche ragione locale, si suol dar la preferenza all'uno più che all'altro di questi condimenti.

L'arrosto, in generale, si preferisce saporito e però largheggiate alquanto col sale per le carni di vitella di latte, agnello, capretto, pollame e maiale: tenetevi più scarsi colle carni grosse e coll'uccellame perché queste sono carni per sé stesse assai saporite; ma salate sempre a mezza o anche a due terzi di cottura. Commettono grave errore coloro che salano un arrosto qualunque prima di infilarlo nello spiede perché il fuoco allora lo prosciuga, anzi lo risecchisce.

Il maiale e le carni di bestie lattanti, come vitella di latte, agnello, capretto e simili, debbono esser ben cotte per prosciugare la soverchia loro umidità. Il manzo e il castrato cuoceteli assai meno perché, essendo queste carni molto asciutte devono restare sugose. Gli uccelli cuoceteli a fiamma, ma badate di non arrivarli troppo, ché quelle carni perderebbero allora gran parte del loro aroma; però avvertite che non sanguinino il che potrete conoscere pungendoli sotto l'ala. Anche dei polli si può conoscere la giusta cottura quando, pungendoli nella stessa maniera, non esce più sugo.

Le carni di pollo risulteranno più tenere e di miglior colore se le arrostirete involtate dentro ad un foglio la cui parte aderente alla carne sia prima stata unta di burro; per evitare che la carta bruci, ungetela spesso all'esterno. A mezza cottura levate il foglio e terminate di cuocere il pollo, il tacchino o altro che sia, salandoli ed ungendoli.

In questo caso sarà bene di mettere un po' di sale nel loro interno prima d'infilarli allo spiede e di steccar con lardone il petto de' tacchini e delle galline di Faraone. Qui è bene avvertire che il piccione giovane e il cappone ingrassato, sia arrosto che lesso, sono migliori diacci che caldi e stuccano meno.

Le carni arrostite conservano meglio, che preparate in qualunque altra maniera, le loro proprietà alimentari e si digeriscono più facilmente.

521. ROAST-BEEF I

Questa voce inglese è penetrata in Italia col nome volgare di *rosbiffe,* che vuoi dire bue arrosto. Un buon *rosbiffe* è un piatto di gran compenso in un pranzo ove predomini il genere maschile, il quale non si appaga di briccihe come le donne, ma vuoi ficcare il dente in qualche cosa di sodo e di sostanzioso.

Il pezzo che meglio si presta è la lombata indicata per la bistecca alla fiorentina n. 556. Onde riesca tenero, deve essere di bestia giovane e deve superare il peso di un chilogrammo, perché il fuoco non lo prosciughi, derivando la bellezza e bontà sua dal punto giusto della cottura indicato dal color roseo all'interno e dalla quantità del sugo che emette affettandolo. Per ottenerlo in codesto modo cuocetelo a fuoco ardente e bene acceso fin da principio onde sia preso subito alla superficie; ungetelo con l'olio, che poi scolerete dalla leccarda, e per ultimo passategli sopra un ramaiuolo di brodo, il quale, unito all'unto caduto dal *rosbiffe,* servirà di sugo al pezzo quando lo mandate in tavola. Salatelo a mezza cottura tenendovi un po' scarsi perché questa qualità di carne, come già dissi, è per sé saporita, e abbiate sempre presente che il benefico sale è il più fiero nemico di una buona cucina.

Mettetelo al fuoco mezz'ora prima di mandare la minestra in tavola, il che è sufficiente se il pezzo non è molto grosso, e per conoscerne la cottura pungetelo nella patte più grossa con un sottile lardatoio, ma non bucatelo spesso perché non dissughi. Il sugo che n'esce non dev'essere né di color del sangue, né cupo. Le patate per contorno rosolatele a parte nell'olio da crude e sbucciate, intere se sono piccole, e a quarti se sono grosse.

Il *rosbiffe* si può anche mandare al forno, ma non viene buono come allo spiede. In questo caso conditelo con sale, olio e un pezzo di burro, contornatelo di patate crude sbucciate, e versate nel tegame un bicchiere d'acqua.

Se il *rosbiffe* avanzato non vi piace freddo, tagliatelo a fette, rifatelo con burro e sugo di carne o di pomodoro.

522. ROAST-BEEF II

Questa seconda maniera di cuocere il *rosbiffe* mi sembra che sia da preferirsi alla prima, perché rimane più sugoso e più profumato. Dopo averlo infilato nello spiede, involtatelo in un foglio bianco non troppo sottile e bene imburrato con burro diaccio: legatelo alle due estremità onde resti ben chiuso e mettetelo al fuoco di carbone molto acceso. Giratelo e quando sarà quasi cotto strappate via la carta, salatelo e fategli prendere il colore. Tolto dal fuoco, chiudetelo tra due piatti e dopo dieci minuti servitelo.

523. SFILETTATO TARTUFATO

I macellari di Firenze chiamano *sfilettato* la lombata di manzo o di vitella a cui sia stato levato il filetto.

Prendete dunque un pezzo grosso di sfilettato e steccatelo tutto con pezzetti di tartufi, meglio bianchi che neri, tagliati a punta e lunghi tre centimetri circa, unendo ad ognuno di questi un pezzetto di burro per riempire il buco che avrete aperto con la punta del coltello per inserirli. Fate delle incisioni a traverso la cotenna onde non si ritiri, legatelo ed infilatelo nello spiede per cuocerlo. A due terzi di cottura dategli un'untatina con olio e salatelo scarsamente, perché queste carni di bestie grosse sono assai saporite e non hanno bisogno di molto condimento.

524. ARROSTO DI VITELLA DI LATTE

La vitella di latte si macella in tutti i mesi dell'anno; ma nella primavera e nell'estate la troverete più grassa, più nutrita e di miglior sapore. I pezzi che più si prestano per l'arrosto allo spiede sono la lombata e il culaccio, e non hanno bisogno che d'olio e sale per condimento.

Gli stessi pezzi si possono cuocere in tegame, leggermente steccati d'aglio e ramerino, con olio, burro e un battutino di carnesecca, sale, pepe e sugo di pomodoro per cuocere nell'intinto piselli freschi. È questo un piatto che piace a molti.

525. PETTO DI VITELLA DI LATTE IN FORNO

Se io sapessi chi inventò il forno vorrei erigergli un monumento a mie spese; in questo secolo di *monumentomania* credo che ei lo meriterebbe più di qualcun altro.

Trattandosi di un piatto di famiglia lasciate il pezzo come sta, con tutte le sue ossa, e se non eccedesse il peso di 600 a 700 grammi potete cuocerlo al forno da campagna. In questo caso steccatelo con grammi 50 o 60 di prosciutto più magro che grasso tagliato fine, legatelo onde stia raccolto, spalmatelo tutto copiosamente di lardo (strutto) e salatelo. Collocatelo in una teglia e una diecina di minuti prima di levarlo dal fuoco uniteci delle patate che, in quell'unto, vengono molto buone.

Invece dello strutto potete servirvi di burro e olio e invece del prosciutto salarlo generosamente.

526. ARROSTO MORTO

Potete fare nella maniera che sto per dire ogni sorta di carne; ma quella che più si presta, a parer mio, è la vitella di latte. Prendetene un bel pezzo nella lombata che abbia unita anche la pietra. Arrocchiatelo e legatelo con uno spago perché stia più raccolto e mettetelo al fuoco in una cazzaruola con olio fine e burro, ambedue in poca quantità. Rosolatelo da tutte le parti, salatelo a mezza cottura e finite di cuocerlo col brodo in guisa che vi resti poco o punto sugo.

Sentirete un arrosto che se non ha il profumo e il sapore di quello fatto allo spiede avrà in compenso il tenero e la delicatezza. Se non avete il brodo servitevi del sugo di pomodoro o conserva sciolta nell'acqua. Se vi piace più saporito aggiungete carnesecca tritata fine.

527. ARROSTO MORTO COLL'ODORE DELL'AGLIO E DEL RAMERINO

Se, piacendovi questi odori, non amate che tornino a gola, non fate come coloro che steccano un pollo, un pezzo di filetto o altra carne qualunque con pezzi d'aglio e ramerino; ma regolandovi, quanto alla cucinatura, come nel caso precedente, gettate nella cazzaruola uno spicchio di aglio intero e due ciocche di ramerino. Quando mandate l'arrosto in tavola passate il suo sugo ristretto senza spremerlo e contornate, se credete, il pezzo della carne con patate, od erbaggi rifatti a parte. In questo caso, piacendovi, potete anche aggraziare la carne con pochissimo sugo di pomodoro o conserva.

Il cosciotto d'agnello viene assai bene in questa maniera, cotto tra due fuochi.

528. UCCELLI ARROSTO

Gli uccelli devono essere freschi e grassi; ma soprattutto freschi. In que' paesi dove si vendono già pelati bisogna essere tondi bene per farsi mettere in mezzo. Se li vedete verdi o col brachiere, cioè col buzzo nero, girate largo; ma se qualche volta rimaneste ingannati, cucinateli come il piccione in umido n. 276, perché se li mettete allo spiede, oltreché aprirsi tutti durante la cottura, tramandano, molto più che fatti in umido, quel fetore della putrefazione, ossia della carne *faisandée* come la chiamano i Francesi: puzzo intollerabile alle persone di buon gusto, ma che purtroppo non dispiace in qualche provincia d'Italia ove il gusto, per lunga consuetudine, si è depravato fors'anche a scapito della salute.

Un'eccezione potrebbe farsi per le carni del fagiano e della beccaccia, le quali, quando sono frolle, pare acquistino, oltre alla tenerezza, un profumo particolare, specialmente poi se il fagiano lasciasi frollare senza pelarlo. Ma badiamo di non far loro oltrepassare il primo indizio della putrefazione perché altrimenti potrebbe accadervi come accadde a me quando avendomi un signore invitato a pranzo in una trattoria molto rinomata, ordinò, fra le altre cose per farmi onore, una beccaccia coi crostini; ebbene questa tramandava dal bel mezzo della tavola un tale fetore che, sentendomi rivoltar lo stomaco, non fui capace neppure di appressarmela alla bocca, lasciando lui mortificato ed io col dolore di non aver potuto aggradire la cortesia dell'amico.

Gli uccelli dunque, siano tordi, allodole o altri più minuti, non vuotateli mai e prima d'infilarli acconciateli in questa guisa: rovesciate loro le ali sul dorso onde ognuna di esse tenga ferme una o due foglie di salvia; le zampe tagliatele all'estremità ed incrociatele facendone passare una sopra il ginocchio dell'altra, forando il tendine, e in questa incrociatura ponete una ciocchettina di salvia. Poi infilateli collocando i più grossi nel mezzo tramezzandoli con un crostino, ossia una fettina di pane di un giorno grossa un centimetro e mezzo, oppure, se trovasi, un bastoncino tagliato a sbieco.

Con fettine di lardone, salate avanti e sottili quanto la carta, fasciate il petto dell'uccello in modo che si possa infilare nello spiede insieme col pane.

Cuoceteli a fiamma e se il loro becco non l'avete confitto nello sterno, teneteli prima fermi alquanto col capo penzoloni onde facciano, come suol dirsi, il collo; ungeteli una volta sola coll'olio quando cominciano a rosolare servendovi di un pennello o di una penna per non toccare i crostini, i quali sono già a sufficienza conditi dai due lardelli e salateli una volta sola. Metteteli al fuoco ben tardi perché dovendo cuocere alla svelta c'è il caso che arrivino presto e risecchiscano. Quando li mandate in tavola sfilateli pari pari, onde restino uniti sul vassoio e composti in fila, che così faranno più bella mostra.

Quanto all'arrosto d'anatra o di germano, che sa di selvatico, alcuni gli spremono sopra un limone quando comincia a colorire e l'ungono con quell'agro e coll'olio insieme raccolto nella ghiotta.

529. ARROSTO D'AGNELLO ALL'ARETINA

L'agnello comincia ad esser buono in dicembre, e per Pasqua o è cominciata o sta per cominciare la sua decadenza.

Prendete un cosciotto o un quarto d'agnello, conditelo con sale, pepe, olio e un gocciolo d'aceto. Bucatelo qua e là colla punta di un coltello e lasciatelo in questo guazzo per diverse ore. Infilatelo nello spiede e con un ramoscello di ramerino ungetelo spesso fino a cottura con questo liquido, il quale serve a levare all'agnello il sito di stalla, se temete che l'abbia, e a dargli un gusto non disgradevole.

Piacendovi più pronunziato l'odore del ramerino potete steccare il pezzo con alcune ciocche del medesimo, levandole prima di mandarlo in tavola.

530. COSCIOTTO DI CASTRATO ARROSTO

La stagione del castrato è dall'ottobre al maggio. Dicesi che si deve preferire quello di gamba corta e di carne color rosso bruno. Il cosciotto arrostito offre un nutrimento sano e nutriente, opportuno specialmente a chi ha tendenza alla pinguedine.

Prima di cuocerlo lasciatelo frollare diversi giorni, più o meno a seconda della temperatura. Prima d'infilarlo allo spiede battetelo ben bene con un mazzuolo di legno, poi spellatelo e levategli, senza troppo straziarlo, l'osso di mezzo. Dopo, perché resti tutto raccolto, legatelo e dategli fuoco ardente da principio, e a mezza cottura diminuite il calore. Quando comincia a gettare il sugo, che raccoglierete nella leccarda, bagnatelo col medesimo e con brodo digrassato, nient'altro. Salatelo a cottura quasi completa; ma badate che non riesca troppo cotto né che sanguini e servitelo in tavola col suo sugo in una salsiera e perché faccia miglior figura involgete l'estremità dell'osso della gamba in carta bianca frastagliata.

531. ARROSTO DI LEPRE I

Le parti della lepre (*Lepus timidus*) adatte per fare allo spiede sono i quarti di dietro; ma le membra di questa selvaggina sono coperte di pellicole che bisogna accuratamente levare, prima di cucinarle, senza troppo intaccare i muscoli.

Avanti di arrostirla tenetela in infusione per dodici o quattordici ore in un liquido così preparato: mettete al fuoco in una cazzaruola tre bicchieri d'acqua con mezzo bicchier d'aceto o anche meno in proporzione del pezzo, tre o quattro scalogni troncati, una o due foglie d'alloro, un mazzettino di prezzemolo, un pochino di sale e una presa di pepe; fatelo bollire per cinque o sei minuti e versatelo diaccio sulla lepre. Tolta dall'infusione asciugatela e steccatela tutta col lardatoio con fettine di lardone di qualità fine. Cuocetela a fuoco lento, salatela a sufficienza ed ungetela con panna di latte e nient'altro.

Dicono che il fegato della lepre non si deve mangiare perché nocivo alla salute.

532. ARROSTO DI LEPRE II

Se la lepre sarà ben frolla potete arrostire i quarti di dietro senza farli precedere dall'infusione nella seguente maniera. Levate le pellicole più grosse dai muscoli esterni e steccate tutto il pezzo di lardelli di lardone che avrete salati avanti. Infilato allo spiede, avvolgetelo in una carta imburrata e cosparsa di sale. Quando sarà cotto togliete la carta e con un ramoscello di ramerino intinto nel burro, ungetelo e fatelo colorire, salandolo ancora un poco.

533. CONIGLIO ARROSTO

Anche per un arrosto di coniglio allo spiede non si prestano che i quarti di dietro. Steccatelo di lardone, ungetelo con olio o, meglio, col burro e salatelo a cottura quasi completa.

534. ARROSTO MORTO LARDELLATO

Prendete, mettiamo, un pezzo corto e grosso di magro, di vitella o di manzo, nella coscia o nel culaccio, ben frollo e del peso di un chilogrammo all'incirca; steccatelo con grammi 30 di prosciutto grasso e magro tagliato a fettine. Legatelo collo spago per tenerlo raccolto e mettetelo in una cazzaruola con grammi 30 di burro, un quarto di una cipolla diviso in due pezzi, tre o quattro costole di sedano lunghe meno di un dito ed altrettante strisce di carota. Condite con sale e pepe e quando la carne avrà preso colore, voltandola spesso, annaffiatela con due piccoli ramaiuoli d'acqua e tiratela a cottura con fuoco lento, lasciandole prosciugare molta parte dell'umido, ma badate non vi si risecchi e diventi nera. Quando la mandate in tavola passate il poco succo rimasto e versatelo sulla carne che potrete contornar di patate a spicchi, rosolati nel burro o nell'olio.

Potete anche metter l'arrosto morto al fuoco col solo burro e tirarlo a cottura con la cazzaruola coperta da una scodella piena d'acqua.

535. PICCIONE A SORPRESA

È una sorpresa de' miei stivali; ma comunque sia è bene conoscerla perché non è cosa da disprezzarsi.

Se avete un piccione da mettere allo spiede e volete farlo bastare a più di una persona, riempitelo con una braciuola di vitella o di vitella di latte. S'intende che questa braciuola dev'essere di grandezza proporzionata.

Battetela bene per renderla più sottile e più morbida, conditela con sale, pepe, una presina di spezie e qualche pezzetto di burro, arrocchiatela e mettetela dentro al piccione cucendone l'apertura. Se al condimento suddetto aggiungerete delle fettine di tartufi sarà meglio che mai. Potete anche cuocere a parte la cipollina e il fegatino del piccione nel sugo o nel burro, pestarli e con essi spalmare la braciuola; così l'aroma differente delle due qualità di carne si amalgama e si forma un gusto migliore.

Ciò che si è detto pel piccione valga per un pollastro.

536. QUAGLIETTE

Servitevi delle bracioline ripiene del n. 307, oppure fate l'involucro con vitella di latte e quando saranno ripiene, fasciatele con una fettina sottilissima di lardone e legatele in croce col refe. Infilatele nello spiede per cuocerle arrosto, ognuna fra due crostini e con qualche foglia di salvia, ungetele coll'olio, salatele, bagnatele con qualche cucchiaiata di brodo e scioglietele quando le mandate in tavola.

Anche col filetto di manzo a pezzetti, fasciato di lardone, coll'odore della salvia e fra due crostini, si ottiene un buonissimo arrosto.

537. BRACIUOLA DI MANZO RIPIENA ARROSTO

Una braciuola di manzo grossa un dito del peso di grammi 500.
Magro di vitella di latte, grammi 200.
Prosciutto grasso e magro, grammi 30.
Lingua salata, grammi 30.
Parmigiano grattato, grammi 30.
Burro, grammi 30.
Fegatini di pollo, n. 2.
Uova, n. 1.
Una midolla di pane fresco grossa un pugno.

Fate un battutino con cipolla quanto una noce, un poco di sedano, carota e prezzemolo; mettetelo al fuoco col detto burro e, rosolato che sia, gettateci la vitella di latte a pezzetti e i fegatini, poco sale e pepe per condimento, tirando la carne a cottura con un po' di brodo. Levatela asciutta per tritarla fine colla lunetta e nell'intinto che resta fate una pappa soda con la midolla del pane, bagnandola con brodo se occorre. Ora, fate tutto un impasto, con la carne tritata, la pappa, l'uovo, il parmigiano, il prosciutto e la lingua tagliata a dadini. Composto così il ripieno, tuffate appena la braciuola di manzo nell'acqua, per poterla distender meglio, battetela con la costola del coltello e spianatela con la lama. Collocateci il ripieno in mezzo e formatene un rotolo che legherete stretto a guisa di salame prima dalla parte lunga e poi per traverso. Infilatela nello spiede per la sua lunghezza e arrostitela con olio e sale. Sentirete un arrosto delicato, il quale potrà bastare per sei o sette persone.

538. COSTOLETTE DI VITELLA DI LATTE ALLA MILANESE

Tutti conoscete le costolette semplici alla milanese, ma se le aggradite più saporite trattatele in questa guisa.

Dopo aver denudato l'osso della costola e scartatine i ritagli, spianatele con la lama di un grosso coltello per allargarle e ridurle sottili. Poi fate un battuto con prosciutto più grasso che magro, un poco di prezzemolo, parmigiano grattato, l'odor dei tartufi, se li avete, e poco sale e pepe. Con questo composto spalmate le costolette da una sola parte, mettetele in infusione nell'uovo, poi panatele e cuocetele alla *sauté* col burro, servendole con spicchi di limone. Per cinque costolette, se non sono molto grosse, basteranno grammi 50 di prosciutto e due cucchiaiate colme di parmigiano.

539. POLLO RIPIENO ARROSTO

Non è un ripieno da cucina fine, ma da famiglia. Per un pollo di mediocre grandezza eccovi all'incirca la dose degli ingredienti:

Due salsicce.
Il fegatino, la cresta e i bargigli del pollo medesimo.
Otto o dieci marroni bene arrostiti.
Una pallina di tartufi o, in mancanza di questi, alcuni pezzetti di funghi secchi.
L'odore di noce moscata.
Un uovo.

Se invece di un pollo fosse un tacchino, duplicate la dose.

Cominciate col dare alle salsicce e alle rigaglie mezza cottura nel burro, bagnandole con un po' di brodo se occorre; conditele con poco sale e poco pepe a motivo delle salsicce. Levatele asciutte e nell'umido che resta gettate una midolla di pane, per ottenere con un po' di brodo due cucchiaiate di pappa soda. Spellate le salsicce, tritate con la lunetta le rigaglie e i funghi rammolliti, e insieme colle bruciate, coll'uovo e la pappa pestate ogni cosa ben fine in un mortaio, meno i tartufi che vanno tagliati a fettine e lasciati crudi. Questo è il composto col quale riempirete il pollo, il cui ripieno si lascerà tagliar meglio diaccio che caldo e sarà anche più grato al gusto.

540. CAPPONE ARROSTO TARTUFATO

La cucina è estrosa, dicono i fiorentini, e sta bene perché tutte le pietanze si possono condizionare in vari modi secondo l'estro di chi le manipola; ma modificandole a piacere non si deve però mai perder di vista il semplice, il delicato e il sapore gradevole, quindi tutta la questione sta nel buon gusto di chi le prepara. Io nell'eseguire questo piatto costoso ho cercato di attenermi ai precetti suddetti, lasciando la cura ad altri d'indicare un modo migliore. Ammesso che un cappone col solo busto, cioè vuoto, senza il collo e le zampe, ucciso il giorno innanzi, sia del peso di grammi 800 circa, lo riempirei nella maniera seguente:

Tartufi, neri o bianchi che siano poco importa, purché odorosi, grammi 250.
Burro, grammi 80.
Marsala, cucchiaiate n. 5.

I tartufi, che terrete grossi come le noci, sbucciateli leggermente e la buccia gettatela così cruda dentro al cappone; anche qualche fettina di tartufo crudo si può inserire sotto la pelle. Mettete il burro al fuoco e quando è sciolto buttateci i tartufi con la marsala, sale e pepe per condimento e, a fuoco ardente, fateli bollire per due soli minuti rimuovendoli sempre. Levati dalla cazzaruola, lasciateli diacciare finché l'unto sia rappreso e poi versate il tutto nel cappone, per cucirlo tanto nella parte inferiore che nell'anteriore dove è stato levato il collo.

Serbatelo in luogo fresco per cuocerlo dopo 24 ore dandogli così tre giorni di frollatura.

Se si trattasse di un fagiano o di un tacchino regolatevi in proporzione. Questi, d'inverno, è bene conservarli ripieni tre o quattro giorni prima di cuocerli, anzi pel fagiano bisogna aspettare i primi accenni della putrefazione, ché allora la carne acquista quel profumo speciale che la distingue. Per la cottura avvolgeteli in un foglio e trattateli come la gallina di Faraone n. 546.

541. POLLO AL DIAVOLO

Si chiama così perché si dovrebbe condire con pepe forte di Caienna e servire con una salsa molto piccante, cosicché, a chi lo mangia, nel sentirsi accendere la bocca, verrebbe la tentazione di mandare al diavolo il pollo e chi l'ha cucinato. Io indicherò il modo seguente che è più semplice e più da cristiano.

Prendete un galletto o un pollastro giovane, levategli il collo e le zampe e, apertolo tutto sul davanti, schiacciatelo più che potete. Lavatelo ed asciugatelo bene con un canovaccio, poi mettetelo in gratella e quando comincia a rosolare, voltatelo, ungetelo col burro sciolto oppure con olio mediante un pennello e conditelo con sale e pepe. Quando avrà cominciato a prender colore la parte opposta, voltatelo e trattatelo nella stessa maniera; e continuando ad ungerlo e condirlo a sufficienza, tenetelo sul fuoco finché sia cotto.

Il pepe di Caienna si vende sotto forma di una polvere rossa, che viene dall'Inghilterra in boccette di vetro.

542. POLLO IN PORCHETTA

Non è piatto signorile, ma da famiglia. Riempite un pollo qualunque con fettine di prosciutto grasso e magro, larghe poco più di un dito, aggiungete tre spicchi d'aglio interi, due ciocchettine di finocchio e qualche chicco di pepe. Conditelo all'esterno con sale e pepe e cuocetelo in cazzaruola con solo burro e fra due fuochi. Al tempo delle salsicce potete sostituire queste al prosciutto introducendole spaccate per il lungo.

543. ARROSTO MORTO DI POLLO ALLA BOLOGNESE

Mettetelo al fuoco con olio, burro, una fetta di prosciutto grasso e magro tritato fine, qualche pezzetto d'aglio e una ciocchettina di ramerino. Quando sarà rosolato, aggiungete pomodori a pezzi netti dai semi, oppure conserva sciolta nell'acqua. Cotto che sia levatelo e in quell'intinto cuocete patate a tocchetti, indi rimettetelo al fuoco per riscaldarlo.

544. POLLO ALLA RUDINÌ

Questo pollo, battezzato non si sa perché con tal nome, riesce un piatto semplice, sano e di sapore delicato, perciò lo descrivo. Prendete un pollastro giovane, levategli il collo, le punte delle ali, e le zampe tagliatele a due dita dal ginocchio; poi fatene sei pezzi: due colle ali a ciascuna delle quali lascerete unita la metà del petto, due colle coscie compresavi l'anca e due col groppone toltane la parte anteriore. Levate le ossa delle anche e la forcella del petto; i due pezzi del groppone schiacciateli. Frullate un uovo con acqua quanta ne stia in un mezzo guscio d'uovo, metteteci in infusione il pollo dopo averlo infarinato e conditelo col pepe e col sale a buona misura lasciandovelo fino al momento di cuocerlo. Allora prendete i pezzi a uno per uno, panateli e, messa la *sauté* o una teglia di rame al fuoco con gr. 100 di burro, cuoceteli in questa maniera. Quando comincia a soffriggere il burro collocateci per un momento i pezzi del pollo dalla parte della pelle, poi rivoltateli, coprite la *sauté* con un coperchio e con molto fuoco sopra e poco sotto, lasciateli per circa dieci minuti. Servitelo con spicchi di limone e sentirete che sarà buono tanto caldo che freddo.

Per parlare un linguaggio da tutti compreso, la Sacra Scrittura dice che Giosuè fermò il sole e non la terra e noi si fa lo stesso quando si parla di polli, perché l'anca dovrebbesi chiamar coscia, la coscia gamba e la gamba tarso: infatti l'anca ha un osso solo che corrisponde al femore degli uomini, la coscia ne ha due che corrispondono alla tibia e alla fibula e la zampa rappresenta il primo osso dei piedi, cioè il tarso. Così le ali, per la conformità delle ossa, corrispondono alle braccia che, dalla spalla al gomito sono di un sol pezzo (omero) e di due pezzi (radio e ulna) nell'avambraccio; le punte delle ali poi sono i primi accenni di una mano in via di formazione.

Pare, e se è vero potete accertarvene alla prova, che il pollo cotto appena ucciso sia più tenero che quando è sopraggiunta la rigidità cadaverica.

545. POLLO VESTITO

Non è piatto da farne gran caso, ma può recare sorpresa in un pranzo famigliare.

Prendete il busto di un pollastro giovane, cioè privo delle zampe, del collo e delle interiora; ungetelo tutto con burro diaccio, spolverizzatelo di sale, e un pizzico di questo versatelo nell'interno. Poi, colle ali piegate, lasciatelo con due larghe e sottili fette di prosciutto più magro che grasso e copritelo con la pasta descritta nella ricetta n. 277, tirata col matterello alla grossezza di uno scudo all'incirca. Doratela col rosso d'uovo e cuocete il pollo così vestito a moderato calore nel forno o nel forno da campagna. Servitelo come sta per essere aperto e trinciato sulla tavola.

A me sembra migliore diaccio che caldo.

546. GALLINA DI FARAONE

Questo gallinaceo originario della Numidia, quindi erroneamente chiamato gallina d'India, era presso gli antichi il simbolo dell'amor fraterno. Meleagro, re di Calidone, essendo venuto a morte, le sorelle lo piansero tanto che furono da Diana trasformate in galline di Faraone. La *Numida meleagris,* che è la specie domestica, mezza selvatica ancora, forastica ed irrequieta, partecipa della pernice sia nei costumi che nel gusto della carne saporita e delicata. Povere bestie, tanto belline! Si usa farle morire scannate, o, come alcuni vogliono, annegate nell'acqua tenendovele sommerse a forza; crudeltà questa, come tante altre inventate dalla ghiottoneria dell'uomo. La carne di questo volatile ha bisogno di molta frollatura e, nell'inverno, può conservarsi pieno per cinque o sei giorni almeno.

Il modo migliore di cucinare le galline di Faraone è arrosto allo spiede. Ponete loro nell'interno una pallottola di burro impastata nel sale, steccate il petto con lardone ed involtatele in un foglio spalmato di burro diaccio spolverizzato di sale, che poi leverete a due terzi di cottura per finire di cuocerle e di colorirle al fuoco, ungendole coll'olio e salandole ancora.

Al modo istesso può cucinarsi un tacchinotto.

547. ANATRA DOMESTICA ARROSTO

Salatela nell'interno e fasciatele tutto il petto con larghe e sottili fette di lardone tenute aderenti con lo spago.

Ungetela coll'olio e salatela a cottura quasi completa. Il germano, ossia l'anatra selvatica, essendo naturalmente magra, getta poco sugo e quindi meglio sarà di ungerla col burro.

548. OCA DOMESTICA

L'oca era già domestica ai tempi di Omero e i Romani (388 anni av. C.) la tenevano in Campidoglio come animale sacro a Giunone.

L'oca domestica, in confronto delle specie selvatiche, è cresciuta in volume, si è resa più feconda e pingue in modo da sostituire il maiale presso gl'Israeliti. Come cibo io non l'ho molto in pratica, perché sul mercato di Firenze non è in vendita e in Toscana poco o punto si usa la sua carne; ma l'ho mangiata a lesso e mi piacque. Da essa sola si otterrebbe un brodo troppo dolce; ma mista al manzo contribuisce a renderlo migliore se ben digrassato.

Mi dicono che in umido e arrosto si può trattare come l'anatra domestica e che il petto in gratella si usa steccarlo col prosciutto o con le acciughe salate, per chi si fa un divieto di quello, e condito con olio, pepe e sale.

In Germania si cuoce arrosto ripiena di mele, vivanda codesta non confacente per noi Italiani, che non possiamo troppo scherzare coi cibi grassi e pesanti allo stomaco, come rileverete dal seguente aneddoto.

Un mio contadino, uso a solennizzare la festa di Sant'Antonio abate, volle un anno, meglio del consueto, riconoscerla coll'imbandire un buon desinare a' suoi amici, non escludendo il fattore.

Tutto andò bene perché le cose furono fatte a dovere; ma un contadino benestante, che era degli invitati, sentendosi il cuore allargato, perché al bere e al mangiare aveva fatto del meglio suo, disse ai commensali:

– Per San Giuseppe, che è il titolare della mia parrocchia, vi voglio tutti a casa mia e in quel giorno s'ha da stare allegri. – Fu accettato volentieri l'invito e nessuno mancò al convegno.

Giunta l'ora più desiderata per tali feste, che è quella di sedersi a tavola, cominciò il bello, perocché si diede principio col brodo che era d'oca; il fritto era d'oca, il lesso era d'oca, l'umido era d'oca, e l'arrosto di che credete che fosse? era d'oca!! Non so quel che avvenisse degli altri, ma il fattore verso sera cominciò a sentirsi qualche cosa in corpo che non gli permetteva di cenare e la notte gli scoppiò dentro un uragano tale di tuoni, vento, acqua e gragnuola che ad averlo visto il giorno appresso, così sconfitto e abbattuto di spirito, faceva dubitare non fosse divenuto anch'esso un'oca.

Sono rinomati i pasticci di Strasburgo di fegato d'oca reso voluminoso mediante un trattamento speciale lungo e crudele, inflitto a queste povere bestie.

A proposito di fegato d'oca me ne fu regalato uno, proveniente dal veneto, che col suo abbondante grasso attaccato pesava grammi 600, il cuore compreso, e seguendo l'istruzione ricevuta, lo cucinai semplicemente in questa maniera. Prima misi al fuoco il grasso, tagliato all'ingrosso, poi il cuore a spicchi e per ultimo il fegato a grosse fette. Condimento, sale e pepe soltanto; servito in tavola, scolato dal soverchio unto, con spicchi di limone. Bisogna convenire che è un boccone molto delicato.

Vedi fegato d'oca n. 274.

549. TACCHINO

Il tacchino appartiene all'ordine dei *Rasores,* ossia gallinacci, alla famiglia della *Phasanidae* e al genere *Meleagris.* È originario dell'America settentrionale, estendendosi la sua dimora dal nord ovest degli Stati Uniti allo stretto di Panama, ed ha il nome di pollo d'India perché Colombo credendo di potersi aprire una via per le Indie orientali, navigando a ponente, quelle terre da lui scoperte furono poi denominate Indie occidentali. Pare accertato che gli Spagnuoli portassero quell'uccello in Europa al principio nel 1500 e dicesi che i primi tacchini introdotti in Francia furono pagati un luigi d'oro.

Siccome quest'animale si ciba di ogni sudiceria in cui si abbatte, la sua carne, se è mal nutrito, acquista talvolta un gusto nauseante, ma diviene ottima e saporosa se alimentato di granturco e di pastoni caldi di crusca. Si può cucinare in tutti i modi: a lesso, in umido, in gratella e arrosto; la carne della femmina è più gentile di quella del maschio. Dicono che il brodo di questo volatile sia caloroso, il che può essere, ma è molto saporito e si presta bene per le minestre di malfattini, riso con cavolo o rapa, gran farro e farinata di granturco aggraziate e rese più gustose e saporite con due salsicce sminuzzate dentro. La parte da preferirsi per lesso è l'anteriore compresa l'ala, che è il pezzo più delicato. Per l'arrosto morto e per l'arrosto allo spiede si prestano meglio i quarti di dietro. Trattandosi del primo è bene steccarlo leggermente di aglio e ramerino e condirlo con un battuto di carnesecca o lardone, un poco di burro, sale e pepe, sugo di pomodoro o conserva sciolta nell'acqua, onde poter rosolare nel suo intinto delle patate per contorno. Arrosto allo spiede si unge coll'olio e, piacendo, si serve con un contorno di polenta fritta. Il petto poi, spianato alla grossezza di un dito e condito qualche ora avanti a buona misura, con olio, sale e pepe, è ottimo anche in gratella, anzi è un piatto gradito ai bevitori, i quali vi aggiungono, conciati nella stessa maniera, il fegatino e il ventriglio tagliuzzato perché prenda meglio il condimento.

Vi dirò per ultimo che un tacchinotto giovane del peso di due chilogrammi all'incirca, cotto intero, allo spiede come la gallina di Faraone, può fare eccellente figura in qualsiasi pranzo, specialmente se è primiticcio.

550. PAVONE

Ora che nella serie degli arrosti vi ho nominati alcuni volatili di origine esotica, mi accorgo di non avervi parlato del pavone, *Pavo cristatus,* che mi lasciò ricordo di carne eccellente per individui di giovane età.

Il più splendido, per lo sfarzo dei colori, fra gli uccelli dell'ordine dei gallinacei, il pavone abita le foreste delle Indie orientali e trovasi in stato selvatico a Guzerate nell'Indostan, a Cambogia sulle coste del Malabar, nel regno di Siam e nell'isola di Giava. Quando Alessandro il Macedone, invasa l'Asia minore, vide questi uccelli la prima volta dicesi rimanesse così colpito dalla loro bellezza da interdire con severe pene di ucciderli. Fu quel monarca che li introdusse in Grecia ove furono oggetto di tale curiosità che tutti correvano a vederli; ma poscia, trasportati a Roma sulla decadenza della repubblica, il primo a cibarsene fu Quinto Ortensio l'oratore, emulo di Cicerone e, piaciuti assai, montarono in grande stima dopo che Aufidio Lurcone insegnò la maniera d'ingrassarli, tenendone un pollaio dal quale traeva una rendita di millecinquecento scudi la qual cosa non è lontana dal vero se si vendevano a ragguaglio di cinque scudi l'uno.

551. MAIALE ARROSTITO NEL LATTE

Prendete un pezzo di maiale nella lombata del peso di grammi 500 circa, salatelo e mettetelo in cazzaruola con decilitri 2 ½ di latte. Copritelo e fatelo bollire adagio, finché il latte sarà consumato; allora aumentate il fuoco per rosolarlo e, ottenuto questo, scolate via il grasso e levate il pezzo della carne per aggiungere in quei rimasugli di latte coagulato un gocciolo di latte fresco. Mescolate, fategli alzare il bollore e servitevene per ispalmare delle fettine di pane, appena arrostite, onde servirle per contorno al maiale quando lo manderete caldo in tavola.

Tre decilitri di latte in tutto potranno bastare. Cucinato così il maiale riesce di gusto delicato e non istucca.

552. PESCE DI MAIALE ARROSTO

Il pesce di maiale è quel muscolo bislungo posto ai lati della spina dorsale, che a Firenze si chiama *lombo di maiale.* Colà si usa distaccarlo insieme colla pietra e in cotesto modo si presta per un arrosto eccellente. Tagliatelo a pezzetti e infilatelo nello spiede, tramezzandolo di crostini e salvia come si usa cogli uccelli, e ungetelo, come questi, coll'olio.

553. AGNELLO ALL'ORIENTALE

Dicono che la spalla d'agnello arrostita ed unta con burro e latte, era e sia tuttavia una delle più ghiotte leccornie per gli Orientali; perciò io l'ho provata e ho dovuto convenire che si ottiene tanto da essa che dal cosciotto un arrosto allo spiede tenero e delicato. Trattandosi del cosciotto, io lo preparerei in questa maniera, la quale mi sembra la più adatta: steccatelo tutto col lardatoio di lardelli di lardone conditi con sale e pepe, ungetelo con burro e latte o con latte soltanto e salatelo a mezza cottura.

554. PICCIONE IN GRATELLA

La carne di piccione per la quantità grande di fibrina e di albumina che contiene, è molto nutriente ed è prescritta alle persone deboli per malattia o per altra qualunque cagione. Il vecchio Nicomaco nella *Clizia* del Machiavelli, per trovarsi abile a una giostra amorosa, proponevasi di mangiare *uno pippione grosso, arrosto così verdemezzo che sanguigni un poco.*

Prendete un piccione grosso, ma giovine, dividetelo in due parti per la sua lunghezza e stiacciatele bene colle mani. Poi mettetele a soffriggere nell'olio per quattro o cinque minuti, tanto per assodarne la carne. Conditelo così caldo con sale e pepe, e poi condizionatelo in questa maniera: disfate al fuoco, senza farlo bollire, 40 grammi di burro; frullate un uovo e mescolate l'uno e l'altro insieme. Intingete bene il piccione in questo miscuglio e dopo qualche tempo involtatelo tutto nel pangrattato. Cuocetelo in gratella a lento fuoco e servitelo con una salsa o con un contorno.

555. FEGATELLI IN CONSERVA

Tutti sanno fare i fegatelli di maiale conditi con olio, pepe e sale, involtati nella rete e cotti in gratella, allo spiede o in una teglia; ma molti non sapranno che si possono conservare per qualche mese come si pratica nella campagna Aretina e forse anche altrove, ponendoli dopo cotti in un tegame e riempiendo questo di lardo strutto e a bollore. Si levano poi via via che se ne vuoi far uso e si riscaldano. È una cosa che può far comodo a chi sala il maiale in casa, perché si avranno allora meno frattaglie da consumare.

Alcuni usano cuocere i fegatelli fra due foglie di alloro, oppure, come in Toscana, di aggiungere al condimento un po' di seme di finocchio; ma sono odori acuti che molti stomachi non tollerano, e tornano a gola.

556. BISTECCA ALLA FIORENTINA

Da *beef-steak* parola inglese che vale *costola di bue,* è derivato il nome della nostra bistecca, la quale non è altro che una braciuola col suo osso, grossa un dito o un dito e mezzo, tagliata dalla lombata di vitella. I macellari di Firenze chiamano vitella il sopranno non che le altre bestie bovine di due anni all'incirca; ma, se potessero parlare, molte di esse vi direbbero non soltanto che non sono più fanciulle, ma che hanno avuto marito e qualche figliuolo.

L'uso di questo piatto eccellente, perché sano, gustoso e ricostituente, non si è ancora generalizzato in Italia, forse a motivo che in molte delle sue provincie si macellano quasi esclusivamente bestie vecchie e da lavoro. In tal caso colà si servono del filetto, che è la parte più tenera, ed impropriamente chiamano bistecca una rotella del medesimo cotta in gratella.

Venendo dunque al merito della vera bistecca fiorentina, mettetela in gratella a fuoco ardente di carbone, così naturale come viene dalla bestia o tutt'al più lavandola e asciugandola; rivoltatela più volte, conditela con sale e pepe quando è cotta, e mandatela in tavola con un pezzetto di burro sopra. Non deve essere troppo cotta perché il suo bello è che, tagliandola, getti abbondante sugo nel piatto. Se la salate prima di cuocere, il fuoco la risecchisce, e se la condite avanti con olio o altro, come molti usano, saprà di moccolaia e sarà nauseante.

557. BISTECCA NEL TEGAME

Se avete una grossa bistecca che, per esser di bestia non tanto giovane o macellata di fresco, vi faccia dubitare della sua morbidezza, invece di cuocerla in gratella, mettetela in un tegame con un pezzetto di burro e un gocciolino d'olio, e regolandovi come al n. 527, datele odore di aglio e ramerino. Aggiungete, se occorre, un gocciolo di brodo o d'acqua, oppure sugo di pomodoro e servitela in tavola con patate a tocchetti cotti nel suo intinto, e se questo non basta, aggiungete altro brodo, burro e conserva di pomodoro.

558. ARNIONI ALLA PARIGINA

Prendete un rognone, ossia una pietra di vitella, digrassatela, apritela e copritela d'acqua bollente. Quando l'acqua sarà diacciata, asciugatela bene con un canovaccio ed infilatela per lungo e per traverso con degli stecchi puliti onde stia aperta (a Parigi si usano spilloni di argento), conditela con grammi 30 di burro liquefatto, sale e pepe, e lasciatela così preparata per un'ora o due.

Dato che la pietra sia del peso di 600 o 700 grammi, prendete altri 30 grammi di burro ed un'acciuga grossa o due piccole, nettatele, tritatele e schiacciatele colla lama di un coltello insieme col burro e formatene una pallottola. Cuocete la pietra in gratella, ma non troppo onde resti tenera, ponetela in un vassoio, spalmatela così bollente colla pallottola di burro e d'acciuga e mandatela in tavola.

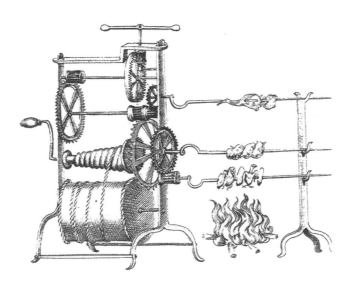

Molinello con tre spedi che si volta dasse per forza de ruote con il tempo a foggia di orologio come nella presente figura si dimostra

PASTICCERIA

559. STRUDEL

Non vi sgomentate se questo dolce vi pare un intruglio nella sua composizione e se dopo cotto vi sembrerà qualche cosa di brutto come un'enorme sanguisuga, o un informe serpentaccio, perché poi al gusto vi piacerà.

Mele *reinettes,* o mele tenere di buona qualità, gr. 500.
Farina, grammi 250.
Burro, grammi 100.
Uva di Corinto, grammi 85.
Zucchero in polvere, grammi 85.
Raschiatura di un limone.
Cannella in polvere due o tre prese.

Spegnete la farina con latte caldo, burro, quanto una noce, un uovo e un pizzico di sale per farne una pasta piuttosto soda che lascerete riposare un poco prima di servirvene. Tirate con questa pasta una sfoglia sottile come quella dei taglierini e, lasciando gli orli scoperti, distendetevi sopra le mele che avrete prima sbucciate, nettate dai torsoli e tagliate a fette sottili. Sul suolo delle mele spargete l'uva, la raschiatura di limone, la cannella, lo zucchero e infine i 100 grammi di burro liquefatto, lasciandone un po' indietro per l'uso che sentirete. Ciò fatto avvolgete la sfoglia sopra sé stessa per formarne un rotolo ripieno che adatterete in una teglia di rame, già unta col burro, assecondando per necessità la forma rotonda della medesima; col burro avanzato ungete tutta la parte esterna del dolce e mandatelo al forno. Avvertite che l'uva di Corinto, o sultanina, è diversa dall'uva passolina. Questa è piccola e nera; l'altra è il doppio più grossa, di colore castagno chiaro e senza vinacciuoli anch'essa. Il limone raschiatelo con un vetro.

560. PRESNITZ

Eccovi un altro dolce di *tedescheria* e come buono! Ne vidi uno che era fattura della prima pasticceria di Trieste, lo assaggiai e mi piacque. Chiestane la ricetta la misi alla prova e riuscì perfettamente; quindi, mentre ve lo descrivo, mi dichiaro gratissimo alla gentilezza di chi mi fece questo favore.

Uva sultanina, grammi 160.
Zucchero, grammi 130.
Noci sgusciate, grammi 130.
Focaccia rafferma, grammi 110.
Mandorle dolci sbucciate, grammi 60.
Pinoli, grammi 60.
Cedro candito, grammi 35.
Arancio candito, grammi 35.
Spezie composte di cannella, garofani e macis, grammi 5.
Sale, grammi 2.
Cipro, decilitri 1.
Rhum, decilitri 1.

L'uva sultanina, dopo averla nettata, mettetela in infusione nel cipro e nel rhum mescolati insieme; lasciatela così diverse ore e levatela quando comincia a gonfiare. I pinoli tagliateli in tre parti per traverso, i frutti canditi tagliateli a piccolissimi dadi, le noci e le mandorle tritatele con la lunetta alla grossezza del riso all'incirca, e la focaccia, che può essere una pasta della natura dei *brioches* o del panettone di Milano, grattatela o sbriciolatela. L'uva lasciatela intera e poi mescolate ogni cosa insieme, il rhum e il cipro compresivi.

Questo è il ripieno; ora bisogna chiuderlo in una pasta sfoglia per la quale può servirvi la ricetta del n. 155 nella proporzione di farina gr. 160 e burro gr. 80. Tiratela stretta, lunga e della grossezza poco più di uno scudo.

Distendete sulla medesima il ripieno e fatene un rocchio a guisa di salsicciotto tirando la sfoglia sugli orli per congiungerla. Dategli la circonferenza di 10 centimetri circa, schiacciatelo alquanto o lasciatelo tondo, ponetelo entro a una teglia di rame unta col burro avvolto intorno a sé stesso come farebbe la serpe; però non troppo serrato. Infine, con un pennello, spalmatelo con un composto liquido di burro sciolto e un rosso d'uovo.

Invece di uno potete farne due, se vi pare, con questa stessa dose, la metà della quale io ritengo che basterebbe per sette od otto persone.

561. KUGELHUPF

Farina d'Ungheria o finissima, grammi 200.
Burro, grammi 100.
Zucchero, grammi 50.
Uva sultanina, grammi 50.
Lievito di birra, grammi 30.
Uova, uno intero e due rossi.
Sale, un pizzico.

Odore di scorza di limone.
Latte, quanto basta.

Intridete il lievito col latte tiepido e un pugno della detta farina per formare un piccolo pane piuttosto sodo; fategli un taglio in croce e ponetelo in una cazzarolina con un velo di latte sotto, coperta e vicina al fuoco, badando che questo non la scaldi troppo.

D'inverno sciogliete il burro a bagno-maria poi lavoratelo alquanto coll'uovo intero, indi versate lo zucchero e poi la farina, i rossi d'uovo, il sale e l'odore, mescolando bene. Ora, aggiungete il lievito che nel frattempo avrà già gonfiato e con cucchiaiate di latte tiepido, versate una alla volta, lavorate il composto con un mestolo entro a una catinella per più di mezz'ora riducendolo a una consistenza alquanto liquida, non però troppo. Per ultimo versate l'uva e mettetelo in uno stampo liscio imburrato e spolverizzato di zucchero a velo misto a farina, ove il composto non raggiunga la metà del vaso che porrete ben coperto in caldana o in un luogo di temperatura tiepida a lievitare, al che ci vorranno due o tre ore.

Quando sarà ben cresciuto da arrivare alla bocca del vaso, mettetelo in forno a calore non troppo ardente, sformatelo diaccio, spolverizzatelo di zucchero a velo o se credete (questo è a piacere) annaffiatelo col rhum.

562. KRAPFEN II

Fatti nel seguente modo riescono più gentili di quelli del n. 182, specialmente se devono servire come piatto dolce, e prenderanno la figura di palle lisce senza alcuna impressione sopra.

Farina d'Ungheria, grammi 200.
Burro, grammi 50.
Lievito di birra, grammi 20.
Latte o panna meno di un decilitro, onde il composto riesca sodettino.
Rossi d'uovo, n. 3.
Zucchero, un cucchiaino.
Sale, una buona presa.

Mettete in una tazza il lievito con una cucchiaiata della farina e, stemperandolo con un poco del detto latte tiepido, ponetelo a lievitare vicino al fuoco. Poi in una catinella versate il burro, sciolto d'inverno a bagnomaria, e lavoratelo con un mestolo, gettandovi i rossi d'uovo uno alla volta, indi versate il resto della farina, il lievito quando sarà cresciuto del doppio, il latte a poco per volta, il sale e lo zucchero, lavorando il composto con una mano fino a che non si distacchi dalla catinella. Fatto ciò stacciatevi sopra un sottil velo di farina comune e mettetelo a lievitare in luogo tiepido entro al suo vaso e quando il composto sarà cresciuto versatelo sulla spianatoia sopra a un velo di farina e leggermente col matterello assottigliatelo alla grossezza di mezzo dito; indi, servendovi dello stampo della ricetta n. 7, tagliatelo in 24 dischi sulla metà dei quali porrete, quanto una piccola noce, conserva di frutta o crema pasticcera. Bagnate questi dischi all'ingiro con un dito intinto nel latte per coprirli e appiccicarli coi 12 rimasti vuoti; lievitateli e friggeteli in molto unto, olio o strutto che sia, spolverizzateli di zucchero a velo quando non saranno più a bollore e serviteli. Se trattasi di doppia dose, grammi 30 di lievito potranno bastare.

563. SAVARIN

Ad onore forse di Brillat-Savarin fu applicato a questo dolce un tal nome. Contentiamoci dunque di chiamarlo alla francese, e di raccomandarlo per la sua bontà ed eleganza di forma, ad ottenere la quale occorre uno stampo a forma rotonda, col buco nel mezzo, convesso alla parte esterna e di capacità doppia del composto che deve entrarvi.

Farina d'Ungheria o finissima, grammi 180.
Burro, grammi 60.
Zucchero, grammi 40.
Mandorle dolci, grammi 40.
Latte, decilitri 2.
Uova, due rossi e una chiara.
Una presa di sale.
Lievito di birra, quanto un piccolo uovo.

Ungete lo stampo con burro diaccio, spolverizzatelo di farina comune mista con zucchero a velo e spargete in fondo al medesimo le dette mandorle sbucciate e tagliate a filetti corti. Se le tostate, farete meglio.

Stemperate ed impastate il lievito con un gocciolo del detto latte tiepido e con un buon pizzico della farina d'Ungheria per fare un piccolo pane che porrete a lievitare come quello del Babà n. 565. Ponete il resto della farina e gli altri ingredienti meno il latte che va aggiunto a poco per volta in una catinella, e cominciate a lavorarli col mestolo; poi uniteci il lievito e quando il composto sarà lavorato in modo che si distacchi bene dalla catinella, versatelo nello stampo sopra le mandorle. Ora mettetelo a lievitare in luogo appena tiepido e ben riparato dall'aria, prevenendovi che per questa seconda lievitatura occorreranno quattro o cinque ore. Cuocetelo al forno comune o al forno da campagna e frattanto preparate il seguente composto: fate bollire grammi 30 di zucchero in due dita, di bicchiere, d'acqua e quando l'avrete ridotto a sciroppo denso, ritiratelo dal fuoco e, diaccio che sia, aggiungete un cucchiaino di zucchero vanigliato e due cucchiaiate di rhum oppure di kirsch; poi sformate il *savarin* e così caldo, con un pennello, spalmatelo tutto di questo sciroppo, finché ne avrete. Servite il dolce caldo o diaccio a piacere.

Questa dose, benché piccola, può bastare per cinque o sei persone. Se vedete che l'impasto diventasse troppo liquido con l'intera dose del latte, lasciatene indietro un poco. Si può fare anche senza le mandorle.

564. GÂTEAU À LA NOISETTE

A questo dolce diamogli un titolo pomposo alla francese, che non sarà del tutto demeritato.

Farina di riso, grammi 125.
Zucchero, grammi 170.
Burro, grammi 100.
Mandorle dolci, grammi 50.
Nocciuole sgusciate, grammi 50.
Uova, n. 4.
Odore di vainiglia.

Le nocciuole (avellane) sbucciatele coll'acqua calda come le mandorle e le une e le altre asciugatele bene al sole o al fuoco. Poi, dopo averle pestate finissime, con due cucchiaiate del detto zucchero mescolatele alla farina di riso. Lavorate bene le uova col resto dello zucchero, indi versateci dentro la detta miscela e dimenate molto colla frusta il composto. Infine aggiungete il burro liquefatto e tornate a lavorarlo. Ponetelo in uno stampo liscio di forma rotonda e alquanto stretta onde venga alto quattro o cinque dita, e cuocetelo in forno a moderato calore. Servitelo freddo.

Questa dose potrà bastare per sei o sette persone.

565. BABÀ

Questo è un dolce che vuol vedere la persona in viso, cioè per riuscir bene richiede pazienza ed attenzione. Ecco le dosi:

Farina d'Ungheria o finissima, grammi 250.
Burro, grammi 70.
Zucchero in polvere, grammi 50.
Uva sultanina, detta anche uva di Corinto, grammi 50.
Uva malaga a cui vanno levati gli acini, grammi 30.
Lievito di birra, grammi 30.
Latte o, meglio, panna, decilitri 1 circa.
Uova, n. 2 e un rosso.
Marsala, una cucchiaiata.
Rhum o cognac, una cucchiaiata.
Candito tagliato a filetti, grammi 10.
Sale, un pizzico.
Odore di vainiglia.

Con un quarto della detta farina e con un gocciolo del detto latte tiepido, s'intrida il lievito di birra e se ne formi un pane di giusta sodezza. A questo s'incida col coltello una croce, non perché esso e gli altri così fregiati abbiano paura delle streghe; ma perché a suo tempo diano segno del rigonfiamento necessario, ad ottenere il quale si pone a lievitare vicino al fuoco, a moderatissimo calore, entro a un vaso coperto in cui sia un gocciolo di latte. Intanto che esso lievita, per il che ci vorrà mezz'ora circa, scocciate le uova in una catinella e lavoratele collo zucchero; aggiungete dipoi il resto della farina, il panino lievitato, il burro sciolto e tiepido, la marsala e il rhum, e se l'impasto riuscisse troppo sodo, rammorbiditelo col latte tiepido. Lavoratelo molto col mestolo finché il composto non si distacchi dalla catinella, per ultimo gettateci l'uva e il candito, e mettetelo a lievitare. Quando avrà rigonfiato rimuovetelo un poco col mestolo e versatelo in uno stampo unto col burro e spolverizzato di zucchero a velo misto a farina.

La forma migliore di stampo, per questo dolce, è quella di rame a costole; ma badate ch'esso dev'essere il doppio più grande del contenuto. Copritelo con un testo onde non prenda aria e ponetelo in caldana o entro un forno da campagna, pochissimo caldo, per lievitarlo; al che non basteranno forse due ore. Se la lievitatura riesce perfetta si vedrà il composto crescere del doppio, e cioè arrivare alla bocca dello stampo. Allora tirate a cuocerlo, avvertendo che nel frattempo non prenda aria. La cottura si conosce immergendo un fuscello di granata che devesi estrarre asciutto; nonostante lasciatelo ancora a prosciugare in forno a discreto calore, cosa questa necessaria a motivo della sua grossezza. Quando il Babà è sformato, se è ben cotto, deve avere il colore della corteccia del pane; spolverizzatelo di zucchero a velo.

Servitelo freddo.

566. SFOGLIATA DI MARZAPANE

Fate una pasta sfoglia nella quantità e proporzione del n. 154. Quando è spianata tagliatene due tondi della dimensione di un piatto comune, a grandi smerli sugli orli. Sopra ad uno di essi, lasciandovi un po' di margine, distendete il composto di marzapane del n. 579, che dovrebbe riuscire dell'altezza di un centimetro circa; poi sovrapponetegli l'altro tondo di pasta sfoglia, attaccandoli insieme sugli orli con un dito intinto nell'acqua.

Dorate la superficie della sfogliata coi rosso d'uovo, cuocetela al forno o al forno da campagna e dopo spolverizzatela di zucchero a velo. Questa dose basterà a sette od otto persone e sentirete che questo dolce sarà molto lodato per la sua delicatezza.

567. BUDINO DI NOCCIUOLE (AVELLANE)

Latte, decilitri 7.
Uova, n. 6.
Nocciuole sgusciate, grammi 200.
Zucchero, grammi 180.
Savoiardi, grammi 150.
Burro, grammi 20.
Odore di vainiglia.

Sbucciate le nocciuole nell'acqua calda ed asciugatele bene al sole o al fuoco, indi pestatele finissime nel mortaio collo zucchero versato poco per volta.

Mettete il latte al fuoco e quando sarà entrato in bollore sminuzzateci dentro i savoiardi e fateli bollire per cinque minuti, aggiungendovi il burro. Passate il composto dallo staccio e rimettetelo al fuoco con le nocciuole pestate per isciogliervi dentro lo zucchero. Lasciatelo poi ghiacciare per aggiungervi le uova, prima i rossi, dopo le chiare montate; versatelo in uno stampo unto di burro e spolverizzato di pangrattato, che non venga del tutto pieno, cuocetelo in forno o nel fornello e servitelo freddo.

Questa dose potrà bastare per nove o dieci persone.

568. BISCOTTI CROCCANTI I

Farina, grammi 500.
Zucchero in polvere, grammi 220.
Mandorle dolci, intere e sbucciate frammiste a qualche pinolo, grammi 120.
Burro, grammi 30.
Anaci, un pizzico.
Uova, n. 5.
Sale, una presa.

Lasciate indietro le mandorle e i pinoli per aggiungerli dopo ed intridete il tutto con quattro uova, essendo così sempre in tempo di servirvi del quinto, se occorre per formare una pasta alquanto morbida. Fatene quattro pani della grossezza di un dito e larghi quanto una mano; collocateli in una teglia unta col burro e infarinata, e dorateli sopra.

Non cuoceteli tanto per poterli tagliare a fette, il che verrà meglio fatto il giorno appresso, ché la corteccia rammollisce. Rimettete le fette al forno per tostarle appena dalle due parti, ed eccovi i biscotti croccanti.

569. BISCOTTI CROCCANTI II

Farina, grammi 400.
Zucchero, grammi 200.
Burro, grammi 80.
Mandorle, grammi 40.
Uva sultanina, grammi 30.
Pinoli, grammi 20.
Cedro, o zucca candita, grammi 20.
Anaci, un pizzico.
Spirito di vino, cucchiaiate n. 2.
Bicarbonato di soda, un cucchiaino scarso.
Uova, uno intero e tre rossi.

Questi biscotti sono più fini dei precedenti; e ritengo non lascino nulla a desiderare. Le mandorle sbucciatele, e tanto queste che i pinoli lasciateli interi. Il candito tagliatelo a pezzettini. Fate una buca nel monte della farina e collocateci le uova, lo zucche-ro, il burro, lo spirito e il bicarbonato. Intridete il composto senza troppo lavorarlo, poi apritelo ed allargatelo per aggiungervi il resto, e tirate un bastone alquanto compresso, lungo un metro, che dividerete in quattro o cinque parti, onde possa entrar nella teglia; doratelo e cuocetelo al forno. Cotto che sia tagliatelo nella forma dei biscotti a fette po-co più grosse di un centimetro, e tostateli leggermente da ambe le parti.

570. BASTONCELLI CROCCANTI

Farina, grammi 150.
Burro, grammi 60.
Zucchero a velo, grammi 60.
Un uovo.
Odore di buccia di limone grattata.

Fatene un pastone senza dimenarlo troppo, poi tiratelo sottile per poter ottenere due dozzine di bastoncelli della lunghezza di dieci centimetri che cuocerete al forno da campagna, entro a una teglia, senza alcuna preparazione. Si possono accompagnare col the o col vino da bottiglia.

571. BISCOTTI TENERI

Per questi biscotti bisognerebbe vi faceste fare una cassettina di latta larga 10 centime-tri e lunga poco meno del diametro del vostro forno da campagna per poterci entrare, se siete costretti di servirvi di esso e non del forno comune. Così i biscotti avranno il cantuc-cio dalle due parti e, tagliati larghi un centimetro e mezzo, saranno giusti di proporzione.

Farina di grano, grammi 40.
Farina di patate, grammi 30.
Zucchero, grammi 90.
Mandorle dolci, grammi 40.
Candito (cedro o arancio), grammi 20.
Conserva di frutte, grammi 20.
Uova, n. 3.

Le mandorle sbucciatele, tagliatele a metà per traverso ed asciugatele al sole o al fuoco. I pasticcieri, per solito, le lasciano colla buccia, ma non è uso da imitarsi perché spesso quella si attacca al palato ed è indigesta. Il candito e la conserva, che può esse-re di cotogne o d'altra frutta, ma soda, tagliateli a piccoli dadi.
Lavorate prima molto, ossia più di mezz'ora, i rossi d'uovo collo zucchero e un poco della detta farina, poi aggiungete le chiare montate ben sode e dopo averle immedesima-te uniteci la farina, facendola cadere da un vagliettino. Mescolate adagio e spargete nel

composto le mandorle, il candito e la conserva. La cassettina di latta ungetela con burro e infarinatela; i biscotti tagliateli il giorno appresso, tostandoli, se vi piace, dalle due parti.

572. BISCOTTI DA FAMIGLIA

Sono biscotti di poca spesa, facili a farsi e non privi di qualche merito perché posson servire sia pel the sia per qualunque altro liquido, inzuppandosi a maraviglia.

Farina, grammi 250.
Burro, grammi 50.
Zucchero a velo, grammi 50.
Ammoniaca in polvere, grammi 5.
Una presa di sale.
Odore di vainiglia con zucchero vanigliato.
Latte tiepido, un decilitro circa.

Fate una buca nel monte della farina, poneteci gl'ingredienti suddetti meno il latte, del quale vi servirete per intridere questa pasta, che deve riuscir morbida e deve essere dimenata molto onde si affini; poi tiratene una sfoglia grossa uno scudo, spolverizzandola di farina, se occorre, e per ultimo passateci sopra il mattarello rigato, oppure servitevi della grattugia o di una forchetta per farle qualche ornamento. Dopo tagliate i biscotti nella forma che più vi piace, se non volete farne delle strisce lunghe poco più di un dito e larghe due centimetri come fo io. Collocateli senz'altro in una teglia di rame e cuoceteli al forno o al forno da campagna.

573. BISCOTTI DELLA SALUTE

State allegri, dunque, ché con questi biscotti non morirete mai o camperete gli anni di Mathusalem. Infatti io, che ne mangio spesso, se qualche indiscreto, vedendomi arzillo più che non comporterebbe la mia grave età mi dimanda quanti anni ho, rispondo che ho gli anni di Mathusalem, figliuolo di Enoch.

Farina, grammi 350.
Zucchero rosso, grammi 100.
Burro, grammi 50.
Cremor di tartaro, grammi 10.
Bicarbonato di soda, grammi 5.
Uova, n. 2.
Odore di zucchero vanigliato.
Latte, quanto basta.

Mescolate lo zucchero alla farina, fate a questa una buca per porvi il resto e intridetela con l'aggiunta di un poco di latte per ottenere una pasta alquanto morbida, a cui darete la forma cilindrica un po' stiacciata e lunga mezzo metro. Per cuocerla al forno o al forno da campagna ungete una teglia col burro, e questo bastone perché possa entrarvi, dividetelo in due pezzi, tenendoli discosti poiché gonfiano molto. Il giorno appresso, tagliateli in forma di biscotti, di cui ne otterrete una trentina, e tostateli.

574. BISCOTTO ALLA SULTANA

Il nome è ampolloso, ma non del tutto demeritato.

Zucchero in polvere, grammi 150.
Farina di grano, grammi 100.
Farina di patate, grammi 50.
Uva sultanina, grammi 80.
Candito, grammi 20.
Uova, n. 5.
Odore di scorza di limone.
Rhum o cognac, due cucchiaiate.

Ponete prima al fuoco l'uva e il candito tagliato della grandezza dei semi di cocomero con tanto cognac o rhum quanto basta a coprirli; quando questo bolle, accendetelo e lasciatelo bruciare fuori del fuoco finché il liquore sia consumato; poi levate questa roba e mettetela ad asciugare fra le pieghe di un tovagliuolo. Fatta tale operazione, lavorate ben bene con un mestolo per mezz'ora lo zucchero e i rossi d'uovo ove avrete posta la raschiatura di limone. Montate sode le chiare colla frusta, e versatele nel composto; indi aggiungete le due farine facendole cadere da un vagliettino e in pari tempo mescolate adagio adagio perché si amalgami il tutto, senza tormentarlo troppo. Aggiungete per ultimo l'uva, il candito e le due cucchiaiate di rhum o di cognac menzionate e versate il miscuglio in uno stampo liscio o in una cazzaruola che diano al dolce una forma alta e rotonda. Ungete lo stampo col burro e spolverizzatelo di zucchero a velo e farina, avvertendo di metterlo subito in forno onde evitare che l'uva e il candito precipitino al fondo. Se ciò avviene, un'altra volta lasciate indietro una chiara. Si serve freddo.

575. BRIOCHES

Farina d'Ungheria, grammi 300.
Burro, grammi 150.
Lievito di birra, grammi 30.
Zucchero, grammi 20.
Sale, grammi 5.
Uova, n. 6

Stemperate il lievito di birra con acqua tiepida nella quarta parte della detta farina; formatene un panino rotondo di giusta consistenza, fategli un taglio in croce e ponetelo a lievitare in luogo tiepido entro una cazzarolina con un velo di farina sotto.

Alla farina che resta fateci una buca in mezzo, poneteci lo zucchero, il sale e un uovo, e con le dita assimilate insieme queste tre cose, poi aggiungete il burro a pezzetti e incominciate a intridere la farina, prima servendovi della lama di un coltello e poi delle mani, per formare un pastone che porrete in una catinella per lavorarlo meglio. Unite a questo il panino lievitato, quando sarà cresciuto del doppio, e servendovi della mano per lavorarlo molto, aggiungete le altre uova una alla volta. Poi la catinella ponetela in luogo tiepido e ben chiuso, e quando l'impasto sarà lievitato disfatelo alquanto e con esso riempite a metà una ventina di stampini di latta rigati, che avanti avrete unti con burro liquido o lardo e spolverizzati con farina mista a zucchero a velo.

Rimetteteli a lievitare, poi dorateli e cuoceteli al forno o al forno da campagna.

576. PASTA MARGHERITA

Avendo un giorno, il mio povero amico Antonio Mattei di Prato (del quale avrò occasione di riparlare), mangiata in casa mia questa pasta ne volle la ricetta, e subito, da quell'uomo industrioso ch'egli era, portandola a un grado maggiore di perfezione e riducendola finissima, la mise in vendita nella sua bottega. Mi raccontava poi essere stato tale l'incontro di questo dolce che quasi non si faceva pranzo per quelle campagne che non gli fosse ordinato. Così la gente volenterosa di aprirsi una via nel mondo coglie a volo qualunque occasione per tentar la fortuna, la quale, benché dispensi talvolta i suoi favori a capriccio, non si mostra però mai amica agl'infingardi e ai poltroni.

Farina di patate, grammi 120.
Zucchero, in polvere, grammi 120.
Uova, n. 4.
Agro di un limone.

Sbattete prima ben bene i rossi d'uovo collo zucchero, aggiungete la farina e il succo di limone e lavorate per più di mezz'ora il tutto. Montate per ultimo le chiare, unitele al resto mescolando con delicatezza per non ismontar la *fiocca*. Versate il composto in uno stampo liscio e rotondo, ossia in una teglia proporzionata, imburrata e spolverizzata di zucchero a velo e farina, e mettetela subito in forno. Sformatela diaccia e spolverizzatela di zucchero a velo vanigliato.

577. TORTA MANTOVANA

Farina, grammi 170.
Zucchero, grammi 170.
Burro, grammi 150.
Mandorle dolci e pinoli, grammi 50.
Uova intere, n. 1.
Rossi d'uovo, n. 4.
Odore di scorza di limone.

Si lavorano prima per bene col mestolo, entro una catinella, le uova collo zucchero; poi vi si versa a poco per volta la farina, lavorandola ancora, e per ultimo il burro liquefatto a bagno-maria. Si mette il composto in una teglia di rame unta col burro e spolverizzata di zucchero a velo e farina o di pangrattato e si rifiorisce al disopra con le mandorle e i pinoli. I pinoli tagliateli in due pel traverso e le mandorle, dopo averle sbucciate coll'acqua calda e spaccate per il lungo, tagliatele di traverso, facendone d'ogni metà quattro o cinque pezzetti. Badate che questa torta non riesca più grossa di un dito e mezzo o due al più onde abbia modo di rasciugarsi bene nel forno, che va tenuto a moderato calore.

Spolverizzatela di zucchero a velo e servitela diaccia, che sarà molto aggradita.

578. TORTA RICCIOLINA I

Vi descrivo la torta ricciolina con due ricette distinte perché la prima avendola fatta fare, me presente, da un cuoco di professione, pensai di modificarla, in modo che riescisse più gentile di aspetto e di gusto più delicato.

Mandorle dolci con alcune amare, sbucciate, grammi 120.
Zucchero in polvere, grammi 170.
Candito, grammi 70
Burro, grammi 60.
Scorza di limone.

Intridete due uova di farina e fatene taglierini eguali a quelli più fini che cuocereste per la minestra nel brodo. In un angolo della spianatoia fate un monte colle mandorle, collo zucchero, col candito tagliato a pezzetti e colla buccia del limone raschiata e questo monticello di roba, servendovi della lunetta e del matterello, stiacciatelo e tritatelo in modo da ridurlo minuto come i chicchi del grano. Prendete allora una teglia di rame e così al naturale, senza ungerla, cominciate a distendere in mezzo alla medesima, se è grande, un suolo di taglierini e conditeli cogl'ingredienti sopra descritti, distendete un altro suolo di taglierini e conditeli ancora, replicando l'operazione finché vi resta roba e procurando che la torta risulti rotonda e grossa due dita almeno. Quando sarà così preparata versatele sopra il burro liquefatto servendovi di un pennello per ungerla bene alla superficie e perché il burro penetri eguale in tutte le parti.

Cuocetela in forno o nel forno da campagna; anzi, per risparmio di carbone, può bastare il solo coperchio di questo. Spolverizzatela abbondantemente di zucchero a velo quando è calda e servitela diaccia.

579. TORTA RICCIOLINA II

Fate una pasta frolla con:

Farina, grammi 170.
Zucchero, grammi 70.
Burro, grammi 60.
Lardo, grammi 25.
Uova, n. 1.

Distendetene una parte, alla grossezza di uno scudo, nel fondo di una teglia di rame del diametro di 20 o 21 centimetri (prima unta di burro) e sopra alla medesima versate un marzapane fatto nelle seguenti proporzioni:

Mandorle dolci con tre amare, sbucciate, grammi 120.
Zucchero, grammi 100.
Burro, grammi 15.
Arancio candito, grammi 15.
Un rosso d'uovo.

Pestate nel mortaio le mandorle collo zucchero, aggiungete dopo l'arancio a pezzettini, e col burro, il rosso d'uovo e una cucchiaiata d'acqua fate tutto un impasto. Col resto della pasta frolla formate un cerchio e con un dito intinto nell'acqua attaccatelo giro giro agli orli della teglia; distendete il marzapane tutto eguale e copritelo con un suolo alto mezzo dito di taglierini sottilissimi perché questi devono essere come una fioritura, non la base del dolce, ed ungeteli con grammi 20 di burro liquefatto, servendovi di un pennello. Cuocete la torta in forno a moderato calore e dopo spargetele sopra grammi 10 di cedro candito a piccoli pezzettini; spolverizzatela con zucchero a velo vanigliato e servitela un giorno o due dopo cotta, perché il tempo la rammorbidisce e la rende più gentile. Dei taglierini fatene per un uovo, ma poco più della metà basteranno.

580. TORTA FRANGIPANE

Un signore veneziano, dai tratti di vero gentiluomo, mi suggerisce questa torta, che è di grato e delicato sapore.

Farina di patate, grammi 120.
Zucchero a velo, grammi 120.
Burro, grammi 80.
Uova, n. 4.
Cremor di tartaro, grammi 5.
Bicarbonato di soda, grammi 3.
Odore di scorza di limone grattata.

Lavorate da prima i rossi d'uovo con lo zucchero, dopo uniteci la farina di patate e proseguite a dimenare col mestolo; versateci poi il burro sciolto e per ultimo le chiare montate e le polveri. Servitevi di una teglia piccola onde possa restar alta due dita; ungetela col burro e spolverizzatela di farina mista con lo zucchero. Potete cuocerla in casa nel forno da campagna.

581. TORTA ALLA MARENGO

Fate una pasta frolla metà dose del n. 589, ricetta A.
Fate una crema nelle seguenti proporzioni:

Latte, decilitri 4.
Zucchero, grammi 60.
Farina, grammi 30.
Rossi d'uovo, n. 3.
Odore di vainiglia.

Prendete grammi 100 di pan di Spagna e tagliatelo a fette della grossezza di mezzo centimetro. Servitevi di una teglia di rame di mezzana grandezza, ungetela col burro e copritene il fondo con una sfoglia della detta pasta; poi sovrapponete giro giro a questa un orlo della stessa pasta largo un dito ed alto due e, per attaccarlo bene, bagnate il giro con un dito intinto nell'acqua.

Dopo aver fatto alla teglia questa armatura, coprite la pasta del fondo colla metà delle fette di pan di Spagna intinte leggermente in rosolio di cedro. Sopra le medesime distendete la crema e coprite questa con le rimanenti fette di pan di Spagna egualmente asperse di rosolio. Ora montate colla frusta due delle tre chiare rimaste dalla crema e quando saranno ben sode unitevi a poco per volta grammi 130 di zucchero a velo e mescolate adagio per aver così la marenga colla quale coprirete la superficie del dolce, lasciando scoperto l'orlo della pasta frolla per dorarlo col rosso d'uovo. Cuocetela al forno o al forno da campagna e quando la marenga si sarà assodata copritela con un foglio onde non prenda colore.

La torta sformatela fredda e spolverizzatela leggermente di zucchero a velo. Coloro a cui non istucca il dolciume, giudicheranno questo piatto squisito.

582. TORTA COI PINOLI

Questa è una torta che alcuni pasticcieri vendono a ruba. Chi non è pratico di tali cose crederà che l'abbia inventata un dottore della Sorbona; io ve la do qui imitata perfettamente.

Latte, mezzo litro.
Semolino di grana mezzana, grammi 100.
Zucchero, grammi 65.
Pinoli, grammi 50.
Burro, grammi 10.
Uova, n. 2.
Sale, una presa.
Odore di vainiglia.

La quantità del semolino non è di tutto rigore, ma procurate che riesca alquanto sodo. I pinoli tritateli colla lunetta alla grossezza di un mezzo granello di riso.

Quando il semolino è cotto nel latte aggiungete tutto il resto e per ultimo le uova mescolandole con sveltezza.

Fate una pasta frolla con:

Farina, grammi 200.
Burro, grammi 100.
Zucchero, grammi 100.
Uova, n. 1.

Se questo non basta per intridere la farina, servitevi di un gocciolo di vino bianco o marsala.

Prendete una teglia nella quale il dolce non venga più alto di due dita, ungetela col burro e copritene il fondo con una sfoglia sottile di detta pasta; versateci il composto e fategli sopra colla stessa pasta tagliata a listarelle un reticolato a mandorle. Doratelo, cuocete la torta al forno e servitela diaccia spolverizzata di zucchero a velo.

583. TORTA SVIZZERA

Sia o non sia svizzera, io ve la do per tale e sentirete che non è cattiva.

Fate una pasta di giusta consistenza con:

Farina, grammi 300.
Burro, grammi 100.
Sale, quanto basta.
Odore di scorza di limone.
Latte, quanto basta per intriderla, e lasciatela per un poco in riposo.

Prendete una teglia di mezzana grandezza, ungetela col burro e copritene il fondo colla detta pasta tirata alla grossezza di due monete da 5 lire. Col resto della pasta formate un orlo all'ingiro e collocatevi dentro grammi 500 di mele *reinettes,* o altre di qualità tenera, sbucciate e tagliate a tocchetti grossi quanto le noci. Sopra le medesime spargete grammi 100 di zucchero mescolato a due prese di cannella in polvere e grammi 20 di burro liquefatto. Mandatela in forno e servitela calda o diaccia a sette od otto persone, ché a tante potrà bastare.

La cannella in polvere, l'odore della scorza di limone e il burro liquefatto sopra alle mele sono aggiunte mie; ma stando a rigore, non ci vorrebbero.

584. BOCCA DI DAMA I

La faccia chi vuole senza farina: io la credo necessaria per darle più consistenza.

Zucchero in polvere, grammi 250.
Farina d'Ungheria o finissima, grammi 150.
Mandorle dolci con alcune amare, grammi 50.
Uova intere, n. 6, e rossi n. 3.
Odore di scorza di limone.

Le mandorle, dopo averle sbucciate e asciugate bene, pestatele in un mortaio con una cucchiaiata del detto zucchero e mescolatele alla farina in modo che non appariscano bozzoli. Il resto dello zucchero ponetelo in una catinella coi rossi d'uovo e la raschiatura del limone, lavorandoli con un mestolo per un quarto d'ora; versate la farina e lavorate ancora per più di mezz'ora. Montate con la frusta, in un vaso a parte, le sei chiare e quando saranno ben sode da sostenere un pezzo da due lire d'argento, versatele nella menzionata catinella e mescolate adagino adagino ogni cosa insieme.

Per cuocerla versatela in una teglia di rame unta col burro e spolverizzata di zucchero a velo e farina, oppure in un cerchio di legno da staccio, il cui fondo sia stato chiuso con un foglio.

585. BOCCA DI DAMA II

Zucchero, grammi 250.
Farina finissima, grammi 100.
Mandorle dolci con tre amare, grammi 50.
Uova, n. 9.
Odore di scorza di limone.

Sbucciate le mandorle, asciugatele bene al sole o al fuoco, pestatele finissime con una cucchiaiata del detto zucchero e mescolatele alla farina.

Il resto dello zucchero e i rossi delle uova uniteli insieme in una bacinella di rame o di ottone, e sopra al fuoco, a poco calore, batteteli colla frusta per più di un quarto d'ora. Versateci poscia, fuori del fuoco, la farina preparata con le mandorle, la scorza di limone grattata e, dopo averla lavorata ancora, aggiungete le chiare ben montate e mescolate adagio. Ponete il composto in una teglia unta col burro e spolverizzata di farina mista con zucchero a velo per mandarla in forno.

586. DOLCE ALLA NAPOLETANA

Questo è un dolce di bell'apparenza e molto gentile.

Zucchero, grammi 120.
Farina d'Ungheria, grammi 120.
Mandorle dolci, grammi 100.
Uova, n. 4.

Le mandorle sbucciatele, asciugatele al sole o al fuoco e, scegliendone un terzo delle più grosse, dividete queste in due parti nei due lobi naturali; le altre tagliatele in filetti sottili. Montate le uova e lo zucchero in una bacinella di rame o di ottone, sul fuoco, alla temperatura di 20 gradi, battendole con la frusta più di un quarto d'ora. Ritirato il composto dal fuoco uniteci la farina mescolando leggermente e versatelo in uno stampo liscio, tondo od ovale poco importa, che avrete prima imburrato e spolverizzato con un cucchiaino di zucchero a velo ed uno di farina uniti insieme; ma sarebbe bene che lo stampo fosse di grandezza tale che il dolce, quando è cotto, riuscisse alto quattro dita circa. Cuocetelo al forno o al forno da campagna a moderato calore e dopo corto e ben diaccio tagliatelo all'ingiro a fette sottili un centimetro. Fate una crema con:

Rossi d'uovo, n. 2.
Latte, decilitri 3.
Zucchero, grammi 60.
Farina, grammi 15.
Burro, grammi 10.
Odore di vainiglia.

e con questa a bollore spalmate da una sola parte le fette del dolce e ricomponetelo, cioè collocatele insieme una sopra l'altra.

Verrà meglio la crema se metterete al fuoco prima il burro con la farina per cuocerla senza farle prender colore; poi, resa tiepida, vi aggiungerete i rossi, il latte e lo zucchero rimettendola al fuoco.

Ora bisogna intonacare tutta la parte esterna del dolce con una *glassa,* ossia crosta, e a questo effetto mettete a bollire in una piccola cazzaruola grammi 230 di zucchero in un decilitro di acqua fino al punto che, preso il liquido fra le dita, appiccichi un poco, ma senza filo, ed avrete un altro indizio della sua giusta cottura quando avrà cessato di fumare e produrrà larghe gallozzole. Allora ritiratelo dal fuoco e quando comincia a diacciare spremetegli un quarto di limone e lavoratelo molto col mestolo per ridurlo bianco come la neve; ma se v'indurisse fra mano versateci un poco d'acqua per ridurlo scorrevole come una crema alquanto densa. Preparata così la *glassa,* buttateci dentro le mandorle a filetti, mescolate e intonacate il dolce, e colle altre divise in due parti rifioritelo al disopra infilandole ritte.

Invece della crema potete usare una conserva di frutta, ma con la crema riesce un dolce squisito e perciò vi consiglio a provarlo.

587. DOLCE TEDESCO

Farina d'Ungheria, grammi 250.
Burro, grammi 100.
Zucchero in polvere, grammi 100.
Uova, n. 4.
Latte, cucchiaiate n. 4.
Odore di zucchero vanigliato.

Lavorate dapprima ed insieme per mezz'ora il burro, lo zucchero e i rossi d'uovo. Aggiungete la farina e il latte e lavorate ancora bene il composto.

Per fare alzare nella cottura questo e consimili dolci ora viene dalla Germania e dall'Inghilterra una polvere bianca, inodora, che in quantità di grammi 10 si mescola nel composto insieme con le chiare montate. Se nel vostro paese non la trovate supplite con grammi 5 di bicarbonato di soda e grammi 5 di cremor di tartaro mescolati insieme. Versate il dolce in uno stampo liscio, imburrato soltanto, e di doppia tenuta, e cuocetelo in forno o nel forno da campagna. Si serve diaccio.

588. PASTA GENOVESE

Zucchero, grammi 200.
Burro, grammi 150.
Farina di patate, grammi 170.
Farina di grano, grammi 110.
Rossi d'uovo, n. 12.
Chiare, n. 7.
Odore di scorza di limone.

Si lavorano primieramente ben bene in una catinella i rossi d'uovo col burro e lo zucchero, poi si aggiungono le due farine e quando queste avranno avuto mezz'ora circa di lavorazione, si versano nel composto le chiare montate. Mandate al forno la pasta in una teglia di rame preparata al solito con una untatina di burro e infarinata. Tenetela all'altezza di un dito circa, tagliatela a mandorle quando è cotta e spolverizzatela di zucchero a velo.

589. PASTA FROLLA

Vi descrivo tre differenti ricette di pasta frolla per lasciare a voi la scelta a seconda dell'uso che ne farete; ma, come più fine, vi raccomando specialmente la terza per le crostate.

Ricetta A
Farina, grammi 500.
Zucchero bianco, grammi 220.
Burro, grammi 180.
Lardo, grammi 70.
Uova intere, n. 2 e un torlo.

Ricetta B
Farina, grammi 250.
Burro, grammi 125.
Zucchero bianco, grammi 110.
Uova intere, n. 1 e un torlo.

Ricetta C
Farina, grammi 270.
Zucchero, grammi 115.
Burro, grammi 90.
Lardo, grammi 45.
Rossi d'uovo, n. 4.
Odore di scorza di arancio.

Se volete tirar la pasta frolla senza impazzamento, lo zucchero pestatelo finissimo (io mi servo dello zucchero a velo) e mescolatelo alla farina; e il burro, se è sodo, rendetelo pastoso lavorandolo prima, con una mano bagnata, sulla spianatoia. Il lardo, ossia strutto, badate che non sappia di rancido. Fate di tutto un pastone maneggiandolo il meno possibile, ché altrimenti vi si *brucia,* come dicono i cuochi; perciò, per intriderla, meglio è il servirsi da principio della lama di un coltello. Se vi tornasse comodo fate pure un giorno avanti questa pasta, la quale cruda non soffre, e cotta migliora col tempo perché frolla sempre di più.

Nel servirvene per pasticci, crostate, torte, ecc., assottigliatela da prima col matterello liscio e dopo, per più bellezza, lavorate con quello rigato la parte che deve stare di sopra, dorandola col rosso d'uovo. Se vi servite dello zucchero a velo la tirerete meglio. Per lavorarla meno, se in ultimo restano dei pastelli, uniteli insieme con un gocciolo di vino bianco o di marsala, il quale serve anche a rendere la pasta più frolla.

590. PASTE DI FARINA GIALLA I

Farina di granturco, grammi 200.
Detta di grano, grammi 150.
Zucchero in polvere, grammi 150.
Burro, grammi 100.
Lardo, ossia strutto, grammi 50.
Anaci, grammi 10.
Uova, n. 1.

Mescolate insieme le due farine, lo zucchero e gli anaci ed intridete col burro, il lardo e l'uovo, quella quantità che potrete, formandone un pane che metterete da parte. I rimasugli intrideteli con un poco di vino bianco e un poco d'acqua e formatene un altro pane, poi mescolate insieme i due pani e lavorateli il meno possibile, procurando che la pasta riesca piuttosto morbida. Spianatela col matterello alla grossezza di mezzo dito, spolverizzandola di farina mista, onde non si attacchi sulla spianatoia, e tagliatela cogli stampini di latta a diverse forme e grandezze. Ungete una teglia col lardo, infarinatela e collocateci le paste, doratele coll'uovo, cuocetele al forno e spolverizzatele di zucchero a velo.

591. PASTE DI FARINA GIALLA II

Queste riescono assai più gentili delle precedenti.

Farina di granturco, grammi 200.
Burro, grammi 100.
Zucchero a velo, grammi 80.
Fiori secchi del sambuco comune, grammi 10.
Rossi d'uovo, n. 2.

Se nell'intridere la pasta riuscisse troppo soda, rammorbiditela con un gocciolo d'acqua. Spianatela col matterello alla grossezza poco più di uno scudo e tagliatela a dischetti come quelli del n. 634, perché anche questi si possono servire col the, e per renderli più appariscenti si possono nella stessa maniera screziare alla superficie con le punte di una forchetta o con la grattugia.

I fiori e le foglie del sambuco hanno virtù diuretica e diaforetica, e cioè, perché tutti intendano senza tanto velo di pudicizia, fanno orinare e sudare e si trovano in vendita dai semplicisti.

592. GIALLETTI I

Signore mamme, trastullate i vostri bambini con questi *gialletti;* ma avvertite di non assaggiarli se non volete sentirli piangere pel caso molto probabile che a loro ne tocchi la minor parte.

Farina di granturco, grammi 300.
Detta di grano, grammi 100.
Zibibbo, grammi 100.
Zucchero, grammi 50.
Burro, grammi 30.
Lardo, grammi 30.
Lievito di birra, grammi 20.
Un pizzico di sale.

Con la metà della farina di grano e col lievito di birra, intrisi con acqua tiepida, formate un panino e ponetelo a lievitare. Frattanto impastate con acqua calda le due farine mescolate insieme con tutti gl'ingredienti suddetti, eccetto l'uva. Aggiungete al pastone il panino quando sarà lievitato, lavoratelo alquanto e per ultimo uniteci l'uva. Dividetelo in quindici o sedici parti formandone tanti panini in forma di spola, e con la costola di un coltello incidete sulla superficie d'ognuno un graticolato a mandorla. Poneteli a lievitare in luogo tiepido, poi cuoceteli al forno o al forno da campagna a moderato calore onde restino teneri.

593. GIALLETTI II

Se non vi grava la spesa potete farli più gentili con la seguente ricetta nella quale non occorre né il lievito, né l'acqua per impastarli.

Farina di granturco, grammi 300.
Detta di grano, grammi 150.
Zucchero in polvere, grammi 200.
Burro, grammi 150.
Lardo, grammi 70.
Zibibbo, grammi 100.
Uova, n. 2.
Odore di scorza di limone.

Di questi, tenendoli della grossezza di mezzo dito, ne farete una ventina; ma potete anche dar loro la forma che più vi piace e invece di 20, tenendoli piccoli, farne 40. Cuoceteli come i precedenti e per impastarli regolatevi come se si trattasse di pasta frolla.

594. ROSCHETTI

Farina, grammi 200.
Zucchero a velo, grammi 100.
Mandorle dolci, grammi 100.
Burro, grammi 80.
Strutto, grammi 30.
Uova, uno intero e un rosso.

Sbucciate le mandorle, asciugatele bene al sole o al fuoco, tostatele color nocciuola e tritatele alla grossezza di mezzo chicco di riso; poi mescolate tanto queste che lo zucchero fra la farina.

Nella massa così formata fate una buca per metterci il resto, ed intridetela lavorandola il meno possibile; indi lasciatela qualche ora in riposo nella forma di un pane rotondo.

Infarinate leggermente la spianatoia e tirate il pane suddetto, prima col matterello liscio poi con quello rigato, alla grossezza poco meno di un centimetro.

Se lo tagliate col disco del n. 162 o con altro consimile otterrete circa 50 di queste pastine che potrete cuocere nel forno da campagna, dopo averle collocate in una teglia unta appena col burro diaccio.

595. CENCI

Farina, grammi 240.
Burro, grammi 20.
Zucchero in polvere, grammi 20.
Uova, n. 2.
Acquavite, cucchiaiate n. 1.
Sale, un pizzico.

Fate con questi ingredienti una pasta piuttosto soda, lavoratela moltissimo con le mani e lasciatela un poco in riposo, infarinata e involtata in un canovaccio. Se vi riuscisse tenera in modo da non poterla lavorare, aggiungete altra farina. Tiratene una sfoglia della grossezza d'uno scudo, e col coltello o colla rotellina a smerli, tagliatela a strisce lunghe un palmo circa e larghe due o tre dita. Fate in codeste strisce qualche incisione per ripiegarle o intrecciarle o accartocciarle onde vadano in padella (ove l'unto, olio o lardo, deve galleggiare) con forme bizzarre. Spolverizzatele con zucchero a velo quando non saranno più bollenti. Basta questa dose per farne un gran piatto. Se il pane lasciato in riposo avesse fatta la crosticina, tornatelo a lavorare.

596. STIACCIATA COI SICCIOLI

Nel mondo bisognerebbe rispettar tutti e non disprezzare nessuno per da poco ch'ei sia, perché, se ben vorrete considerarla, può pure codesta persona da poco essere dotata di qualche qualità morale che non la renda indegna.

Questo in massima generale; ma venendo al particolare, benché il paragone non regga e si tratti di cosa meschina, vi dirò che della stiacciata di cui mi pregio parlarvi sono debitore a una rozza serva che la faceva a perfezione.

Lievito, grammi 650.
Zucchero in polvere, grammi 200.
Siccioli, grammi 100.
Burro, grammi 40.
Lardo, grammi 40.
Uova, n. 5.
Odore di scorza di arancio o di limone.

Per lievito qui intendo quello che serve per impastare il pane.

Lavoratela la sera avanti; prima sulla spianatoia il lievito senza i condimenti, poi in una catinella per più di mezz'ora con una mano, aggiungendo a poco per volta gli ingredienti e le uova. Poi copritela bene e ponetela in luogo tiepido perché lieviti durante la notte. La mattina appresso rimpastatela e poi versatela in una teglia di rame unta e infarinata ove stia nella grossezza non maggiore di due dita. Fatto questo, mandatela in caldana per la seconda lievitatura e passatela al forno. Si può anche compiere tutta l'operazione in casa e cuocerla nel forno da campagna; ma vi prevengo che questa è una pasta alquanto difficile a riuscir bene, specialmente se la stagione è molto fredda. Meglio è che per farla aspettiate il dolco ma non vi sgomentate alla prima prova.

Nel brutto caso che la mattina avesse lievitato poco o punto, aggiungete lievito di birra in quantità poco maggiore di una noce, facendolo prima lievitare a parte con un pizzico di farina e acqua tiepida.

597. STIACCIATA UNTA

La chiameremo stiacciata unta per distinguerla dalla precedente. Se quella ha il merito di riuscire più grata al gusto, questa ha l'altro di una più facile esecuzione.

La dose di questa stiacciata e la ricetta della torta mantovana mi furono favorite da quel brav'uomo, già rammentato, che fu Antonio Mattei di Prato; e dico bravo, perch'egli aveva il genio dell'arte sua ed era uomo onesto e molto industrioso; ma questo mio caro amico, che mi rammentava sempre il Cisti fornaio di messer Giovanni Boccaccio, morì l'anno 1885, lasciandomi addoloratissimo. Non sempre sono necessarie le lettere e le scienze per guadagnarsi la pubblica stima; anche un'arte assai umile, accompagnata da un cuor gentile ed esercitata con perizia e decoro, ci può far degni del rispetto e dell'amore del nostro simile.

Sotto rozze maniere e tratti umili
Stanno spesso i bei cuori e i sensi puri;
Degli uomini temiam troppo gentili,
Quai marmi son: lucidi, lisci e duri.

Ma veniamo all'ergo:

Pasta lievita da pane, grammi 700.
Lardo, grammi 120.
Zucchero, grammi 100.
Siccioli, grammi 60.
Rossi d'uovo, n. 4.
Un pizzico di sale.
Odore della scorza d'arancio o di limone.

Si lavori moderatamente perché potrebbe perder la forza. Fatta la sera e lasciata in luogo tiepido si lievita da sé; fatta la mattina avrà bisogno di tre ore di caldana in terra.
Se la volete senza siccioli aggiungete altri due rossi d'uovo ed altri grammi 30 di lardo.
Metà di questa dose basta per cinque o sei persone.

598. STIACCIATA ALLA LIVORNESE

Le stiacciate alla livornese usansi per Pasqua d'uovo forse perché il tepore della stagione viene in aiuto a farle lievitar bene e le uova in quel tempo abbondano. Richiedono una lavorazione lunga, forse di quattro giorni, perché vanno rimaneggiate parecchie volte. Eccovi la nota degl'ingredienti necessari per farne tre di media grandezza, o quattro più piccole:

Uova, n. 12.
Farina finissima, chilogrammi 1,800.
Zucchero, grammi 600.
Olio sopraffine, grammi 200.
Burro, grammi 70.
Lievito di birra, grammi 30.
Anaci, grammi 20.
Vin santo, decilitri 1 ½.
Marsala, ½ decilitro.
Acqua di fior d'aranci, decilitri 1.

Mescolate le due qualità di vino e in un po' di questo liquido ponete in fusione gli anaci dopo averli ben lavati. A tarda sera potrete fare questa.
1ª Operazione. Intridete il lievito di birra con mezzo bicchiere di acqua tiepida, facendogli prender la farina che occorre per formare un pane di giusta consistenza, che

collocherete sopra il monte della farina, entro a una catinella, coprendolo con uno strato della medesima farina. Tenete la catinella riparata dall'aria e in cucina, se non avete luogo più tiepido nella vostra casa.

2ª Operazione. La mattina, quando il detto pane sarà ben lievitato, ponetelo sulla spianatoia, allargatelo e rimpastatelo con un uovo, una cucchiaiata d'olio, una di zucchero, una di vino e tanta farina da formare un'altra volta un pane più grosso, mescolando ogni cosa per bene senza troppo lavorarlo.

Ricollocatelo sopra la farina e copritelo come l'antecedente.

3ª Operazione. Dopo sei o sette ore, che tante occorreranno onde il pane torni a lievitare, aggiungete tre uova, tre cucchiaiate d'olio, tre di zucchero, tre di vino, e farina bastante per formare il solito pane e lasciatelo lievitar di nuovo, regolandovi sempre nello stesso modo. Per conoscere il punto della fermentazione calcolate che il pane deve aumentare circa tre volte di volume.

4ª Operazione. Cinque uova, cinque cucchiaiate di zucchero, cinque d'olio, cinque di vino e la farina necessaria.

5ª ed ultima operazione. Le tre rimanenti uova e tutto il resto, sciogliendo il burro al fuoco, si mescoli ben bene per rendere la pasta omogenea. Se il pastone vi riuscisse alquanto morbido, il che non è probabile, aggiungete altra farina per renderlo di giusta consistenza.

Dividetelo in tre o quattro parti formandone delle palle e ponete ognuna di esse in una teglia sopra un foglio di carta che ne superi l'orlo, unta col burro, ove stia ben larga; e siccome via via che si aumenta la dose degli ingredienti, la fermentazione è più tardiva, l'ultima volta, se volete sollecitarla, ponete le stiacciate a lievitare in caldana e quando saranno ben gonfie e tremolanti spalmatele con un pennello prima intinto nell'acqua di fior di arancio, poi nel rosso d'uovo. Cuocetele in forno a temperatura moderatissima, avvertendo che quest'ultima parte è la più importante e difficile perché, essendo grosse di volume, c'è il caso che il forte calore le arrivi subito alla superficie, e nell'interno restino mollicone. Con questa ricetta, eseguita con accuratezza, le stiacciate alla livornese fatte in casa, se non avranno tutta la leggerezza di quelle del Burchi di Pisa, saranno in compenso più saporite e di ottimo gusto.

599. PANE DI SPAGNA

Uova, n. 6.
Zucchero fine in polvere, grammi 170.
Farina d'Ungheria o finissima, grammi 170.
Odore di scorza di limone a chi piace.

Dimenate prima i rossi d'uovo con lo zucchero, poi aggiungete la farina, asciugata al fuoco o al sole, e dopo una lavorazione di circa mezz'ora versateci due cucchiaiate delle sei chiare montate per rammorbidire il composto, indi il resto mescolando adagio.

Potreste anche montare le uova sul fuoco come nel Dolce alla napoletana n. 586. Cuocetelo al forno.

600. BISCOTTO

Uova, n. 6.
Zucchero a velo, grammi 250.
Farina di grano, grammi 100.
Detta di patate, grammi 50.
Burro, grammi 30.
Odore di scorza di limone.

Lavorate per mezz'ora almeno i rossi d'uovo collo zucchero e una cucchiaiata delle dette farine, servendovi di un mestolo. Montate le chiare ben sode ed aggiungetele; mescolate adagio e, quando saranno immedesimate, fate cadere da un vagliettino le due farine, che prima avrete asciugate al sole o al fuoco. Cuocetelo al forno o al forno da campagna in una teglia ove venga alto tre dita circa, ma prima ungetela col burro diaccio e spolverizzatela di zucchero a velo misto a farina. In questi dolci con le chiare montate si può anche tenere il seguente metodo, e cioè: dimenar prima i rossi d'uovo con lo zucchero, poi gettarvi la farina e dopo una buona lavorazione montar sode le chiare, versarne due cucchiaiate per rammorbidire il composto, indi le rimanenti, per incorporarvele adagio adagio.

601. BISCOTTO DI CIOCCOLATA

Uova, n. 6.
Zucchero in polvere, grammi 200.
Farina di grano, grammi 150.
Cioccolata alla vainiglia, grammi 50.

Grattate la cioccolata e mettetela in una catinella con lo zucchero e i rossi d'uovo e dimenateli con un mestolo; poi aggiungete la farina e lavorate il composto per più di mezz'ora; per ultimo le chiare montate mescolando adagio. Cuocetelo come l'antecedente.

602. FOCACCIA COI SICCIOLI

Farina, grammi 500.
Zucchero in polvere fine, grammi 200.
Burro, grammi 160.
Siccioli, grammi 150.
Lardo, grammi 60.
Marsala o vino bianco, cucchiaiate n. 4.
Uova, due intere e due rossi.
Odore di scorza di limone.

Formata che avrete la pasta, lavorandola poco, uniteci i siccioli sminuzzati, ungete una teglia di rame col lardo e versatecela pigiandola colle nocche delle dita onde venga bernoccoluta; ma non tenetela più alta di un dito.

Prima di passarla al forno fatele, se dopo cotta volete servirla a pezzi, dei tagli quadrati colla punta d'un coltello, ripetendoli a mezza cottura perché facilmente si chiudono, e quando sarà cotta spolverizzatela di zucchero a velo.

603. FOCACCIA ALLA TEDESCA

Zucchero, grammi 120.
Candito a pezzettini, grammi 30.
Pangrattato fine, grammi 120.
Uva sultanina, grammi 30.
Uova, n. 4.
Odore di scorza di limone.

Lavorate prima i rossi d'uovo con lo zucchero finché siano divenuti quasi bianchi; aggiungete il pangrattato, poi il candito e l'uva, e per ultimo le chiare montate ben sode. Mescolate adagio per non smontarle e quando il composto sarà tutto unito, versatelo in una teglia imburrata e infarinata o spolverizzata di pangrattato, ove alzi due dita circa e cuocetela al forno; questo dolce prenderà l'apparenza del pan di Spagna che spolverizzerete, dopo cotto, di zucchero a velo.

Se dovesse servire per dieci o dodici persone raddoppiate la dose.

604. PANETTONE MARIETTA

La Marietta è una brava cuoca e tanto buona ed onesta da meritare che io intitoli questo dolce col nome suo, avendolo imparato da lei.

Farina finissima, grammi 300.
Burro, grammi 100.
Zucchero, grammi 80.
Uva sultanina, grammi 80.
Uova, uno intero e due rossi.
Sale, una presa.
Cremor di tartaro, grammi 10.
Bicarbonato di soda, un cucchiaino, ossia grammi 5 scarsi.
Candito a pezzettini, grammi 20.
Odore di scorza di limone.
Latte, decilitri 2 circa.

D'inverno rammorbidite il burro a bagno-maria e lavoratelo colle uova; aggiungete la farina e il latte a poco per volta, poi il resto meno l'uva e le polveri che serberete per ultimo; ma, prima di versar queste, lavorate il composto per mezz'ora almeno e riducetelo col latte a giusta consistenza, cioè, né troppo liquido, né troppo sodo. Versatelo in uno stampo liscio più alto che largo e di doppia tenuta onde nel gonfiare non trabocchi e possa prendere la forma di un pane rotondo. Ungetene le pareti col burro, spolverizzatelo con zucchero a velo misto a farina e cuocetelo in forno. Se vi vien bene vedrete che cresce molto formando in cima un rigonfio screpolato. È un dolce che merita di essere raccomandato perché migliore assai del panettone di Milano che si trova in commercio, e richiede poco impazzamento.

605. PANE BOLOGNESE

Questo è un pane che farà onore alla classica cucina bolognese perché gustoso a mangiarsi solo e atto a essere servito per inzupparlo in qualunque liquido.

Farina di grano, grammi 500.
Zucchero a velo, grammi 180
Burro, grammi 180.
Zibibbo, grammi 70.
Pinoli tritati all'ingrosso, grammi 50.
Cedro candito a piccoli filetti, grammi 30.
Cremor di tartaro, grammi 8.
Bicarbonato, grammi 4.
Uova, n. 2.
Latte, decilitri 1.

Mescolate lo zucchero con la farina e fatene un monte sulla spianatoia; nella buca che gli farete poneteci il burro, le uova e il latte, ma questo tiepido con le due polveri, dentro, le quali già vedrete che cominciano a fermentare. Impastate ogni cosa insieme e quando il pastone è divenuto omogeneo apritelo per aggiungervi i pinoli, il candito e l'uva.

Rimaneggiatelo, onde queste cose vengano sparse egualmente per formarne due pani a forma di spola alti poco più di un dito, dorateli col rosso d'uovo e cuoceteli subito al forno od anche al forno da campagna.

606. CIAMBELLE OSSIA BUCCELLATI I

Farina finissima, chilogrammi 1,700.
Zucchero, grammi 300.
Lievito, grammi 200.
Burro, grammi 150.
Lardo, grammi 50.
Latte, decilitri 4.
Marsala, decilitri 2.
Rhum, due cucchiaiate.
Uova, n. 6.

Bicarbonato di soda, un cucchiaino.
Un pizzico di sale.
Odore di scorza di limone.

Se siete precisi colle dosi indicate, la farina basterà per l'appunto ad ottenere una pasta di giusta sodezza.

Per lievito, come ho detto altra volta, intendo quella pasta, già preparata, che serve di fermento al pane.

Il limone da grattare dev'essere di giardino.

Sciogliete il lievito in una catinella colla metà del latte, facendogli prendere tanta farina da farne un pane di giusta consistenza. Dopo formato lasciatelo stare in mezzo alla farina in modo che ne sia circondato da uno strato più alto di un dito. Ponete la catinella in luogo non freddo, riparato dall'aria, e quando quel pane sarà ben lievitato, per il che accorreranno, a seconda della stagione, otto o dieci ore, guastatelo e rifatelo più grande col resto del latte e della farina occorrente. Aspettate che abbia di nuovo lievitato e che sia ben rigonfiato, per il che ci vorrà altrettanto tempo; versatelo allora sulla spianatoia ed impastatelo col resto della farina e con tutti gl'ingredienti citati; ma lavoratelo ben bene e con forza onde la pasta si affini e divenga tutta omogenea.

Preparate dei teglioni di ferro o delle teglie di rame stagnate, unte col lardo e infarinate, e nelle medesime collocate le ciambelle che farete grandi a piacere, ma in modo che vi stiano assai larghe. Lasciatele lievitare in cucina o in altro luogo di temperatura tiepida, ed allorché saranno ben rigonfiate, ma non passate di lievito, fate loro colla punta di un coltello delle lunghe incisioni alla superficie, doratele coll'uovo e spargeteci sopra dello zucchero cristallino pestato grosso.

Cuocetele in forno a moderato calore.

Vi avverto che d'inverno sarà bene impastare il lievito col latte tiepido e mandare le ciambelle a lievitare nella caldana. Colla metà dose potete ottenere quattro belle ciambelle di grammi 350 circa ciascuna, quando non vogliate farle più piccole.

607. CIAMBELLE OSSIA BUCCELLATI II

Queste ciambelle da famiglia sono di più semplice fattura delle precedenti.

Farina d'Ungheria, grammi 500.
Zucchero, grammi 180.
Burro, grammi 90.
Cremor di tartaro, grammi 15.
Bicarbonato di soda, grammi 5.
Uova, n. 2.
Odore di buccia di limone o di anaci od anche di cedro candito in pezzettini.

Fate una buca nella farina per metterci il burro sciolto, le uova e lo zucchero. Intridete la farina con questi ingredienti e col latte che occorre per formare una pasta di giusta consistenza e dimenatela molto.

Le due polveri e gli odori aggiungeteli in ultimo.

Invece di una sola ciambella potete farne due e tenerle col buco largo, che vengono grosse abbastanza. Fate loro qualche incisione alla superficie, doratele col rosso d'uovo e cuocetele al forno o al forno da campagna ungendo la teglia con burro o lardo. Anche con la metà delle dosi si ottiene una discreta ciambella.

608. PASTA MADDALENA

Zucchero, grammi 130.
Farina fine, grammi 80.
Burro, grammi 30.
Rossi d'uovo, n. 4.
Chiare, n. 3.
Una presa di bicarbonato di soda.
Odore di scorza di limone.

Lavorate prima i rossi d'uovo collo zucchero, e quando saranno diventati biancastri, aggiungete la farina e lavorate ancora per più di un quarto d'ora. Unite al composto il burro liquefatto se è d'inverno, e per ultimo le chiare montate.

La farina asciugatela al fuoco, o al sole, se d'estate.

A questa pasta potete dare forme diverse, ma tenetela sempre sottile e di poco volume. Si usa metterla in degli stampini lavorati, unti col burro e infarinati, oppure in teglia alla grossezza di un dito scarso, tagliandola dopo in forma di mandorle che spolverizzerete di zucchero a velo. Potete anche farla della grossezza di mezzo dito e appiccicare insieme le mandorle a due per due con conserve di frutta.

609. PIZZA ALLA NAPOLETANA

Pasta frolla metà della ricetta A del n. 589, oppure l'intera ricetta B dello stesso numero.

Ricotta, grammi 150.
Mandorle dolci con tre amare, grammi 70.
Zucchero, grammi 50.
Farina, grammi 20.
Uova, n. 1 e un rosso.
Odore di scorza di limone o di vainiglia.
Latte, mezzo bicchiere.

Fate una crema col latte, collo zucchero, colla farina, con l'uovo intero sopraindicato e quando è cotta ed ancor bollente aggiungete il rosso e datele l'odore. Unite quindi alla crema la ricotta e le mandorle sbucciate e pestate fini. Mescolate il tutto e riempite con questo composto la pasta frolla disposta a guisa di torta, e cioè fra due sfoglie della medesima ornata di sopra e dorata col rosso d'uovo. S'intende già che dev'essere cotta in forno, servita fredda e spolverizzata di zucchero a velo. A me sembra che questo riesca un dolce di gusto squisito.

610. PIZZA GRAVIDA

Servitevi del seguente composto, uso crema:

Latte, un quarto di litro.
Zucchero, grammi 60.
Amido, grammi 30.
Rossi d'uovo, n. 2.
Odore che più aggradite.

Aggiungete quando la ritirate dal fuoco:

Pinoli interi, grammi 30.
Uva passolina, grammi 80.

Riempite con questo composto una pasta frolla come avete fatto per la pizza alla napoletana e cuocetela come la precedente.

611. QUATTRO QUARTI ALL'INGLESE

Uova n. 5 e del loro peso, compreso il guscio, altrettanto zucchero ed altrettanta farina.
Uva passolina, grammi 200.
Burro, grammi 200.
Candito a pezzettini, grammi 30.
Bicarbonato di soda, un cucchiaino.

Lavorate prima le uova con lo zucchero, aggiungete la farina e continuate a lavorare con un mestolo per mezz'ora all'incirca. Lasciate il composto in riposo per un'ora o due, indi unite al medesimo il burro sciolto a bagnomaria, il bicarbonato, l'uva e il candito; versatelo in una teglia o in una forma liscia, unta col burro e spolverizzata di zucchero a velo misto a farina e cuocetelo al forno.

L'uva passolina lavatela prima, onde nettarla dalla terra che ordinariamente contiene, ed asciugatela. Qui viene a proposito uno sfogo contro la proverbiale indolenza degl'Italiani i quali sono soliti di ricorrere ai paesi esteri anche per quelle cose che avrebbero a portata di mano nel proprio. Nelle campagne della bassa Romagna si raccoglie un'uva nera a piccolissimi chicchi e senza seme, colà chiamata *uva romanina,* che io, per uso di casa mia, ho messo talvolta a profitto perché non si distingue dalla passolina se non per essere di qualità migliore e priva d'ogni sozzura. Per seccarla distendete i grappoli in un graticcio, tenetela in caldana per sette od otto giorni, nettandola dai raspi quando sarà secca.

612. QUATTRO QUARTI ALL'ITALIANA

Questo dolce si fa nella stessa maniera del precedente eccetto che si sostituisce al candito l'odore della buccia di limone, e all'uva passolina gr. 100 di mandorle dolci con alcune amare. Usando anche qui il bicarbonato di soda, il dolce riescirà più leggiero. Le mandorle, dopo averle sbucciate, asciugatele al sole o al fuoco, pestatele fini con due cucchiaiate dello zucchero della ricetta e mescolatele alla farina prima di gettarle nel composto. Se non usate questa precauzione c'è il caso di trovar le mandorle tutte ammassate insieme. È un dolce che ha bisogno di essere lavorato molto, tanto prima che dopo averci versato il burro; e il mio cuoco ha sperimentato che riesce meglio tenendo la catinella immersa nell'acqua calda, mentre si lavora, cosa questa che si può dire anche per le altre paste consimili. Se fatto con attenzione sarà giudicato un dolce squisito.

613. DOLCE DI MANDORLE

Uova, n. 3.
Zucchero, il peso dell'uova.
Farina di patate, grammi 125.
Burro, grammi 125.
Mandorle dolci con tre amare, grammi 125.
Odore di buccia di limone grattata.

Sbucciate le mandorle, asciugatele al sole o al fuoco e pestatele finissime nel mortaio con un terzo del detto zucchero. Lavorate con un mestolo i tre rossi delle uova colla rimanenza dello zucchero e la buccia del limone, finché saranno divenuti biancastri; uniteci dopo la farina di patate, poi le mandorle pestate e il burro liquefatto, lavorando ancora il composto. Per ultimo versateci le chiare montate e quando sarà amalgamata ogni cosa insieme cuocetelo nel forno da campagna, spolverizzandolo di zucchero a velo diaccio che sia.

Se vi servirete di una teglia, il cui fondo sia del diametro di centimetri 22 circa, il dolce verrà giusto di altezza. Potete servirvi dello stesso burro per unger la teglia, la quale, come sapete, va spolverizzata con zucchero a velo misto a farina. È un dolce di gusto delicato che può bastare per otto persone.

614. OFFELLE DI MARMELLATA

La parola *offella,* in questo significato, è del dialetto romagnolo e, se non isbaglio, anche del lombardo, e dovrebbe derivare dall'antichissima *offa,* focaccia, schiacciata composta di farro e anche di varie altre cose.

Dar l'offa al cerbero è una frase che ha il merito dell'opportunità parlandosi di coloro, e non son pochi oggigiorno, che danno la caccia a qualche carica onde aver modo di riceverla e mangiare sul tesoro pubblico a quattro ganascie. Ma torniamo alle *offelle,* che sarà meglio.

Stampo
delle Offelle
di marmellata

Mele rose, grammi 500.
Zucchero in polvere, grammi 125.
Candito, grammi 30.
Cannella in polvere, due cucchiaini.

Tagliate le mele in quattro spicchi, sbucciateli e levate loro la loggia del torsolo. Tagliate questi spicchi a fette più sottili che potete e ponetele al fuoco in una cazzaruola con due bicchieri d'acqua, spezzettandole col mestolo. Queste mele sono di pasta dura e per cuocerle hanno bisogno d'acqua; anzi, se bollendo rimanessero troppo asciutte, aggiungetene dell'altra. Aspettate che siano spappolate per gettarvi lo zucchero e poi assaggiate se il dolce è giusto, perché le frutta in genere, a seconda della maturità, possono essere più o meno acide. Per ultimo aggiungete il candito a piccoli pezzettini e la cannella.

Servitevi della pasta frolla n. 589 nel quantitativo della ricetta A, distendetela col matterello alla grossezza di uno scudo e tagliatela collo stampo rotondo e smerlato come quello segnato [in questa pagina]; un disco sotto e un disco sopra, quest'ultimo tirato col matterello rigato, e in mezzo la marmellata, umettando gli orli perché si attacchino. Dorate le *offelle* col rosso d'uovo e mandatele al forno, spolverizzandole dopo di zucchero a velo.

615. OFFELLE DI MARZAPANE

Servitevi della medesima pasta frolla indicata nella precedente ricetta e per ripieno, invece della marmellata, ponete il marzapane descritto al N. 579, e, se non avete arancio candito, servitevi per odore dell'arancio fresco che è molto grato. A queste *offelle* potrete dare una forma diversa per distinguerle dalle altre. Io mi servo dello stampo sottostante e lo piego in due formando una mezza luna smerlata.

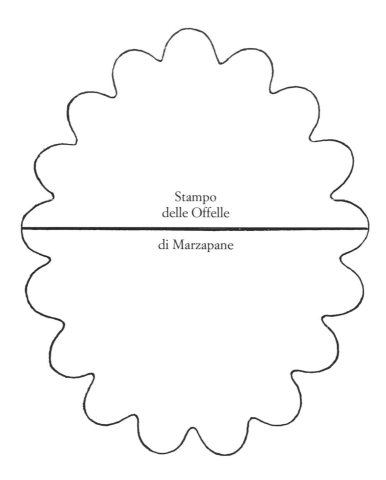

Stampo
delle Offelle

di Marzapane

616. CROSTATE

Per crostate io intendo quelle torte che hanno per base la pasta frolla e per ripieno le conserve di frutta o la crema.

Prendete la dose intera della ricetta del B n. 589, o la metà della ricetta A, e in ambedue servitevi, come si è detto, di un uovo intero e un torlo; ma prima di metterli nella pasta frullateli a parte e, per risparmio, lasciate indietro un po' d'uovo che servirà per dorare la superficie della crostata. Alla pasta frolla che deve servire a quest'uso sarà bene dare un qualche odore come quello di scorza di limone o d'acqua di fior d'arancio; il meglio sarebbe servirsi esclusivamente della ricetta C.

Per formar la crostata spianate col matterello liscio una metà della pasta per avere una sfoglia rotonda della grossezza di uno scudo all'incirca e ponetela in una teglia unta col burro. Sopra la medesima distendete la conserva oppure la crema od anche l'una e l'altra, tenendole però separate. Se la conserva fosse troppo soda rammorbiditela al fuoco con qualche cucchiaiata d'acqua. Sopra la conserva distendete a eguale distanza l'una dall'altra tante strisce di pasta tirata col matterello rigato, larghe un dito scarso, e incrociatele in modo che formino un mandorlato; indi coprite l'estremità delle strisce con un cerchio all'ingiro fatto colla pasta rimanente, inumiditelo coll'acqua per attaccarlo bene. Dorate coll'uovo lasciato a parte la superficie della pasta frolla, e cuocete la crostata in forno o nel forno da campagna. Migliora dopo un giorno o due.

617. CROCCANTE

Mandorle dolci, grammi 120.
Zucchero in polvere, grammi 100.

Sbucciate le mandorle, distaccatene i lobi, cioè le due parti nelle quali sono naturalmente congiunte, e tagliate ognuno dei lobi in filetti o per il lungo o per traverso come più vi piace. Ponete queste mandorle così tagliate al fuoco ed asciugatele fino al punto di far loro prendere il colore gialliccio, senza però arrostirle. Frattanto ponete lo zucchero al fuoco in una cazzaruola possibilmente non istagnata e quando sarà perfettamente liquefatto, versatevi entro le mandorle ben calde, e mescolate. Qui avvertite di gettare una palettata di cenere sulle bragi, onde il croccante non vi prenda l'amaro, passando di cottura, il punto preciso della quale si conosce dal color cannella che acquista il croccante. Allora versatelo a poco per volta in uno stampo qualunque, unto prima con burro od olio, e pigiandolo con un limone contro le pareti, distendetelo sottile quanto più potete. Sformatelo diaccio e se ciò vi riescisse difficile, immergete lo stampo nell'acqua bollente. Si usa anche seccar le mandorle al sole, tritarle fini colla lunetta, unendovi un pezzo di burro quando sono nello zucchero.

618. SALAME INGLESE

Questo dolce, che si potrebbe più propriamente chiamare pan di Spagna ripieno e che fa tanto bella mostra nelle vetrine de' pasticcieri, sembra, per chi è ignaro dell'arte, un piatto d'alta credenza: ma non è niente affatto difficile ad eseguirsi.

Fate un pan di Spagna colle seguenti dosi e per cuocerlo al forno distendetelo all'altezza di mezzo dito in un teglione possibilmente rettangolare, unto col burro e spolverizzato di farina.

Zucchero in polvere, grammi 200.
Farina finissima, grammi 170.
Uova, n. 6.

In questo e consimili casi, alcuni trattati dell'arte suggeriscono di asciugar bene la farina al sole o al fuoco prima di adoperarla, per renderla forse più leggiera.

Lavorate i rossi d'uovo collo zucchero per circa mezz'ora; unite ai medesimi le chiare ben montate e dopo averle mescolate adagino fate cadere la farina da un vagliettino, oppure tenetevi al metodo indicato al n. 588.

Levato dal forno, tagliate dal medesimo, quando è ancora caldo, un numero sufficiente di strisce, larghe 2 centimetri circa e lunghe quanto il pezzo di pan di Spagna, al quale devono servire di ripieno; ma perché queste strisce facciano un bell'effetto, devono prendere colori diversi; quindi alcune aspergetele di rosolio bianco e resteranno gialle; altre di alkermes e figureranno rosse, e alle ultime fate prendere il nero con un rosolio bianco ove sia stata infusa della cioccolata. Questi filetti così preparati disponeteli uno sopra l'altro, alternandoli, nel mezzo del pezzo di pan di Spagna rimasto intero, la superficie del quale avrete prima spalmata di una liquida conserva di frutta e spalmati pure i filetti, onde stiano uniti. Tirate i lembi del pan di Spagna sopra i medesimi e formate un rotolo tutto unito il quale, tagliato poi a fette, presenterà per ripieno una scacchiera a diversi colori.

Questo dolce si può far più semplice per uso di famiglia nel seguente modo, bastando la metà della dose anche per una teglia grande.

Spalmate il pan di Spagna con rosolio e conserva di frutta, sia di cotogne, di albicoche o di pesche poco importa, distendete sulla medesima delle fettine sottili di candito e rotolate come un foglio il pezzo intero sopra sé stesso; ma nell'una o nell'altra maniera sarebbe bene, per dargli più bell'aspetto, di ornare la superficie o con un ricamo di zucchero o con una crosta di cioccolata come usano i pasticcieri; ma codesti signori, per fare tali cose a perfezione, hanno certi loro segreti particolari che non insegnano volentieri. Conosco, però, così alto alto, un loro processo speciale che troverete descritto al n. 789. Frattanto contentatevi del seguente, che è più semplice ma non del tutto perfetto:

Intridete dello zucchero a velo con chiara d'uovo, facendolo molto sodo, e distendetelo sopra al dolce uniformemente, oppure mettetelo in un cartoccio foggiato a forma di cornetto, e strizzandolo, per farlo uscire dal piccolo buco in fondo, giratelo sul dolce per formare il disegno che più vi piace. Se la crosta la fate nera, prendete gr. 60 di zucchero a velo e gr. 30 di cioccolata in polvere, mescolate, intridete ugualmente con chiara d'uovo e distendete l'intriso sul dolce. Se non si asciuga naturalmente, ponetelo sotto l'azione di un moderato calore.

619. CAVALLUCCI DI SIENA

I dolci speciali a Siena sono il panforte, i ricciarelli, i cavallucci e le cupate. I cavallucci sono pastine in forma di mostaccioli della dimensione segnata a fianco; quindi vedete che la figura di un cavallo non ci ha niente che fare, e perché siano così chiamati credo non si sappia neanche a *Siena di tre cose piena: di torri, di campane e di quintane*.

Con questa ricetta intendo indicarvi il modo di poterli imitare, ma non di farli del tutto precisi perché se nel sapore all'incirca ci siamo, la manipolazione lascia a desiderare, ed è cosa naturale. Dove si lavora in grande e con processi che sono un segreto ai profani, l'imitazione zoppica sempre.

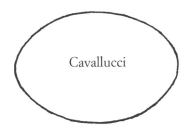

Cavallucci

Farina, grammi 300.
Zucchero biondo, grammi 300.
Noci sgusciate, grammi 100.
Arancio candito, grammi 50.
Anaci, grammi 15.
Spezie e cannella in polvere, grammi 5.

Le noci tritatele alla grossezza della veccia all'incirca.
L'arancio tagliatelo a dadettini.
Lo zucchero mettetelo al fuoco con un terzo del suo peso di acqua e quando è ridotto a cottura di filo gettate in esso tutti gli ingredienti, mescolate e versate il composto caldo nella spianatoia sopra la farina per intriderla; ma per far questo vedrete che vi occorrerà dell'altra farina, la quale serve a ridurre la pasta consistente. Formate allora i cavallucci, dei quali, con questa dose, ne otterrete oltre a 40, e siccome, a motivo dello zucchero, questa pasta appiccica, spolverizzateli di farina alla superficie. Collocateli in una teglia e cuoceteli in bianco a moderato calore. State molto attenti alla cottura dello zucchero, perché se cuoce troppo diventa scuro. Quando, prendendone una goccia tra il pollice e l'indice, comincia a filare, basta per questo uso.

620. RICCIARELLI DI SIENA

Zucchero bianco fine, grammi 220.
Mandorle dolci, grammi 200.
Dette amare, grammi 20.
Chiare d'uovo, n. 2.
Odore di buccia d'arancio.

Sbucciate le mandorle, asciugatele bene al sole o al fuoco e pestatele finissime nel mortaio con due cucchiaiate del detto zucchero, versato in diverse volte; poi uniteci il resto dello zucchero mescolando bene.

Montate le chiare in un vaso qualunque e versateci le mandorle così preparate e la buccia dell'arancio grattata. Mescolate di nuovo con un mestolo e versate il composto sulla spianatoia sopra a un leggiero strato di farina per fargliene prendere soltanto quella ben poca quantità che occorre per tirare leggermente col matterello una stiacciata morbida, grossa mezzo dito. Allora tagliateli con la forma qui sotto segnata e ne otterrete da 16 a 18 per cuocerli nel seguente modo:

Prendete una teglia, fatele uno strato di crusca alto quanto uno scudo e copritelo tutto di cialde per posarvi su i ricciarelli e cuocerli al forno a moderato calore onde restino teneri. In mancanza del forno, che sarebbe il più opportuno, servitevi del forno da campagna.

Dopo cotti tagliate via la cialda che sopravanza agli orli di queste paste, che riescono di qualità fine.

Forma dei Ricciarelli
di Siena

621. CIALDONI

Ponete in un pentolo:

Farina, grammi 80.
Zucchero biondo, grammi 30.
Lardo vergine e appena tiepido, grammi 20.
Acqua diaccia, sette cucchiaiate.

Sciogliete prima, coll'acqua, la farina e lo zucchero, poi aggiungete il lardo.

Ponete sopra un fornello ardente il ferro da cialde e quando è ben caldo apritelo e versatevi sopra ogni volta mezza cucchiaiata della detta pastella; stringete le due parti del ferro insieme, passatelo sul fuoco da una parte e dall'altra, levate le sbavature con un coltello ed apritelo quando conoscerete che la cialda ha preso il color nocciuola. Allora distaccatela alquanto da una parte col coltello e subito così calda sopra il ferro medesimo o sopra a un canovaccio disteso sul focolare arrotolatela con un bocciuolo di canna o semplicemente colle mani. Quest'ultima operazione bisogna farla molto svelti perché se la cialda si diaccia non potrete più avvolgerla su sé stessa. Se le cialde restassero attaccate al ferro ungetelo a quando a quando col lardo, e se non venissero tutte unite, aggiungete un po' di farina.

Sapete già che i cialdoni si possono servir soli; ma è meglio accompagnarli con la panna o con la crema montata ed anche col latte *brûlé* o col latte alla portoghese.

622. FAVE ALLA ROMANA O DEI MORTI

Queste pastine sogliono farsi per la commemorazione dei morti e tengono luogo della fava *baggiana,* ossia d'orto, che si usa in questa occasione cotta nell'acqua coll'osso di prosciutto. Tale usanza deve avere la sua radice nell'antichità più remota poiché la fava si offeriva alle Parche, a Plutone e a Proserpina ed era celebre per le cerimonie superstiziose nelle quali si usava. Gli antichi Egizi si astenevano dal mangiarne, non la seminavano, né la toccavano colle mani, e i loro sacerdoti non osavano fissar lo sguardo sopra questo legume stimandolo cosa immonda. Le fave, e soprattutto quelle nere, erano considerate come una funebre offerta, poiché credevasi che in esse si rinchiudessero le anime dei morti, e che fossero somiglianti alle porte dell'inferno.

Nelle feste *Lemurali* si sputavano fave nere e si percuoteva nel tempo stesso un vaso di rame per cacciar via dalle case le ombre degli antenati, i Lemuri e gli Dei dell'inferno.

Festo pretende che sui fiori di questo legume siavi un segno lugubre e l'uso di offrire le fave ai morti fu una delle ragioni, a quanto si dice, per cui Pitagora ordinò a' suoi discepoli di astenersene; un'altra ragione era per proibir loro di immischiarsi in affari di governo, facendosi con le fave lo scrutinio nelle elezioni.

Varie sono le maniere di fare le fave dolci; v'indicherò le seguenti: le due prime ricette sono da famiglia, la terza è più fine.

Prima ricetta
    Farina, grammi 200.
    Zucchero, grammi 100.
    Mandorle dolci, grammi 100.
    Burro, grammi 30.
    Uova, n. 1.
    Odore di scorza di limone, oppure di cannella, o d'acqua di fior d'arancio.

Seconda ricetta
    Mandorle dolci, grammi 200.
    Farina, grammi 100.
    Zucchero, grammi 100.
    Burro, grammi 30.
    Uova, n. 1.
    Odore, come sopra.

Terza ricetta
    Mandorle dolci, grammi 200.
    Zucchero a velo, grammi 200.
    Chiare d'uovo, n. 2.
    Odore di scorza di limone o d'altro.

Per le due prime sbucciate le mandorle e pestatele collo zucchero alla grossezza di mezzo chicco di riso. Mettetele in mezzo alla farina insieme cogli altri ingredienti e formatene una pasta alquanto morbida con quel tanto di rosolio o d'acquavite che occorre. Poi riducetela a piccole pastine, in forma di una grossa fava, che risulteranno in numero di 60 o 70 per ogni ricetta. Disponetele in una teglia di rame unta prima col lardo o col burro e spolverizzata di farina; doratele coll'uovo. Cuocetele al forno o al forno da campagna, osservando che, essendo piccole, cuociono presto. Per la terza seccate le mandorle al sole o al fuoco e pestatele fini nel mortaio con le chiare d'uovo versate a poco per volta. Aggiungete per ultimo lo zucchero e mescolando con una mano impastatele. Dopo versate la pasta sulla spianatoia sopra a un velo sottilissimo di farina per poggiarla a guisa di un bastone rotondo, che dividerete in 40 parti o più per dar loro la forma di fave che cuocerete come le antecedenti.

623. COTOGNATA

Mele cotogne, chilogrammi 3.
Zucchero bianco fine, chilogrammi 2.

Mettete al fuoco le mele coperte d'acqua e quando cominciano a screpolare, levatele, sbucciatele e grattatele alla meglio per levarne tutta la polpa che passerete poi dallo staccio. Rimettetela al fuoco collo zucchero e rimestatela sempre onde non si attacchi. Sette od otto minuti di bollitura basteranno; ma poi, se presa su col mestolo comincia a cadere a stracci, levatela. Se la mettete in vasi potrà servirvi come conserva e fatta in tal modo resterà più bianca di quella che vi descriverò al n. 741, ma con meno fragranza, perché una parte dell'odore particolare a questo frutto si sperde nell'acqua.

Per ridurla a cotognata distendetela sopra un'asse alla grossezza poco più di uno scudo ed asciugatela al sole coperta di un velo perché le mosche e le vespi ne sono ghiottissime. Quando è asciutta di sopra tagliatela in forma di tavolette di cioccolata e passandole sotto un coltello per distaccarla dall'asse, rivoltatela dalla parte opposta.

Se poi vi piacesse di darle forme bizzarre procuratevi degli stampini di latta vuoti dalle due parti, riempiteli, lisciateli e distaccando la marmellata dagli orli con delicatezza, ponetela ugualmente sull'asse ed asciugatela nella stessa maniera.

Potete anche crostarla, volendo, e allora mettete a struggere grammi 100 di zucchero bianco con due cucchiaiate d'acqua e quando avrà bollito tanto da fare il filo (presane una goccia fra due dita) spalmate ogni pezzo con un pennello. Se lo zucchero vi si rappiglia durante l'operazione (che è bene fare in una giornata non umida) rimettetelo al fuoco con un altro gocciolo d'acqua e fatelo bollire di nuovo. Quando lo zucchero è asciutto da una parte e sugli orli, spalmate la parte opposta.

624. TORTELLI DI CECI

Eccovi un piatto che si usa fare in quaresima.

Ceci secchi (dico secchi perché in Toscana si vendono rammolliti nell'acqua del baccalà), grammi 300.

Metteteli in molle la sera nell'acqua fresca e la mattina unite ai medesimi 7 o 8 marroni secchi e poneteli al fuoco con acqua ugualmente fresca entro a una pentola di terra con grammi 3 di carbonato di soda legato in una pezzettina. Questo il popolo lo chiama il *segreto* e serve a facilitare la cottura dei ceci. Invece del carbonato di soda si può usare la rannata. La sera avanti mettete i ceci in un vaso qualunque, copritene la bocca con un canovaccio ove abbiate messo una palettata di cenere; fate passare attraverso la medesima dell'acqua bollente fino a che i ceci restino coperti e la mattina, levati dalla rannata, prima di metterli al fuoco lavateli bene coll'acqua fresca. Cotti che siano, levateli asciutti e passateli per istaccio caldi, bollenti, insieme coi marroni; e se, nonostante il *segreto* o la rannata, fossero rimasti duri per la qualità dell'acqua, pestateli nel mortaio. Quando li avrete passati, conditeli ed aggraziateli con un pizzico di sale, con sapa nella quantità necessaria a rendere il composto alquanto morbido, mezzo vasetto di mostarda di Savignano, o di quella descritta al n. 788, grammi 40 di candito a piccoli pezzettini, un poco di zucchero, se la sapa non li avesse indolciti abbastanza, e due cucchiaini di cannella pesta.

In difetto di cavalli, si cerca di far trottare gli asini, si va alla busca di compensi; e in questo caso, se vi mancassero la sapa e la mostarda (la migliore al mio gusto è quella di Savignano in Romagna), si supplisce alla prima con grammi 80 di zucchero e alla seconda con grammi 7 di senapa in polvere sciolta nell'acqua calda degli stessi ceci. Ora passiamo alla pasta per chiuderli, in merito alla quale potete servirvi di quella de' Cenci n. 595, metà dose di detta ricetta, oppure della seguente:

Farina, grammi 270.
Burro, grammi 20.
Zucchero, grammi 15.
Uova, n. 1.
Vino bianco, o marsala, cucchiaiate n. 3 circa.
Sale, un pizzico.

Tiratene una sfoglia della grossezza di mezzo scudo all'incirca e tagliatela collo stampo rotondo smerlato del n. 614. Fate che nei dischi il ripieno abbondi ed avrete, riunendone i lembi, i tortelli in forma di un quarto di luna. Friggeteli nel lardo o nell'olio e quando non sono più a bollore spolverizzateli di zucchero a velo.

Colla broda de' ceci potete fare una zuppa o cuocervi, come si usa in Toscana, le strisce di pasta comperata.

Questi tortelli riescono così buoni che nessuno saprà indovinare se sono di ceci.

625. FOCACCIA ALLA PORTOGHESE

Questo ve lo do per un dolce assai delicato e gentile.

Mandorle dolci, grammi 150.
Zucchero, grammi 150.
Farina di patate, grammi 50.
Uova, n. 3.
Aranci, n. 1½

Lavorate dapprima i rossi d'uovo collo zucchero, aggiungete la farina, poi le mandorle sbucciate e pestate fini con una cucchiaiata del detto zucchero, e dopo il sugo passato dagli aranci e la buccia superficiale raschiata di un solo arancio. Per ultimo unite al composto le chiare montate, versatelo in una scatola di carta unta di burro, alla grossezza di un dito e mezzo e cuocetelo al forno a moderatissimo calore. Dopo cotta, copritela di una crosta bianca come al n. 789.

626. AMARETTI I

Zucchero bianco in polvere, grammi 250.
Mandorle dolci, grammi 100.
Mandorle amare, grammi 50.
Chiare d'uovo, n. 2.

Le mandorle spellatele e seccatele al sole o al fuoco, poi tritatele finissime con la lunetta. Lavorate col mestolo lo zucchero e le chiare per mezz'ora almeno, e aggiungete le mandorle per formarne una pasta soda in modo da farne delle pallottole grosse quanto una piccola noce; se riuscisse troppo morbida aggiungete altro zucchero e se troppo dura un'altra po' di chiara, questa volta montata. Se vi piacesse dare agli amaretti un colore tendente al bruno, mescolate nel composto un po' di zucchero bruciato.

Via via che formate le dette pallottole, che stiaccerete alla grossezza di un centimetro, ponetele sopra le ostie, o sopra pezzetti di carta, oppure in una teglia unta col burro e spolverizzata di metà farina e metà zucchero a velo; ma a una discreta distanza l'una dall'altra perché si allargano molto e gonfiano, restando vuote all'interno. Cuocetele in forno a moderato calore.

627. AMARETTI II

Eccovi un'altra ricetta di amaretti che giudico migliori dei precedenti e di più facile esecuzione.

Zucchero bianco a velo, grammi 300.
Mandorle dolci, grammi 180.
Mandorle amare, grammi 20.
Chiare d'uovo, n. 2.

Le mandorle spellatele e seccatele al sole o al fuoco; poi pestatele fini nel mortaio con una chiara versata in più volte. Fatto questo mescolateci la metà dello zucchero, mantrugiando il composto con una mano. Dopo versatelo in un vaso e, mantrugiando sempre perché s'incorpori, aggiungete una mezza chiara, poi l'altra metà dello zucchero e appresso l'ultima mezza chiara.

Otterrete, così lavorato, un impasto omogeneo e di giusta consistenza che potrete foggiare a bastone per tagliarlo a pezzetti tutti eguali. Prendeteli su a uno a uno con le mani bagnate alquanto per formarne delle pallottole grosse come le noci. Stiacciatele alla grossezza di un centimetro e pel resto regolatevi come per i precedenti, ma spolverizzateli leggermente di zucchero a velo prima di metterli in forno a calore ardente, e dico forno perché il forno da campagna non sarebbe al caso per questa pasta. Con questa dose otterrete una trentina di amaretti.

628. PASTICCINI DI MARZAPANE

Fate una pasta frolla colla ricetta C del n. 589.
Fate un marzapane come quello del n. 579 nelle seguenti proporzioni:

Mandorle dolci con tre amare, sbucciate, grammi 180.
Zucchero, grammi 150.
Burro, grammi 25.
Arancio candito, grammi 25.
Un rosso d'uovo.
Diverse cucchiaiate d'acqua.

Servitevi degli stampini da *brioches* o alquanto più piccoli, che sarebbe meglio; ungeteli col burro, foderateli di pasta frolla sottile quanto uno scudo, riponeteci il marzapane, ripiegategli sopra i lembi della pasta, bagnate l'orlo coll'acqua, copriteli colla stessa pasta frolla, dorateli alla superficie, cuoceteli in forno o nel forno da campagna e dopo spolverizzateli di zucchero a velo. Con questa dose potrete farne da 16 a 18.

629. PASTICCINI DI SEMOLINO

Semolino, grammi 180.
Zucchero, grammi 100.
Pinoli, grammi 50.
Burro, grammi 20.
Latte, decilitri 8.
Uova, n. 4.
Sale, una presa.
Odore di scorza di limone.

Cuocete il semolino nel latte e quando comincia a stringere versate i pinoli pestati nel mortaio insieme con lo zucchero; poi il burro e il resto, meno le uova, che serberete per ultimo quando il composto sarà diaccio. Pel resto regolatevi come i pasticcini di riso del n. 630.

Con questa dose ne farete da 18 a 20.

Prima di servirli spolverizzateli di zucchero a velo.

630. PASTICCINI DI RISO

Riso, grammi 150.
Zucchero, grammi 70.
Burro, grammi 30.
Candito, grammi 30.
Latte, decilitri 8.
Uova, n. 3
Rhum, cucchiaiate n. 2.
Sale, una presa.

Cuocete moltissimo il riso rimuovendolo spesso col mestolo perché non si attacchi. A due terzi di cottura versate lo zucchero, il burro, il sale e il candito tagliato a pezzettini. Quando sarà cotto e diaccio aggiungete il rhum, i rossi d'uovo prima e le chiare montate dopo.

Prendete gli stampini da *brioches,* ungeteli bene col burro, spolverizzateli di pangrattato, riempiteli e cuoceteli al forno da campagna. Sono migliori caldi che diacci.

Con questa dose ne farete 12 o 14.

631. PASTICCINI DI PASTA BEIGNET

Acqua, grammi 150.
Farina, grammi 100,
Burro, grammi 10.
Uova, n. 3 e un rosso.
Sale, quanto basta.

Quando bolle l'acqua versate la farina tutta a un tratto e, rimestando subito, aggiungete il burro e tenetela sul fuoco per 10 minuti, seguitando sempre a rimestarla. Deve riuscire una pasta dura che distenderete alla grossezza di un dito e pesterete nel mortaio insieme con un uovo per rammorbidirla alquanto. Ciò ottenuto, mettetela in una catinella per lavorarla col mestolo, aggiungendo le altre uova uno per volta, montando le chiare. Non vi stancate di lavorarla finché non sia ridotta come un unguento; lasciatela in riposo per qualche ora, e quindi mettetela a cucchiaiate (le quali riusciranno dieci o dodici) in una teglia, unta col burro. Frullate un rosso d'uovo con un po' di chiara per renderlo più sciolto, dorateli e lisciateli con un pennellino (ma questo supplemento non è necessario), poi metteteli in un forno che sia ben caldo. Quando sono cotti fate loro col temperino un'incisione da una parte, o in forma di mezzo cerchio nella parte di sotto, per riempirli di crema o di conserve di frutta, spolverizzateli di zucchero a velo e serviteli.

Vi avverto che quando lavorate paste che devono rigonfiare, il mestolo invece di girarlo in tondo è meglio muoverlo dal sotto in su.

632. BRIGIDINI

È un dolce o meglio un trastullo speciale alla Toscana ove trovasi a tutte le fiere e feste di campagna e lo si vede cuocere in pubblico nelle forme da cialde.

Uova, n. 2.
Zucchero, grammi 120.
Anaci, grammi 10.
Sale, una presa.
Farina, quanto basta.

Fatene una pasta piuttosto soda, lavoratela colle mani sulla spianatoia e formatene delle pallottole grosse quanto una piccola noce. Ponetele alla stiaccia nel ferro da cialde a una debita distanza l'una dall'altra e, voltando di qua e di là il ferro sopra il fornello ardente con fiamma di legna, levatele quando avranno preso colore.

633. DOLCE DI CHIARE D'UOVO

Se avete d'occasione delle chiare d'uovo, che non sappiate come consumare, potreste fare un dolce nel seguente modo, che riesce buono.

Chiare d'uovo, n. 8 o 9.
Farina d'Ungheria, grammi 300.
Zucchero a velo, grammi 150.
Burro, grammi 150.
Uva sultanina, grammi 100.
Cremor di tartaro, grammi 10.
Bicarbonato di soda, grammi 5.
Odore di zucchero vanigliato.

Montate le chiare e versate nelle medesime la farina e lo zucchero; mescolate e poi aggiungete il burro liquefatto. Quando il composto sarà tutto unito aggiungete le polveri e per ultimo l'uva. Versate il composto in una teglia unta col burro e spolverizzata di zucchero a velo e farina, ove il dolce riesca alto almeno due dita, cuocetelo al forno o al forno da campagna e servitelo diaccio.

634. PASTINE PEL THE

Mistress Wood, un'amabile signora inglese, avendomi offerto un the con pastine fatte con le sue proprie mani, ebbe la cortesia, rara nei cuochi pretenziosi, di darmi la ricetta che vi descrivo, dopo averla messa alla prova.

Farina d'Ungheria o finissima, grammi 440.
Farina di patate, grammi 160.
Zucchero a velo, grammi 160.
Burro, grammi 160.
Due chiare d'uovo.
Latte tiepido, quanto basta.

Formate un monticello sulla spianatoia con le due farine e lo zucchero mescolati insieme. Fategli una buca in mezzo, collocateci le chiare e il burro a pezzetti e, colla lama di un coltello prima e con le mani dopo, servendovi del latte, intridetelo e lavoratelo mezz'ora circa per ottenere un pastone piuttosto tenero. Tiratelo col matterello in una sfoglia della grossezza di uno scudo, tagliatela a dischi rotondi, come quello del n. 7, bucherellateli con le punte di una forchetta e cuoceteli al forno o al forno da campagna in una teglia unta col burro. Con sola mezza dose della ricetta se ne ottengono assai.

635. LINGUE DI GATTO

Sono pastine pel the, tolte da una ricetta venuta da Parigi.

Burro, grammi 100.
Zucchero bianco a velo, grammi 100.
Farina d'Ungheria, grammi 100.
Una chiara d'uovo.

Ponete in un vaso il burro così naturale e cominciate a dimenarlo col mestolo; poi versateci lo zucchero, indi la farina e per ultimo la chiara d'uovo, lavorando sempre il composto per ridurlo una pasta omogenea. Ponetela nella siringa con un disco di buco rotondo o quadro della grandezza di circa un centimetro, e spingetela in una teglia, unta leggermente col burro, in forma di pezzetti lunghi un dito, tenendoli radi perché, squagliandosi, allargano. Cuoceteli al forno da campagna a moderato calore. Con questa dose ne otterrete una cinquantina.

636. PANE DI SABBIA

Anche il pane di sabbia è un dolce tedesco, così chiamato perché si sfarina in bocca come la sabbia e però si usa servirlo col the che lo rende più piacevole al gusto. Non vi spaventate nel sentire che per manipolarlo occorrono due ore di lavorazione non interrotta in luogo riparato da correnti d'aria, girando il mestolo sempre per un verso. Le signore, che sono di natura pazienti e quelle particolarmente che si dilettano d'improvvisare dolci, non si sgomenteranno per questo, se si procurano l'aiuto di due braccia robuste.

Burro fresco, grammi 185.
Zucchero a velo, grammi 185.
Farina di riso, grammi 125.
Farina d'amido, grammi 125.
Farina di patate, grammi 60.
Uova, n. 4.
L'agro di un quarto di limone.
Cognac, una cucchiaiata.
Bicarbonato di soda, un cucchiaino.
Odore di vainiglia.

La farina d'amido non è altro che l'amido comune di buona qualità ridotto in polvere fine.

Lavorate prima il burro da solo, poi aggiungete i rossi ad uno ad uno, girando il mestolo sempre per un verso; indi versate lo zucchero, poi il cognac e l'agro di limone; dopo le farine e, per ultimo, il bicarbonato di soda e le chiare montate; ma di quest'ultime versatene prima due cucchiaiate per rammorbidire il composto, e mescolate adagio il restante. Versate il composto in una teglia proporzionata, unta col burro e spolverizzata di zucchero a velo e farina, e cuocetelo in forno o nel forno da campagna, a moderato calore. Un'ora di cottura potrà bastare.

TORTE E DOLCI AL CUCCHIAIO

Non per farmene bello, ma per divertire il lettore ed appagare il desiderio di un incognito, che si firma *un ammiratore,* pubblico la seguente lettera giuntami il 14 luglio 1906, da Portoferraio, mentre stavo correggendo in questo punto le bozze di stampa della decima edizione.

Stimat.mo Sig. Artusi,

Un poeta mi regala un esemplare del suo bel libro *La scienza in cucina,* aggiungendovi alcuni versi, che le trascrivo, perché possano servirle in caso di una nuova ristampa, che le auguro prossima.

Ecco i versi:

Della salute è questo il breviario,
L'apoteosi è qui della papilla:
L'uom mercè sua può viver centenario
Centellando la vita a stilla a stilla.
Il solo gaudio uman (gli altri son giuochi)
Dio lo commise alla virtù de' cuochi;
Onde sé stesso ogni infelice accusi
Che non ha in casa il libro dell'*Artusi*;
E dieci volte un asino si chiami
Se a mente non ne sa tutti i dettami.

UN AMMIRATORE

637. TORTA DI NOCI

Noci sgusciate, grammi 140.
Zucchero in polvere, grammi 140.
Cioccolata in polvere o grattata, grammi 140.
Cedro candito, grammi 20.
Uova, n. 4.
Odore di zucchero vanigliato.

Pestate fini in un mortaio le noci insieme collo zucchero, poi versatele in un vaso per aggiungervi la cioccolata, l'odore della vainiglia, le uova, ponendo prima i rossi e poi le chiare montate, e per ultimo il candito tritato minutissimo.

Prendete una teglia ove il dolce non riesca più alto di due dita, imburratela e cospargetela di pangrattato per cuocerla al forno o al forno da campagna a moderato calore. Dai miei commensali questo è stato giudicato un dolce squisito.

638. TORTA DI RISO

Latte, un litro.
Riso, grammi 200.
Zucchero, grammi 150.
Mandorle dolci con 4 amare, grammi 100.
Cedro candito, grammi 30.
Uova intere, n. 3.
Rossi d'uovo, n. 5.
Odore di scorza di limone.
Una presa di sale.

Le mandorle sbucciatele e pestatele nel mortaio con due cucchiaiate del detto zucchero. Il candito tagliatelo a piccolissimi dadi.

Cuocete il riso ben sodo nel latte, versateci dopo il condimento e, quando sarà diaccio, le uova. Mettete il composto in una teglia unta col burro e spolverizzata di pangrattato, assodatelo al forno o tra due fuochi, il giorno appresso tagliate la torta a mandorle e solo quando la mandate in tavola spolverizzatela di zucchero a velo.

639. TORTA DI RICOTTA

Questa torta riesce di gusto consimile al Budino di ricotta n. 663, ma più delicata ed è il dolce che si imbandisce di preferenza alle nozze dei contadini in Romagna e che, per merito, può dar molti punti a tanti dolci raffazzonati dai pasticcieri.

Ricotta, grammi 500.
Zucchero, grammi 150.
Mandorle dolci, grammi 150.
Dette amare, n. 4 o 5.
Uova intere, n. 4; rossi, n. 4.
Odore di vainiglia.

Si prepara come il detto Budino n. 663; ma le mandorle, dopo pestate con una chiara d'uovo, è bene passarle per istaccio. Ungete abbondantemente una teglia col lardo e rivestitela di una sfoglia di pasta matta, n. 153, e sopra alla medesima versate il composto alla grossezza di un dito e mezzo all'incirca, cuocendolo fra due fuochi o nel forno. Raccomando il calore moderatissimo e la precauzione di un foglio sopra unto col burro, perché la bellezza di questa torta è che sia cotta in bianco. Quando sarà ben diaccia tagliatela a mandorle in modo che ogni pezzo abbia la sua pasta matta sotto, la quale si mangia o no secondo il piacer d'ognuno, essendosi essa usata al solo scopo di ornamento e di pulizia.

Potrà bastare per dodici o più persone.

640. TORTA DI ZUCCA GIALLA

Questa torta si fa d'autunno o d'inverno, quando la zucca gialla si trova in vendita dagli ortolani.

Zucca, chilogrammi 1.
Mandorle dolci, grammi 100.
Zucchero, grammi 100.
Burro, grammi 30.
Pangrattato, grammi 30.
Latte, mezzo litro.
Uova, n. 3.
Una presa di sale.
Odore di cannella in polvere.

Sbucciate la zucca, pulitela dai filamenti superficiali e grattatela sopra un canovaccio. Prendete le quattro punte di questo per raccoglierla insieme e strizzatela in modo da toglierle buona parte dell'acquosità che contiene. Il chilogrammo si ridurrà a circa 300 grammi. Mettetela allora a bollire nel latte fino a cottura, che si può ottenere dai 25 ai 40 minuti, secondo la qualità della zucca. Pestate frattanto le mandorle, già sbucciate, insieme collo zucchero, in un mortaio, riducendole finissime, e quando la zucca è cotta uniteci tutti gl'ingredienti meno le uova, che aggiungerete quando il composto è diaccio. Pel resto regolatevi come per la Torta di ricotta del numero precedente.

641. TORTA DI PATATE

Trattandosi di patate, non ridete del nome ampolloso perché come vedrete alla prova, non è demeritato. Se i vostri commensali non distinguono al gusto l'origine plebea di questa torta, occultatela loro, perché la deprezzerebbero.

Molta gente mangia più con la fantasia che col palato e però guardatevi sempre dal nominare, almeno finché non siano già mangiati e digeriti, que' cibi che sono in generale tenuti a vile per la sola ragione che costano poco o racchiudono in sé un'idea che può destar ripugnanza; ma che poi, ben cucinati o in qualche maniera manipolati, riescono buoni e gustosi. A questo proposito vi racconterò che trovandomi una volta ad un pranzo di gente famigliare ed amica, il nostro ospite, per farsi bello, all'arrosto, scherzando, uscì in questo detto: «Non potrete lagnarvi che io non vi abbia ben trattati quest'oggi; perfino tre qualità di arrosto: vitella di latte, pollo e coniglio». Alla parola *coniglio* diversi dei commensali rizzarono il naso, altri rimasero come interdetti, ed uno di essi, intimo della famiglia, volgendo lo sguardo con orrore sul proprio piatto, rispose: «Guarda quel che ti è venuto in capo di darci a mangiare! almeno non lo avessi detto! mi hai fatto andar via l'appetito».

A un'altra tavola essendo caduto per caso il discorso sulla *porchetta* (un maiale di 50 a 60 chilogrammi, sparato, ripieno di aromi e cotto intero nel forno), una signora esclamò: «Se io avessi a mangiare di quella porcheria non sarebbe possibile». Il padrone di casa piccato dell'offesa che si faceva a un cibo che nel suo paese era molto stimato, convitò la signora per un'altra volta e le imbandì un bel pezzo di magro di quella vivanda. Essa non solo la mangiò, ma credendola fosse vitella di latte, trovava quell'arrosto di un gusto eccellente. Molti altri casi consimili potrei narrare; ma non voglio tacere di un signore che giudicando molto delicata una torta, ne mangiò per due giorni; saputo poi ch'ella era composta di zucca gialla non ne mangiò più non solo, ma la guardava bieco come se avesse ricevuto da lei una grave offesa.

Eccovi la ricetta:

Patate grosse e farinacee, grammi 700.
Zucchero, grammi 150.
Mandorle dolci con tre amare, grammi 70.
Uova, n. 5.
Burro, grammi 30.
Una presa di sale.
Odore di scorza di limone.

Lessate le patate (meglio cotte a vapore), sbucciatele e passatele dallo staccio quando sono ancora ben calde. Sbucciate e pestate finissime, insieme collo zucchero, le mandorle, versatele nelle patate cogli altri ingredienti, lavorando il tutto con un mestolo per un'ora intera e aggiungendo le uova una alla volta e il burro sciolto.

Versate il composto in una teglia unta di lardo o burro ed aspersa di pangrattato, cuocetela in forno e servitela diaccia.

642. TORTA MILANESE

Per la stranezza della sua composizione sono stato a lungo incerto se dovevo farvi conoscere questa torta, la quale non ha bastanti meriti per figurare in una tavola signorile e per piatto di famiglia è alquanto costoso. Non è per altro da disprezzarsi, e siccome potrebbe anche piacere, come so che piace a una famiglia di mia conoscenza, che la fa spesse volte, ve la descrivo.

Carne tutta magra lessa o arrosto, di manzo o di vitella, netta da pelletiche o tenerume, grammi 200.

Cioccolata, grammi 100.
Zucchero, grammi 100.
Burro, grammi 50.
Pinoli, grammi 50.
Uva sultanina, grammi 50.
Cedro candito a pezzettini, grammi 25.

La carne tritatela finissima con la lunetta.

I pinoli tostateli.

L'uva tenetela alquanto in molle nella marsala e levatela asciutta prima di usarla.

Mettete la carne a soffriggere nel detto burro, rimestandola continuamente onde non si attacchi, e quando avrà preso un colore alquanto rossiccio levatela dal fuoco per lasciarla diacciare.

Sciogliete al fuoco la detta cioccolata, grattata o a pezzetti, in tre cucchiaiate d'acqua, e sciolta che sia uniteci lo zucchero e poi versatela nella carne, aggiungendovi i pinoli, l'uva e il candito e mescolando il tutto.

Ora formate una pasta frolla per rinchiudervi la torta come appresso:

Farina di grano, grammi 170.
Farina di granturco, grammi 80.
Zucchero a velo, grammi 80.
Burro, grammi 70.
Lardo vergine, grammi 25.
Un uovo.
Vino bianco o marsala, quanto basta per poterla intridere.

Prendete una teglia proporzionata ove il composto non riesca più alto di un dito, ungetela col burro o col lardo, e con una sfoglia sotto ed un'altra sopra, quest'ultima tirata col matterello rigato, chiudetelo in mezzo.

Dorate la superficie col rosso d'uovo, cuocetela al forno o al forno da campagna e servitela diaccia.

643. TORTA DI SEMOLINO

Latte, un litro.
Semolino di grana fine, grammi 130.
Zucchero, grammi 130.
Mandorle dolci con tre amare, grammi 100.
Burro, grammi 20.
Uova, n. 4.
Raschiatura di un limone.
Una presa di sale.

Sbucciate le mandorle nell'acqua calda e pestatele finissime in un mortaio con tutto lo zucchero, che metterete a una cucchiaiata per volta.

Cuocete il semolino nel latte e prima di ritirarlo dal fuoco aggiungete il burro e le mandorle, le quali, per essere mescolate allo zucchero, si sciolgono facilmente. Poi salatelo ed aspettate che sia tiepido per unirvi le uova frullate a parte. Versate il composto in una teglia unta di burro, aspersa di pangrattato e di grandezza tale che la torta risulti alta un dito e mezzo o al più due. Mettetela in forno o nel forno da campagna, sformatela diaccia e servitela tutta intera o tagliata a mandorle.

644. TORTA DI PANE BRUNO ALLA TEDESCA

Una torta che merita e vi consiglio a provarla.

Mandorle dolci, grammi 125.
Zucchero, grammi 125.
Cognac, cucchiaiate n. 4.
Corteccia di pane di segala grattato, cucchiaiate colme n. 3.
Uova, n. 5.

Prima lavorate lo zucchero con due delle dette uova intere, poi aggiungete le mandorle sbucciate e pestate fini con una cucchiaiata del detto zucchero; tornate a lavorare il composto, indi versate il pangrattato e tre rossi, in ultimo il cognac. Montate le tre chiare rimaste ed unitele. Preparate una teglia proporzionata, ungetela col burro e aspergetela di zucchero a velo e farina. Dopo averla cotta al forno o al forno da campagna copritela con una crosta tenera come quella del n. 645, oppure con un intonaco di cioccolata in questa maniera:

Mettete al fuoco grammi 30 di burro e grammi 100 di cioccolata a pezzetti e quando sarà bene sciolta aggiungete grammi 30 di zucchero a velo e distendete il composto sul dolce quando non sarà più a bollore.

Se non temessi di seccare il lettore, qui verrebbe opportuna un'altra digressione sulla cucina tedesca.

Mi resterà memorabile finché vivo il trattamento della tavola rotonda di un grande albergo ai bagni di Levico. Cominciando dal fritto o dal lesso fino all'arrosto inclusivo tutti i piatti nuotavano in un abbondante sugo sempre eguale, dello stesso gusto e sapore, con qual delizia dello stomaco potete immaginarlo e, come se ciò fosse poco al suo tormento, quei piatti spesso spesso venivano in tavola accompagnati da un timballo di capellini, – di capellini, capite! – che in questo modo devono sottostare a doppia e lunga cottura: un vero impiastro.

Quanta differenza dal gusto nostro! Ai capellini in brodo il mio cuoco ha l'ordine di far alzare appena il bollore, ed io li prevengo aspettandoli in tavola.

La cucina italiana, che può rivaleggiare con la francese, e in qualche punto la supera, per la grande affluenza oggigiorno di forestieri in Italia che, si vuole, vi lascino da trecento milioni all'anno e, secondo calcoli approssimativi, con un crescendo eccezionale di altri duecento milioni in oro nell'anno santo 1900, va a perdere, a poco a poco, in questo miscuglio turbinoso di popoli viaggianti, il suo carattere particolare e questa modificazione nel vitto già è cominciata a manifestarsi più specialmente nelle grandi città e nei luoghi più battuti dai forestieri. Ebbi a persuadermene di recente a Pompei, ove, entrato con un mio compagno di viaggio in un ristoratore in cui ci aveva preceduto una comitiva di tedeschi, uomini e donne, ci fu servito il medesimo trattamento di loro. Venuto poi il padrone a chiederci gentilmente se noi eravamo rimasti contenti, io mi permisi di fargli qualche osservazione, sullo sbrodolo nauseoso dei condimenti ed ei mi rispose: «Bisogna bene che la nostra cucina appaghi il gusto di questi signori forestieri, essendo quelli che ci danno il guadagno». Forse per la stessa ragione, sento dire che la cucina bolognese ha subíto delle variazioni e non è più quella famosa di una volta.

645. TORTA TEDESCA

Eccovi un'altra torta della stessa nazione e buona anche questa, anzi eccellente.

Raccontavano i nostri nonni che quando, sullo scorcio del XVIII secolo, i Tedeschi invasero l'Italia, avevano nei loro costumi qualche cosa del bruto; e facevano inorridire a vederli preparare, ad esempio, un brodo colle candele di sego che tuffavano in una pentola d'acqua a bollore, strizzandone i lucignoli; ma quando nel 1849 sfortunatamente ci ricascarono addosso, furono trovati assai rinciviliti e il sego non era visibile che ne' grandi baffi delle milizie croate col quale li inzafardavano, facendoli spuntare di qua e di là dalle gote, lunghi un dito e ritti interiti. Però, a quanto dicono i viaggiatori, una predilezione al sego predomina ancora nella loro cucina, la quale dagl'Italiani è trovata di pessimo gusto e nauseabonda per untumi di grasso d'ogni specie e per certe minestre sbrodolone che non sanno di nulla. Al contrario tutti convengono che i dolci in Germania si sanno fare squisiti e voi stessi potrete, così alto alto, giudicare del vero, da questo che vi descrivo e dagli altri del presente trattato che portano il battesimo di quella nazione.

Zucchero, grammi 250.
Farina, grammi 125.
Mandorle dolci, grammi 125.
Burro, grammi 100.
Cremor di tartaro, grammi 15.
Bicarbonato di soda, grammi 5.
Rossi d'uovo, n. 8.
Chiare, n. 5.
Odore di vainiglia.

Le mandorle sbucciatele, asciugatele bene al sole o al fuoco e pestatele finissime in un mortaio con una delle dette chiare. Lavorate prima il burro da solo con un mestolo, rammorbidendolo un poco d'inverno a bagnomaria, aggiungete i rossi ad uno ad uno, indi lo zucchero e lavorate queste cose insieme almeno mezz'ora. Unite al composto le mandorle e rimestate ancora, poi le quattro chiare montate e la farina fatta cadere da un vagliettino, mescolando adagio. Per ultimo versate le polveri che servono per rendere il dolce più soffice e più leggiero e cuocetelo al forno in una teglia, non troppo piena, unta col burro diaccio e spolverizzata di zucchero a velo e di farina.

Per isciogliere bene le mandorle nel composto non vi è altro mezzo che versare una porzione di questo sopra le medesime, macinandole col pestello.

Ora che è fatta la cappa bisogna pensare al cappuccio, che è una crosta tenera che le si distende al disopra. Occorre per la medesima:

Burro, grammi 100.
Zucchero a velo, grammi 100.
Caffè in polvere, grammi 30.

Fate bollire la detta polvere in pochissima acqua per ottenere due o tre cucchiaiate soltanto di caffè chiaro, ma potentissimo. Lavorate il burro per circa mezz'ora, rammorbidito d'inverno a bagno-maria, girando il mestolo sempre per un verso; aggiungete lo zucchero e lavoratelo ancora molto, per ultimo il caffè a mezzi cucchiaini per volta arrestandovi quando sentite che il gusto del caffè è ben pronunziato. Versate il composto sopra la torta quando sarà diaccia e distendetelo pari pari con un coltello da tavola; ma per averlo bene eguale ed unito passategli sopra a poca distanza una paletta infocata.

A vostra norma, questa crosta di gusto delicatissimo, deve avere il colore del caffè latte. Al caffè, volendo, si può sostituire la cioccolata infusa, come quella descritta nella torta precedente, di pane bruno alla tedesca.

646. TORTA DI MANDORLE E CIOCCOLATA

Per chi ama la cioccolata, questa, se non m'inganno, è una torta squisita.

Mandorle, grammi 150.
Zucchero, grammi 150.
Cioccolata, grammi 100.
Farina di patate, grammi 60.
Burro, grammi 50.
Latte, decilitri 3.
Uova, n. 4.
Odore di vainiglia.

Le mandorle sbucciatele, asciugatele bene al sole o al fuoco e pestatele finissime nel mortaio insieme con un terzo del detto zucchero. Fate un intriso al fuoco col detto burro, la farina di patate e il latte versato a poco per volta. Quando sarà giunto a consistenza versate la cioccolata grattata, lo zucchero rimasto e, dopo essersi sciolti bene l'uno e l'altra, aggiungete le mandorle pestate, rimestando continuamente. Quando il composto sarà bene amalgamato dategli l'odore collo zucchero vanigliato e lasciatelo diacciare per unirvi le uova frullate a parte.

Con grammi 100 di farina fate la pasta matta del n. 153 e con la medesima, regolandovi come nella Torta di ricotta n. 639, versatela in una teglia ove riesca della grossezza di oltre un dito, per cuocerla nel forno da campagna. Va tagliata a mandorle come quella, quando sarà ben diaccia.

647. PASTICCINI DI PASTA BEIGNET COPERTI DI CIOCCOLATA

Servitevi della ricetta n. 631, ma teneteli più piccoli onde ottenerne da 20 a 23. Riempiteli con crema, o panna montata, o conserva di frutte.

Frullate nella cioccolatiera sul fuoco questo composto:

Cioccolata, grammi 120.
Zucchero in polvere, grammi 50.
Acqua, decilitri 1.

Quando sarà ben frullato, come la cioccolata che si serve in tazza, versatelo così a bollore sui pasticcini a suolo per suolo che disporrete in bella mostra sopra un vassoio ove facciano la colma.

È un piatto che è bene farlo il giorno stesso che deve esser servito, perché altrimenti indurisce.

Questa dose potrà bastare per sei persone.

648. DOLCE ROMA

Un signore, che non ho il bene di conoscere, ebbe la gentilezza di mandarmi da Roma questa ricetta, della quale gli sono grato sì perché trattasi di un dolce di aspetto e di gusto signorile e sì perché era descritto in maniera da farmi poco impazzire alla prova. C'era però una lacuna da riempire, e cioè di dargli un nome, ché non ne aveva; ed io, vista la nobile sua provenienza, ho creduto mio dovere metterlo in compagnia del Dolce Torino e del Dolce Firenze, dandogli il nome della città che un giorno riempirà di fama il mondo come in antico. Scegliete mele di qualità fine, non troppo mature e di media grossezza. Pesatene 600 grammi, che non potranno essere più di cinque o sei di numero; levate loro il torsolo col cannello di latta e sbucciatele. Poi mettetele a cuocere con decilitri due di vino bianco alcoolico e gr. 130 di zucchero, avvertendo che non si rompano bollendo e voltandole, e che non passino troppo di cottura. Levatele asciutte, collocatele col foro verticale in un vaso decente da potersi portare in tavola e che regga al fuoco, e versatevi sopra una crema fatta con:

Latte, decilitri n. 4.
Rossi d'uovo, n. 3.
Zucchero, grammi 70.
Farina, grammi 20.
Odore di zucchero vanigliato.

Ora montate con la frusta le tre chiare rimaste, quando saranno ben sode uniteci grammi 20 di zucchero a velo e con queste coprite la crema; indi ponete il dolce nel forno da campagna, o soltanto sul fornello del focolare col solo coperchio del medesimo, con fuoco sopra e poco sotto per rosolare la superficie, e prima di mandarlo in tavola spalmatelo mediante un pennello col sciroppo ristretto rimasto dalla cottura delle mele.

Potrà bastare per sette od otto persone.

649. DOLCE TORINO

Formate questo dolce sopra un vassoio o sopra un piatto e dategli la forma quadra.

Savoiardi, grammi 100.
Cioccolata, grammi 100.
Burro fresco, grammi 100.
Zucchero a velo, grammi 70.
Un rosso d'uovo.
Latte, cucchiaiate n. 2.
Odore di zucchero vanigliato.

Tagliate i savoiardi in due parti per il lungo e bagnateli col rosolio, oppure, il che sarebbe meglio, metà col rosolio e metà con l'alkermes, per poterli alternare onde facciano più bella mostra. Lavorate dapprima il burro con lo zucchero e il rosso d'uovo; ponete al fuoco la cioccolata, grattata o a pezzetti, col latte, e quando sarà bene sciolta versatela calda nel burro lavorato, uniteci l'odore e formate così una poltiglia mescolando bene.

Disponete sul vassoio un primo strato dei detti savoiardi e spalmateli leggermente con la detta poltiglia; indi sovrapponete un altro strato di savoiardi, poi un terzo strato ancora, spalmandoli sempre leggermente. Il resto della poltiglia versatelo tutto sopra ed ai lati pareggiandolo meglio che potete. Il giorno dopo, prima di servirlo, lisciatelo tutto alla superficie con la lama di un coltello scaldata al fuoco, e in pari tempo, piacendovi, ornatelo con una fioritura di pistacchi oppure di nocciuole leggermente tostate, gli uni e le altre tritate finissime. Grammi 40 di nocciuole pesate col guscio o grammi 15 di pistacchi potranno bastare. Già saprete che questi semi vanno sbucciati coll'acqua calda.

È una dose per sei o sette persone.

650. DOLCE FIRENZE

Avendolo trovato nell'antica e bella città dei fiori senza che alcuno siasi curato di dargli un nome, azzarderò chiamarlo dolce Firenze; e se, per la sua modesta natura, esso non farà troppo onore alla illustre città, può scusarsi col dire: Accoglietemi come piatto da famiglia e perché posso indolcirvi la bocca con poca spesa.

Zucchero, grammi 100.
Pane sopraffino, grammi 60.
Uva sultanina, grammi 40.
Uova, n. 3.
Burro, quanto basta.
Latte, mezzo litro.
Odore di scorza di limone.

Il pane tagliatelo a fette sottili, arrostitele leggermente, imburratele calde da ambedue le parti e collocatele in un vaso concavo e decente da potersi portare in tavola. Sopra le fette del pane spargete l'uva e la buccia grattata del limone. Frullate bene le uova in un pentolo con lo zucchero, poi uniteci il latte e questo miscuglio versatelo nel vaso sopra gl'ingredienti postivi, senza toccarli. Per cuocerlo posate il vaso sopra un fornello del focolare con poco fuoco, copritelo col coperchio del forno da campagna col fuoco sopra, e servitelo caldo.

Potrà bastare per cinque persone.

651. SFORMATO COGLI AMARETTI COPERTO DI ZABAIONE

Amaretti, grammi 100.
Zucchero, grammi 100.
Farina di patate, grammi 80.
Latte, mezzo litro.
Uova, n. 3.

Ponete lo zucchero e la farina di patate in una cazzaruola e versateci il latte diaccio a poco per volta, mescolando.

Pestate gli amaretti nel mortaio per ridurli in polvere, e se per la loro qualità ciò non avviene, bagnateli con un gocciolo di latte, passateli dallo staccio e indi uniteli al composto che metterete al fuoco per assodarlo. Tolto dal fuoco, quando sarà tiepido versateci le uova, prima i rossi, poi le chiare montate. Ungete col burro diaccio uno stampo col buco in mezzo e versateci il composto per cuocerlo nel forno da campagna; cotto che sia riempitelo e copritelo con lo zabaione del n. 684 e mandatelo in tavola.

652. SFORMATO DI FARINA DOLCE

Un signore di Barga di onorevole casato, che non ho il piacere di conoscere personalmente, invaghito (com'egli dice), per bontà sua, di questo mio libro, ha voluto gratificarsi meco, mandandomi la presente ricetta che credo meritevole di essere pubblicata ed anche lodata.

Farina dolce, ossia di castagne, grammi 200.
Cioccolata, grammi 50.
Zucchero, grammi 30.

Burro, grammi 25.
Cedro candito, grammi 20.
Mandorle dolci, n. 12 e qualche pistacchio.
Latte, mezzo litro.
Uova, n. 3.
Panna montata coll'odore di vainiglia, grammi 150.

Prima sbucciate le mandorle e i pistacchi; questi tagliateli a metà, quelle a filetti o a pezzetti e tostatele. Anche il candito foggiatelo a pezzettini.

Sciogliete al fuoco la cioccolata in un decilitro del detto latte, poi uniteci lo zucchero e il burro e lasciatela da parte.

Ponete la farina in un tegame e versateci il resto del latte a poco per volta, mescolando bene onde non si formino bozzoli; poi unitela alla cioccolata e mettete il composto al fuoco per cuocerlo.

Cotto che sia lasciatelo freddare per aggiungere le uova, prima i rossi, poi le chiare montate, e per ultimo le mandorle, i pistacchi e il candito.

Ora prendete uno stampo col buco in mezzo, ungetelo col burro diaccio e versateci il composto per assodarlo a bagno-maria. Prima di sformarlo contornatelo tutto di ghiaccio trito frammisto a sale per gelarlo, e mandatelo in tavola col ripieno della panna surricordata.

Potrà bastare per sette od otto persone.

653. DOLCE DI MARRONI CON PANNA MONTATA

Marroni sani e grossi una trentina circa, grammi 500.
Zucchero a velo, grammi 130.
Cioccolata, grammi 60.
Rosolio di cedro, cucchiaiate n. 3.

Cuocete i marroni nell'acqua come fareste per le ballotte, sbucciateli e passateli caldi. La cioccolata riducetela in polvere e poi con tutti gl'ingredienti formate un impasto. Prendete un piatto grande, tondo e decente, collocateci in mezzo un piattino da caffè rovesciato e con lo staccio di crine sopra passate tutto il composto girando via via il piatto onde venga distribuito egualmente. Compita l'operazione, levate in bel, modo, nettandolo, il piattino da caffè ed il vuoto che resta in mezzo riempitelo con grammi 300 di panna montata.

È tanto da poter bastare ad otto persone.

654. BISCOTTINI PUERPERALI

Il sesso che, a buon diritto, porta il titolo di gentile, non tanto per la gentilezza delle maniere quanto per quel delicato senso morale che lo rende naturalmente proclive a tutto ciò che può recare un vantaggio, un conforto all'umanità, ha molto contribuito a che l'elenco delle mie ricette riuscisse più copioso e svariato.

Una signora di Conegliano mi scrive, quasi meravigliandosi, che non ha trovato nel mio libro la *pinza dell'Epifania e* (non ridete) *i biscottini puerperali;* due cose, secondo lei, di non poca importanza. Racconta la detta signora che la sera della vigilia di quella festa, in tutte le colline e la pianura della bella Conegliano, i componenti di ogni famiglia di contadini, dopo aver fatto fuochi e grandi baldorie nell'aia del podere e recitate orazioni per invocare dal Cielo ubertoso il futuro raccolto, si ritirano in casa, tutti felici e contenti, ove li aspetta *la pinza sotto il camin annaffiata con del buon vin.*

Mentre quei buoni contadini mangiano la pinza, – che per essere, più che ad altri, dicevole a quelle genti e a quel clima, io non descrivo, – secondo i dettami della signora rivolgerò le mie cure ai *biscottini puerperali,* perché essa li giudica nutrienti e delicati, opportuni a riparare la spossatezza di chi ha dato alla luce un figliuolo.

Rossi d'uovo, n. 8.
Zucchero a velo, grammi 150.
Cacao in polvere, grammi 40.
Burro, grammi 40.
Odore di vainiglia mediante zucchero vanigliato.

Ponete questi ingredienti in un vaso e, con un mestolo, lavorateli per oltre un quarto d'ora; poi versate il composto in quattro scatole di carta, lunghe otto e larghe sei centimetri circa. Collocate le medesime in una teglia di rame coperta, posatela sopra un fornello con pochissimo fuoco sotto e sopra onde il composto assodi alquanto senza fare la crosticina perché si deve prender su a cucchiaini: quindi è affatto improprio il nome di *biscottini.*

655. RIBES ALL'INGLESE

Ribes, grammi 300.
Zucchero, grammi 120,
Acqua, decilitri 2.

Nettate il ribes dai gambi, mettetelo al fuoco colla detta acqua e quando avrà alzato il bollore versate lo zucchero. Due minuti di bollitura bastano, dovendo il ribes restare intero. Versatelo in una compostiera e servitelo diaccio come frutta cotta. I semi, se non si vogliono inghiottire, si succhiano e si sputano. Nella stessa guisa si possono condizionare le ciliege marasche senza levare il nocciolo e facendole bollire con un pezzetto di cannella.

656. PRUGNE GIULEBBATE

Prendete prugne secche di Bosnia che sono grosse, lunghe e polpute a differenza delle prugne di Marsiglia piccole, tonde, magre, coperte da quel velo bianco che a Firenze chiamasi fiore, le quali non farebbero al caso. Per una quantità di grammi 500, dopo averle lavate e tenute in molle per due ore nell'acqua fresca, levatele asciutte e mettetele al fuoco con:

Vino rosso buono, decilitri 4.
Acqua, decilitri 2.
Marsala, un bicchierino.
Zucchero bianco, grammi 100.
Un pezzetto di cannella.

Fatele bollire adagio per mezz'ora a cazzaruola coperta, che può bastare, ma prima di toglierle dal fuoco accertatevi che siansi rammorbidite abbastanza, perché il più o il meno di cottura può dipendere dalla qualità della frutta.

Levatele asciutte collocandole nel vaso dove volete servirle, e lo sciroppo che resta fatelo restringere al fuoco per otto o dieci minuti a cazzaruola scoperta e poi versatelo anch'esso nel vaso sopra le prugne. All'odore della cannella, che mi sembra quello che più si addice, potete sostituire la vainiglia o la scorza di cedro o di arancio.

È un dolce che si conserva a lungo e di gusto delicato, aggradito specialmente dalle signore. Non vorrei passare per il sior Todero Brontolon se anche qui tocco il tasto dell'industria nazionale nel vedere che si potrebbe coltivare in Italia la specie di susina che si presta meglio ad essere seccata e messa in commercio a quest'uso.

657. BUDINO DI SEMOLINO

Dosi precise:
Latte, decilitri 8.
Semolino, grammi 150.
Zucchero, grammi 100.
Uva passolina, grammi 100.
Burro, grammi 20.
Uova, n. 4.
Rhum, 3 cucchiaiate.
Sale, una presa.
Odore di scorza di limone.

Alcuni aggiungono pezzetti di candito, ma il troppo condimento talvolta guasta. Dopo averlo preparato e tolto dal fuoco cuocetelo in uno stampo liscio o lavorato, unto prima col burro e spolverizzato di pangrattato. Mancando il forno comune o da campagna, i budini possono cuocersi bene anche in un fornello del focolare. Questo budino servitelo caldo.

658. BUDINO DI SEMOLINO E CONSERVE

Latte, mezzo litro.
Semolino, grammi 130.
Zucchero, grammi 70.
Burro, grammi 15.
Uova, n. 2.
Una presa di sale.
Odore di scorza di limone.
Diverse conserve di frutta.

Cuocete il semolino nel latte; aggiungete lo zucchero e il burro quando è bollente; l'odore e il sale quando lo ritirate dal fuoco; scocciate le uova quando è ancora caldo e mescolate ben bene. Preparate uno stampo da budino, liscio o lavorato, unto col burro e cosparso di pangrattato, e versateci a poco per volta il composto diaccio, rifiorendolo via via di conserve a pezzetti o a cucchiaini secondo che esse sieno liquide o sode; però avvertite che non vadano a toccare le pareti dello stampo, perché vi si attaccherebbero, e che non sieno troppo in abbondanza, ché stuccherebbero. Servitelo caldo dopo averlo cotto nel fornello.

Le conserve che, a mio gusto, più si prestano per questo dolce sono quelle di lampone e di cotogne; ma possono andare anche quelle di albicocche, di ribes e di pesche.

Per otto o dieci persone raddoppiate la dose.

659. BUDINO DI FARINA DI RISO

Questo dolce nella sua semplicità è, a mio parere, di un sapore assai delicato e, benché cognito forse ad ognuno, non dispiacerà di sentirne stabilite le dosi nelle seguenti proporzioni, che io credo non abbisognino di essere né aumentate né diminuite.

Latte, litri 1.
Farina di riso, grammi 200.
Zucchero, grammi 120.
Burro, grammi 20.
Uova, n. 6.
Una presa di sale.
Odore di vainiglia.

Sciogliete prima la farina con la quarta parte del latte diaccio, aggiungetene un poco del caldo quando è a bollore e versatela nel resto del latte quando bolle; così impedirete che si formino bozzoli. Quando è cotta aggiungete lo zucchero, il burro e il sale; ritiratela dal fuoco e aspettate che sia tiepida per mescolarvi entro le uova e l'odore. Cuocete questo budino come l'antecedente.

La composizione di questo dolce, il quale probabilmente non è di data molto antica, mi fa riflettere che le pietanze pur anche vanno soggette alla moda e come il gusto de' sensi varia seguendo il progresso e la civiltà. Ora si apprezza una cucina leggiera, delicata e di bell'apparenza e verrà forse un giorno che parecchi di questi piatti da me indicati per buoni, saranno sostituiti da altri assai migliori. I vini sdolcinati di una volta hanno lasciato libero il passo a quelli generosi ed asciutti, e l'oca cotta in forno col ripieno d'aglio e di mele cotogne, giudicato piatto squisito nel 1300, ha ceduto il posto al tacchino ingrassato in casa, ripieno di tartufi, e al cappone in galantina. In antico, nelle grandi solennità, si usava servire in tavola un pavone lesso o arrosto con tutte le sue penne, spellato prima di cuocerlo e rivestito dopo, contornato di gelatine a figure colorate con polveri minerali nocive alla salute, e pei condimenti odorosi si ricorreva al comino e al bucchero che più avanti vi dirò cos'era.

Le paste dolci si mantennero in Firenze di una semplicità e rozzezza primitiva fin verso la fine del secolo XVI, nel qual tempo arrivò una compagnia di Lombardi, che si diede a fare pasticci, offelle, sfogliate ed altre paste composte d'uova, burro, latte, zucchero o miele; ma prima d'allora nelle memorie antiche sembra che sieno ricordati soltanto i pasticci ripieni di carne d'asino che il Malatesta regalò agli amici nel tempo dell'assedio di Firenze quando la carestia, specialmente di companatico, era grande.

Ora, tornando al bucchero, vi fu un tempo che, come ora la Francia, era la Spagna che dava il tòno alle mode, e però ad imitazione del gusto suo, al declinare del secolo XVII e al principio del XVIII, vennero in gran voga i profumi e le essenze odorose. Fra gli odori, il bucchero infanatichiva e tanto se ne estese l'uso che perfino gli speziali e i credenzieri, come si farebbe oggi della vainiglia, lo cacciavano nelle pasticche e nelle vivande. Donde si estraeva questo famoso odore e di che sapeva? Stupite in udirlo e giudicate della stravaganza dei gusti e degli uomini! Era polvere di cocci rotti e il suo profumo rassomigliava a quello che la pioggia d'estate fa esalare dal terreno riarso dal sole; odor di terra, infine, che tramandavano certi vasi detti buccheri, sottili e fragili, senza vernice, dai quali forse ha preso nome il color rosso cupo; ma i più apprezzati erano di un nero lucente. Codesti vasi furono portati in Europa dall'America meridionale la prima volta dai Portoghesi e servivano per bervi entro e per farvi bollir profumi e acque odorose, poi se ne utilizzavano i frantumi nel modo descritto.

Nell'*Odíssea* d'Omero, traduzione d'Ippolito Pindemonte, Antinoo dice:

> ... Nobili Proci,
> Sentite un pensier mio. Di que' ventrigli
> Di capre, che di sangue e grasso empiuti
> Sul fuoco stan per la futura cena,
> Scelga qual più vorrà chi vince, e quindi
> D'ogni nostro convito a parte sia.

Nel Tom. 6° dell'*Osservatore Fiorentino* si trova la descrizione di una cena, la quale, per la sua singolarità, merita di riferirne alcuni passi:

«Tra i piatti di maggior solennità si contava ancora il pavone, cotto a lesso con le penne, e la gelatina, formata e colorita a figure. Un certo senese, trattando a cena un

Cortigiano di Pio II (alla metà del 1400 all'incirca) per nome Goro, fu sí mal consigliato in preparar questi due piatti, che si fece dar la baia per tutta Siena; tantopiù che non avendo potuto trovar pavoni, sostituì oche salvatiche, levato loro i piedi ed il becco.

«Venuti in tavola i pavoni senza becco e ordinato uno che tagliasse; il quale non essendo più pratico a simile uffizio, gran pezzo si affaticò a pelare, e non poté far sì destro, che non empiesse la sala e tutta la tavola di penne, e gli occhi e la bocca, e il naso e gli orecchi a Messer Goro e a tutti...

«Levata poi questa maledizione di tavola, vennero molti arrosti pure con assai comino; non pertanto tutto si sarebbe perdonato, ma il padrone della casa, co' suoi consiglieri, per onorare più costoro, aveva ordinato un piatto di gelatina a lor modo, e vollero farvi dentro, come si fa alle volte a Firenze e altrove, l'arme del Papa, e di Messer Goro con certe divise, e tolsero orpimento, biacca, cinabro, verderame, ed altre pazzie, e fu posta innanzi a Messer Goro per festa e cosa nuova, e Messer Goro ne mangiò volentieri e tutti i suoi compagni per ristorare il gusto degli amari sapori del comino, e delle strane vivande.

«E per poco mancò poi la notte, che non distendessero le gambe alcun di loro, e massime Messer Goro ebbe assai travaglio di testa e di stomaco, e rigettò forse la piumata delle penne selvatiche. Dopo questa vivanda diabolica o pestifera vennero assai confetti, e fornissi la cena».

660. BUDINO ALLA TEDESCA

Midolla di pane sopraffine, grammi 140.
Burro, grammi 100.
Zucchero, grammi 80.
Uova, n. 4.
Odore di scorza di limone.
Una presa di sale.

Se trovate del pane in forma, uso inglese, servitevi di questo che è meglio d'ogni altro. La midolla sminuzzatela o tagliatela a fette e bagnatela con latte diaccio. Quando sarà bene inzuppata strizzatela da un canovaccio e passatela dallo staccio. Il burro, d'inverno, struggetelo a bagnomaria e lavoratelo con un mestolo insieme coi rossi d'uovo finché l'uno e gli altri siansi incorporati; aggiungete le chiare, la midolla e lo zucchero e rimestate ancora. Versate il composto in uno stampo unto col burro e spolverizzato di pangrattato e cuocetelo come gli altri budini; cioè nel fornello. Se lo fate con attenzione vi riescirà di bell'aspetto e di gusto delicato. Si serve caldo.

661. BUDINO DI PATATE

La patata è il tubero di una pianta della famiglia delle solanacee originaria dell'America meridionale d'onde fu introdotta in Europa verso la fine del secolo XVI; ma non si cominciò a coltivarla in grande che al principio del XVIII a motivo della ostinatissima opposizione del volgo sempre alieno alle novità.

A poco per volta venne poi bene accetta nel desco del povero come alla mensa del ricco perocché, buona al gusto e saziante la fame, essa si presta ad essere cucinata in tante mai maniere; però ha lo stesso difetto del riso: di essere cioè un alimento che ingrassa e gonfia lo stomaco, ma nutre pochissimo.

Sono cibi che non danno albumina, né grasso fosforato al cervello, né fibrina ai muscoli.

Patate grosse farinacee, grammi 700.
Zucchero, grammi 150.
Burro, grammi 40.
Farina, grammi 20.
Latte, decilitri 2.
Uova, n. 6.
Una presa di sale.
Odore di cannella o di scorza di limone.

Cuocete le patate nell'acqua o a vapore, sbucciatele e passatele calde dallo staccio. Rimettetele al fuoco col burro, la farina e il latte, versato a poco per volta, lavorandole bene col mestolo; indi aggiungete lo zucchero, il sale e l'odore e lasciatele stare tanto che s'incorporino bene insieme tutte queste cose.

Ritirate dal fuoco, quando saranno tiepide o diacce, gettateci i rossi e poi le chiare montate.

Cuocetelo come tutti gli altri budini; cioè nel fornello o nel forno e servitelo caldo.

662. BUDINO DI RISO

Latte, un litro.
Riso, grammi 160.
Zucchero, grammi 100.
Uva di Corinto (sultanina), grammi 80.
Candito, grammi 30.
Uova, due intere e due rossi.
Rhum o cognac, un bicchierino.
Odore della vainiglia.

Cuocete bene il riso nel latte e a mezza cottura gettate dentro al medesimo lo zucchero, l'uva, il candito a pezzetti piccolissimi, una presa di sale, e burro quanto un uovo scarso. Cotto che sia, ritiratelo dal fuoco e ancora caldo, ma non bollente, aggiungete le uova, il rhum e la vainiglia, mescolando bene ogni cosa. Poi versatelo in uno stampo da budino unto bene col burro e spolverizzato di pangrattato; cuocetelo al forno o in casa e servitelo caldo.

Lasciate indietro un terzo del latte per aggiungerlo, occorrendo, via via che il riso assoda.

Basterà per otto persone.

663. BUDINO DI RICOTTA

Ricotta, grammi 300.
Zucchero in polvere, grammi 100.
Mandorle dolci, grammi 100 e tre o quattro amare.
Uova, n. 5.
Odore di scorza di limone.

Sbucciate le mandorle nell'acqua calda e pestatele finissime nel mortaio con una delle chiare delle uova suddette. Mescolatele bene colla ricotta, passando prima questa dallo staccio se fosse troppo dura o bozzoluta Aggiungete lo zucchero e le uova dopo averle frullate a parte e versate il composto in uno stampo da budino che avrete prima unto col burro e cosparso di pangrattato. Cuocetelo in forno o tra due fuochi in un fornello e servitelo freddo.

Può bastare per sei o sette persone.

664. BUDINO ALLA NAPOLETANA

Cuocete del semolino in tre bicchieri di latte, badando che non riesca troppo sodo. Ritirato dal fuoco dosatelo con zucchero, una presa di sale e l'odore della scorza di limone; quando non sarà più bollente, aggiungete tre rossi d'uovo e due chiare, mescolando il tutto ben bene. Prendete una teglia di rame di mezzana grandezza, ungetela col burro o col lardo, e rivestitela di una sfoglia di pasta frolla grossa uno scudo (metà dose del n. 589 ricetta A può bastare). Versate nella teglia un terzo del semolino e spargete sopra il medesimo, a qualche distanza l'uno dall'altro dei pezzetti, o cucchiaini di conserve di frutta diverse, quali sarebbero lampone, cotogne, albicocche, ecc.; sopra questo primo strato ponetene un secondo ed un terzo, sempre rifiorendoli delle dette conserve.

Ricoprite il disopra del budino con una sfoglia della stessa pasta e inumidite gli orli con un dito intinto nell'acqua perché si attacchino fra loro. Fategli qualche ornato, doratelo con rosso d'uovo e cuocetelo al forno. Quando lo sformate, spolverizzatelo di zucchero a velo e servitelo freddo.

Alle conserve si può sostituire uva sultanina e candito a pezzetti.

665. BUDINO NERO

Questo budino si fa talvolta per consumare le chiare d'uovo, e non è da disprezzarsi.
Chiare d'uovo, n. 6.
Mandorle dolci, grammi 170.
Zucchero in polvere, grammi 170.

Sbucciate le mandorle, asciugatele bene al sole o al fuoco, tritatele colla lunetta e mettetele al fuoco in una cazzaruola quando sarà sciolto lo zucchero. Dopo che il miscuglio avrà preso il colore del croccante, ossia della buccia di mandorla, versatelo in un mortaio e, diaccio che sia, riducetelo in polvere. Mescolate questa polvere alle sei chiare montate, mettete il composto in uno stampo unto con solo burro diaccio e cuocetelo a bagno-maria per servirlo freddo.

666. BUDINO DI LIMONE

Un grosso limone di giardino.
Zucchero, grammi 170.
Mandorle dolci con tre amare, grammi 170.
Uova, n. 6.
Un cucchiaino di rhum o cognac.

Cuocete il limone nell'acqua, per il che saranno sufficienti due ore; levatelo asciutto e passatelo per istaccio. Però prima di passarlo assaggiatelo, ché se sapesse troppo di amaro bisognerebbe tenerlo nell'acqua fresca finché non avesse perduto quell'ingrato sapore. Aggiungete ad esso lo zucchero, le mandorle sbucciate e pestate finissime, i sei rossi delle uova e il rhum. Mescolate bene il tutto, montate le sei chiare ed unitele al composto che verserete in uno stampo per cuocerlo nel fornello o nel forno. Si può servire tanto caldo che diaccio.

667. BUDINO DI CIOCCOLATA

Latte, decilitri 8.
Zucchero, grammi 80.
Cioccolata, grammi 60.
Savoiardi, grammi 60.
Uova, n. 3.
Odore di vainiglia.

Grattate la cioccolata, mettetela nel latte e quando questo comincia a bollire gettateci lo zucchero e i savoiardi, sminuzzandoli colle dita. Mescolate di quando in quando, onde il composto non si attacchi al fondo e dopo mezz'ora di bollitura passatelo per istaccio. Quando è diaccio aggiungete le uova frullate e la vainiglia, versatelo in uno stampo liscio, il cui fondo avrete prima ricoperto di un velo di zucchero liquefatto, e cuocetelo a bagnomaria.

Grammi 50 di zucchero bastano per ricoprire il fondo dello stampo. Si serve freddo.

668. DOLCE DI CIOCCOLATA

Pane di Spagna, grammi 100.
Cioccolata, grammi 100.
Burro, grammi 50.
Zucchero, grammi 30.
Rosolio, quanto basta.

Tagliate a fettine il pan di Spagna. Grattate la cioccolata.

Fate liquefare il burro a bagno-maria e nel medesimo versate lo zucchero e la cioccolata, lavorando il composto con un mestolo finché non lo avrete ridotto ben fine. Con questo e il pan di Spagna intinto nel rosolio riempite a strati uno stampo che avrete prima bagnato con lo stesso rosolio per poter meglio sformare il dolce. D'estate tenete lo stampo nel ghiaccio onde si assodi il composto.

Questa dose potrà bastare per sei persone.

669. BUDINO DI MANDORLE TOSTATE

Latte, decilitri 8, pari a grammi 800.
Zucchero, grammi 100.
Savoiardi, grammi 60.
Mandorle dolci, grammi 60.
Uova, n. 3.

Prima preparate le mandorle, cioè sbucciatele nell'acqua calda e abbrustolitele al fuoco sopra una lastra di pietra o di ferro; poscia pestatele riducendole quasi impalpabili e, messo il composto al fuoco senza le uova, aggiungeteci le mandorle e dopo poca cottura passatelo dallo staccio. Ora unitevi le uova frullate e assodatelo a bagno-maria con un velo di zucchero fuso in fondo allo stampo. Non occorre nessun odore. La tostatura delle mandorle farà prendere a questo budino il color cenerino e gli darà un sapore così grato da meritarsi il plauso degli uomini e più quello delle donne di gusto delicato. Tanto questo che il budino di cioccolata si possono mettere in gelo prima di servirli, come pure, per dar loro più bell'apparenza, si possono coprire con una crema fiorita di confetti a colori, oppure con panna montata.

670. BUDINO GABINETTO

Questo è un budino che sa di diplomazia; il nome lo indica e lo indicano altresì la composizione sua e il suo sapor multiforme; lo dedico perciò al più grande dei diplomatici, all'idolo del giorno. Il mondo, già si sa, vuole sempre un idolo da adorare; se non l'ha se lo forma, esagerandone i meriti all'infinito; ma io che sono incredulo per natura, e un poco anche per esperienza, dico come diceva colui: *Dammelo morto e poi ne ragioneremo.* Quanti ne abbiamo visti nell'età nostra degl'idoli o astri di grande splendore, che poi tramontarono presto o caddero ignominiosamente! Quando scrissi questo articolo ne brillava uno ammirato da tutti, ora scomparso dall'orizzonte.

Dose per dieci persone

Latte, un litro.
Zucchero, grammi 100.
Savoiardi, grammi 100.
Uva malaga, grammi 80.
Uva sultanina, grammi 50.
Conserva di albicocche, grammi 50.
Detta di cotogne, grammi 50.
Candito, grammi 20.
Kirsch, mezzo decilitro.
Rossi d'uovo, n. 6.
Chiare d'uovo, n. 4.

Fate bollire il latte per mezz'ora collo zucchero dentro.

All'uva malaga levate i semi; il candito tagliatelo a piccoli dadi e così le conserve, se fossero sode, il che, in questo caso, sarebbe meglio.

Bruciate le uve e il candito col rhum come nel Biscotto alla sultana n. 574.

Dopo che il latte avrà bollito, lasciatelo diacciare e poi aggiungeteci le uova frullate e il kirsch. Prendete uno stampo liscio a cilindro, ungetelo tutto col burro diaccio e riempitelo nel seguente modo: copritene il fondo con uno strato di detta frutta e sopra distendete un suolo di savoiardi, poi altra frutta e conserve, poi altri savoiardi e così di seguito finché avrete roba. Per ultimo versate adagio adagio il latte preparato nel modo anzidetto, cuocete il dolce a bagno-maria e servitelo caldo.

Qualcuno dice che questo budino, se non vuol defraudare il suo titolo di *gabinetto,* deve comparire in tavola tutto chiuso, cioè tener nascosto il ripieno come si tengono occulti i segreti della politica. Se lo fate in questa maniera prendete grammi 140 di savoiardi, dovendosi con essi coprire il fondo, cingere lo stampo all'intorno e intramezzare, con quelli che restano, le frutta all'interno.

Vi avverto poi che quando il latte entra nella composizione di un piatto, malamente si possono dare indicazioni precise; esso è di natura tale che spesso e volentieri forma la disperazione dei cuochi.

671. PUDDING CESARINO

Ve lo do per un buon ragazzo, questo Cesarino, e ve lo vendo col nome strano con cui lo comprai da una giovane e piuttosto bella signora, religiosa ed onesta, uno di quei tipi che, senza volerlo, sono capaci, per leggerezza, di compromettere le persone che li avvicinano.

Midolla di pane fine, grammi 200.
Zucchero, grammi 250.
Altro zucchero per lo stampo, circa grammi 100.
Uva malaga, grammi 125.
Uva sultanina, grammi 125.
Latte, mezzo litro.
Marsala e rhum, in tutto tre cucchiaiate.
Uova, n. 5.

Tagliate la midolla di pane a fette sottili e gettatela nel latte. Aspettando che questa inzuppi, nettate l'uva, levate i semi alla malaga e preparate la forma per cuocerlo, che sarà quella pei budini, di rame lavorata. Disfate al fuoco in una cazzaruola i suddetti grammi 100 circa di zucchero e preso che abbia il color nocciuola, versatelo nello stampo per intonacarlo tutto; quando poi sarà diaccio ungete l'intonaco dello zucchero con burro fresco.

Alla midolla inzuppata unite i detti grammi 250 di zucchero, i rossi delle uova e i liquori, rimestando bene ogni cosa. Per ultimo aggiungete l'uva e le chiare montate. Cuocetelo a bagno-maria per tre ore intere, ponendovi il fuoco sopra soltanto nell'ultima ora. Servitelo caldo e in fiamme e perciò annaffiatelo abbondantemente di rhum e dategli fuoco con una cucchiaiata di spirito acceso.

Potrà bastare per dieci o dodici persone.

672. PLUM-PUDDING

Parola inglese che vorrebbe dire budino di prugne, benché queste non c'entrino affatto. Fate un composto nel quale, per ogni uovo che serve a legarlo, entri la quantità dei seguenti ingredienti:

Zucchero in polvere, grammi 30.
Zibibbo, grammi 30.
Uva sultanina, grammi 30.
Midolla di pane fine, grammi 30.
Grasso d'arnione di castrato, grammi 30.
Cedro candito, grammi 15.
Arancio candito, grammi 15.
Rhum, una cucchiaiata.

Allo zibibbo levate i semi. I frutti canditi tagliateli a filetti corti e sottili. Il grasso d'arnione, se non potete averlo di castrato, prendetelo di vitella, e tanto questo che la midolla di pane tagliateli a dadini minutissimi, levando al grasso le pellicole.

Fate un miscuglio d'ogni cosa, avendo frullate prima le uova a parte, e lasciatelo in riposo per qualche ora; poi mettetelo in un tovagliuolo e legatelo bene stretto con uno spago per formare una palla. Ponete al fuoco una pentola d'acqua e quando bolle immergetelo nella medesima, in modo che non tocchi il fondo del vaso, lasciandolo bollire adagio tante ore quante sono le uova. Levatelo dal tovagliuolo con riguardo, fategli al disopra una pozzetta e, versato in essa un bicchierino o due di cognac o di rhum che si spanda per tutto il dolce, dategli fuoco e così caldo e in fiamme mandatelo in tavola per esser tagliato a fette e mangiato quando la fiamma è estinta. Tre uova basteranno per sei persone.

673. PLUM-CAKE

È un dolce della stessa famiglia del precedente, mentitore anch'egli del nome suo.

Zucchero, grammi 250.
Burro, grammi 250.
Farina finissima, grammi 250.
Candito, grammi 80.
Uva malaga, grammi 80.
Detta sultanina, grammi 80.
Detta passolina, grammi 80.
Uova intere, n. 5.
Rossi d'uovo, n. 4.
Rhum, un decilitro scarso, ossia cinque cucchiaiate.
Odore di scorza di limone o vainiglia.

Il candito tagliatelo a filetti sottili e levate i semi all'uva malaga. Lavorate prima il burro da solo con un mestolo, rammorbidendolo al fuoco se occorre, aggiungete lo zucchero e seguitate a lavorarlo finché sia divenuto bianco. Scoccate le uova una alla volta mescolando, poi la farina e per ultimo il rimanente. Versate il composto in uno stampo liscio che sia stato prima foderato di carta unta col burro dalla parte interna e cuocetelo al forno.

Potete servirlo caldo spolverizzato di zucchero a velo, ed anche freddo, che è buono egualmente. La carta serve per impedire che le uve si attacchino allo stampo. Questa dose basterà per dodici persone.

674. BAVARESE LOMBARDA

Questo dolce, a cui danno diversi nomi, si potrebbe chiamare *il piatto dolce del giorno* visto che è bene accetto ed usato spesso in molte famiglie.

Burro di buona qualità e ben fresco, grammi 180.
Zucchero a velo, grammi 180.
Savoiardi lunghi o pan di Spagna, circa grammi 150.
Rossi d'uovo assodati, n. 6.
Zucchero vanigliato, quanto basta per dargli l'odore.
Rosolio, quanto occorre per intingere leggermente i savoiardi.

Fate bollire le uova per soli sette minuti, e levatine i rossi, stemperateli nel burro, poi passateli dal setaccio, indi aggiungete lo zucchero a velo e il vanigliato, e lavorate molto il composto col mestolo per mantecarlo. Prendete uno stampo, possibilmente a costole, bagnatelo col rosolio, tagliate a metà, per il lungo, i savoiardi, intingeteli leggermente nel rosolio, oppure metà nel rosolio e metà nell'alkermes e con questi foderate lo stampo alternando i due colori. Poi versate nel mezzo il composto, copritelo con altri savoiardi intinti anche questi, lasciatelo per tre ore almeno nel ghiaccio e servitelo. La composizione, se tornasse comodo, può farsi un giorno per l'altro e questa quantità basta per otto persone. È un dolce molto fine.

675. ZUPPA INGLESE

In Toscana – ove, per ragione del clima ed anche perché colà hanno avvezzato così lo stomaco, a tutte le vivande si dà il carattere della leggerezza e l'impronta, dov'è possibile, della liquidità – la crema si fa molto sciolta, senza amido né farina e si usa servirla nelle tazze da caffè. Fatta in questo modo riesce, è vero, più delicata, ma non si presta per una zuppa inglese nello stampo e non fa bellezza.

Eccovi le dosi della crema pasticcera, così chiamata dai cuochi per distinguerla da quella fatta senza farina.

Latte, decilitri 5.
Zucchero, grammi 85.
Farina o, meglio, amido in polvere, grammi 40.
Rossi d'uovo, n. 4.
Odore di vainiglia.

Lavorate prima lo zucchero coi rossi d'uovo, aggiungete la farina e per ultimo il latte a poco per volta. Potete metterla a fuoco ardente girando il mestolo di continuo; ma quando la vedrete fumare coprite la brace con una palettata di cenere o ritirate la cazzaruola sull'angolo del fornello se non volete che si formino bozzoli. Quando s'è già ristretta continuate a tenerla sul fuoco otto o dieci minuti e poi lasciatela diacciare.

Prendete una forma scannellata, ungetela bene con burro freddo e cominciate a riempirla nel seguente modo: se avete una buona conserva di frutta, come sarebbe di albicocche, di pesche od anche di cotogne, gettate questa, per la prima, in fondo alla forma e poi uno strato di crema ed uno di savoiardi intinti in un rosolio bianco. Se, per esempio, le scannellature della forma fossero diciotto, intingete nove savoiardi nell'alkermes e nove nel rosolio bianco e coi medesimi riempite i vuoti, alternandoli. Versate dell'altra crema e sovrapponete alla medesima degli altri savoiardi intinti nel rosolio e ripetete l'operazione fino a riempirne lo stampo.

I savoiardi badate di non inzupparli troppo nel rosolio perché lo rigetterebbero; se il liquore fosse troppo dolce, correggetelo col rhum o col cognac. Se il tempo avesse indurita la conserva di frutta (della quale in questo dolce si può fare anche a meno), rammorbiditela al fuoco con qualche cucchiaiata di acqua, ma nello stampo versatela diaccia.

Questa dose può bastare per sette od otto persone.

Nell'estate potete tenerla nel ghiaccio e per isformarla immergete per un momento lo stampo nell'acqua calda onde il burro si sciolga.

Saranno sufficienti grammi 120 a 130 di savoiardi.

676. ZUPPA TARTARA

Prendete grammi 200 di ricotta, rammorbiditela alquanto col latte e aggraziatela con grammi 30 di zucchero a velo e due prese di cannella in polvere, mescolando bene.

Prendete uno stampo lavorato e bagnatene le pareti interne con rosolio oppure ungetele col burro; intingete nel rosolio o nell'alkermes de' savoiardi e, cominciando da questi, o da una conserva di frutta non troppo liquida, coprite il fondo dello stampo. Poi riempitelo, alternando a suoli, con la ricotta, i savoiardi e la conserva, che può essere di albicocche o di pesche. Sformatela dopo qualche ora e, se l'avrete disposta con garbo, oltre al gusto resteranno anche appagati gli occhi de' commensali. La ricotta si può rammorbidire col rosolio di cedro, invece del latte, e allora non occorre la cannella.

È un dolce da piacer molto.

677. DOLCE DI CILIEGE

Come dolce da famiglia è assai buono e merita di occuparsene.
Ciliege more, crude, intere e senza gambo, grammi 200.
Zucchero a velo, grammi 100.
Pangrattato di segala, grammi 50.
Mandorle dolci, grammi 40.
Uova, n. 4.
Rosolio, cucchiaiate n. 2.
Odore di vainiglia o scorza di limone.

Mancando il pane di segala servitevi del pane comune. Le mandorle sbucciatele, asciugatele e tritatele minutamente per ridurle a metà circa di un chicco di riso.

Lavorate prima i rossi d'uovo con lo zucchero finché sieno divenuti spumosi, aggiungete il pangrattato, il rosolio, l'odore e continuate a lavorare ancora un poco il composto. Uniteci le chiare ben montate, mescolando adagio e versatelo in uno stampo liscio che avrete prima ben unto con burro freddo e cosperso tutto, e più nel fondo, con le dette mandorle. Infine buttateci le ciliege, ma per evitare che queste pel loro peso calino a fondo, mescolate fra il composto le mandorle che vi restano. Cuocetelo al forno o al forno da campagna e servitelo caldo o freddo a quattro o cinque persone.

678. ZUPPA DI VISCIOLE

Questa zuppa si può fare con lettine sottili di pane fine arrostito, oppure con pan di Spagna o con savoiardi. Levate il nocciolo a quella quantità di ciliege visciole che credereste sufficienti e mettetele al fuoco con pochissima acqua e un pezzetto di cannella che poi getterete via. Quando cominciano a bollire aggiungete zucchero quanto basta, mescolate adagino per non guastarle e allorché cominciano a siroppare assaggiatele se hanno zucchero a sufficienza e levatele dal fuoco quando le vedrete aggrinzite ed avranno perduto il crudo. Dopo che avrete leggermente intinto le fette del pane o i savoiardi nel rosolio, collocateli suolo per suolo, insieme con le ciliege, in un piatto o in un vassoio in modo che facciano la colma. Potete anche dare a questa zuppa la forma più regolare in uno stampo liscio, e tenerlo in ghiaccio avanti di sformarla, giacché nella stagione delle ciliege si cominciano a gradire i cibi refrigeranti. Un terzo di zucchero del peso lordo delle ciliege è sufficiente.

679. ZUPPA DI LIMONE

Questo dolce, che dalla sua provenienza giudicherei di origine francese, non è molto nelle mie grazie; nonostante ve lo descrivo nel caso non aveste di meglio a fare e vi trovaste le chiare a disposizione.

Zucchero, grammi 135.
Rossi d'uovo, n. 2.
Chiare d'uovo, n. 5.
Sugo di un grosso limone.
Acqua, mezzo bicchiere.
Farina, un cucchiaio scarso.

Stemperate la farina coll'acqua frullandola bene, versatela in una cazzaruola ed aggiungete il resto. Rimestate ogni cosa e ponete il composto al fuoco rimuovendo continuamente il mestolo come si fa per la crema. Quando sarà condensato passatelo dallo staccio, se occorre, poi versatene parte in un vassoio, distendeteci sopra dei savoiardi o del pan di Spagna, e col resto del composto copritelo. Servitela fredda.

Può bastare per quattro o cinque persone.

680. SFORMATO DI CONSERVE

Prendete uno stampo da budino a costole o scannellato, ungetelo bene con burro freddo e riempitelo di savoiardi o di pan di Spagna intinti nel rosolio e di conserve di frutta, regolandovi in tutto come al n. 675, senza alcun uso di crema. Dopo alcune ore, le quali occorrono perché il composto si compenetri, sformatelo, immergendo prima, per un istante, lo stampo nell'acqua bollente, onde il burro si sciolga.

681. BIANCO MANGIARE

Mandorle dolci con tre amare, grammi 150.
Zucchero in polvere, grammi 150.
Colla di pesce in fogli, grammi 20.
Panna, o fior di latte, mezzo bicchiere a buona misura.
Acqua, un bicchiere e mezzo.
Acqua di fior d'arancio, due cucchiaiate.

Prima preparate la colla di pesce ed è cosa semplice; pigiatela colle dita in fondo a un bicchiere, e coperta di acqua, lasciatela stare onde abbia tempo di rammollire, e quando ve ne servirete, gettate via l'acqua e lavatela. Sbucciate e pestate le mandorle in un mortaio, bagnandole di quando in quando con un cucchiaino d'acqua, e quando le avrete ridotte finissime, diluitele con l'acqua suddetta e passatele da un canovaccio forte e rado, procurando di estrarne tutta la sostanza. A tal punto, preparate uno stampo qualunque della capacità conveniente; poi mettete al fuoco in una cazzaruola il latte delle mandorle, la panna, lo zucchero, la colla, l'acqua di fior di arancio; mescolate il tutto e fatelo bollire per qualche minuto. Ritiratelo dal fuoco e quando avrà perduto il calore, versatelo nello stampo immerso nell'acqua fresca o nel ghiaccio. Per isformarlo basta passare attorno allo stampo un cencio bagnato nell'acqua bollente.

La bollitura è necessaria onde la colla di pesce si incorpori col resto; altrimenti c'è il caso di vederla precipitare in fondo allo stampo.

682. SGONFIOTTO DI FARINA GIALLA

Questo piatto

> I francesi lo chiaman *soufflet*
> E lo notano come *entremet,*
> Io *sgonfiotto,* se date il permesso,
> Che servire potrà di tramesso.

Latte, mezzo litro.
Farina di granturco, grammi 170.
Zucchero, grammi 30.
Burro, grammi 30.
Uova: chiare n. 6; rossi n. 3.
Un pizzico di sale.

Fate una farinata, cioè versate la farina nel latte quando questo bolle o, meglio, se volete preservarla dai bozzoli, stemperate prima la farina con un poco di latte freddo e versatela nel latte bollente mescolandola bene. Fatela bollir poco, e quando la ritirate dal fuoco, aggiungete il burro, lo zucchero e il sale. Allorché sarà diaccia disfate nella medesima i rossi d'uovo e per ultimo versate le chiare montate ben sode; mescolate con garbo e versate il composto in uno stampo liscio o in una cazzaruola che avrete unta col burro e spolverizzata di farina di grano. Cuocetelo in un fornello con fuoco sotto e sopra e quando avrà montato, servitelo subito onde, se è possibile, resti ben soffice e non s'acquatti. Meglio è, a mio avviso, far questo piatto in un vassoio che regga al fuoco e portarlo in tavola senza muoverlo.

Questa dose basterà per sei persone.

683. BISCOTTO DA SERVIRSI CON LO ZABAIONE

Farina di patate, grammi 50.
Detta di grano, grammi 20.
Zucchero in polvere, grammi 90.
Uova, n. 3. Odore di scorza di limone.

Lavorate prima per quasi mezz'ora i rossi d'uovo collo zucchero, aggiungete le chiare montate ben sode e fate cadere la farina da un vagliettino mescolando il tutto in bel modo onde il composto rimanga soffice. Versatelo in uno stampo col buco in mezzo che avrete prima unto col burro e spolverizzato di farina e di zucchero a velo. Mettetelo subito in forno o nel forno da campagna per cuocerlo, e sformato diaccio versate nel buco del medesimo lo zabaione del n. 684 e mandatelo subito in tavola.

È una dose che può bastare per cinque o sei persone.

684. SFORMATO DI SAVOIARDI CON LO ZABAIONE

Savoiardi, grammi 100.
Uva malaga, grammi 70.
Detta sultanina, grammi 50.
Cedro candito, grammi 30.
Marsala, quanto basta.

All'uva malaga togliete i semi. Il cedro candito tagliatelo a pezzettini. Prendete uno stampo col buco in mezzo ed ungetelo col burro diaccio, poi intingete leggermente e solo alla superficie i savoiardi nella marsala e con questi riempite lo stampo intramezzandoli a suoli con le uve e il candito.

Fate una crema con:

Latte, decilitri 2.
Uova intere, n. 2.
Zucchero, grammi 50.
Odore di vainiglia.

Così cruda versatela nello stampo sopra i savoiardi. Cuocetelo a bagno-maria, sformatelo caldo e, prima di mandarlo in tavola, riempite traboccante il buco con uno zabaione, che lo investa tutto, composto di

Uova intere, n. 2.
Marsala, decilitri 1 ½.
Zucchero, grammi 50.

Il composto dello zabaione montatelo colla frusta in una bacinella sopra al fuoco. Alle uve potete sostituire frutte giulebbate, oppure un misto delle une e delle altre, come pure un misto di cedro e di arancio candito. Potrà bastare per sei persone. È un dolce che piace.

685. CREMA

Latte, un litro.
Zucchero, grammi 200.
Rossi d'uovo, n. 8.
Odore di vainiglia.

Lavorate prima i rossi d'uovo collo zucchero e poi versate il latte a poco per volta. Per sollecitarne la cottura potete mettere il composto a fuoco ardente, ma appena lo vedrete fumare rallentate il calore onde non avesse a impazzire. Se questo avviene passate la crema per istaccio. La cottura si conosce quando la crema si attacca al mestolo, il quale va mosso continuamente all'ingiro. L'odore dateglielo poco prima di levarla dal fuoco.

Questa crema, senza farina od amido, nella proporzione suddetta, si presta mirabilmente per gelati di crema, tantoché sentirete un gelato che difficilmente troverete ai caffè. Può servire anche per una zuppa inglese liquida, unendovi, quando è diaccia, delle fette di pan di Spagna o dei savoiardi leggermente bagnati nel rosolio; ma se volete renderla ancor più grata, aggiungete pezzettini di candito tagliati sottilissimi.

686. LE TAZZINE

È un dolce molto delicato che si serve, come tutti gli altri dolci, verso la fine di un pranzo in tazze più piccole di quelle da caffè; una per persona, e perciò chiamasi *Le tazzine*. Dose per dieci persone:

Zucchero, grammi 300.
Mandorle dolci, grammi 60.
Rossi d'uovo, n. 10.
Acqua, decilitri 1.
Odore di acqua di fior d'arancio.
Cannella in polvere, quanto basta.

Le mandorle sbucciatele, tostatele a color nocciuola, pestatele finissime e lasciatele da parte.

Fate bollire lo zucchero con l'acqua suddetta per un minuto o due, non dovendo prender colore, e dopo, quando sarà tiepido, cominciate a buttarci i rossi d'uovo, uno o due alla volta e, sopra a un calore moderatissimo, lavoratelo continuamente girando il mestolo sempre per un verso. Quando il composto si sarà alquanto condensato da non esservi più pericolo che impazzisca, potete allora, onde rigonfi meglio, batterlo con la frusta dal basso in alto fino a tanto che i rossi non abbiano perduto il colore acceso e preso l'aspetto di una densa crema.

Allora dategli l'odore ed uniteci le mandorle mescolando bene. Poi versatelo nelle tazzine e sulla superficie di ognuna, nel mezzo, poneteci una presa della detta cannella, la quale, mescolata al dolce da chi deve mangiarlo, acquisterà più profumo.

È un dolce che preparato anche qualche giorno avanti non soffre. Con le chiare, piacendovi, potete fare il Budino nero nelle proporzioni di quello descritto al n. 665, oppure il Dolce di chiare d'uovo n. 633.

687. PALLOTTOLE DI MANDORLE

Mandorle dolci, grammi 140.
Zucchero a velo, grammi 140.
Cioccolata grattata o in polvere, circa grammi 40.
Rosolio Maraschino, cucchiaiate n. 4.

Le mandorle sbucciatele, asciugatele al sole o al fuoco e pestatele finissime con due cucchiaiate del detto zucchero. Dal mortaio versatele in un vaso, aggiungete lo zucchero rimasto ed impastate il composto col detto rosolio.

Distesa poi la cioccolata sulla spianatoia formate col suddetto composto tante pallottole grosse poco più delle nocciole, di cui ne otterrete oltre a 30; involtatele sulla cioccolata onde ne restino ben coperte, e potrete serbarle per molto tempo.

688. CREMA ALLA FRANCESE

Eravamo nella stagione in cui i cefali delle *Valli di Comacchio* sono ottimi in gratella, col succo di melagrana, e nella quale i variopinti e canori augelli, come direbbe un poeta, cacciati dai primi freddi attraversano le nostre campagne in cerca di clima più mite, ed innocenti quali sono, povere bestioline, si lasciano cogliere alle tante insidie e infilare nello spiede:

> ... e io sol uno
> M'apparecchiava a sostener la guerra
> Sì del cammino e sì de la pietate,
> Che ritrarrà la mente che non erra.

La guerra del cammino, percorrendo 200 chilometri per andare a villeggiare da un amico sopra un colle amenissimo; e la pietate per quei graziosi animalini perché sentivo una stretta al cuore, ogni volta che dal casotto del paretaio li vedevo insaccarsi nelle maglie traditrici delle sue reti. Ma poi, non appartenendo io alla setta de' pitagorici e avendo la ferma convinzione che al male, quando non ha riparo, per amore o per forza bisogna acconciarvisi e, se è possibile, trarne profitto, procurai di cattivarmi la benevolenza del cuoco insegnandogli a cucinar con più garbo ch'ei non faceva la cacciagione, e di condirla e cuocerla in modo da renderla più grata al gusto; ed egli in contraccambio di ciò e di qualche altro precetto di culinaria, fece in presenza mia questo e i seguenti due piatti dolci che vi descrivo.

La cacciagione e la selvaggina in genere, se mai non lo sapeste, è un alimento aromatico, nutritivo e leggermente eccitante; so di un medico di bella fama il cui cuoco ha ordine di preferirla a qualunque altra carne, quando la può trovare; e in quanto ai cefali vi dirò che quando io ero nella bella età in cui si digeriscono anche i chiodi, la serva ci portava questo pesce in tavola con un contorno di cipolle bianche tagliate in due, arrostite in gratella ed anch'esse condite con olio, sale, pepe e succo di melagrana.

La mangia, ossia la stagione dei muggini delle *valli di Comacchio,* è dall'ottobre a tutto febbraio. A proposito di questo luogo di pesca qui viene in acconcio di aggiungere (come cosa meravigliosa e degna a sapersi) che la pesca nelle valli comacchiesi, a tutto il 1° novembre 1905, diede quell'anno i seguenti risultati:

Anguille	Kg 487,653
Cefali	” 59,451
Acquadelle	” 105,580

Dopo l'esordio la predica, per dirvi come sia composta questa così detta *Crema alla francese:*

Latte, mezzo litro.
Zucchero, grammi 150.
Uova, uno intero e rossi n. 4.
Colla di pesce, fogli n. 2.
Odore di vainiglia o di scorza di limone.

Mescolate bene insieme lo zucchero colle uova, aggiungete il latte a poco per volta e per ultimo la colla in natura. Ponete la cazzaruola al fuoco, girando continuamente il mestolo sempre da una parte e quando la crema comincia a condensare, attaccandosi al mestolo, levatela. Prendete uno stampo liscio, col buco in mezzo, tale che la quantità della crema possa riempirlo, ungetelo col burro oppure col rosolio, in modo che ne resti in fondo un sottile strato e versatela nel medesimo. D'estate ponete lo stampo nel ghiaccio e d'inverno nell'acqua fresca e sformatela sopra a un tovagliuolo ripiegato sul vassoio.

Se non vi fidate troppo del latte, dategli una bollitura almeno di un quarto d'ora prima di far la crema, oppure aumentate un foglio di colla.

689. CREMA MONTATA

Rossi d'uovo, n. 6.
Zucchero in polvere, grammi 70.
Colla di pesce, grammi 15, pari a fogli 6 o 7.
Acqua, tre quarti di un bicchiere da tavola.
Odore, tre foglie di lauro ceraso intere od altro che più vi piaccia.

Sbattete in una cazzaruola i rossi d'uovo e lo zucchero, aggiungete l'acqua e le dette foglie e mettetela al fuoco girando il mestolo, finché sia cotta, la qual cosa, come vi ho già detto, si conosce dal condensarsi e attaccarsi al mestolo. Allora versatela in una catinella e così calda battetela forte con la frusta finché abbia montato; levate le foglie e continuando sempre a batterla, aggiungete, quando sarà montata, la colla di pesce a poco per volta. Prendete uno stampo lavorato, ungetelo d'olio, circondatelo di ghiaccio e versatevi la crema montata, fra mezzo la quale, se vi pare, potete mettere savoiardi intinti nel rosolio o spalmati di conserva di frutta. Lasciatela nel ghiaccio più di un'ora, e se non vuole sformarsi naturalmente, passate intorno allo stampo un cencio bagnato nell'acqua calda.

La colla di pesce si prepara avanti così: si mette prima in molle, poi al fuoco con due dita di un bicchier d'acqua, si fa bollire finché l'acqua, evaporando in parte, si formi un liquido alquanto denso, che appiccichi fra le dita, e così bollente si versa nella crema alla quale si può dare il gusto dell'alkermes, del caffè o della cioccolata.

Questa dose potrà bastare per cinque o sei persone.

690. CROCCANTE A BAGNO-MARIA

Zucchero, grammi 150.
Mandorle dolci, grammi 85.
Rossi d'uovo, n. 5.
Latte, decilitri 4.

Sbucciate le mandorle e con la lunetta riducetele della grossezza dei chicchi di grano all'incirca. Mettete al fuoco grammi 110 del detto zucchero e quando sarà tutto liquefatto, versate le mandorle e muovetele continuamente col mestolo finché abbiano preso il color cannella. Gettatele allora in una teglia unta col burro e, quando saranno diacce, pestatele nel mortaio coi rimanenti grammi 40 di zucchero e riducetele finissime.

Aggiungete i rossi d'uovo e poi il latte, mescolate bene e versate il composto in uno stampo col buco in mezzo, che avrete prima unto col burro. Cuocetelo a bagnomaria e dopo, se d'estate, tenete lo stampo nel ghiaccio. Se doveste servir questo dolce a più di sei persone raddoppiate la dose, e se non vi fidate troppo del latte, fatelo bollire prima da solo per un quarto d'ora almeno.

691. UOVA DI NEVE

Latte, un litro.
Zucchero, grammi 150.
Uova, n. 6.
Zucchero a velo, quanto basta.
Odore di vainiglia.

Mettete il latte al fuoco in una cazzaruola larga e mentre questo scalda, battete con la frusta le chiare che avrete già separate dai torli; ma gettate nelle medesime una presa di sale se è vero che serva a rafforzare la consistenza. Quando le chiare saranno ben montate, prendete il bossolo traforato ove ordinariamente si tiene lo zucchero a velo e, continuando sempre a batterle, gettatene tanto da renderle alquanto dolci. Grammi 20 o 30 di zucchero a velo potranno bastare, ma è meglio assaggiarle. Ciò fatto prendete su la *fiocca* con un cucchiaio da tavola, e dandole la forma approssimativa di un uovo, gettatela nel latte quando bolle. Voltate queste così dette uova per cuocerle da tutte le parti e quando le vedrete assodate, prendetele colla mestola forata e mettetele a sgrondare in uno staccio. Passate quindi quel latte e, quando sarà diaccio, fate col medesimo, coi rossi e collo zucchero una crema come quella del n. 685, dandole l'odore di vainiglia. Disponete in un vassoio le uova di neve in bella mostra, le une sulle altre, versateci sopra la crema e servitele fredde.

Questa dose può bastare per otto o dieci persone.

692. LATTE BRÛLÉ

Latte, un litro.
Zucchero, grammi 180.
Rossi d'uovo, n. 8 e due chiare.

Mettete al fuoco il latte con 100 grammi del detto zucchero e fatelo bollire per un'ora intera, poi ritiratelo dal fuoco perché diacci. Sciogliete in una cazzaruola a parte gli 80 grammi di zucchero che resta e quando sarà ben liquefatto versatene in uno stampo liscio tanto che ne ricuopra il fondo come di un velo; quello che rimane nella cazzaruola continuate a tenerlo al fuoco finché sia diventato nero. Allora fermatelo con un ramaiolino d'acqua e lo sentirete stridere aggrumandosi; ma continuate a tenerlo al fuoco girando il mestolo per ottenere un liquido denso e scuro. Mettetelo da parte e frullate in un pentolo le dette uova, poi mescolate ogni cosa insieme, cioè: il latte, le uova e lo zucchero bruciato. Assaggiatelo se è dolce a sufficienza, passatelo da un colatoio di latta non tanto fitto e versatelo nello stampo già preparato. Cuocetelo a bagno-maria con fuoco sopra e quando la superficie comincia a colorarsi ponete sotto al coperchio un foglio unto col burro. Per accertarsi della cottura, immergete uno steccolino di granata e se questo esce pulito ed asciutto sarà segno che va tolto dal fuoco. Lasciatelo diacciar bene e prima di versarlo nel vassoio, con tovagliuolo o senza, distaccatelo giro giro con un coltello sottile. In estate, prima di sformarlo, potete gelarlo col ghiaccio. Lo stampo da preferirsi è di forma ovale e sarebbe bene che avesse un orlo all'ingiro largo un dito, onde non vi schizzasse l'acqua dentro quando bolle,

Questa dose potrà bastare per dieci persone.

693. LATTE ALLA PORTOGHESE

È del tutto simile all'antecedente, meno lo zucchero bruciato. Dunque anche per questo:

Latte, un litro.
Zucchero, grammi 100.
Rossi d'uovo, n. 8 e due chiare.
Odore di vainiglia, o di coriandoli, o di caffè, che sono quelli che più si addicono.

Se preferite quest'ultimo, macinate diversi chicchi di caffè tostato; se aggradite l'odore de' coriandoli, che è grato quanto quello di vainiglia, soppestatene un pizzico e, tanto l'uno che gli altri, metteteli a bollire nel latte che poi passerete. Se il latte non è di molta sostanza, fatelo bollire anche un'ora e un quarto.

Non dimenticate mai il velo di zucchero fuso in fondo allo stampo.

694. LATTERUOLO

È un dolce molto delicato che in qualche luogo di Romagna, e forse anche altrove in Italia, i contadini portano in regalo al padrone per la festa del *Corpus Domini.*

Latte, un litro.
Zucchero, grammi 100.
Rossi d'uovo, n. 8.
Chiare d'uovo, n. 2.
Odore di vainiglia o di coriandoli.

Fate bollire il latte con lo zucchero per un'ora ed anche un'ora e un quarto se non siete ben sicuri della sua legittimità. Se per odore vi servite dei coriandoli, adoperateli come è indicato nel numero precedente. Al latte rompete di quando in quando la tela col mestolo, passatelo da un colino per più precauzione, e quando sarà diaccio, mescolatelo bene alle uova frullate.

Preparate una teglia foderata di pasta matta n. 153, disponetela come nel migliaccio di Romagna n. 702, versateci il composto, cuocetelo con fuoco sotto e sopra a moderato calore e perché non ròsoli al disopra, copritelo di carta unta col burro. Aspettate che sia ben diacciato per tagliarlo a mandorle colla sfoglia sotto come il detto migliaccio.

695. LATTERUOLO SEMPLICE

Questo è un latteruolo meno delicato del precedente, ma è indicatissimo come piatto dolce da famiglia e come eccellente nutrimento, in ispecie per i bambini.

Latte, un litro.
Zucchero in polvere, grammi 100.
Uova, n. 6.
odore di scorza di limone.

La fragranza degli agrumi, essendo il prodotto di un olio volatile racchiuso in cellule superficiali, basterà di tagliare col temperino un nastro sottilissimo della loro buccia, lungo almeno un palmo, e farlo bollire nel liquido che vorrete aromatizzare.

Dalla superficie di un limone levate col temperino una striscia di scorza di una certa lunghezza e mettetela nel latte, che farete bollire per mezz'ora collo zucchero dentro. Quando sarà diaccio levate la scorza di limone e mescolateci le uova frullate. Cuocetelo come il precedente o, se credete meglio, senza la pasta sotto; ma in tal caso, onde non si attacchi al fondo della teglia, ungetela abbondantemente col burro freddo.

696. MELE IN GELATINA

Prendete mele *reinettes* o di altra qualità fine, non tanto mature e grosse. Levatene il torsolo col cannello di latta, sbucciatele e via via gettatele nell'acqua fresca ove sia stato spremuto mezzo limone. Se tutte insieme fossero un quantitativo di grammi 650 a 700, mettete a disfare al fuoco grammi 120 di zucchero in mezzo litro d'acqua unita a una cucchiaiata di kirsch e versatela sopra le mele che avrete collocate avanti in una cazzaruola tutte a un pari. Cuocetele in modo che restino intere, poi levatele asciutte, ponetele in una fruttiera, e quando saranno diacce riempite e colmate i buchi lasciati dal torsolo con della Gelatina di ribes n. 739 che, essendo rossa, spicca sul bianco delle mele e fa belluria. Restringete al fuoco il liquido rimasto nella cazzaruola per ridurlo a siroppo, indi passatelo da un pannolino bagnato, aggiungete al medesimo un'altra cucchiaiata di kirsch e versatelo attorno alle mele preparate nel modo anzidetto, che servirete diacce.

Se non avete kirsch, servitevi di rosolio e se vi manca la gelatina di ribes supplite colle conserve.

697. PESCHE RIPIENE

Pesche spicche grosse, poco mature, n. 6.
Savoiardi piccoli, n. 4.
Zucchero in polvere, grammi 80.
Mandorle dolci con tre mandorle di pesca, grammi 50.
Ccdro o arancio candito, grammi 10.
Mezzo bicchiere scarso di vino bianco buono.

Dividete le pesche in due parti, levate i noccioli ingrandendo alquanto i buchi ove stavano colla punta di un coltello; la polpa che levate unitela alle mandorle, già sbucciate, le quali pesterete finissime in un mortaio con grammi 50 del detto zucchero. A questo composto unite i savoiardi fatti in bricioli, e per ultimo il candito tagliato a piccolissimi dadi. Eccovi il ripieno col quale riempirete e colmerete i buchi delle dodici mezze pesche che poi collocherete pari pari e col ripieno all'insù in una teglia di rame. Versate nella medesima il vino e i rimanenti grammi 30 di zucchero e cuocetele fra due fuochi per servirle calde o diacce a piacere e col loro sugo all'intorno. Se vengono bene devono far bella mostra di sé sul vassoio, e per una crosticina screpolata formatasi alla superficie del ripieno, prenderanno aspetto di pasticcini.

698. FRITTATA A SGONFIOTTO OSSIA MONTATA

È l'*omelette soufflée* de' Francesi che può servire come piatto dolce di ripiego, se non v'è di meglio, e quando rimangono chiare d'uovo.

Zucchero in polvere, grammi 100.
Rossi d'uovo, n. 3.
Chiare, n. 6.
Odore della scorza di limone.

Sbattete prima per diversi minuti i rossi collo zucchero, poi montate le chiare ben sode ed unite le une e gli altri insieme mescolando adagino. Ungete un vassoio che regga al fuoco con burro diaccio, versate nel medesimo il composto in modo che vi faccia la colma e ponetelo subito nel forno da campagna tenuto pronto ben caldo. Dopo cinque minuti che è nel forno fategli alcune incisioni col coltello e spolverizzatelo di zucchero a velo, quindi terminate di cuocerlo, al che si richiederanno dieci o dodici minuti in tutto. Badate che non bruci alla superficie e mandatela subito in tavola. Perché gonfi meglio, alcuni aggiungono un poco d'agro di limone nel composto.

699. GNOCCHI DI LATTE

Dose per sei persone.

Latte, un litro.
Zucchero, grammi 240.
Amido ridotto in polvere, grammi 120.
Rossi d'uovo, n. 8.
Odore di vainiglia.

Mescolate il tutto nel modo stesso che fareste per una crema e mettetelo al fuoco in una cazzaruola, girando continuamente il mestolo. Quando il composto sarà divenuto sodo, tenetelo ancora qualche minuto al fuoco e poi versatelo in una teglia o in un piatto all'altezza di un dito e mezzo e tagliatelo a mandorle quando sarà diacciato. Disponete questi tagliuoli uno sopra l'altro con simmetria su di un vassoio di rame o di porcellana che regga al fuoco, intramezzandoli con alcuni pezzetti di burro, e rosolateli alquanto nel forno da campagna per servirli caldi.

700. CIARLOTTA

Fate una crema con:

Latte, decilitri 2.
Zucchero, grammi 30.
Farina, mezza cucchiaiata.
Uova, n. 1.
Odore di scorza di limone.

Fate un siroppo con:

Acqua, decilitri 2.
Zucchero, grammi 50.

lasciando bollire lo zucchero nell'acqua per dieci minuti; quando è diaccio strizzategli dentro un limone. Prendete grammi 300 di pan di Spagna e col medesimo, tagliato a fette, con conserve di frutta e con la detta crema, riempite uno stampo da budino ben lavorato. Per ultimo versateci dentro il detto siroppo per inzuppare il pan di Spagna, o savoiardi che sieno, e dopo diverse ore sformatelo e servitelo.

È una dose che potrà bastare per otto persone.

701. CIARLOTTA DI MELE

Mele *reinettes,* grammi 500.
Zucchero in polvere, grammi 125.
Midolla di pane raffermo, quanto basta.
Burro fresco di buona qualità, quanto basta.
Un pezzetto di cannella intera.
Mezzo limone.

Si preferiscono le mele *reinettes* perché morbide ed odorose; in mancanza di queste, servitevi di altra qualità consimile. Se questa marmellata si dovesse conservar lungo tempo, ci vorrebbe il doppio di zucchero; ma trattandosi di adoperarla subito, un quarto del peso delle mele in natura è a sufficienza.

Sbucciate le mele, tagliatele a quarti, levate i semi e le logge che li contengono e gettatele in acqua fresca dove sia stato spremuto il limone. Levate quindi questi quarti di mela asciutti, e tagliateli per traverso a fette sottili, che porrete al fuoco in una cazzaruola, senz'acqua e col pezzetto di cannella. Quando cominciano a liquefarsi, aggiungete lo zucchero e mescolate, muovendole spesso finché non sieno cotte, il che si conosce facilmente. Allora levate la cannella e servitevene come appresso.

Disfate al fuoco il burro e quando è a bollore, cioè ben caldo, intingetevi tante fette di midolla di pane quante occorrono, grosse meno di un centimetro, le quali avrete preparate innanzi. Con esse coprite il fondo di uno stampo liscio e tondo e foderatene le pareti, in modo che non restino vuoti. Versate nel mezzo la marmellata e copritela delle stesse fette di pane intinte nel burro. Cuocetela come i budini, con fuoco sopra, avvertendo che per la cottura basta di rosolare appena il pane, e servitela calda.

È un dolce che si può complicare e variare quanto si vuole. Si può, ad esempio, fare un buco in mezzo alla marmellata e riempirlo di conserva di albicocche, si può intramezzare la marmellata con altre conserve od anche disporla a suoli con le stesse fette di pane.

Si potrebbe anche incassarla nella pasta frolla.

702. MIGLIACCIO DI ROMAGNA

Se il maiale volasse
Non ci saria danar che lo pagasse,

diceva un tale; e un altro: «Il maiale, colle sue carni e colle manipolazioni a cui queste si prestano, vi fa sentire tanti sapori diversi quanti giorni sono nell'anno». Al lettore il decidere quale dei due sproloqui sia il più esatto: a me basta darvi un cenno delle così dette *nozze del maiale,* perché anche questo immondo animale fa ridere, ma solo, come l'avaro, il giorno della sua morte.

In Romagna le famiglie benestanti e i contadini lo macellano in casa, circostanza in cui si sciala più dell'usato e i ragazzi fanno baldoria. Questa è anche l'occasione opportuna per ricordarsi agli amici, a' parenti, alle persone colle quali si abbia qualche dovere da compiere, imperocché ad uno, per esempio, si mandano tre o quattro braciuole della lombata, ad un altro un'ala di fegato, ad un terzo un piatto di buon migliaccio; e la famiglia che queste cose riceve, si rammenta di fare, alla sua volta, altrettanto. «È pane da rendere e farina da imprestare», direte voi; ma frattanto son usi che servono a tener deste le conoscenze e le amicizie fra le famiglie.

Dopo tale preambolo, venendo a nocco, ecco la ricetta del migliaccio di Romagna il quale, per la sua nobiltà, non degnerebbe di riconoscere neppur per prossimo quello di farina dolce che girondola per le strade di Firenze:

Latte, decilitri 7.
Sangue di maiale disfatto, grammi 330.
Sapa, oppure miele sopraffine, grammi 200.
Mandorle dolci sbucciate, grammi 100.
Zucchero, grammi 100.
Pangrattato finissimo, grammi 80.
Candito, grammi 50.
Burro, grammi 50.
Spezie fini, due cucchiaini.

Cioccolata, grammi 100.
Noce moscata, un cucchiaino.
Una striscia di scorza di limone.

Pestate in un mortaio le mandorle insieme col candito, che avrete prima tagliato a pezzetti, bagnatele di tanto in tanto con qualche cucchiaino di latte e passatele per istaccio. Ponete il latte al fuoco con la buccia di limone, che poi va levata, e fatelo bollire per dieci minuti; unitevi la cioccolata grattata, e quando questa sarà sciolta, levatelo dal fuoco e lasciatelo freddare un poco. Poi versate nello stesso vaso il sangue, già passato per istaccio, e tutti gli altri ingredienti serbando per ultimo il pangrattato, del quale, se fosse troppo, si può lasciare addietro una parte.

Mettete il composto a cuocere a bagno-maria e rimuovetelo spesso col mestolo onde non si attacchi al vaso. La cottura e il grado di densità che fa d'uopo, si conoscono dal mestolo che, lasciato in mezzo al composto, deve rimanere ritto. Se ciò non avviene, aggiungete il resto del pangrattato, supposto non l'abbiate versato tutto. Pel resto regolatevi come alla Torta di ricotta n. 639, cioè versatelo in una teglia foderata di Pasta matta n. 153 e, quando sarà ben diaccio, tagliatelo a mandorle. Cuocete poco la pasta matta per poterla tagliar facilmente e non lasciate risecchire il migliaccio al fuoco, ma levatelo quando si estrae pulito un fuscello di granata immersovi.

Se vi servite del miele invece della sapa, assaggiate avanti di aggiungere lo zucchero onde non riesca troppo dolce, e notate che uno de' pregi di questo piatto è che sia mantecato, cioè di composizione ben fine.

Il timore di non essere inteso da tutti, nella descrizione di queste pietanze, mi fa scendere spesso a troppo minuti particolari, che risparmierei volentieri.

Nonostante pare che ciò non basti perché una cuoca di un paese di Romagna mi scrisse: «Ho fatto ai miei padroni il migliaccio che sta stampato nel suo pregiatissimo Manuale di cucina; è piaciuto assai, solo che le mandorle col candito non ho saputo come farle passare per lo staccio: avrebbe la bontà d'indicarmelo?».

Grato alla domanda io le risposi: «Non so se sappiate che si trovano, per uso di cucina, degli stacci appositi di crine, forti e radi, e di fil di ferro finissimo. Con questi, un buon mortaio e *olio di schiena* si possono passare anche le cose più difficili».

703. SOUFFLET DI CIOCCOLATA

Zucchero, grammi 120.
Farina di patate, grammi 80.
Cioccolata, grammi 80.
Burro, grammi 30.
Latte, decilitri 4.
Uova, n. 3.
Rhum, una cucchiaiata.

Mettete il burro al fuoco e quando è sciolto versate la cioccolata grattata; liquefatta che sia anche questa, versate la farina di patate e poi il latte caldo a poco per volta e, rimestando sempre con forza, aggiungete lo zucchero. Immedesimato che sia il composto e cotta la farina lasciatelo diacciare. Per ultimo aggiungete il rhum e le uova, prima i rossi, poi le chiare montate; e se queste fossero più di tre, il dolce verrebbe anche meglio.

Ungete di burro un vassoio che regga al fuoco, versateci il composto, ponetelo nel forno da campagna o semplicemente sopra un fornello tra due fuochi, e quando sarà rigonfiato servitelo caldo.

È una dose sufficiente per sei persone.

704. SOUFFLET DI LUISETTA

Provatelo che ne vale la pena, anzi vi dirò che sarà giudicato squisito.

Latte, mezzo litro.
Zucchero, grammi 80.
Farina, grammi 70.
Burro, grammi 50.
Mandorle dolci, grammi 30.
Uova, n. 3.
Odore di zucchero vanigliato.

Sbucciate le mandorle, asciugatele e pestatele fini fini con una cucchiaiata del detto zucchero.

Fate una *balsamella* col burro, la farina e il latte versato caldo. Prima di levarla dal fuoco aggiungete le mandorle, lo zucchero e l'odore. Diaccia che sia uniteci le uova, prima i rossi e poi le chiare montate. Ungete col burro un vassoio che regga al fuoco, versateci il composto e terminate di cuocerlo al forno da campagna. Potrà bastare per cinque o sei persone.

705. SOUFFLET DI FARINA DI PATATE

Zucchero, grammi 100.
Farina di patate, grammi 80.
Latte, mezzo litro.
Uova, n. 3 e due o tre chiare.
Odore di vainiglia o di scorza di limone.

Ponete lo zucchero e la farina in una cazzaruola e versateci il latte diaccio a poco per volta, mescolando. Mettete il composto al fuoco affinché assodi, girando il mestolo, senza curarvi di farlo bollire. Aggiungete la vainiglia, o la scorza di limone, e quando sarà tiepido mescolateci i tre rossi delle uova, poi montate le chiare ed unitecele bel bello. Versatelo in un vassoio di metallo e collocato sopra il fornello, copritelo col coperchio del forno da campagna fra due fuochi e aspettate che gonfi e ròsoli leggermente. Allora spolverizzatelo di zucchero a velo e mandatelo subito in tavola che sarà lodato per la sua delicatezza e, se ne resta, sentirete che è buono anche diaccio. Questa dose potrà bastare per cinque persone.

706. SOUFFLET DI RISO

Riso, grammi 100.
Zucchero, grammi 80.
Latte, decilitri 6.
Uova, n. 3.
Un pezzetto di burro.
Rhum, una cucchiaiata.
Odore di vainiglia.

Fate bollire il riso nel latte, ma se non lo cuocete moltissimo non farete niente di buono. A mezza cottura versate il burro e lo zucchero, compreso quello vanigliato per l'odore, e dopo cotto, e diaccio che sia, mescolategli dentro i rossi, il rhum e le chiare montate.

Pel resto regolatevi come pel *soufflet* di farina di patate. È una dose che potrà bastare per quattro persone.

707. SOUFFLET DI CASTAGNE

Marroni dei più grossi, grammi 150.
Zucchero, grammi 90.
Burro, grammi 40.
Uova, n. 5.
Latte, decilitri 2.
Maraschino, cucchiaiate 2.
Odore di vainiglia.

Fate bollire i marroni nell'acqua per soli cinque minuti, ché tanti bastano per sgusciarli caldi e per levar loro la pellicola interna. Dopo metteteli a cuocere nel detto latte e passateli, indi dosateli collo zucchero, il burro sciolto, il maraschino e la vainiglia. Per ultimo aggiungete le uova, prima i rossi, poi le chiare ben montate.

Ungete col burro un vassoio che regga al fuoco, versateci il composto, cuocetelo al forno da campagna e prima di mandarlo in tavola spolverizzatelo di zucchero a velo.

Basterà per cinque persone.

708. ALBICOCCHE IN COMPOSTA

Albicocche poco mature, grammi 600.
Zucchero in polvere, grammi 100.
Acqua, un bicchiere.

Fate un'incisione nelle albicocche per estrarne il nocciolo, in modo che non si guastino, e mettetele al fuoco coll'acqua suddetta. Quando questa comincia a bollire, versate lo zucchero e scuotendo di tratto in tratto la cazzaruola lasciatele cuocere. Divenute morbide e alquanto grinzose, levatele una per una con un cucchiaio e ponetele in una compostiera; scolate l'umido che hanno portato seco dalla cazzaruola e lasciate restringere al fuoco l'acqua rimastavi, che verserete nella compostiera sopra le albicocche, quando sarà condensata come un siroppo. Servitele diacce.

709. PERE IN COMPOSTA I

Pere, grammi 600.
Zucchero fine in polvere, grammi 120.
Acqua, due bicchieri.
Mezzo limone.

Se sono perine lasciatele intere col loro gambo; se sono grosse tagliatele a spicchi: sì le une che le altre via via che le sbucciate gettatele nell'acqua suddetta in cui avrete spremuto il mezzo limone. Questo serve per conservare la bianchezza al frutto. Fatele bollire nella stessa acqua passata dal colino, versate lo zucchero quando entra in bollore e pel resto regolatevi come per le albicocche. Servitele diacce.

710. PERE IN COMPOSTA II

Questo secondo modo di preparare le pere in composta è, per il resultato, poco dissimile alla ricetta del numero precedente, ma sono fatte con più accuratezza.

Perine poco mature, grammi 600.
Zucchero, grammi 120.
Acqua, due bicchieri.
Mezzo limone.

Spremete il limone nell'acqua e lasciatela da parte.
Mettete le pere al fuoco coperte d'acqua e fatele bollir per quattro o cinque minuti; poi gettatele nell'acqua fresca, sbucciatele, tagliate loro la metà del gambo e via via gettatele nell'acqua preparata col limone. Ciò fatto prendete la stessa acqua, passatela dal colino, mettetela al fuoco e quando entra in bollore versate lo zucchero e fatela bollire alquanto. Poi gettatevi le pere per cuocerle, ma in modo che non si disfacciano. Levatele asciutte, mettetele in una compostiera, fate restringere il siroppo e versatelo sulle pere, facendolo passare un'altra volta dal colino.
Se sono pere molto grosse, tagliatele a spicchi dopo che avranno subito la prima bollitura. Sono pur anche buone cotte, come si usa comunemente nelle famiglie, col vino rosso, lo zucchero e un pezzetto di cannella intera. Servitele diacce.

711. COMPOSTA DI COTOGNE

Sbucciate le mele cotogne e tagliatele a spicchi non tanto grossi ai quali leverete quella parte di mezzo che faceva parte del torsolo. Dato che siano grammi 500, mettetele al fuoco con un bicchiere e mezzo d'acqua e quando avranno bollito a cazzaruola coperta per un quarto d'ora, versate nella medesima grammi 180 di zucchero fine. Appena cotte levatele asciutte e ponetele nel vaso che vorrete mandare in tavola; fate restringere il succo che resta per ridurlo a siroppo, quindi versatelo sopra alle cotogne e servitele diacce.

712. RISO IN COMPOSTA

Se non vi pare che a questo dolce sia proprio il nome di *riso in composta* chiamatelo, se più vi piace, *composta nel riso*.

Latte, decilitri 7.
Riso, grammi 100.
Zucchero, grammi 50.
Burro, grammi 20.
Sale, una presa.
Odore di scorza di limone.

Cuocete il riso in sei decilitri di latte e a mezza cottura versate nel medesimo gl'ingredienti suddetti. Rimuovetelo spesso col mestolo perché si attacca facilmente e quando si sarà ristretto levatelo dal fuoco ed aggiungete il decilitro di latte lasciato addietro. Prendete uno stampo liscio col buco in mezzo, nel quale il composto venga alto due dita almeno, e versategli in fondo e attorno grammi 50 di zucchero sciolto al fuoco, ove gli farete prendere il colore marrone chiaro. Versate il riso in questo stampo e rimettetelo al fuoco a bagno-maria che così assoda ancora e scioglie lo zucchero del fondo. Per sformarlo aspettate che sia diaccio.

Ora bisogna riempire il vuoto che è in mezzo al riso con una composta che può essere di qualunque frutta; ma supponiamo di mele o prugne secche.

Se di mele, preferite le mele rose che sono dure e odorose. Basteranno grammi 200 in natura. Sbucciatele, tagliatele a spicchiettini, togliendo via la parte del torsolo, e gettatele via via nell'acqua fresca ove sia stato spremuto del limone, per mantenerle bianche. Mettete queste mele in una cazzaruola con tant'acqua che le ricopra appena e quando hanno avviato a bollire versate nelle medesime grammi 70 di zucchero e una cucchiaiata di kirsch. Cotte che sieno levatele asciutte e ristringete il liquido rimasto per ridurlo a siroppo nel quale verserete, quando sarà diaccio, un'altra cucchiaiata di kirsch per unirlo alle mele e per riempire con questo il buco del dolce quando lo mandate in tavola.

Se vi servite delle prugne, bastano gr. 120 e gr. 60 di zucchero; ma prima di metterle a bollire tenetele in molle nell'acqua per cinque o sei ore. Pel resto regolatevi come nella cottura delle mele, non dimenticando il kirsch.

Se il dolce dovesse servire per dieci o dodici persone raddoppiate la dose. Si serve diaccio.

713. PASTICCIO A SORPRESA

Latte, un litro.
Farina di riso, grammi 200.
Zucchero, grammi 120.
Burro, grammi 20.
Uova, n. 6.
Sale, una presa.
Odore di vainiglia.

Prendete una cazzaruola e nella medesima a poco per volta versate le uova, lo zucchero, la farina e il latte mescolando via via onde non si formino bozzoli: ma del latte lasciatene addietro alquanto per aggiungerlo dopo, se occorre. Mettete la cazzaruola al fuoco e, girando il mestolo continuamente come nella crema, cuocete il composto aggiungendovi, prima di levarlo, il burro, la vainiglia e il sale. Lasciatelo diacciare, e poi versatelo in un piatto di metallo o in un vassoio di terra che regga al fuoco, disposto in modo che faccia la colma.

Copritelo colla pasta frolla n. 589, ricetta B o ricetta C, fategli qualche lavoro per bellezza, doratelo col rosso d'uovo, cuocetelo al forno e servitelo caldo, spolverizzato di zucchero a velo.

714. GELATINA DI ARANCIO IN GELO

Zucchero, grammi 150.
Colla di pesce, grammi 20.
Acqua, decilitri 4.
Alkermes, quattro cucchiaiate.
Rhum, due cucchiaiate.
Un arancio dolce grosso.
Un limone.

Mettete la colla in molle e cambiando una volta l'acqua, lasciatevela per un'ora o due.

Fate bollire lo zucchero nella metà dell'acqua suddetta per dieci minuti e passatelo per un pannolino.

Spremete in questo siroppo l'arancio e il limone, passandone il sugo dallo stesso pannolino.

Levate la colla già rinvenuta e fate che alzi il bollore nei due decilitri dell'acqua rimasta e versate anche questa nel detto siroppo. Aggiungete al medesimo l'alkermes e il rhum, mescolate ogni cosa e quando comincia a freddare versatelo nello stampo tenuto nel ghiaccio d'estate e nell'acqua fredda d'inverno.

Gli stampi di questa sorte di dolci sono di rame tutti lavorati a guglie, alcuni col buco in mezzo, altri senza, onde ottenere un bell'effetto in tavola. Per isformarla bene ungete leggermente, prima di versare il composto, lo stampo con olio ed immergetelo poi per un momento nell'acqua calda o strofinatelo con un cencio bollente. La colla di pesce non è nociva; ma ha l'inconveniente di riuscire alquanto pesante allo stomaco.

715. GELATINA DI FRAGOLE IN GELO

Fragole molto rosse e ben mature, grammi 300.
Zucchero, grammi 200.
Colla di pesce, grammi 20.
Acqua, decilitri 3.
Rhum, tre cucchiaiate.
L'agro di un limone.

Strizzate le fragole in un pannolino per estrarne tutto il sugo. Fate bollire lo zucchero per dieci minuti in due decilitri della detta acqua e questo siroppo unitelo al sugo delle fragole; aggiungete il limone e tornate a passare il tutto da un pannolino fitto. Alla colla di pesce, dopo averla tenuta in molle come quella del numero precedente, fate spiccare il bollore nel rimanente decilitro d'acqua e versatela così bollente nel predetto miscuglio; aggiungete per ultimo il rhum, mescolate e versate il composto nello stampo per metterlo in gelo.

Questa gelatina sarà molto gradita dalle signore.

716. GELATINA DI MARASCHE O DI VISCIOLE IN GELO

Ciliege marasche o visciole, grammi 400.
Zucchero, grammi 200.
Colla di pesce, grammi 20.
Acqua, decilitri 3.
Rhum, tre cucchiaiate.
Un pezzetto di cannella.

Levate il gambo alle ciliege e disfatele colle mani unendovi qualche nocciolo pestato. Lasciatele così qualche ora e poi passatene il sugo da un pannolino, strizzando bene; tenetelo ancora in riposo e poi ripassatelo più volte, magari per carta o per cotone, onde rimanga chiaro. Fate bollir lo zucchero per dieci minuti in due decilitri della detta acqua con la cannella dentro, passate anche questo dal pannolino e mescolatelo al sugo delle ciliege. Aggiungete la colla sciolta nel rimanente decilitro di acqua e per ultimo il rhum, regolandovi come per le precedenti gelatine.

717. GELATINA DI RIBES IN GELO

Ribes, grammi 300.
Zucchero, grammi 130.
Colla di pesce, grammi 20.
Acqua, decilitri 2.
Marsala, quattro cucchiaiate.
Odore di vainiglia.

Regolatevi in tutto come nella gelatina di marasche del numero precedente.

Ordinariamente l'odore di vainiglia si dà alle vivande collo zucchero vanigliato; ma in questo e consimili casi meglio è servirsi del baccello naturale di quella pianta, facendone bollire un pezzetto insieme collo zucchero nell'acqua. A vostra norma, se comprate qualcuno di questi baccelli osservate che sieno grassi, cioè non risecchiti, e conservateli ben chiusi framezzo a zucchero biondo a cui comunicheranno il profumo e servirà anch'esso ad aromatizzar qualche piatto.

Questa pianta della famiglia delle orchidee, la quale si arrampica come l'ellera, è originaria delle foreste intertropicali di America. Il polline della vainiglia, essendo vischioso e non potendo perciò esser trasportato dai venti, lo trasportano gl'insetti; la qual cosa, essendo stata conosciuta dall'uomo soltanto nella prima metà del secolo passato, eseguisce egli stesso l'operazione e feconda le piante che si coltivano ne' tepidari; esse avanti il 1837, anno in cui si ottennero i primi frutti nel Belgio, erano infruttifere.

718. GELATINA DI LAMPONE IN GELO

Se avete del siroppo di lampone n. 723 potete fare, all'occorrenza, una buona gelatina da servire per dolce in un pranzo. Sciogliete grammi 20 di colla di pesce al fuoco in tre decilitri d'acqua e mescolate in essa:

Siroppo, decilitri 2.
Marsala, decilitri 1.
Rhum, una cucchiaiata.

Zucchero non occorre o, se mai, pochissimo, essendo molto dolce il siroppo. Pel resto regolatevi come nelle antecedenti gelatine. Se invece del siroppo la fate col lampone in natura servitevi delle dosi della gelatina di fragole n. 715, e tenete la stessa regola.

719. UN UOVO PER UN BAMBINO

Non sapete come quietare un bambino che piange perché vorrebbe qualche leccornia per colazione? Se avete un uovo fresco sbattetene bene il torlo in una tazza in forma di ciotola con due o tre cucchiaini di zucchero in polvere, poi montate soda la chiara ed unitela mescolando in modo che non ismonti. Mettete la tazza avanti al bambino con fettine di pane da intingere, colle quali si farà i baffi gialli e lo vedrete contentissimo.

E magari i pasti dei bambini fossero tutti innocui come questo, ché per certo ci sarebbero allora meno isterici e convulsionari nel mondo! Voglio dire degli alimenti che urtano i nervi, come il caffè, il the, il vino, e di altri prodotti, fra cui il tabacco, i quali, per solito, più presto che non converrebbe, entrano a far parte nel regime della vita domestica.

720. BUDINO DI PANE E CIOCCOLATA

È un budino da famiglia; non vi aspettate quindi di sentire cosa squisita.

Pane comune fine, grammi 100.
Zucchero, grammi 70.
Cioccolata, grammi 40.
Burro, grammi 20.
Latte, decilitri 4.
Uova, n. 3.

Versate il latte bollente sopra il pane tagliato a fette sottili. Dopo due ore circa d'infusione passatelo dallo staccio per renderlo tutto unito; poi mettetelo al fuoco collo zucchero, il burro e la cioccolata grattata. Rimestate il composto spesso, fatelo bollire alquanto e lasciatelo diacciare. Aggiungete allora le uova, mettendo prima i rossi e quindi le chiare montate; cuocetelo a bagnomaria in uno stampo liscio unto col burro e servitelo freddo. Per dargli più bell'aspetto non sarebbe male di coprirlo, dopo sformato, con una crema.

Questa dose potrà bastare per cinque persone.

721. MELE ALL'INGLESE

Questo piatto potreste anche chiamarlo *pasticcio di mele*, ché il nome non sarebbe improprio.

Prendete mele rose o di altra qualità duràcine, levate loro il torsolo con un cannello di latta, sbucciatele e tagliatele a fette rotonde e sottili. Poi mettetele al fuoco con l'acqua sufficiente a cuocerle e un pezzetto di cannella. Quando saranno a mezza cottura versate tanto zucchero da renderle dolci e un poco di candito a pezzettini.

Prendete un piatto di rame od un vassoio di porcellana che regga al fuoco, versatele nel medesimo, copritele con pasta frolla, mettetele in forno o nel forno da campagna, e servitele calde per dolce.

Rossi d'uovo, n. 3.
Zucchero in polvere, grammi 30.
Vino di Cipro, di Marsala, o di Madera, decilitri 1½ pari a nove cucchiaiate circa.

Doppia dose potrà bastare per otto persone. Se lo desiderate più spiritoso aggiungete una cucchiaiata di rhum; anche un cucchiaino di cannella in polvere non ci sta male. Lavorate prima con un mestolo i rossi d'uovo collo zucchero finché sieno divenuti quasi bianchi, aggiungete il liquido, mescolate, ponetelo sopra un fuoco ardente frullandolo continuamente e guardandovi dal farlo bollire perché impazzirebbe; levatelo appena comincia ad alzare.

Meglio, io credo, sia il servirsi della cioccolatiera.

SIROPPI

I siroppi di frutta acidule, sciolti nell'acqua fresca o gelata, sono bibite piacevoli e refrigeranti, molto opportune negli estivi ardori; ma è bene farne uso dopo compiuta la digestione perché, essendo alquanto pesanti allo stomaco pel molto zucchero che contengono, facilmente la disturbano.

723. SIROPPO DI LAMPONE

La delicata fragranza di questo frutto (il *framboise* dei Francesi) lo costituisce il re dei siroppi. Dopo avere disfatto bene il frutto colle mani, si opera nella stessa guisa del n. 725 colle stesse proporzioni di zucchero e d'acido citrico; se non che, contenendo questo frutto meno glutine del ribes, il periodo della fermentazione sarà più breve. Se poi mi domandaste perché questi siroppi richiedono tanto zucchero, risponderei che ciò è necessario per la loro conservazione; e che per correggere il soverchio dolciume, si è ricorso all'acido citrico.

724. ACETOSA DI LAMPONE

Questa acetosa si forma sostituendo all'acido citrico aceto di vino d'ottima qualità, che va versato nel siroppo di lampone quando si leva dal fuoco. La dose dell'aceto regolatela coll'assaggio, ponendone cioè, poco da prima ed assaggiando il siroppo in due dita d'acqua per aumentarne la dose al bisogno. Questa bibita riescirà più rinfrescante delle altre ed ugualmente piacevole.

725. SIROPPO DI RIBES

Questo frutto, contenendo in sé molto glutine, richiede una lunga fermentazione; tantoché se sciogliete dello zucchero nel succo del ribes appena spremuto e lo mettete al fuoco, otterrete non uno siroppo, ma una gelatina.

Disfate il ribes ne' suoi grappolini come fareste ammostando l'uva e lasciatelo in luogo fresco entro un vaso di terra o di legno. Quando avrà cominciato a fermentare (il che può avvenire anche dopo tre o quattro giorni) affondatene il cappello e rimestatelo con un mestolo due volte al giorno, continuando questa operazione finché avrà cessato di alzare. Poi passatelo per canovaccio a poco per volta, strizzandolo bene colle mani, se non avete uno strettoio, e passate il succo spremuto da un filtro anche due o tre volte, e più se occorre, per ottenere un liquido limpidissimo. Ponetelo quindi al fuoco e, quando comincia ad entrare in bollore, versate lo zucchero e l'acido citrico nelle seguenti proporzioni:

Liquido, chilogrammi 3.
Zucchero in polvere bianchissimo, chilogrammi 4.
Acido citrico, grammi 30.

Girate continuamente il mestolo onde lo zucchero non si attacchi, fatelo bollir forte per due o tre minuti, assaggiatelo per aggiungere altro acido citrico, se occorre, e quando è diaccio imbottigliatelo e conservatelo in cantina.

Vi avverto che il bello di questi siroppi, è la limpidezza e per ottenerla è bene abbondare nella fermentazione.

726. SIROPPO DI CEDRO

Limoni di giardino, n. 3.
Zucchero bianco fine, grammi 600.
Acqua, un bicchiere da tavola che corrisponde a decilitri 3 circa.

Levate dai limoni, senza strizzarla, la polpa interna nettandola bene dalle pellicole e dai semi.

Mettete l'acqua al fuoco colla buccia di uno dei detti limoni tagliata a nastro e sottilmente col temperino e quando comincia a bollire versate lo zucchero. Aspettate che dia qualche bollore, poi levate la buccia e versate la polpa dei limoni. Fate bollire finché il siroppo siasi ristretto e cotto al punto, il che si conosce dalla perla che fa bollendo e dal colore di vino bianco che acquista.

Conservatelo in vaso possibilmente di vetro, per prenderlo a cucchiaiate e scioglierlo nell'acqua fresca: si ottiene così una bibita eccellente e rinfrescante la quale resto meravigliato che manchi fra le bibite dei caffè, in diverse province d'Italia.

727. MARENA

Prendete ciliege marasche vere, le quali, benché mature, devono essere molto agre. Levatene i gambi e disfatele come l'uva quando si pigia per fare il vino; poi mettete da parte una manciata di noccioli per l'uso che vi dirò in appresso e riponete le ciliege con un bel pezzo di cannella intera in luogo fresco, entro a un vaso di terra per aspettarne la fermentazione, la quale deve durare almeno quarantott'ore; ma dal momento che le ciliege hanno cominciato ad alzare, affondatele e mescolatele di quando in quando. Ora occorrerebbe uno strettoio per estrarne il sugo; ma, se manca, servitevi delle mani strizzando le ciliege a poche per volta entro a un canovaccio rado.

Il bello di questi siroppi, come vi ho detto, è la limpidezza, e però quando il sugo ha riposato decantate la parte chiara, e l'altra che resta passatela più volte per filtro di lana. Ottenuto così il liquido depurato, mettetelo al fuoco nelle seguenti proporzioni e col rammentato pezzo di cannella.

Sugo depurato, chilogrammi 6.
Zucchero bianchissimo in polvere, chilogrammi 8.
Acido citrico, grammi 50.

Per versare lo zucchero e l'acido citrico aspettate che il liquido sia ben caldo e poi mescolate spesso onde lo zucchero non si depositi in fondo e non prenda di bruciato. La bollitura dev'esser breve; quattro o cinque minuti sono bastanti a incorporare lo zucchero nel liquido.

Una bollitura prolungata farebbe perdere l'aroma al frutto, mentre che una insufficiente produrrebbe col tempo la deposizione dello zucchero. Quando levate la marena dal fuoco, versatela in vaso di terra e imbottigliatela diaccia. Tappate le bottiglie con sughero senza catrame e conservatele in cantina dove tanto la marena che i siroppi si manterranno inalterati anche per qualche anno.

Per ultimo v'indicherò l'uso dei noccioli su ricordati, Questi asciugateli al sole, poi stiacciateli e levatene grammi 30 di mandorle, le quali pesterete finissimo in un mortaio e mescolerete alle ciliege prima della fermentazione. Col loro grato amarognolo queste mandorle servono a dar più grazia al siroppo.

728. MARENA DA TRASTULLARSI

La marena più signorile è quella sopra descritta, ma se la desiderate da bere e da mangiare, come usa in alcuni paesi, mescolate in quella precedentemente descritta delle ciliege giulebbate nella proporzione seguente.

Ciliege marasche, chilogrammi 1,500.
Zucchero finissimo in polvere, chilogrammi 2.

Levate i gambi alle ciliege e tenetele al sole per cinque o sei ore. Poi mettetele al fuoco con un pezzetto di cannella e quando avranno buttato una certa quantità di umido, versate in esse lo zucchero, avvertendo di mescolare adagio per conservare le ciliege intere. Quando saranno divenute grinzose ed avranno preso il color bruno levatele e servitevene per l'uso indicato.

729. ORZATA

Mandorle dolci con 10 o 12 amare, grammi 200.
Acqua, grammi 600.
Zucchero bianco, fine, grammi 800.
Acqua di fior d'arancio, due cucchiaiate.

Sbucciate le mandorle e pestatele nel mortaio, bagnandole ogni tanto coll'acqua di fior d'arancio.

Allorché saranno ridotte a pasta impalpabile, scioglietele con un terzo della detta acqua e passatene il sugo da un canovaccio strizzandolo bene. Rimettete nel mortaio la pasta asciutta rimasta nel canovaccio, macinatela col pestello; poi scioglietela con un altro terzo dell'acqua e passatene il sugo. Ripetete la stessa operazione per la terza volta, mettete al fuoco tutto il liquido ottenuto, e quando sarà ben caldo versate lo zucchero, rimestatelo e fatelo bollire per venti minuti circa. Diaccio che sia, imbottigliatelo e conservatelo in luogo fresco. Se fatta in questo modo, vedrete che l'orzata non fermenta e potrete conservarla a lungo, ma però non quanto i siroppi di frutta. Oltre a ciò viene di tale sostanza che pochissima, sciolta in un bicchier d'acqua, basta per ottenere una bibita eccellente e rinfrescante. Fatta coi semi di popone, viene anche più delicata.

730. CLARET CUP (BIBITA INGLESE)

Per questa bibita, che merita di esser descritta perché piacevole e di facile esecuzione, occorre vino rosso di ottima qualità. Può servire tanto il bordò quanto il chianti, il sangiovese e simili.

Vino, decilitri 5.
Acqua, decilitri 5.
Limoni, n. 5.
Zucchero bianco, grammi 500.

Fate bollire lo zucchero nell'acqua cinque minuti. Tolto dal fuoco, strizzate in questo siroppo i limoni e versateci il vino, poi passatelo da un pannolino. Rimettetelo al fuoco per farlo bollire adagio 25 minuti e diaccio che sia imbottigliatelo. Servitevene allungato coll'acqua e raffrescato col ghiaccio in estate. Dovendolo conservare a lungo, tenetelo in cantina.

731. SAPA

La sapa, ch'altro non è se non un siroppo d'uva, può servire in cucina a diversi usi poiché ha un gusto speciale che si addice in alcuni piatti. È poi sempre gradita ai bambini che nell'inverno, con essa e colla neve di fresco caduta, possono improvvisar dei sorbetti.

Ammostate dell'uva bianca, possibilmente di vigna, di buona qualità e ben matura, e quando sarà in fermentazione da circa ventiquattr'ore, estraetene il mosto e passatelo da un canovaccio. Mettete questo mosto al fuoco e fatelo bollire per molte ore fino a consistenza di siroppo, che conserverete in bottiglie.

CONSERVE

Le conserve e le gelatine di frutta fanno molto comodo nelle famiglie, perché entrano spesso nella composizione dei piatti dolci, sono gustate dalle signore alla fine di una colazione e, spalmate sul pane, sono un ottimo spuntino, nutriente e salubre, pei bambini.

732. CONSERVA DI POMODORO SENZA SALE

Se questo prezioso frutto della famiglia delle solanacee (*Solanum lycopersicum*), originario dell'America meridionale, fosse più raro, costerebbe quanto e più dei tartufi. Il suo sugo si marita con tante vivande e fa ad esse così ottima compagnia, che merita conto di spendere qualche fatica per ottenerne una buona conserva. Molti sono i metodi per farla ed ognuno dà la preferenza al suo: io vi descriverò quello da me adottato e che seguo da molti anni perché me ne trovo bene.

Prendete pomodori di campo, perché quelli d'orto sono più acquosi, e preferite i piccoli ai grossi. Stiacciateli così all'ingrosso e metteteli al fuoco di legna in una caldaia di rame non stagnata e non abbiate paura perché l'acido non attacca il rame se non quando è fuori dal fuoco e perde il calore dell'ebollizione. Se non fosse così, io avrei sentito i sintomi del veleno almeno un centinaio di volte. Quando saranno cotti disfatti versateli in un sacco a spina ben fitto tenuto sospeso e gettata che abbiano l'acqua passateli per istaccio onde nettarli dai semi e dalle bucce strizzandoli bene.

Lavate con accuratezza la caldaia e rimetteteli al fuoco per restringerli quanto basta, e per conoscere poi il punto preciso della consistenza che deve avere la conserva (e qui sta la difficoltà) versatene qualche goccia in un piatto e se vedrete che non iscorre e non presenta sierosità acquosa all'intorno, vorrà dire che codesto è il punto giusto della cottura. Allora imbottigliatela e anche qui avrete un'altra prova della sua sufficiente densità, se la vedrete scendere con difficoltà per l'imbuto.

Per avere una conserva con meno cottura, e quindi più liquida e naturale, viene usato l'acido salicilico che nella proporzione di grammi 3 ogni litri 2 ⅓ di sugo, si dice innocuo, ma io finora mi ero astenuto dal farne uso, sapendo che il Governo, per misura igienica, ne aveva vietato lo smercio. Facendone uso quotidiano prudenza vorrebbe di non usarlo.

Le bottiglie preferitele piccole per consumarle presto; ma possono star manomesse anche 12 o 13 giorni senza che la conserva ne soffra. Io mi servo di quelle bianche che vengono in commercio coll'acqua di Recoaro e in mancanza di queste, di mezze bottiglie nere da birra. Turatele con tappi di sughero messi a mano, ma che sigillino bene e legateli con lo spago, avvertendo di lasciare un po' d'aria fra il tappo e il liquido. Qui l'operazione sembrerebbe finita, ma c'è un'appendice la quale benché breve è pur necessaria. Collocate le dette bottiglie in una caldaia framezzo a fieno, a cenci o ad altre cose simili, onde stiano strette fra loro, e versate nella caldaia tanta acqua che arrivi fino al collo delle bottiglie e fatele fuoco sotto. State osservando che presto il tappo delle bottiglie darà cenno di alzare e di schizzar via se non fosse legato e allora cessate il fuoco, ché l'operazione è davvero finita. Levate le bottiglie quando l'acqua è diaccia o anche prima, ripigiate con un dito i tappi smossi per rimetterli al posto e conservate le bottiglie in cantina. Non hanno bisogno di essere incatramate perché se la conserva è fatta bene non fermenta; ma se fermentasse e le bottiglie scoppiassero, dite pure che vi è rimasta tropp'acqua per poca cottura.

Ho sentito dire che mettendo a riscaldare le bottiglie vuote entro a una stufa e riempiendole quando sono ben calde non occorre far bollire la conserva nelle bottiglie; ma questa prova io non l'ho fatta.

Vi raccomando molto la conserva di pomodoro fatta in questa maniera, perché vi sarà di gran vantaggio nella cucina; però meglio di questo è il sistema detto *preparazione nel vuoto,* mediante il quale si conservano freschi ed interi i pomodori in vasi di latta. A questa piccola industria, che dava saggio di buona riuscita in Forlì, ove erasi iniziata, auguravo prospera sorte; ma ohimé che nacque un guaio! Il Fisco le saltò subito addosso con una tassa, e il povero industriale mi disse che pensava di smettere.

733. CONSERVA DOLCE DI POMODORO

Sembra dal titolo una conserva delle più strane, ma alla prova non riesce men degna di molte altre.

Ch'ogni erba si conosce per lo seme,

dice Dante, e però se in questa conserva non rimane qualche semino, che ne faccia la spia, nessuno indovinerà di che sia composta.

Pomodori, chilogrammi 1.
Zucchero bianco, grammi 300.
Il sugo di un limone.
Odore di vainiglia e di scorza di limone.

I pomodori per quest'uso devono essere molto maturi, polputi e possibilmente rotondi. Metteteli in molle nell'acqua ben calda per poterli sbucciar facilmente, dopo sbucciati, tagliateli per metà e col manico di un cucchiaino levate i semi. Sciogliete lo zucchero al fuoco in due dita (di bicchiere) d'acqua, poi gettateci i pomodori, il sugo del limone e un poco della sua buccia grattata. Durante la bollitura a fuoco lento e a cazzaruola scoperta, andate rimestando alquanto, e se apparisse qualche seme rimasto levatelo. Per ultimo datele l'odore con zucchero vanigliato e levatela quando sarà giunta alla consistenza delle conserve comuni.

In questa conserva è difficile precisare la quantità dello zucchero, perché dipende dalla più o meno acquosità dei pomodori. Fatene doppia dose perché scema di molto.

734. CONSERVA DI ALBICOCCHE

Se la conserva di susine è la peggiore di tutte, questa è invece una delle più gentili e però incontra il gusto generale.

Prendete albicocche ben mature e di buona qualità, essendo un errore il credere che con frutta scadente si possa ottenere lo stesso effetto; levate loro il nocciolo, mettetele al fuoco senz'acqua e mentre bollono disfatele col mestolo per ridurle a poltiglia. Quando avranno bollito mezz'ora circa, passatele dallo staccio onde nettarle dalle bucce e dai filamenti; poi rimettetele al fuoco con zucchero bianco fine e in polvere nella proporzione di otto decimi e cioè grammi 800 di zucchero per ogni chilogrammo di albicocche passate. Rimovetele spesso col mestolo fino alla consistenza di conserva, la quale si conosce versandone di quando in quando una cucchiaiatina in un piatto, sul quale dovrà scorrere lentamente. Versatela calda nei vasi e quando sarà diaccia copritela con la carta oliata dei salumai aderente alla conserva, e turate la bocca del vaso con carta grossa legata con lo spago all'intorno.

La conserva di pesche si fa nella stessa maniera con pesche burrone ben mature.

735. CONSERVA DI SUSINE

Benché la conserva di susine sia una delle meno apprezzate, pure, vedendo che molti l'usano, non sarà male indicarvi come si può fare.

Qualunque varietà può essere al caso, ma sono da preferirsi susine claudie mature. Levate alle medesime il nocciolo e dopo pochi minuti di bollitura passatele dallo staccio e rimettetele al fuoco con zucchero bianco in polvere nella proporzione di grammi 60 di zucchero per ogni 100 grammi di susine in natura, cioè come vengono dalla pianta.

Se dopo un certo tempo le conserve vi fanno la muffa, sarà indizio certo di poca cottura; allora riparate con rimetterle al fuoco. Io le invecchio talvolta fino a 4 o 5 anni senza che perdano, o ben poco, di perfezione.

736. CONSERVA DI MORE

Questa conserva ha la rinomanza di calmare il dolor di gola ed è piacevole a mangiarsi.

More, chilogrammi 1.
Zucchero bianco, grammi 200.

Le more disfatele con le mani e mettetele a bollire per circa dieci minuti. Poi passatele dallo staccio e rimettetele al fuoco col detto zucchero per ridurle a consistenza delle conserve di frutta.

737. CONSERVE DI RIBES E LAMPONE

Per la conserva di ribes avete la ricetta della Gelatina di ribes n. 739 e questa basta. Per la conserva di lampone mettetelo al fuoco così naturale senza fermentazione e quando avrà bollito una ventina di minuti passatelo dallo staccio, pesatelo così netto dai semi e rimettetelo al fuoco con altrettanto zucchero bianco in polvere, facendolo bollire fino a cottura di conserva che conoscerete con le norme già indicatevi.

La conserva di lampone, messa in poca quantità, a me sembra che si presti più d'ogni altra per ripieno ai pasticcini di pasta sfoglia.

738. GELATINA DI COTOGNE

Prendete cotogne di buccia gialla, che sono più mature delle verdi, tagliatele a fette grosse mezzo dito, escludendo il torsolo. Ponetele al fuoco coperte d'acqua e, senza toccarle mai col mestolo, fatele bollire coperte finché non sieno ben cotte. Versatele allora in uno staccio fitto fitto sopra una catinella per raccogliere tutta l'acqua senza strizzarle. Pesate cotest'acqua e rimettetela al fuoco con altrettanto zucchero bianco fine e fatela bollire a cazzaruola scoperta, nettandola dalla schiuma, fino al condensamento, il che si conosce dalla piccola perla che comincia a fare lo zucchero, oppure se, versatane qualche goccia su di un piatto, non iscorra di troppo.

Con le cotogne rimaste potete fare una conserva come quella del n. 742, cioè con altrettanto zucchero quanto saranno di peso dopo averle passate; ma vi prevengo che riesce poco saporita e poco odorosa.

Le gelatine di frutta stanno bene nei vasetti di vetro ove apparisce meglio il loro colore; come questa, per esempio, che prende un bel colore granato.

739. GELATINA DI RIBES

Come si disse parlando del siroppo di ribes al n. 725 questo frutto contenendo molto glutine, se ne spremete il sugo da un canovaccio e lo mettete al fuoco senza farlo fermentare con 80 parti di zucchero bianco fine per ogni 100 di sugo, ne otterrete, senza troppo farlo bollire, la condensazione in forma di gelatina, la quale, conservata in vasi come le conserve, si presta a guarnir piatti dolci ed è nutrimento leggiero e sano per i convalescenti.

740. CONSERVA DI AZZERUOLE

Le azzeruole, che in alcuni paesi chiamassi *pomi reali,* sono frutta che maturano verso la fine di settembre; ve ne sono delle rosse e delle bianche. Per la conserva preferite le bianche e scegliete le più grosse e le più mature, cioè quelle che hanno perduto il colore verdastro.

Azzeruole, chilogrammi 1.
Zucchero bianco, grammi 800.
Acqua, decilitri 7.

Gettate le azzeruole nell'acqua bollente col loro gambo attaccato, fatele bollire per dieci minuti e, ancora calde, con la punta di un temperino levate loro i noccioli dalla parte del fiore e se qualcuna si sforma rassettatela con le dita e sbucciatele senza levare il gambo. Sciogliete lo zucchero nei 7 decilitri di acqua, che può servire anche quella dove hanno bollito, versateci le azzeruole e quando il siroppo, preso col mestolo, comincia a dar cenno di cadere a goccie levatele col loro liquido e conservatele in vasi. Restano come candite e sono molto buone.

741. CONSERVA SODA DI COTOGNE

Le mamme provvide dovrebbero far buon conto delle conserve di frutta non foss'altro per appagar qualche volta la golosità dei loro bambini, spalmandole sopra fette di pane.
Alcuni suggeriscono di mettere le cotogne al fuoco colla buccia onde conservino più fragranza; ma non mi sembra cosa necessaria perché dell'odore questo frutto ne dà ad esuberanza e poi ci si risparmia l'incomodo di passarle.

Mele cotogne, nette dalla buccia e dal torsolo, grammi 800.
Zucchero bianco fine, grammi 500.

Sciogliete lo zucchero al fuoco con mezzo bicchiere di acqua, fatelo bollire un poco e lasciatelo da parte.
Tagliate le mele cotogne a sottilissime fette e mettetele al fuoco con un bicchiere d'acqua in una cazzaruola di rame. Tenetele coperte, ma rimestatele spesso cercando di tritarle e schiacciarle col mestolo. Quando saranno divenute tenere per cottura, versateci il già preparato siroppo di zucchero, mescolate spesso e lasciate bollire a cazzaruola scoperta finché la conserva sia fatta, il che si conosce quando comincia a cadere a stracci presa su col mestolo.

742. CONSERVA LIQUIDA DI COTOGNE

Fatta nella seguente maniera si può conservar liquida per distenderla sul pane.
Tagliate le cotogne a spicchi, levate la parte dura del torsolo, lasciate loro la buccia e dopo averle pesate mettetele al fuoco coperte d'acqua.

Quando saranno ben cotte passatele e rimettetele al fuoco con l'acqua ove hanno bollito e tanto zucchero bianco in polvere quanto era il loro peso da crude, aspettando di versarlo quando sono in bollore. Rimestate spesso e allorché (versatane qualche gocciola in un piatto) non la vedrete scorrer troppo, levatela.

743. CONSERVA DI ARANCI

Aranci, n. 12.
Un limone di giardino.
Zucchero bianco fine, quanto è il peso degli aranci.
Acqua, metà del peso degli aranci.
Rhum genuino, quattro cucchiaiate.

Con le punte di una forchetta bucate tutta la scorza degli aranci, poi teneteli in molle per tre giorni cambiando l'acqua sera e mattina. Il quarto giorno tagliateli a metà ed ogni metà a filetti grossi mezzo centimetro circa, gettandone via i semi. Pesateli e solo allora regolatevi per lo zucchero e per l'acqua nelle proporzioni indicate. Metteteli al fuoco da prima colla sola acqua e dopo dieci minuti di bollitura aggiungete il limone tagliato come gli aranci. Subito dopo versate lo zucchero e rimestate continuamente finché il liquido non avrà ripreso il forte bollore, perché altrimenti lo zucchero precipita al fondo e potrebbe attaccarsi alla cazzaruola.

Per cogliere il punto della cottura, versatene a quando a quando qualche goccia su di un piatto, soffiateci sopra e se stenta a scorrere levatela subito. Aspettate che sia tiepida per aggiungere il rhum, e versatela nei vasi per custodirla come tutte le altre conserve di frutta, avvertendovi che questa ha il merito di possedere una virtù stomatica.

Del limone si può fare anche a meno.

744. CONSERVA DI ARANCI FORTI

Vediamo se mi riesce di appagare anche coloro che desiderano sapere come regolarsi se si trattasse di conserva di aranci forti, i quali sanno tanto di amaro.

Fate bollire gli aranci forti nell'acqua finché si lascino passar facilmente da parte a parte con uno stecco. Tolti dall'acqua bollente gettateli nella fredda e teneteceli per due giorni, cambiando spesso l'acqua. Tagliateli poi come i precedenti, nettandoli dai semi e da quei filamenti bianchi che si trovano nell'interno. Dopo pesateli e metteteli al fuoco senz'acqua con grammi 150 di zucchero bianco fine per ogni 100 grammi di frutto. Fate bollire adagio e state attenti che il siroppo non si condensi troppo, ché altrimenti gli aranci induriscono.

745. CONSERVA DI ROSE

La rosa, questa regina dei fiori, che in Oriente ha la sua splendida reggia, fra i molti suoi pregi non sapevo che avesse pur quello singolare di trasformarsi in una buona e profumata conserva.

Fra le tante sue specie e varietà, quella che io apprezzo e ammiro di più è la rosa dalla borraccina poiché, quando i suoi boccioli cominciano a schiudersi e li considero bene, risvegliano in me, come probabilmente negli altri, l'idea simbolica della pudica verginella e forse furono essi che ispirarono all'Ariosto le bellissime ottave:

La verginella è simile alla rosa,
Ch'in bel giardin sulla nativa spina
Mentre sola e sicura si riposa,
Né gregge né pastor se le avvicina:
L'aura soave e l'alba rugiadosa,
L'acqua, la terra al suo favor s'inchina;
Giovani vaghi e donne innamorate
Amano averne e seni e tempie ornate.
Ma non sì tosto dal materno stelo
Rimossa viene, e dal suo ceppo verde,
Che quanto avea dagli uomini e dal cielo
Favor, grazia e bellezza, tutto perde.
La vergine che 'l fior, di che più zelo
Che de' begli occhi e della vita aver de',
Lascia altrui corre, il pregio ch'avea innanti
Perde nel cor di tutti gli altri amanti.

Una buona e vecchia signora, la cui memoria porto scolpita nel cuore, coltivava a preferenza questa specie di rose nel suo giardino, e sapendo la mia predilezione per quei vaghi e poetici fiori, ogni anno a maggio me ne donava. La stagione più opportuna per fare questa conserva è quando le rose sono in piena fioritura dai 15 di maggio ai 10 di giugno. Occorrono rose dette *maggesi,* che sono di colore roseo ed odorose. Sfogliatele e recidete ad ogni foglia la punta gialliccia che trovasi in fondo alla medesima gettandola via e, per far questa operazione con meno perdita di tempo, prendete con la sinistra tutto il ciuffo, ossia la corolla della rosa, e con la destra, armata di forbici, tagliatela giro giro poco più sopra della base del calice. Ecco le dosi:

Zucchero bianco, fine, grammi 600.
Foglie di rose al netto, grammi 200.
Acqua, decilitri 6.
Un mezzo limone.
Breton, un cucchiaino.

Ponete le rose in una catinella con grammi 200 del detto zucchero e il sugo del mezzo limone e con le mani strofinatele, tritatele più che potete per ridurle quasi una pasta. Sciogliete al fuoco il resto dello zucchero nell'acqua suddetta e gettatecele per farle bollire fino a che il siroppo sia condensato, il che si conosce se, prendendone una goccia fra le dita, comincia ad appicciare; ma badate che non arrivi a fare il filo. Prima di ritirarle dal fuoco date loro il colore col *breton,* del quale potete fare anche a meno, se al bel colore non ci tenete. È il *breton* un liquido vegetale rosso, innocuo, così chiamato dal suo inventore, per colorire ogni sorta di dolci.

Codesto, che vi ho descritto, è il modo più semplice e da me preferito per fare la conserva di rose, ma le foglie rimangono durettine. Volendole più tenere bisognerebbe farle bollir prima nell'acqua indicata per cinque minuti, levarle, strizzarle e pestarle nel mortaio il più possibile coi 200 grammi dello zucchero e il sugo del limone, poi sciogliere nella stessa acqua il rimanente zucchero, gettarvi le rose pestate e pel resto regolarsi come si è detto.

Quando la conserva è diaccia ponetela nei vasetti per conservarla come tutte le altre consimili.

LIQUORI

746. ROSOLIO DI PORTOGALLO

Zucchero bianco finissimo, grammi 650.
Acqua, grammi 360.
Spirito di vino a gradi 36, grammi 250.
Zafferano, una presa.
Aranci, n. 1.

Levate col temperino la buccia superficiale all'arancio e ponetela nello spirito collo zafferano, entro a un vaso coperto di carta perforata, lasciandovela per tre giorni. Versate in un altro vaso lo zucchero nell'acqua, agitandolo di quando in quando onde si sciolga bene e nel quarto giorno mescolate i due liquidi insieme e lasciateli in riposo per altri otto giorni; al termine di questi passate il rosolio per pannolino, filtratelo per carta o per cotone e imbottigliatelo.

747. ROSOLIO DI CEDRO

Zucchero bianco fine in polvere, grammi 800.
Acqua piovana oppure di fonte, litri 1.
Spirito forte, decilitri 8.
Limoni di giardino alquanto verdognoli, n. 3.

Versate lo zucchero nell'acqua e agitatelo ogni giorno finché sia sciolto. Grattate in pari tempo la scorza dei limoni e tenetela infusa in due decilitri del detto spirito per otto giorni; per tre o quattro giorni rimescolatela spesso, e d'inverno serbatela in luogo riparato dal freddo. Dopo otto giorni passate l'infuso dei limoni da un pannolino bagnato, strizzatelo bene e l'estratto mescolatelo coi restanti sei decilitri di spirito e lasciatelo riposare per ventiquattr'ore. Il giorno appresso mescolate ogni cosa insieme, versate il liquido in un fiasco, che a quando a quando andrete scuotendo, e dopo quindici giorni passatelo per carta oppure più volte per cotone. Questo va messo in fondo all'imbuto e in mezzo ad esso fateci passare uno stecco di scopa a più rami nella parte superiore onde dia adito al liquido di passare.

748. ROSOLIO D'ANACI

Si fa nella stessa guisa del precedente. L'infuso invece di scorza di limone fatelo con grammi 50 d'anaci di Romagna, e dico di Romagna perché questi, per grato sapore e forte fragranza sono, senza esagerazione, i migliori del mondo; ma prima di servirvene gettateli nell'acqua per nettarli dalla terra che probabilmente contengono, essendovi a bella posta frammista per adulterar quella merce. Fu uno scellerato che io ho conosciuto, perché era dagli onesti segnato a dito, colui il quale trovò pel primo quella infame industria, saranno ormai sessant'anni. Coloro che seguono le sue traccie, e sono molti, si servono di una terra cretacea del colore stesso degli anaci, la mettono in forno a seccare, poi la vagliano per ridurla in granelli della grossezza medesima e la mescolano a quella merce nella proporzione del 10 e fino del 20 per cento.

Qui verrebbe opportuna una tiratina di orecchi a coloro che adulterano per un vile e malinteso guadagno, i prodotti del proprio paese, senza riflettere al male che fanno, il quale ridonda il più delle volte a danno di loro stessi. Non pensano allo scredito che recano alla merce, alla diffidenza che nasce e al pericolo di alienarsi i committenti. Ho sempre inteso dire che l'onestà è l'anima del commercio, e Beniamino Franklin diceva che se i briccони conoscessero tutti i vantaggi derivanti dall'esser onesti sarebbero galantuomini per speculazione.

La mia lunga esperienza della vita mi ha dimostrato che l'onestà, nel commercio e nelle industrie, è la più gran virtù per far fortuna nel mondo.

Un soldato del primo impero mi diceva di aver letto sul barattolo di uno speziale a Mosca: *Anaci di Forlì*. Non so se fuori d'Italia sieno conosciuti con questo nome; ma i territori ove si coltiva questa pianta della famiglia delle ombrellifere, sono esclusivamente quelli di Meldola, di Bertinoro e di Faenza, verso Brisighella.

749. ROSOLIO TEDESCO

Non vi sgomenti la composizione strana di questo rosolio, che vi riuscirà facile alla prova, chiaro come l'acqua e di gusto gradevole.

Spirito di vino del migliore, grammi 500.
Zucchero bianco a velo, grammi 500.
Latte, mezzo litro.
Un limone di giardino.
Mezzo baccello di vainiglia.

Sminuzzate tutto intero il limone togliendone i semi e unendovi la buccia che avrete grattata in precedenza, dividete in piccoli pezzetti la vainiglia, mescolate poi tutto il resto insieme entro a un vaso di vetro e vedrete che subito il latte impazzisce. Agitate il vaso una volta al giorno e dopo otto giorni passatelo per pannolino e filtratelo per carta.

750. NOCINO

Il nocino è un liquore da farsi verso la metà di giugno, quando le noci non sono ancora giunte a maturazione. È grato di sapore ed esercita un'azione stomatica e tonica.

Noci (col mallo), n. 30.
Spirito, litri uno e mezzo.
Zucchero in polvere, grammi 750.
Cannella regina tritata, grammi 2.
Chiodi di garofano interi, 10 di numero.
Acqua, decilitri 4.
La corteccia di un limone di giardino a pezzetti.

Tagliate le noci in quattro spicchi e mettetele in infusione con tutti i suddetti ingredienti in una damigiana od un fiasco della capacità di quattro o cinque litri. Chiudetelo bene e tenetelo per quaranta giorni in luogo caldo scuotendo a quando a quando il vaso.

Colatelo da un pannolino e poi, per averlo ben chiaro, passatelo per cotone o per carta, ma qualche giorno prima assaggiatelo, perché se vi paresse troppo spiritoso potete aggiungervi un bicchier d'acqua.

751. ELISIR DI CHINA

Non tutte le ricette che io provo le espongo al pubblico: molte ne scarto perocché non mi sembrano meritevoli; ma questo elisir che mi ha soddisfatto molto, ve lo descrivo.

China peruviana contusa, grammi 50.
Corteccia secca di arancio amaro contusa, grammi 5.
Spirito di vino, grammi 700.
Acqua, grammi 700.
Zucchero bianco, grammi 700.

Mescolate dapprima grammi 250 del detto spirito con grammi 150 della detta acqua, e in questa miscela mettete in infusione la china e la corteccia d'arancio, tenendola in luogo tiepido una diecina di giorni, agitando il vaso almeno una volta al giorno. Poi passatela da un pannolino strizzando forte onde n'esca tutta la sostanza, e filtratela per carta. Fatto ciò sciogliete lo zucchero al fuoco nei rimanenti grammi 550 di acqua senza farlo bollire e passatelo dal setaccio, o meglio da un pannolino, per nettarlo da qualche impurità se vi fosse. Aggiungete i rimanenti grammi 450 di spirito, mescolate ogni cosa insieme e l'elisir sarà fatto. Prima di filtrarlo assaggiatelo e se vi paresse troppo forte aggiungete acqua.

752. PONCE DI ARANCIO

Rhum, litri 1 ½.
Spirito, litri 1.
Acqua, litri 1.
Zucchero bianco fine, chilogrammi 1.
Sugo di tre aranci.

La buccia grattata di un limone di giardino tenuta in infusione per tre giorni in un decilitro del detto spirito. Mettete al fuoco l'acqua con lo zucchero e fatelo bollire per cinque o sei minuti. Quando sarà diaccio uniteci il rhum, il sugo degli aranci e lo spirito, compreso quello dell'infusione passato per pannolino.

Filtratelo come gli altri liquori e imbottigliatelo. Si usa servirlo acceso in bicchierini.

GELATI

Leggevasi in un giornale italiano che l'arte del gelare appartiene eminentemente all'Italia, che l'origine dei gelati è antica e che i primi gelati a Parigi furono serviti a Caterina dei Medici nel 1533. Aggiungeva che il segreto restò al *Louvre* poiché i pasticcieri, cucinieri e ghiacciatori fiorentini della reggia, non diedero ad alcuno conoscenza della loro arte, di modo che i parigini attesero più di un secolo ancora per gustare il gelato.

Per quante ricerche io abbia fatto onde appurare tali notizie, non mi è riuscito di venirne a capo. Ciò che vi è di positivo su tale argomento è questo, e cioè: che l'uso delle bibite ghiacciate, con l'aiuto della neve e del ghiaccio in conserva, è di origine orientale e rimonta alla più remota antichità e che la moda dei gelati fu introdotta in Francia verso il 1660 da un tal Procopio Coltelli palermitano, il quale aprì sotto il suo nome – *Café Procope* – una bottega a Parigi di faccia al teatro della *Comédie française* ed era quello il luogo di ritrovo di tutti i begli ingegni parigini. La rapida fortuna di questo caffè, ove ai gelati si cominciò a dar la forma di un uovo e di un ovaiuolo al bicchiere che li conteneva, spinse i venditori di limonate e bibite diverse a imitare il suo esempio, e fra essi va ricordato il Tortoni che colla voga dei suoi deliziosi gelati riuscì ad avviare un caffè di fama europea e ad arricchire.

Secondo Ateneo e Seneca attestano, gli antichi costruivano le ghiacciaie per conservare la neve e il ghiaccio, nel modo all'incirca che usiamo noi, cioè: scavando profondamente il terreno e coprendo la neve e il ghiaccio, dopo averli ben pigiati, con rami di quercia e di paglia; ma non conoscevano ancora la virtù del sale che congiunto al ghiaccio rinforza meravigliosamente la sua azione per ridurre in sorbetti ogni qualità di liquori.

Sarete quasi sicuri di dar nel gusto a tutti i vostri commensali se alla fine di un pranzo offrite loro dei sorbetti, oppure un pezzo gelato, specialmente nella stagione estiva. Il gelato, oltre ad appagare il gusto, avendo la proprietà di richiamare il calore allo stomaco, aiuta la digestione. Ora poi che, essendo venute in uso le sorbettiere americane a triplice movimento senza bisogno di spatola, si può gelare con meno impazzamento di prima e con maggiore sollecitudine, sarebbe peccato il non ricorrere spesso al voluttuoso piacere di questa grata bevanda.

Per risparmio di spesa si può recuperare il sale, facendo evaporare al fuoco l'acqua uscita dalla congelazione.

753. PEZZO IN GELO (BISCUIT)

Fate una crema con:

Acqua, grammi 140.
Zucchero, grammi 50.
Rossi d'uovo, n. 4.
Odore di vainiglia.

Mettetela al fuoco, rimestandola continuamente, e quando comincerà ad attaccarsi al mestolo, levatela e montatela colla frusta; se mettesse troppo tempo a montare, tenete la catinella sul ghiaccio, poi versateci a poco per volta due fogli di colla di pesce sciolti al fuoco in un gocciolo d'acqua. Montata che sia, unite alla medesima, adagino, grammi 150 di panna montata e ponete il composto in uno stampo fatto apposta pei pezzi in gelo od anche in una cazzaruola o vaso di rame tutto coperto, lasciandolo gelare per tre ore almeno, framezzo a un grosso strato di ghiaccio e sale. Questa dose potrà bastare per sette od otto persone e sarà un dolce molto gradito.

754. GELATO DI LIMONE

Zucchero bianco fine, grammi 300.
Acqua, mezzo litro.
Limoni, n. 3.

Potendo, è meglio servirsi di limoni di giardino che hanno gusto più grato e maggiore fragranza di quelli forestieri, i quali sanno spesso di ribollito.
Fate bollire lo zucchero nell'acqua, con qualche pezzetto di scorza di limone, per 10 minuti a cazzaruola scoperta. Quando questo siroppo sarà diaccio, spremetegli dentro i limoni, uno alla volta, assaggiando il composto per regolarvi coll'agro; passatelo e versatelo nella sorbettiera.
Questa dose potrà bastare per sei persone.

755. GELATO DI FRAGOLE

Fragole ben mature, grammi 300.
Zucchero bianco fine, grammi 300
Acqua, mezzo litro.
Un grosso limone di giardino.
Un arancio.

Fate bollire lo zucchero nell'acqua per 10 minuti a cazzaruola scoperta. Passate dallo staccio le fragole e il sugo dell'arancio e del limone, aggiungete il siroppo dopo aver passato anche questo, mescolate ogni cosa e versate il composto nella sorbettiera.
Questa dose potrà bastare per otto persone.

756. GELATO DI LAMPONE

Il lampone essendo un frutto che, ad eccezione del suo aroma tutto speciale, è quasi identico alla fragola, per gelarlo regolatevi nella stessa guisa ed escludete l'arancio.

757. GELATO DI PESCHE

Pesche burrone ben mature, del peso, compreso il nocciolo, di grammi 400.
Zucchero, grammi 250.
Acqua, mezzo litro.
Un limone di giardino.
Tre anime tolte dai noccioli delle medesime.

Queste pestatele fra lo zucchero e mettetele a bollire nell'acqua per 10 minuti. Passate la polpa delle pesche, strizzateci il limone e, mescolato ogni cosa, tornate a passare il tutto da uno staccio ben fitto.
Potrà bastare per sei persone.

758. GELATO DI ALBICOCCHE

Albicocche saporose e ben mature, pesate col nocciolo, grammi 300.
Zucchero bianco fine, grammi 200.
Acqua, mezzo litro.
Un limone di giardino.

Fate bollire lo zucchero nell'acqua per 10 minuti, uniteci, quando è diaccio, la polpa delle albicocche passata dallo staccio e il sugo del limone, Tornate a passare il composto avanti di metterlo nella sorbettiera.
Questa è una dose abbondante per quattro persone.

759. GELATO DI CREMA

Servitevi della ricetta n. 685, e cioè fate una crema con

Latte, un litro.
Zucchero, grammi 200.
Rossi d'uovo, n. 8.
Odore di vainiglia.

Sentirete un gelato squisito, mantecato e ben sodo, se saprete manipolarlo.
Questa dose potrà bastare per dieci persone.
Invece dell'odore di vainiglia potete dare alla crema quello de' coriandoli o del caffè bruciato o della mandorla tostata. Pei coriandoli, vedi *Latte alla portoghese,* n. 693;

pel caffè fatene bollire a parte nel latte diversi chicchi contusi, per la mandorla tostata fate un poco di Croccante come quello del n. 617, alquanto più cotto, con grammi
100 di mandorle e grammi 80 di zucchero; pestatelo fine, fatelo bollire a parte in un poco di latte, passatelo ed unitelo alla crema.

760. GELATO DI AMARETTI

Latte, un litro.
Zucchero, grammi 200.
Amaretti, grammi 100.
Rossi d'uovo, n. 6.
Odore di zucchero vanigliato.

Pestate finissimi nel mortaio gli amaretti e dopo poneteli in una cazzaruola unen-
doci lo zucchero, i rossi e l'odore; mescolate e versateci il latte a poco per volta. Mettete la cazzaruola al fuoco per condensare il composto come fareste per la crema, indi
versatelo nella sorbettiera per gelarlo.

Sentirete un gelato squisito che può bastare, a buona misura, per otto persone. La
metà dose può servire per quattro ed anche per cinque persone.

761. GELATO DI CIOCCOLATA

Latte, un litro.
Cioccolata fine, grammi 200.
Zucchero, grammi 100.

Grattate la cioccolata e mettetela al fuoco collo zucchero e con quattro decilitri del
detto latte in una cazzaruola ove stia ristretta. Fatela bollire per qualche minuto, frullandola sempre onde si affini. Ritiratela dal fuoco, aggiungete il resto del latte e versate il composto nella sorbettiera quando sarà ghiaccio.

Anche questa dose potrà bastare per dieci persone. Se volete questo gelato più sostanzioso portate la dose dello zucchero a 120 grammi ed uniteci due rossi d'uovo
quando ritirate la cioccolata dal fuoco e non è più a bollore. Mescolate, e rimettetela sul
fornello per qualche minuto e poi, come si è detto, aggiungete il resto del latte.

762. GELATO DI CILIEGE VISCIOLE

Ciliege visciole, chilogrammi 1.
Zucchero, grammi 250.
Acqua, decilitri 2.
Odore di cannella.

Levate i noccioli a grammi 150 delle dette ciliege senza guastarle troppo e mettetele al fuoco con grammi 50 del detto zucchero e con un pezzetto di cannella intera, che

poi getterete via. Quando saranno siroppate, cioè quando avranno perduto il crudo e le vedrete aggrinzite, mettetele da parte. Guastate colle mani i restanti grammi 850 di ciliege, pestate nel mortaio un pugnello de' loro noccioli e rimetteteli tramezzo. Passate poche per volta da un canovaccio, strizzando forte, queste ciliege disfatte, per estrarne il sugo, e gli scarti che restano metteteli al fuoco per dissugarli coi suddetti due decilitri d'acqua, fateli bollire 4 o 5 minuti, poi passateli dallo stesso canovaccio ed il liquido estratto unitelo al precedente. Mettete tutto questo sugo al fuoco con due prese di cannella in polvere e quando sarà per alzare il bollore versate i restanti 200 grammi di zucchero, mescolate, fatelo bollire per due minuti e passatelo dallo staccio, Mettete il sugo passato nella sorbettiera e quando sarà ben gelato mescolategli tramezzo le ciliege siroppate in modo che vengano sparse egualmente, servite il gelato in bicchierini e vedrete che per la sua bontà sarà da tutti gradito.

Questa dose basterà per otto persone.

763. GELATO DI ARANCI

Aranci grossi, n. 4.
Limoni di giardino, n. 1.
Acqua, decilitri 6.
Zucchero, grammi 300.

Strizzate gli aranci e il limone e passatene il sugo. Fate bollire lo zucchero nell'acqua per 10 minuti, versatelo nel sugo, passate il composto dallo staccio un'altra volta e ponetelo nella sorbettiera. Servitelo in bicchierini a calice colla colmatura, o tutto in un pezzo.

Questa dose basterà per otto persone.

764. GELATO DI RIBES

Ve lo do, nel suo genere, per un gelato senza eccezione.

Ribes, grammi 500.
Zucchero, grammi 300.
Ciliege more, grammi 150.
Acqua, mezzo litro.
Un grosso limone di giardino.

Disfate colle mani il ribes e le ciliege, aggiungete il sugo del limone e passate il tutto dallo staccio spremendo bene. Fate bollire lo zucchero nell'acqua per 10 minuti a cazzaruola scoperta per ottenere il siroppo, e quando sarà diaccio mescolatelo nel composto descritto e versatelo nella sorbettiera. Potrà bastare per sette od otto persone, servendolo in bicchierini. Le ciliege, oltre al sapore loro speciale, servono a dare al gelato più bel colore.

765. GELATO DI TUTTI I FRUTTI

Di tutti i frutti per modo di dire, ma bastano tre o quattro qualità, come vedete nella seguente ricetta, sufficiente per quattro persone.

Zucchero, grammi 200.
Albicocche ben mature, pesate col nocciolo, grammi 100.
Lampone, grammi 100.
Ribes, grammi 100.
Cedro candito, grammi 20.
Acqua, mezzo litro.

Fate bollire lo zucchero nell'acqua per dieci minuti, uniteci dopo la polpa delle dette frutta passata dallo staccio, poi il cedro candito tagliato a pezzettini.

Invece delle albicocche possono servire le pesche burrone, e al ribes si possono sostituire le fragole.

766. GELATO DI BANANE

Il banano, *Musa paradisiaca* di Linneo, nel suo paese nativo è volgarmente chiamato *Fico di Adamo,* o *Albero del paradiso terrestre* perché il volgo crede che quello fosse il famoso frutto proibito e che le sue ampie foglie abbiano servito a coprire la nudità di Adamo ed Eva dopo il peccato della disubbidienza.

Nasce nelle due Indie ed il suo frutto è in forma di un grosso baccello simile, in apparenza, ad un cetriuolo di buccia verde, ma liscia, triangolare e falcata. La sua polpa interna è di sapore delicato, ma quando non è giunta ancora a perfetta maturità ha un'azione alquanto astringente; per farne gelati scegliete frutti di buccia giallognola, che allora sono maturi.

Eccovi le dosi di un gelato che ha servito per sei persone.

Banane, n. 4, che sono riuscite, nette dal guscio, grammi 240.
Zucchero bianco, grammi 200.
Un limone di giardino.
Acqua, mezzo litro.

Passate la polpa delle banane dallo staccio, aggiungete a questa il sugo del limone, fate bollire lo zucchero nell'acqua per cinque minuti a cazzaruola scoperta, mescolate ogni cosa insieme e versate il composto nella sorbettiera, non facendo economia di ghiaccio e sale.

767. GELATO DI PISTACCHI

Latte, decilitri 8.
Zucchero, grammi 150.
Pistacchi, grammi 50.
Rossi d'uovo, n. 6.

I pistacchi sbucciateli coll'acqua calda e pestateli finissimi con una cucchiaiata del detto zucchero, poi metteteli in una cazzaruola coi rossi d'uovo e lo zucchero, rimestando il tutto ben bene. Aggiungete il latte e ponete il composto al fuoco girando il mestolo, e quando sarà condensato come la crema versatelo diaccio nella sorbettiera. Questa dose potrà bastare per otto persone. Certuni usano di abbrustolire i pistacchi; io non lo approvo perché perdono il loro gusto particolare.

Mi dicono che, per rinforzare a questo gelato il color verde dei pistacchi, si usa di unirvi un poco di bietola lessata e passata dallo staccio.

768. GELATO DI TORRONE

Latte, un litro.
Zucchero, grammi 250.
Zucca rossa candita, grammi 40.
Cedro candito, grammi 30.
Mandorle, grammi 30.
Pistacchi, grammi 20.
Rossi d'uovo, n. 4.
Odore di vainiglia.

Fate una crema col latte, lo zucchero e i rossi d'uovo, dandole l'odore della vainiglia, e versatela nella sorbettiera. Quando sarà gelata mescolateci dentro gl'ingredienti suddetti. I pistacchi e le mandorle sbucciateli nell'acqua calda; quelli divideteli in tre parti e queste tritatele alla grossezza di una veccia e tostatele. Il candito tagliatelo a laminette e la zucca a dadi grossetti, che essendo rossi faranno più bella mostra.

Se il latte è buono, facendolo bollire per mezz'ora collo zucchero dentro, si può far senza dei rossi d'uovo, ma il composto verrà allora di meno sapore.

Le mandorle in questo e in simili casi vengono meglio tostate nella seguente maniera. Spellate e tritate che sieno mettetele al fuoco con una cucchiaiata del detto zucchero e un gocciolo d'acqua, rimestatele continuamente e quando avranno preso colore fermatele con un altro gocciolo di acqua; versatele quindi in un colino sopra lo zucchero rimasto e servitevene.

769. GELATO DI MARRONI

È un gelato ordinario; ma piace, come per lo più piace a tutti il sapore della castagna, e perciò lo descrivo.

Marroni, grammi 200.
Zucchero, grammi 150.
Latte, mezzo litro.
Odore di vainiglia.

Mettete a bollire i marroni nell'acqua come per farne delle ballotte. Ben cotti, nettateli dalle due buccie e passate la polpa dallo staccio. Questa mettetela al fuoco col latte e lo zucchero e fatela bollire adagio e a cazzaruola scoperta per un quarto d'ora. Date al composto l'odore collo zucchero vanigliato e versatelo nella sorbettiera. Mandatelo in tavola tutto in un pezzo e se dovesse servire per nove o dieci persone raddoppiate la dose.

770. PONCE ALLA ROMANA

Per sei persone.

Questa specie di gelato è di uso recente ne' grandi pranzi e si suole servire avanti all'arrosto perché aiuta la digestione e predispone lo stomaco a ricevere senza nausea il restante dei cibi.

Zucchero, grammi 450.
Acqua, decilitri 5.
Aranci, n. 2.
Limoni, n. 2.
Chiare d'uovo, n. 2.
Rhum, un bicchierino.
Odore di vainiglia.

Fate bollire per cinque o sei minuti grammi 250 del detto zucchero in 4 decilitri della detta acqua, con un poco di scorza di limone e di arancio dentro. Tolto dal fuoco, strizzate in questo siroppo il sugo degli aranci e dei limoni, passatelo da un tovagliuolo e versatelo nella sorbettiera per gelarlo.

Mettete al fuoco i restanti grammi 200 di zucchero nel decilitro d'acqua rimasto, dategli l'odore della vainiglia, e fatelo bollire fino al punto che versandone una goccia in un piatto resti rotonda, e presa fra le dita faccia le fila; ma prima avrete montate ben ferme le due chiare, sulle quali verserete lo zucchero così a bollore, battendole, per formare una pasta unita che getterete, quando sarà diaccia, fra il gelato già pronto, mescolando bene; sul punto di servirlo aggiungete il rhum e mandatelo in tavola nei bicchierini.

771. SPUMONE DI THE

Panna montata, come quella che preparano i lattai, grammi 250.

Acqua, grammi 200.

Zucchero, grammi 100.

The del più buono, grammi 15.

Rossi d'uovo, n. 3.

Colla di pesce, fogli 3.

Versate l'acqua bollente sul the e tenetelo così infuso, in istato quasi di ebollizione, per 40 minuti. Poi passatelo da un pannolino, strizzando forte per estrarne tutto il sapore, e vedrete che apparirà nero come il caffè.

Con questo liquido, coi rossi d'uovo e con lo zucchero farete una crema come quella del n. 753, e regolandovi nella stessa guisa, aggiungerete la colla, poi unirete la crema alla panna montata mescolando adagio e, versato il composto in una forma da gelati, la porrete fra il ghiaccio e il sale come il *biscuít*.

Potrà bastare per otto persone.

772. MACEDONIA

Ben venga la signora *Macedonia,* che io chiamerei con nome paesano *Miscellanea di frutta in gelo,* la quale sarà gradita specialmente negl'infuocati mesi di luglio e di agosto.

Per far questo dolce, se non potete servirvi di uno stampo da gelati, occorre un vaso di bandone in forma di gamella o di tegamino, col suo coperchio che chiuda ermeticamente.

Prendete molte varietà di frutta della stagione, matura e di buona qualità, e cioè: ribes, fragole, lampone, ciliege, susine, albicocche, una pesca, una pera e, cominciando dalle ciliege, tutte le dette frutta sbucciatele e tagliatele a fettine piccole come i semi di zucca all'incirca, gettando via i torsoli e i noccioli. Del ribes pochissimo perché ha semi troppo grossi e duri; invece sarebbe bene unirvi un po' di popone odoroso.

Preparate le frutta in codesto modo, pesatele e, ammesso che sieno in tutto grammi 500, spargeteci sopra grammi 100 di zucchero a velo e il sugo di un limone di giardino. Mescolatele e lasciatele per mezz'ora in riposo.

Ponete un foglio di carta in fondo al detto vaso di bandone, riempitelo distendendovi le frutta pigiate alquanto, chiudetelo e collocatelo in un bigonciolo framezzo a ghiaccio e sale, che vi resti tutto coperto per diverse ore. Se non si sforma naturalmente bagnatelo con acqua calda e servitelo che vedrete farà bella mostra di sé come un pezzo duro gelato e marmorizzato.

Questa è una dose per quattro o cinque persone.

773. GELATO DI LATTE DI MANDORLE

Descrivo per voi, signore di gusto delicato e fine, il seguente gelato, nella persuasione che lo aggradirete molto; ed avendo spesse volte rivolto a voi il pensiero nel compor questi piatti, onde interpretare e sodisfare anche il gusto vostro, così non posso distaccarmi da voi senza augurarvi che conserviate a lungo gl'invidiabili pregi della florida salute e della bellezza.

Zucchero, grammi 200.
Mandorle dolci con 4 o 5 amare, grammi 150.
Acqua, decilitri 8.
Panna, decilitri 2.
Odore di acqua di fior d'arancio o di coriandoli.

Fate bollire lo zucchero nell'acqua per dieci minuti con entro i coriandoli, come nel Latte alla portoghese, n. 693, se per l'odore vi servite di essi. Sbucciate le mandorle, pestatele finissime nel mortaio diluendole con qualche cucchiaiata del siroppo ottenuto e mescolatele al medesimo. Poi passatele da un pannolino rado strizzando bene onde estrarre dalle mandorle tutta la sostanza possibile, ripetendo più volte l'operazione del mortaio, se occorre. Unite la panna al liquido spremuto, gelatelo nella sorbettiera e quando sarà ben sodo servitelo in bicchierini.
Questa dose potrà bastare per nove o dieci persone.

774. ZORAMA

Se vi piacesse di fare un pezzo in gelo, marmorizzato di bianco e nero, eccovi la maniera:
Primieramente mettete in molle nell'acqua fresca tre fogli di colla di pesce e frattanto preparate una crema con:

Zucchero, grammi 100.
Cioccolata in polvere, grammi 80.
Rossi d'uovo, n. 3.
Latte, decilitri 3.

Diaccia che sia uniteci le tre chiare montate e dopo grammi 150 di panna montata, come quella che preparano i lattai, mescolando in modo che il bianco di questa apparisca sparso qua e là. Poi sciogliete al fuoco in un gocciolo d'acqua i detti tre fogli di colla di pesce e questo liquido così caldo spargetelo sul composto mescolando. Indi versatelo nello stampo da gelati o in altro vaso bagnato di rosolio e chiuso ermeticamente, tenendolo per tre o quattro ore contornato e coperto con molto ghiaccio frammisto a sale.
Può bastare per otto persone.

775. CAFFÈ-LATTE GELATO

Nei grandi calori estivi si può gustar con piacere un caffè col latte condensato a granita, nelle proporzioni seguenti:

Latte, un litro.
Caffè, mezzo litro.
Zucchero, grammi 300 che, messo nel latte, potete sciogliere al fuoco.

Versate il composto nella sorbettiera, come per i gelati in genere, e servitelo, quando sarà assodato, in tazze o bicchierini.

COSE DIVERSE

776. CAFFÈ

V'è chi ritiene il caffè originario della Persia, chi dell'Etiopia e chi dell'Arabia Felice; ma di qualunque posto sia, è certamente una pianta orientale sotto forma di un arboscello sempre verde il cui fusto si innalza dai 4 ai 5 metri e non acquista per ordinario più di 5 ad 8 centimetri di diametro. Il miglior caffè è pur sempre quello di Moka, il che potrebbe convalidare l'opinione esser questo veramente il suo luogo nativo. Si dice che un prete musulmano, a Yemen, avendo osservato che quelle capre le quali mangiavano le bacche di una pianta di quelle contrade, erano più festevoli e più vivaci delle altre, ne abbrustolì i semi, li macinò e fattane un'infusione scoprì il caffè tal quale noi lo beviamo.

Questa preziosa bibita che diffonde per tutto il corpo un giocondo eccitamento, fu chiamata *la bevanda intellettuale, l'amica dei letterati, degli scienziati e dei poeti* perché, scuotendo i nervi, rischiara le idee, fa l'immaginazione più viva e più rapido il pensiero.

La bontà del caffè mal si conosce senza provarlo, e il color verde, che molti apprezzano, spesso gli vien dato artificialmente.

La tostatura merita un'attenzione speciale poiché, prescindendo dalla qualità del caffè, dipende dalla medesima la più o meno buona riuscita della bibita. Meglio è dargli il calore gradatamente e perciò è da preferirsi la legna al carbone, perché meglio si può regolare. Quando il caffè comincia a crepitare e far fumo, scuotete spesso il tostino e abbiate cura di levarlo appena ha preso il color castagno-bruno e avanti che emetta l'olio; quindi non disapprovo l'uso di Firenze, nella qual città, per arrestarne subito la combustione, lo si distende all'aria; e pessima giudico l'usanza di chiuderlo tosto fra due piatti, perché in codesto modo butta l'olio essenziale e l'aroma si sperde. Il caffè perde nella tostatura il 20 per cento del suo peso, cosicché gr. 500 devono tornare gr. 400.

Come diverse qualità di carne fanno il brodo migliore, così da diverse qualità di caffè, tostate separatamente, si ottiene un aroma più grato. A me sembra di ottenere una bibita gratissima con gr. 250 di Portorico, 100 di San Domingo e 150 di Moka. Anche gr. 300 di Portorico con 200 di Moka danno un ottimo resultato. Con gr. 15 di questa polvere si può fare una tazza di caffè abbondante; ma quando si è in parecchi, possono bastare gr. 10 a testa per una piccola tazza usuale. Tostatene poco per volta e conservatelo in vaso di metallo ben chiuso, macinando via via quel tanto che solo abbisogna, perché perde facilmente il profumo.

Coloro a cui l'uso del caffè cagiona troppo eccitamento ed insonnia, faranno bene ad astenersene od usarne con moderazione; possono anche correggerne l'efficacia con un po' di cicoria od orzo tostato. L'uso costante potrebbe neutralizzare l'effetto, ma potrebbe anche nuocere, essendovi de' temperamenti tanto eccitabili da non essere correggibili, e a questo proposito un medico mi raccontava di un campagnuolo il quale, quelle rare volte che prendeva un caffè, era colto da un'indisposizione che presentava tutti i sintomi di un avvelenamento. Ai ragazzi poi l'uso del caffè sarebbe da vietarsi assolutamente.

Il caffè esercita un'azione meno eccitante ne' luoghi umidi e paludosi ed è forse per questa ragione che i paesi ove se ne fa maggior consumo in Europa sono il Belgio e l'Olanda. In Oriente, ove si usa di ridurlo in polvere finissima e farlo all'antica per beverlo torbo, il bricco, nelle case private, è sempre sul focolare.

Su quanto dice il prof. Mantegazza, cioè che il caffè *non favorisce in modo alcuno la digestione,* io credo che sia necessario di fare una distinzione. Egli forse dirà il vero per coloro a cui il caffè non eccita punto il sistema nervoso; ma quelli a cui lo eccita e porta la sua azione anche sul nervo pneumogastrico, è un fatto innegabile che digeriscono meglio, e l'uso invalso di prendere una tazza di buon caffè dopo un lauto desinare n'è la conferma. Preso poi la mattina a digiuno pare che sbarazzi lo stomaco dai residui di una imperfetta digestione e lo predisponga a una colazione più appetitosa. Io, per esempio, quando mi sento qualche imbarazzo allo stomaco non trovo di meglio, per ismaltirlo, che andar bevendo del caffè leggermente indolcito ed allungato coll'acqua, astenendomi dalla colazione.

> E se noiosa ipocondria t'opprime
> O troppo intorno alle vezzose membra
> Adipe cresce, de' tuoi labbri onora
> La nettarea bevanda ove abbronzato
> Fuma ed arde il legume a te d'Aleppo
> Giunto, e da Moka che di mille navi
> Popolata mai sempre insuperbisce.

Venezia pe' suoi rapporti commerciali in Oriente fu la prima a far uso del caffè in Italia, forse fin dal secolo XVI; ma le prime botteghe da caffè furono colà aperte nel 1645; indi a Londra e poco dopo a Parigi ove una libbra di caffè si pagava fino a 40 scudi.

L'uso si andò poi via via generalizzando e crescendo fino all'immenso consumo che se ne fa oggigiorno; ma due secoli addietro il Redi nel suo *Ditirambo* cantava:

> Beverei prima il veleno
> Che un bicchier che fosse pieno
> Dell'amaro e reo caffè.

e un secolo fa, pare che l'uso in Italia ne fosse tuttora ristretto se a Firenze non si chiamava ancora caffettiere, ma acquacedrataio colui che vendeva cioccolata, caffè e altre bibite.

Goldoni, nella commedia *La sposa persiana,* dice per bocca di *Curcuma,* schiava:

> Ecco il caffè, signore, caffè in Arabia nato,
> E dalle carovane in Ispaan portato.
> L'arabo certamente sempre è il caffè migliore;
> Mentre spunta da un lato, mette dall'altro il fiore.
> Nasce in pingue terreno, vuol ombra, o poco sole.
> Piantare ogni tre anni l'arboscel si suole.
> Il frutto, non è vero, ch'esser debba piccino,
> Anzi dev'esser grosso, basta sia verdolino.
> Usarlo indi conviene di fresco macinato,
> in luogo caldo e asciutto, con gelosia guardato.
> … A farlo vi vuol poco;
> Mettervi la sua dose, e non versarlo al fuoco,
> Far sollevar la spuma, poi abbassarla a un tratto
> Sei, sette volte almeno, il caffè presto è fatto.

777. THE

La coltivazione del the è quasi esclusiva della China e del Giappone ed è per quegli Stati uno de' principali prodotti di esportazione. I the di Giava, delle Indie e del Brasile sono giudicati di qualità assai inferiore.

Le sue foglioline, accartocciate e disseccate per esser messe in commercio, sono il prodotto di un arbusto ramoso e sempre verde che non si eleva in altezza più di due metri. La raccolta della foglia ha luogo tre volte all'anno: la prima nell'aprile, la seconda al principio dell'estate e la terza verso la metà dell'autunno.

Nella prima raccolta le foglie, essendo piccole e delicatissime, perché spuntate da pochi giorni, danno il *the imperiale,* che rimane sul luogo per uso dei grandi dell'impero; la terza raccolta in cui le foglie hanno preso il massimo sviluppo, riesce di qualità inferiore.

Tutto il the che circola in commercio si divide in due grandi categorie: the verde e the nero. Queste poi si suddividono in molte specie: ma le più usitate sono il *the perla,* il *souchong,* e il *pekoe a coda bianca* il cui odore è il più aromatico e il più grato. Il the verde essendo ottenuto con un'essiccazione più rapida che impedisce la fermentazione, è più ricco di olio essenziale, quindi più eccitante e però è bene astenersene o usarlo in piccola dose frammisto al nero.

Nella China l'uso del the risale a molti secoli avanti l'êra cristiana; ma in Europa fu introdotto dalla Compagnia olandese delle Indie orientali sul principio del secolo XVI; Dumas padre dice che fu nel 1666 sotto il regno di Luigi XIV che il the, dopo una opposizione non meno viva di quella sostenuta dal caffè, s'introdusse in Francia.

Il the si fa per infusione e ritiensi che meglio riesca nelle *theiere,* di metallo inglese. Un cucchiaino colmo è dose più che sufficiente per una tazza comune. Gettatelo nella *theiera,* che avrete prima riscaldata con acqua a bollore e versategli sopra tant'acqua bollente che lo ricopra soltanto e dopo cinque o sei minuti, che bastano per sviluppare la foglia, versate il resto dell'acqua in ebollizione, mescolate e dopo due o tre minuti l'infusione è fatta. Se la lasciate lì troppo, diventa scura e di sapore aspretto perché si dà tempo a sciogliere l'acido tannico delle foglie che è un astringente; però, se durante la prima operazione avete modo di tener la *theiera* sopra il vapore dell'acqua bollente, estrarrete dal the maggior profumo, ma se paresse troppo forte si può allungare con acqua bollente.

L'uso del the in alcune provincie d'Italia, specie ne' piccoli paesi, è raro tuttora. Non sono molti anni che io mandai un giovane mio servitore ai bagni della Porretta per vedere se imparava qualche cosa dell'abile maestria dei cuochi bolognesi; e se è vero quanto egli mi riferì, capitarono là alcuni forestieri che chiesero il the; ma di tutto essendovi fuorché di questo, fu subito ordinato a Bologna. Il the venne, ma i forestieri si lagnarono che l'infusione non sapeva di nulla. O indovinate il perché? Si faceva soltanto passar l'acqua bollente attraverso le foglie che si ponevano in un colino. Il giovine, che tante volte lo aveva fatto in casa mia, corresse l'errore e allora fu trovato come doveva essere.

Anche il the eccita i nervi e cagiona l'insonnia; ma la sua azione, nella maggior parte de' casi, è meno efficace di quella del caffè e direi anche meno poetica ne' suoi effetti perché a me sembra che il the deprima e il caffè esalti. Però la foglia chinese ha questo di vantaggio sopra la grana d'Aleppo, e cioè, che esercitando un'azione aperitiva sulla pelle, fa sopportare meglio il freddo nel rigido inverno; per questo, chi può fare a meno di pasteggiar col vino nella colazione alla forchetta, troverebbe forse nel the, solo o col latte, una bevanda delle più deliziose. Io uso un the misto: metà Souchong e metà Pekoe.

778. CIOCCOLATA

Non è facil cosa il contentar chiunque e meno che mai in questa materia, tanti e sì vari essendo i gusti delle persone. Non avrei potuto supporre che un signore avesse notato in questo mio libro una lacuna che il tormentava. «Come si fa – diceva egli – a spender tante parole in lode del caffè e del the e non rammentare il *cibo degli Dei,* la cioccolata che è la mia passione, la mia bibita prediletta?». Dirò a quel signore che dapprima non ne avevo parlato perché, se avessi dovuto raccontarne la storia e le adulterazioni dei fabbricanti nel manipolarla, troppo mi sarei dilungato e perché tutti, più o men bene, una cioccolata a bere la sanno fare.

L'albero del cacao (*Theobroma caccao*) cresce naturalmente nell'America meridionale, in particolare al Messico ove si utilizzavano i suoi frutti, come cibo e come bevanda, da tempo immemorabile ed ove fu conosciuto dagli Spagnuoli la prima volta che vi approdarono.

Le due qualità più stimate sono il cacao Caracca e il Marignone che mescolate insieme nelle debite proporzioni, dànno una cioccolata migliore. Per garantirsi sulla qualità non c'è che sfuggire l'infimo prezzo e dare la preferenza ai fabbricanti più accreditati. Per una tazza abbondante non occorrono meno di grammi 60 di cioccolata, sciolta in due decilitri di acqua; ma possono bastare grammi 50 se la preferite leggera, e portar la dose fino a grammi 80 se la desiderate molto consistente.

Gettatela a pezzetti nella cioccolatiera con l'acqua suddetta e quando comincia ad esser calda rimuovetela onde non si attacchi e si sciolga bene. Appena alzato il bollore ritiratela dal fuoco e per cinque minuti frullatela. Poi fate che alzi di nuovo il bollore e servitela. Come alimento nervoso eccita anch'essa l'intelligenza ed aumenta la sensibilità; ma, ricca d'albumina e di grasso (burro di cacao), è molto nutritiva, esercita un'azione afrodisiaca e non è di tanto facile digestione, perciò si usa aromatizzarla con cannella o vainiglia. Chi ha lo stomaco da poterla tollerare «la cioccolata conviene – dice il professor Mantegazza – ai vecchi, ai giovani deboli e sparuti, alle persone prostrate da lunghe malattie e da abusi della vita». Per chi lavora assai col cervello e non può stancare il ventricolo di buon mattino con una succolenta colazione, il cacao offre un eccellente cibo mattutino.

779. FRUTTA IN GUAZZO

A chi piace le frutta in guazzo, può riuscire gradito il seguente modo di confezionarle.

Cominciate dalle prime che appariscono in primavera, cioè: dalle fragole, dal ribes e dai lamponi, e ponetene in un vaso 50 o 100 grammi per sorta; copritele con la metà del loro peso, di zucchero e tanta acquavite o cognac che le sommerga. Poi proseguite con le ciliege, le susine, le albicocche, le pesche, tutte private del nocciolo e, all'infuori delle ciliege, tagliatele a fettine, aggiungendo sempre in proporzione zucchero ed acquavite.

Potete mettervi anche uva spina, uva salamanna e qualche pera gentile; ma poi assaggiate il liquido per aggiungere zucchero od acquavite, a tenore del vostro gusto.

Formato il vaso, lasciatelo in riposo per qualche mese prima di servirvene.

780. PESCHE NELLO SPIRITO

Pesche cotogne, non troppo mature, chilogrammi 1.
Zucchero bianco, grammi 440.
Acqua, un litro.
Cannella intera, un pezzo lungo un dito.
Alcuni chiodi di garofano.
Spirito di vino quanto basta.

Saprete che la pesca cotogna è quella rosso-giallo o semplicemente giallastra, con la polpa attaccata al nocciolo.

Strofinatele con un canovaccio per levar loro la lanugine e bucatele in cinque o sei punti con uno stecchino. Fate bollire per venti minuti lo zucchero nell'acqua a cazzaruola scoperta e poi gettateci le pesche intere, rimovendole spesso se il siroppo non le ricopre, e quando avranno bollito cinque minuti, contando dal momento che hanno ripreso il bollore, levatele asciutte.

Allorché le pesche e il siroppo saranno diacci, o meglio il giorno appresso, collocatele in un vaso di cristallo, oppure in uno di terra invetriato e nuovo, versateci sopra il siroppo e tanto spirito di vino o cognac che le sommerga e le dosi a giusta misura. Aggiungete gli aromi indicati e procurate che restino sempre coperte dal liquido, versandone, occorrendo, dell'altro in appresso.

Tenete chiuso il vaso ermeticamente e cominciate a mangiarle non prima che sia trascorso un mese.

781. PESCHE IN GHIACCIO

È l'unica ricetta di questa raccolta che non ho provato perché, quando una signora inglese venne spontaneamente ad offrirmela, la stagione delle pesche era passata e il tempo incalzava per la presente ristampa. La signora me la raccomandò assicurandomi che era molto gradita ne' suoi paesi e perciò azzardo di pubblicarla.

Si prendono pesche spicche, mature e sane, si gettano due alla volta, per un minuto, nell'acqua bollente e, tolte dall'acqua, si sbucciano senza toccar la polpa. Poi s'involtano molto e bene nello zucchero bianco in polvere e si collocano in un bolo, ossia in un vaso fondo e decente; indi si prendono tanti quadretti di zucchero quante sono le pesche, si strofinano sulla buccia di un limone di giardino maturo, finché ogni quadretto siasi impregnato dell'essenza del limone e si nascondono fra le pesche. Si lasciano così accomodate per due ore almeno (il più non guasta) e prima di portare il vaso in tavola si tiene tutto chiuso e coperto fra molto ghiaccio per due o tre ore. Ritornata la stagione delle pesche non ho mancato di mettere in prova questa ricetta e posso dirvi subito che essa ha del merito. Io mi sono servito di un vaso di metallo, di zucchero a velo a buona misura ed ho sparso sale fra il ghiaccio.

782. CILIEGE VISCIOLE IN GUAZZO

Queste ciliege, così conciate, non hanno bisogno di spirito, che lo fanno da sé.

Ciliege visciole, chilogrammi 1.
Zucchero bianco, grammi 300.
Un pezzetto di cannella.

Dalle suddette ciliege separatene grammi 200 delle più brutte o guaste, estraetene il sugo e passatelo. Le altre, levato il gambo, mettetele a strati in un vaso di cristallo: uno di esse e uno di zucchero, poi versateci sopra il detto sugo. Levate le anime a una parte dei noccioli delle ciliege disfatte ed anche queste e la cannella gettatele nel vaso, chiudetelo e non lo muovete per due mesi almeno. Vedrete che lo zucchero a po' per volta si scioglierà e le ciliege dapprima staranno a galla del liquido, poi questo convertendosi in alcool le ciliege cadono al fondo e allora sono mangiabili e buone.

783. RIBES ALLA FRANCESE

Preparate una soluzione leggiera di gomma arabica in polvere sciolta nell'acqua. Prendete su colle dita il ribes crudo nei suoi grappolini, tuffateli uno alla volta nella soluzione e spolverizzateli di zucchero cristallino in polvere, ma non a velo. Disposti poi in un piatto, quel fondo rosso brillantato farà di sé bella mostra fra le frutta di un pranzo e sarà molto gustato dalle signore.

Potrete anche tramezzare il ribes rosso col bianco.

784. PONCE ALLA PARIGINA

Questo è un ponce corroborante che può venire opportuno quando, fra un pasto e l'altro, vi sentiste mancar lo stomaco.

Prendete una tazza del contenuto di due decilitri circa; frullateci dentro un rosso d'uovo con due cucchiaini di zucchero durando finché sia divenuto quasi bianco. Aggiungete allora, dosandolo a piacere, due o tre cucchiaiate di cognac, di rhum o di altro liquore che più vi gusti e riempite la tazza di acqua bollente, versata poco per volta continuando a frullare per fargli fare la spuma.

785. MANDORLE TOSTATE

Mandorle dolci, grammi 200.
Zucchero, grammi 200.

Le mandorle strofinatele con un canovaccio, poi mettete al fuoco in una cazzaruola non istagnata il detto zucchero con due dita (di bicchiere) d'acqua e allorché sarà sciolto versate le mandorle rimestandole continuamente e quando le sentirete scoppiettare ritirate la cazzaruola sull'orlo del fornello e vedrete che lo zucchero si rappiglia e divien sabbioso. Allora levatelo e separate le mandorle dallo zucchero; poi la metà di questo zucchero rimettetelo al fuoco con altre due dita d'acqua e quando getterà l'odore di caramella versateci le dette mandorle, rimestate e, tirato che avranno lo zucchero, levatele. Poi mettete al fuoco l'altra metà dello zucchero rimasto, con altre due dita d'acqua, e ripetete per la terza volta l'operazione che sarà l'ultima. Versate le mandorle in un piatto e separate quelle che si saranno attaccate insieme.

Sono buonissime anche senza nessun odore, ma piacendovi potete dar loro il profumo della vainiglia con zucchero vanigliato, oppure il gusto della cioccolata con grammi 30 di questa grattata; ma l'uno o l'altra sarà bene versarli all'ultimo momento.

786. OLIVE IN SALAMOIA

Ci saranno forse metodi più recenti e migliori per fare le olive in salamoia; ma quello che qui vi offro è praticato in Romagna con ottimo risultato.

Eccovi le proporzioni per ogni chilogrammo di olive:

Cenere, chilogrammi 1.
Calce viva, grammi 80,
Sale, grammi 80.
Acqua per la salamoia, decilitri 8.

Si dice *viva* la calce quando, dopo averla leggermente bagnata coll'acqua, in forza di un'azione chimica, si screpola, si riscalda, fuma, si gonfia e cade in polvere. È in quest'ultimo suo stato che dovete adoperarla mescolandola alla cenere, poi coll'acqua formatene una poltiglia né troppo densa, né troppo liquida. In essa immergete le olive in modo che, con qualche cosa che le prema, restino tutte coperte e tenetecele dalle dodici alle quattordici ore, cioè fino a tanto che si saranno rese alquanto morbide e perciò guardatele spesso tastandole. Alcuni osservano se la polpa si distacca dal nocciolo; ma questa è una norma talvolta fallace.

Levatele dalla poltiglia, lavatele a molte acque e lasciatele nell'acqua fresca quattro o cinque giorni, ossia finché non renderanno l'acqua chiara perdendo l'amaro, cambiando l'acqua tre volte al giorno. Quando saranno arrivate al punto, mettete al fuoco gli otto decilitri di acqua col detto sale e con diversi pezzetti di grossi gambi di finocchio selvatico, fate bollire per alcuni minuti e con questa salamoia, versata fredda, conservate le olive in vaso di vetro o in uno di terra invetriata.

La calce per bagnarla meglio immergetela con una mano per un momento (cinque o sei secondi di minuto bastano) nell'acqua e ponetela sopra a un foglio di carta.

787. FUNGHI SOTT'OLIO

Scegliete funghi porcini, chiamati altrimenti morecci, i più piccoli che potete trovare, e se ve ne fossero frammisti dei grossi quanto le noci, di questi fatene due parti. Dopo averli nettati bene dalla terra e lavati, fateli bollire per venticinque minuti nell'aceto bianco; ma se fosse molto forte correggetelo con un po' d'acqua. Tolti dal fuoco asciugateli bene entro a un canovaccio e lasciateli all'aria fino al giorno appresso. Allora collocateli in un vaso di vetro o di terra invetriata coperti d'olio e con qualche odore che più vi piaccia. Chi ci mette uno spicchio o due di aglio mondati, chi alcuni chiodi di garofano e chi una foglia di alloro, che si può far bollire fra l'aceto. Si usa mangiarli col lesso.

788. MOSTARDA ALL'USO TOSCANO

Uva dolce ⅓ nera e ⅔ bianca, oppure tutta bianca, come io la preferisco, chilogrammi 2.

L'uva ammostatela come fareste pel vino, e dopo un giorno o due, quando avrà alzato, spremetene il mosto.

Mele rose o *reinettes,* chilogrammi 1.

Due pere grosse.

Vino bianco, meglio vin santo, grammi 240.

Cedro candito, grammi 120.

Senapa bianca in polvere, grammi 40.

Le mele e le pere sbucciatele e tagliatele a fette sottili, poi mettetele al fuoco col detto vino e quando l'avranno tirato tutto versate il mosto. Rimestate spesso e quando il composto sarà condensato alquanto più della conserva di frutta lasciatelo freddare ed aggiungete la senapa, sciolta prima con un poco di vino ben caldo, e il candito in minuti pezzetti. Conservatela in vasetti con sopra un sottil velo di cannella in polvere. La senapa, per uso di tavola, eccita l'appetito e favorisce la digestione.

789. CROSTA E MODO DI CROSTARE

Mi fo lecito di tradurre così i due francesismi comunemente usati di *glassa, glassare,* lasciando ad altri la cura d'indicare termini italiani più speciali e più propri. Parlo di quell'intonaco bianco o nero oppure di altro colore che si suol fare sopra alcuni dei dolci in addietro descritti, come la bocca di dama, il salame inglese, le torte tedesche e simili, per renderli più appariscenti.

Per crostare di nero prendete grammi 50 di cioccolata e grammi 100 di zucchero in polvere. La cioccolata grattatela e mettetela al fuoco in una piccola cazzaruola con tre cucchiaiate d'acqua. Sciolta che sia, aggiungete lo zucchero e fate bollire a lento fuoco rimestando spesso. L'importante dell'operazione è di cogliere il punto della cottura, il quale si conoscerà quando il composto si stende a filo prendendone una goccia fra il pollice e l'indice; ma questo filo non lo esigete più lungo di un centimetro, altrimenti il punto di cottura vi passa. Levate allora la cazzaruola dal fuoco e ponetela nell'acqua fresca rimestando sempre, e quando vedrete che il liquido diventa opaco alla superficie come desse cenno di formare una tela, distendetelo sul dolce. Rimettete questo in forno oppure sotto a un coperchio di ferro col fuoco sopra per due o tre minuti e vedrete che la crosta prenderà un aspetto liscio, lucido e duro.

La crosta bianca si fa colla chiara d'uovo, lo zucchero a velo, l'agro di un limone e il rosolio: piacendovi di colore roseo, invece di rosolio servitevi di alkermes. Eccovi le proporzioni all'incirca per ognuno dei dolci descritti: la chiara di un uovo, grammi 130 di zucchero, un quarto di limone, una cucchiaiata di rosolio oppure tanto alkermes che dia il suddetto colore. Sbattete bene ogni cosa insieme e quando il miscuglio è sodo in modo da scorrere leggermente, distendetelo sul dolce, ed esso si seccherà da sé senza metterlo al fuoco.

Se poi invece di distendere la crosta bianca tutta unita, vi piacesse di ornare il dolce a disegno, provvedetevi da chi vende simili oggetti per decorazione, certi piccoli imbuti di latta incisi in cima che s'infilano entro a un sacchetto apposito; cose tutte di questo genere che a nostra vergogna acquistiamo dalla Francia. In mancanza di questi strumenti, potrete supplire alla meglio con cartocci di carta a cornetto. Posto in essi il composto strizzate perché esca a fili sottili dal piccolo buco del fondo. Se il composto della crosta bianca riesce troppo liquido quando lo formate, aggiungete dello zucchero.

Un altro modo di crostare in bianco è quello praticato pel Dolce alla napoletana n. 586, e poi andate a vedere i dolci n. 644 e 645.

790. SPEZIE FINI

Se volete usare nella vostra cucina delle spezie buone, eccovene la ricetta:

Noci moscate, n. 2.
Cannella di Ceylan ossia della regina, grammi 50.
Pepe garofanato, grammi 30.
Chiodi di garofano, grammi 20.
Mandorle dolci, grammi 20.

Se vi aggiungete altre specie di droghe all'infuori del *macis,* cioè l'arillo della noce moscata, che è ottimo, non farete nulla di veramente buono; vi consiglio anche di non imitare i droghieri, i quali, invece della cannella di Ceylan, adoperano la cassialinea ossia cannella di Goa e vi buttano coriandoli a piene mani perché questi fanno volume e costano poco.

Pestate ogni cosa insieme in un mortaio di bronzo, passate le spezie da uno staccino a velo di seta e conservatele in un vaso di vetro a tappo smerigliato, oppure in una boccetta col turo di sughero, e vi si conserveranno anche per anni colla stessa fragranza del primo giorno. Le spezie sono eccitanti, ma usate parcamente aiutano lo stomaco a digerire.

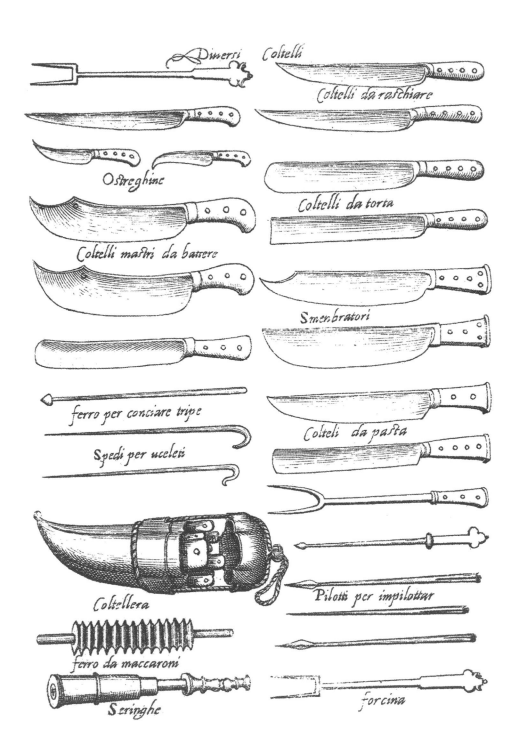

Diuersi   Coltelli

Coltelli da raschiare

Ostreghine

Coltelli da torta

Coltelli mastri da battere

Smenbratori

ferro per conciare tripe

Spedi per uceleti

Coltelli da pasta

Coltellera

Pilotti per impilottar

ferro da maccaroni

Seringhe

forcina

APPENDICE

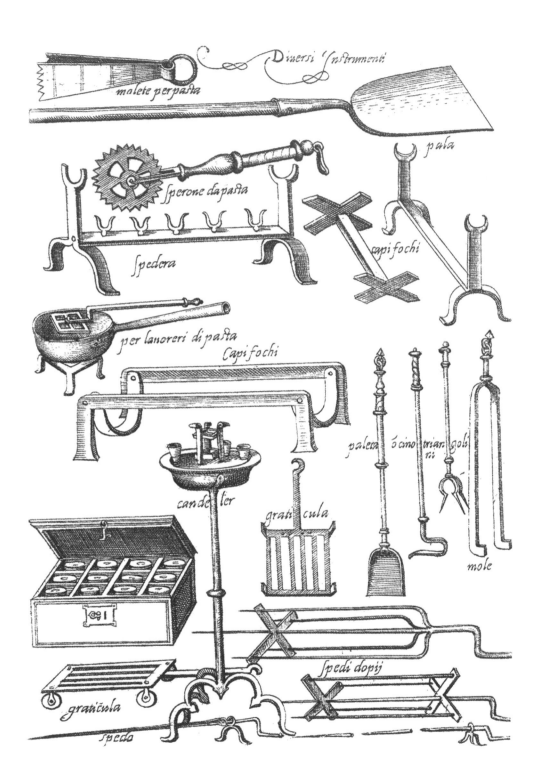

Diuersi Instrumenti

malete per pasta

pala

sperone da pasta

capi fochi

spedera

per lauoreri di pasta

Capi fochi

paletta ô cino triangoli

candeler

graticula

mole

spedi dopij

graticula

spedo

CUCINA PER GLI STOMACHI DEBOLI

Ora si sente spesso parlare della cucina per gli stomachi deboli, la quale pare sia venuta di moda.

Bisognerà quindi dirne due parole senza pretendere co' miei precetti né di rinforzare, né di appagare questi stomachi di carta. Non è facile indicare con precisione scientifica quali siano i cibi che più convengono ad un individuo indebolito dagli anni, dalle malattie, dagli stravizi o debole per natura, perché abbiamo a competere con un viscere capriccioso qual' è lo stomaco, ed anche perché ci sono alcuni che digeriscono con facilità ciò che ad altri è indigesto.

Nonostante mi studierò indicare quei cibi che, a mio parere, più convengono ad uno stomaco fiacco e di non facile digestione, e partendomi dal primo ed unico alimento che la natura somministra ai mammiferi appena nati – il latte – ritengo che di questo potete usare ed abusare a piacere se non vi produce disturbi gastrici.

Poi, passando al brodo, che dev'essere ben digrassato, il più confacente è quello di pollo, di castrato e di vitella; ma prima d'indicarvi i cibi solidi che convengono meglio, sarà bene richiamare alla memoria ciò che ho detto nelle poche norme d'igiene in merito alla masticazione; e cioè che se questa è fatta accuratamente, avviene che, per merito della maggiore salivazione, il cibo si digerisce e si assimila più facilmente; mentre chi mastica in fretta e inghiottisce cibi mal triturati, forza lo stomaco ad una elaborazione più grave e la digestione riesce laboriosa e pesante.

Giova inoltre avere le sue ore stabilite per la colazione e pel pranzo, il quale fatto a mezzogiorno o al tocco sarà assai più igienico, perché vi dà campo di farci sopra una passeggiata e un sonnellino di estate, stagione durante la quale il cibo dev'essere più leggero e meno succulento che nell'inverno. Vi avverto poi di non sboccconcellare fra giorno, e consiglio alle signore di non debilitarsi lo stomaco coi continui dolciumi. Veramente non si dovrebbe ricorrere al cibo se non quando lo stomaco chiede, con insistenza, soccorso, il che si ottiene più specialmente con l'esercizio del corpo, perché questo e la temperanza sono i due perni sui quali sta la salute.

MINESTRE

In quanto alle minestre, cominciando dai capellini o pastine, non usate mai quelle di color giallo artificiale, ma soltanto quelle fatte col gran duro, le quali non hanno bisogno di tinta perché recano con sé stesse quel colorino naturale di cera, reggono alla cottura e serbano, dopo cotte, quel senso in bocca di resistenza piacevole. Potrete fors'anche tollerare le paste d'uova, i taglierini per esempio, purché tirati finissimi, e i malfattini di pangrattato. Avete le zuppe semplici o con erbaggi non ventosi; la tapioca (che io detesto per la sua mucosità), il riso legato con qualche rosso d'uovo e parmigiano.

La Zuppa alla spagnola n. 40, la Zuppa di zucca gialla n. 34, la Zuppa di acetosa n. 37, la Zuppa di pane d'uovo n. 41, la Zuppa regina n. 39, la Zuppa ripiena n. 32, la Zuppa santé n. 36, la Panata n. 11, la Minestra di pangrattato n. 12, i Taglierini di semolino n. 13, le Minestre di semolino composte n. 15 e 16, la Minestra del Paradiso n. 18, quella di carne passata n. 19, quella di nocciuole di semolino n. 23, quella di mille fanti n. 26, i Passatelli di semolino n. 48, i Passatelli di pangrattato n. 20, sostituendo, se mai, al midollo, 20 grammi di burro.

Per le minestre di magro non saprei indicare che i capellini o sopracapellini conditi con cacio e burro o col sugo, il riso cotto nel latte, la farinata gialla nel latte se non vi produce acidità allo stomaco, le Zuppe di pesce n. 65, 66 e 67, la Zuppa di ranocchi, escluse le uova dei medesimi che fanno bruttura, n. 64.

In pari tempo bisognerà bandire dalla cucina tutti gli aromi o al più lasciarne appena le tracce, visto che non sono nelle grazie delle nostre delicate signore né di coloro di palato troppo sensibile.

PRINCIPII

Sandwiches n. 114. Crostini di burro e acciughe n. 113. Crostini di fegatini e acciughe n. 115. Crostini fioriti n. 117. Prosciutto cotto, Sardine di Nantes servite col burro.

SALSE

Salsa alla maître d'hôtel n. 123. Salsa bianca n. 124. Salsa maionese n. 126. Salsa piccante I n. 127. Salsa gialla per pesce lesso n. 129. Salsa olandese n. 130. Salsa per pesce in gratella n. 131.

UOVA

Le uova fresche sono un buon nutrimento e facilmente assimilabile se ingerite né crude, né troppo cotte. Se vi attenete alle frittate, preferite quelle miste con erbaggi e tenute sottili, e non rivoltatele onde restino tenere. Sana è anche la frittata di sparagi n. 145, come pure i Rossi d'uovo al canapè n. 142.

FRITTO

Alcuni trovano il fritto alquanto pesante allo stomaco per l'unto che assorbe in padella; nonostante i più tollerabili sono quelli di cervello, animelle e schienali, i fritti di semolino, il fegato di vitella di latte e, della coratella d'agnello, il solo fegato. Inoltre, Pollo dorato I n. 205, Petti di pollo alla scarlatta n. 207, Granelli n. 174, Frittelle di riso n. 179, Bombe e pasta siringa n. 183, Cotolette imbottite n. 220, Bracioline di vitella di latte all'uccelletto n. 221, Bocconi di pane ripieni n. 223, Arnioni per colazione n. 292, Crocchette di animelle n. 197, Crocchette di riso semplici n. 198, Fritto composto alla bolognese n. 175, Saltimbocca alla romana n. 222, e diversi altri consimili che trovate nell'elenco dei fritti.

LESSO

Il lesso si può servire impunemente con un contorno di spinaci al burro o al sugo, ma tritati minutissimi; il cardone, gli zucchini, i talli di rapa, gli sparagi sono gli erbaggi più sani ed anche i fagiolini in erba, se sono fini, possono far parte del regime di un convalescente. Il lesso di pollo o di cappone con un contorno di riso n. 245. Non dimenticate il lesso di castrato che, in questo caso, è molto opportuno.

ERBAGGI

Oltre agli erbaggi mentovati nel precedente paragrafo, potete far uso dei Carciofi ritti n. 418; Cotolette di carciofi n. 187; Sformati di cardoni, spinaci, carciofi e finocchi n. 389, 390, 391 e 392. Petonciani fritti e in umido n. 400 c 401. Sedani per contorno n. 412. Carciofi in salsa n. 416.

TRAMESSI

Gnocchi di semolino n. 230. Gnocchi alla romana n. 231. Carciofi in teglia n. 246.

RIFREDDI

Cappone in galantina n. 366. Cappone in vescica n. 367. Arista n. 369. Lingua alla scarlatta n. 360. Pan di fegato n. 374.

UMIDI

Gli umidi più sani e delicati, a parer mio, sono i seguenti: Fricassea n. 256. Cibreo n. 257. Soufflet di pollo n. 259. Braciola di manzo o di vitella alla sauté n. 262. Lombata di castrato ripiena n. 296. Pollo in salsa d'uovo n. 266. Petti di pollo alla sauté n. 269 con l'agro di limone. Girello alla brace n. 299. Scannello annegato n. 301. Scaloppine alla livornese n. 302. Cotolette di vitella di latte in salsa d'uovo n. 311. Cotolette col prosciutto n. 313. Quenelles n. 317. Vitella di latte in guazzetto n. 325. Filetto con la marsala n. 340. Filetto alla parigina n. 341. Sformato della signora Adele n. 346. Umido incassato n. 350. Pollo o Cappone in galantina n. 366, ed anche, come piatto appetitoso, il Vitello tonnato n. 363.

PESCI

I pesci comuni più digeribili sono il nasello o merluzzo, specialmente se lessato e condito coll'olio e l'agro del limone, ed anche in gratella; la sogliola, il rombo, lo storione, l'ombrina, il ragno, il dentice, l'orata, il palombo (Rotelle di palombo in salsa n. 464), ed anche le triglie fritte o in gratella; ma escludete dalla vostra cucina tutte le specie dei pesci turchini che sono i meno digeribili.

CARNI ARROSTITE

Le carni in genere, purché non dure o tigliose, son cibo omogeneo al corpo umano e, se arrostite, di facile assimilazione. Fra queste è da preferirsi il pollame, specialmente la Gallina di Faraone, n. 546, e la vitella di latte; può venire anche opportuna la Bistecca alla fiorentina n. 556, specialmente se nel filetto, la Bistecca nel tegame n. 557, la Braciuola di manzo alla sauté o in teglia n. 262 e il Rosbiffe n. 521 e 522. Poi avete le Costolette di vitella di latte alla milanese n. 538 e le costolette di castrato che sono eccellenti. La Vitella di latte arrosto n. 524, Arrostini di vitella di latte alla salvia n. 327, il Cosciotto di castrato n. 530, il Cosciotto di capretto allo spiedo o arrosto morto, le Quagliette n. 536, il Pollo alla Rudinì n. 544 e il Tacchinotto trattato come la Gallina di Faraone n. 546. Eccellente l'arrosto morto n. 526 col contorno di piselli, se questi non vi disturbano. Le carni di piccione, di tacchino adulto e degli uccelli sono giudicate molto nutrienti, ma calorose; quindi adagio con queste per serbarle a tempo più opportuno.

INSALATA

Poche sono le insalate che posso indicarvi come salubri, ma nel caso vostro preferirei le seguenti: il radicchio cotto misto colla barbabietola cotta in forno se grossa o lessata se piccola; gli Sparagi n. 450, gli Zucchini n. 376, 377 e 378 e i Fagiolini in erba ben fini n.380, 381 e 382.

DOLCI

In quanto ai dolci lascio la scelta a voi che così, ad occhio e croce, potete giudicare quelli che più vi convengono; però vi avverto che le paste frolle e le paste sfoglie sono indigeste, come anche le paste senza lievito alcuno. Se soffrite di stitichezza vi raccomando le mele e le pere cotte, le prugne giulebbate, le albicocche e le pere in composta e qualora l'intromissione del latte non v'imbarazzi lo stomaco potete giovarvi del Latte brûlé n. 692, del Latte alla portoghese n. 693, nonché dei Latteruoli n. 694 e 695.

FRUTTA

Non fate uso che di frutta sana e ben matura a seconda della stagione. Nell'inverno escludete le frutta secche, profittando di qualche dattero, di qualche arancio o di qualche mandarino; ma tenete in gran conto la pera spina la quale, se accompagnata da un pezzetto di formaggio a vostra scelta (ammesso che lo stomaco possa sopportarlo) è, come tutti sanno, un piacevole tornagusto. Nelle altre stagioni sceglierete fra le uve, la eccellente salamanna, il moscatello e l'aleatico; fra le pere la spadona, che è tanto succosa, la susina claudia, la pesca burrona, le ciliege more, le albicocche, le mele, se son tenere. Ma fate un sacrificio alla ghiottoneria escludendo le fragole dalla vostra tavola poiché, pei troppi loro semini, riescono nocive: più innocui forse sono i fragoloni, ma meno fragranti.

GELATI

Si possono permettere i gelati, specialmente di frutta, alla fine del pranzo o dopo compiuta la digestione.

VINI E LIQUORI

Il vino da pasteggiare più confacente agli stomachi deboli ritengo sia il bianco asciutto e stimo ottimo, per la sua piacevolezza al gusto e perché molto digeribile, quello di Orvieto, che può servire anche al *dessert* e per quest'uso avete il vin santo, il vino d'Asti spumante, la malaga ed altri simili che sono in commercio; ma di questi chi se ne fida? In quanto ai liquori farete bene ad escluderne l'uso dal vostro regime anche perché dall'uso si può passare all'abuso che sarebbe fatale; si può fare soltanto un'eccezione pel cognac, senza abusarne, però. Qui pongo fine, e ripeto col poeta:

Messo t'ho innanzi: omai per te ti ciba.

NOTE DI PRANZI

Poiché spesso avviene che dovendo dare un pranzo ci si trovi imbarazzati sulla elezione delle vivande, ho creduto bene di descrivervi in quest'appendice tante distinte di pranzi che corrispondano a due per ogni mese dell'anno, ed altre dieci da potersi imbandire nelle principali solennità, tralasciando in queste il dessert poiché, meglio che io non farei, ve lo suggerisce la stagione con le sue tante varietà di frutta. Così, se non potrete stare con esse alla lettera, vi gioveranno almeno come una scorta per rendervi più facile il compito della scelta.

GENNAIO

I

Minestra in brodo. Tortellini alla bolognese n. 9.
Lesso. Cappone con contorno di riso n. 245.
Fritto. Pasta siringa n. 183. – Crocchette di animelle n. 197.
Tramesso. Zampone o coteghino con Tortino di patate n. 446 o n. 447.
Erbaggi. Sedani al sugo n. 412.
Arrosto. Tordi n. 528, e insalata.
Dolci. Torta ricciolina n. 579. – Pudding Cesarino n. 671.
Frutta e formaggio. Pere, mele, aranci e frutta secca.

II

Minestra in brodo. Nocciuole di semolino n. 23 o Bomboline di patate n. 29.
Lesso. Un pesce con contorno n. 459.
Umido. Cignale dolce-forte o Lepre in dolce-forte n. 285.
Tramesso. Pasticcini di pasta sfoglia ripieni di carne n. 161.
Arrosto. Rosbiffe allo spiede, con patate e insalata n. 521 o 522.
Dolci. Pasta margherita n. 576. – Bianco mangiare n. 681.
Frutta e formaggio. Pere, mele, mandarini e frutte secche diverse.

FEBBRAIO

I

Minestra in brodo. Agnellotti n. 8.
Lesso. Pollo e vitella con Spinaci al sugo n. 448.
Rifreddo. Pane di lepre n. 373.
Tramesso. Telline o arselle in salsa d'uovo n. 498.
Umido. Cotolette di vitella di latte coi tartufi alla bolognese n. 312.
Arrosto. Uccelli e beccacce n. 528, con insalata.
Dolci. Savarin n. 563. – Crema alla francese n. 688.
Frutta e formaggio. Pere, mele e frutte secche diverse.

II

Minestra in brodo. Zuppa ripiena n. 32.
Principii. Crostini diversi n. 113.
Lesso. Pollastra con Passato di patate n. 443 o Cavolo verzotto n. 453.
Umido. Pasticcio di maccheroni n. 349.
Arrosto. Gallina di Faraone n. 546 e piccioni.
Dolci. Pizza alla napoletana n. 609. – Pezzo in gelo (*Biscuit*) n. 753.
Frutta e formaggio. Pere, mele, mandarini e frutta secca.

MARZO

I
Pranzo di magro

Minestra. Zuppa di ranocchi n. 64 o Zuppa alla certosina n. 66.
Principii. Crostini di caviale e acciughe n. 113.
Tramesso. Pasticcio di magro n. 502 o Rotelle di palombo n. 464.
Erbaggi. Sformato di spinaci n. 390.
Arrosto. Pesce in gratella, con Salsa n. 131.
Dolci. Tortelli di ceci n. 624. – Crema montata n. 689.
Frutta. Pere, mele e frutta secca.

II

Minestra in brodo. Passatelli all'uso di Romagna n. 20.
Lesso. Un pesce grosso, con Salsa maionese n. 126.
Umido. Filetto alla finanziera n. 338.
Tramesso. Crostini di capperi n. 108.
Arrosto. Braciuola di manzo ripiena n. 537.
Dolci. Torta mantovana n. 577. – Gelato di crema n. 759 o Gelato di torrone n. 768.
Frutta e formaggio. Frutte diverse e Biscotti n. 571.

APRILE

I

Minestra in brodo. Mattoncini di ricotta n. 25.
Lesso. Vitella con sparagi in Salsa bianca n. 124.
Tramesso. Pagnottelle ripiene n. 239.
Erbaggi. Sformato di carciofi n. 391.
Arrosto. Vitella di latte con insalata.
Dolci. Panettone Marietta n. 604 – Latte brûlé n. 692, con Cialdoni n. 621.
Frutta e formaggio. Baccelli, càtere ossia mandorle tenere col guscio, e Pasta Maddalena n. 608.

II

Minestra in brodo. Panata n. 11.
Fritto. Krapfen n. 182.
Umido. Pollo disossato ripieno n. 258, con piselli.
Tramesso. Gnocchi alla romana n. 231.
Arrosto. Agnello pasquale con insalata e uova sode.
Dolci. Dolce alla napoletana n. 586. – Gelato di cioccolata n. 761.
Frutta e formaggio. Frutta fresca di stagione e Stiacciata alla livornese n. 598.

MAGGIO

I

Minestra in brodo. Zuppa alla spagnuola n. 40.
Principii. Crostini di fegatini di pollo n. 110.
Umido. Umido incassato n. 350.
Erbaggi. Piselli alla francese n. 424 o 425.
Arrosto. Braciuola di manzo ripiena n. 537, con patate novelline e insalata.
Dolci. Torta alla marengo n. 581. – Gelato di limone n. 754.
Frutta e formaggio. Frutte diverse e fragole lavate col Chianti o vino rosso e aggraziate con zucchero a velo e marsala.

II

Minestra in brodo. Zuppa santé n. 36.
Fritto. Composto alla bolognese n. 175. – Carciofi n. 186. – Zucchini n. 188.
Umido. Timballo di piccioni n. 279.
Erbaggi. Sparagi al burro n. 450.
Arrosto. Vitella di latte, con contorno di Carciofi ritti n. 418.
Dolci. Offelle di marzapane n. 615. – Gelato di fragole n. 755.
Frutta e formaggio. Frutta di stagione, e Amaretti n. 626 o n. 627.

GIUGNO

I

Minestra in brodo. Strichetti alla bolognese n. 51.
Fritto. Fegato di vitella di latte, animelle, cervello e funghi.
Umido. Piccioni coi piselli n. 354.
Tramesso. Zucchini ripieni n. 377.
Arrosto. Galletti di primo canto e insalata.
Dolci. Bocca di dama n. 585. – Gelato di visciole n. 762.
Frutta e formaggio. Frutta di stagione e pasticcini di pasta *beignet* n. 631.

II

Minestra in brodo. Zuppa di purè di piselli n. 35.
Fritto. Cotolette di vitella di latte. – Crema n. 214. – Zucchini n. 188.
Lesso. Di vitella rifatto n. 355, con contorno di funghi.
Erbaggi. Sformato di fagiolini n. 386.
Arrosto. Galletti con Insalata maionese n. 251.
Dolci. Quattro quarti all'italiana n. 612. – Zuppa di visciole n. 678.
Frutta e formaggio. Frutta fresca di stagione.

LUGLIO

I

Minestra in brodo. Bomboline di farina n. 24.
Lesso. Pollastra ripiena n. 160.
Umido. Sformato di zucchini n. 451, ripieno di rigaglie e di bracioline di vitella di latte.
Tramesso. *Soufflet* di Luisetta n. 704.
Arrosto. Vitella di latte, con Insalata russa n. 454.
Dolci. Biscotto alla sultana n. 574. – Gelatina di lampone in gelo n. 718.
Frutta e formaggio. Pesche, albicocche ed altre di stagione.

II

Minestra in brodo. Minestra di carne passata n. 19.
Principii. Fichi col prosciutto.
Umido. Pollo disossato ripieno n. 258.
Rifreddo. Vitello tonnato n. 363.
Tramesso. Pan di fegato n. 374.
Arrosto. Piccioni e pollastri con Insalata maionese n. 251.
Dolci. Plum-cake n. 673. – Croccante a bagno-maria in gelo n. 690.
Frutta e formaggio. Frutte diverse di stagione.

415

AGOSTO

I

Minestra in brodo. Taglierini.
Principii. Popone col prosciutto e vino generoso perché giusta il proverbio:

> Quando sole est in leone
> Pone muliem in cantone
> Bibe vinum cum sifone.

Lesso. Vitella, con Fagiuolini dall'occhio all'aretina n. 383, o con Fagiuolini con la balsamella n. 381.
Tramesso. Vol-au-vent ripieno di rigaglie n. 161.
Umido. Cotolette di vitella di latte col prosciutto n. 313.
Arrosto. Tacchinotto n. 549, con insalata.
Dolci. Pere in composta n. 709. – Crema montata in gelo n. 689, oppure Bavarese lombarda n. 674.
Frutta e formaggio. Frutte diverse di stagione.

II

Minestra in brodo. Zuppa regina n. 39.
Lesso. Arigusta con salsa maionese n. 476.
Umido. Petti di pollo alla sauté n. 269.
Erbaggi. Sformato di zucchini n. 451.
Arrosto. Anatra domestica, piccioni e insalata.
Dolci. Pesche ripiene n. 697. – Gelato di lampone n. 756.
Frutta e formaggio. Popone, fichi ed altre frutte di stagione.

SETTEMBRE

I

Minestra in brodo. Zuppa di ovoli n. 33.
Principii. Fichi con prosciutto e acciughe salate.
Fritto. Bocconi di pane n. 223, ripieni di animelle e cervello.
Tramesso. Sformato di funghi n. 452, ripieno di rigaglie.
Arrosto. Tacchinotto n. 549, con insalata, o Pollo alla Rudinì n. 544.
Dolci. Babà n. 565. Gelato di latte di mandorle n. 773, o Zorama n. 774.
Frutta e formaggio. Pesche, uva ed altre frutte di stagione.

II

Minestra in brodo. Minestra di semolino composta n. 15 o 16.
Fritto. Sogliole, totani e funghi fritti.

Umido. Anatra domestica con Pappardelle all'aretina n. 91.
Arrosto. Rosbiffe allo spiede con patate n. 521, e insalata.
Dolci. Crostata di conserva di frutta n. 616. – Budino di mandorle tostate n. 669.
Frutta e formaggio. Frutte diverse di stagione e cialdoni n. 621.

OTTOBRE

I

Minestra in brodo. Gnocchi n. 14.
Lesso. Cappone con spinaci.
Rifreddo. Lingua alla scarlatta n. 360, con Gelatina n. 3.
Tramesso. Pasticcini di pasta sfoglia ripieni di carne n. 161.
Arrosto. Tordi con crostini n. 528 e insalata.
Dolci. Torta di zucca gialla n. 640. – Sformato di conserve n. 680.
Frutta e formaggio. Frutte diverse e mandarini.

II

Minestra in brodo. Bomboline di riso n. 30.
Fritto. Costolette di agnello vestite n. 236.
Tramesso. Triglie col prosciutto n. 468.
Umido. Uccelli in salmì n. 283.
Arrosto. Gallina di Faraone n. 546, e piccioni.
Dolci. Zuppa tartara n. 676. – Strudel n. 559, o Dolce alla napoletana n. 586.
Frutta e formaggio. Pere, mele, nespole, sorbe, uva.

NOVEMBRE

I

Minestra. Maccheroni alla francese n. 84, o Zuppa col sugo di carne n. 38.
Umido. Germano con contorno di lenticchie intere o cavolo nero n. 270.
Tramesso. Pane di lepre n. 373.
Erbaggi. Cavolfiore colla *balsamella* n. 431, o Sformato di cavolfiore n. 387.
Arrosto. Sfilettato tartufato n. 523.
Dolci. Sformato di savoiardi n. 684. – Gelatina di arancio in gelo n. 714.
Frutta e formaggio. Pere, mele, aranci e frutta secca.

II

Minestra in brodo. Tortellini di carne di piccione n. 10, o Zuppa di zucca gialla n. 34.
Principii. Crostini di tartufi n. 109.
Lesso. Pollastra ripiena n. 160.

Umido. Coteghino fasciato n. 322.
Erbaggi. Sformato di spinaci n. 390, o di finocchi n. 392.
Arrosto. Pesce di maiale n. 552, e Uccelli n. 528.
Dolci. Presnitz n. 560. – Pasticcio a sorpresa n. 713, o Sformato di savoiardi con lo zabaione n. 684.
Frutta e formaggio. Pere, mele, mandarini e frutta secca.

DICEMBRE

I
Pranzo di magro

Minestra. Tortelli n. 55, o Risotto colle telline n. 72.
Principii. Crostini col caviale, con acciughe, olio e agro di limone n. 113.
Fritto. Sogliole, totani e triglie.
Erbaggi. Cardoni colla *balsamella* n. 407, o Crescioni n. 195.
Arrosto. Anguilla od altro pesce.
Dolci. Croccante n. 617. – Mele in gelatina n. 696. – Aranci a fette, aggraziati con zucchero a velo e alkermes.
Frutta. Pere, mele e frutta secca.

II

Minestra. Cappelletti all'uso di Romagna n. 7.
Umido. Sformato della signora Adele n. 346.
Rifreddo. Cappone in galantina n. 366, o Tordi disossati in gelatina n. 368.
Arrosto. Di lepre n. 531, o di beccaccia n. 112, e insalata.
Dolci. Panforte. – Torta di pane bruno alla tedesca n. 644. – Plum-pudding n. 672.
Frutta e formaggio. Pere, mele, mandarini e datteri.

CAPO D'ANNO

Minestra in brodo. Composto dei cappelletti di Romagna n. 7, senza sfoglia.
Fritto. Cotolette imbottite n. 220.
Umido. Bue alla brace n. 298, con carote, o Cotolette coi tartufi n. 312.
Rifreddo. Pasticcio di cacciagione n. 370.
Arrosto. Anatra domestica e Piccioni 528, con insalata.
Dolci. *Gâteau à la noisette* n. 564. – Dolce Torino n. 649.

FESTA DELLA BEFANA

Minestra in brodo. Zuppa alla spagnola n. 40.
Fritto. Animelle o cervello misto col Fritto alla Garisenda n. 224.
Lesso. Cappone, con sedani al sugo n. 412.
Umido. Sformato di riso col sugo guarnito di rigaglie n. 345.
Arrosto. Tordi n. 528, o Beccacce coi crostini n. 112.
Dolci. Sfogliata di marzapane n. 566. – Pasticcini di pasta *beignet* coperti di cioccolata n. 647 o Dolce Roma n. 648.

BERLINGACCIO

Minestra asciutta. Pappardelle con la lepre n. 95, o Maccheroni alla bolognese n. 87.
Principii. Crostini di tartufi n. 109.
Umidi. Budino alla genovese n. 347.
Tramesso. Zampone o Salame dal sugo di Ferrara n. 238, con *Sauer-kraut* n. 433.
Arrosto. Cappone con insalata, o Cappone tartufato n. 540.
Dolci. Dolce Torino n. 649, e Gelato di aranci n. 763.

PRANZO DI QUARESIMA

Minestra. Zuppa nel brodo di pesce n. 65, o Zuppa alla certosina n. 66.
Principii. Baccalà montebianco n. 118, con Crostini di caviale n. 113.
Lesso. Pesce con Salsa genovese n. 134.
Tramesso. Gnocchi alla romana n. 231.
Umido. Pesce a taglio in umido n. 461.
Arrosto. Anguilla n. 491.
Dolci. Pasticcini di marzapane n. 628, e Gelato di pistacchi n. 767.

PASQUA D'UOVO

Minestra in brodo. Panata n. 11, o Minestra del Paradiso n. 18.
Fritto. Carciofi, animelle e Bocconi di pane ripieni n. 223.
Umido. Manicaretto di piccioni n. 278.
Tramesso. Soufflet di farina di patate n. 705, o Gnocchi alla romana n. 231.
Arrosto. Agnello e insalata.
Dolci. Latte alla portoghese n. 693. – Stiacciata alla livornese n. 598.

PASQUA DI ROSE

Minestra in brodo. Minestra di semolino composta n. 16, o di carne passata n. 19.
Lesso. Pollastra ingrassata, con Sparagi in salsa n. 124.
Umido. Vitella di latte in guazzetto n. 325, con Zucchini ripieni n. 377, o Umido incassato n. 350.
Tramesso. Sformato di fagiuolini n. 386.
Arrosto. Quagliette n. 536, con Insalata maionese n. 251.
Dolci. Zuppa inglese n. 675, e Macedonia n. 772.

FESTA DELLO STATUTO

Minestra in brodo. Passatelli di semolino n. 48.
Fritto. Pollo dorato n. 205 o 206, con Perine di riso n. 202.
Umido. Timballo di piccioni n. 279.
Erbaggi. Fagiuolini con la balsamella n. 381.
Arrosto. Lombata di vitella di latte n. 524, con patate e insalata.
Dolci. Torta alla marengo n. 581. – Gelato di ribes n. 764.

QUINDICI AGOSTO

Minestra in brodo. Riso con le quaglie n. 44, o Minestra di semolino composta n. 16.
Fritto. Pasta siringa n. 183. – Fritto alla romana n. 176.
Umido. Bue alla moda n. 297, con Tortino di zucchini n. 445.
Tramesso. Pollo in salsa tonnata n. 365.
Arrosto. Pollastri giovani con insalata.
Dolci. Babà n. 565, o Dolce alla napoletana n. 586. – Spumone di the n. 771, o Gelato di cioccolata n. 761.

OTTO SETTEMBRE

Minestra in brodo. Risotto alla milanese III n. 80.
Fritto. Sogliole, totani e funghi.
Umido. Fricassea di muscolo di vitella di latte n. 256.
Tramesso. Crostini di capperi n. 108, o *Soufflet* di farina di patate n. 705.
Arrosto. Cosciotto di castrato n. 530.
Dolci. Torta coi pinoli n. 582. – Biscotto da servirsi con lo zabaione n. 683, o Budino di cioccolata n. 667, coperto di panna montata.

FESTA DI NATALE

Minestra in brodo. Cappelletti all'uso di Romagna n. 7.
Principii. Crostini di fegatini di pollo n. 110.
Lesso. Cappone, con uno Sformato di riso verde n. 245.
Rifreddo. Pasticcio di lepre n. 372.
Arrosto. Gallina di Faraone n. 546, e uccelli.
Dolci. Panforte di Siena. – Pane certosino di Bologna. – Gelato di mandorle tostate n. 759.

COLAZIONI ALLA FORCHETTA

Qualcuno mi ha domandato che regola si debba tenere per le colazioni alla forchetta. Se trattasi di colazioni semplici, come sono ordinariamente quelle delle locande o delle tavole rotonde, la risposta è facile.

La base è sempre un piatto di carne, caldo ed abbondante, con un contorno; ma questo dev'essere preceduto da una minestra asciutta o da principio. Se trattasi di minestre, avete tutta la serie dei risotti e delle paste variamente condite; se di principio, vengono opportune le frittate, le uova al burro, le uova affogate con qualche salsa piccante; i rifreddi con gelatina; oltre a ciò, l'affettato di salumi, il caviale e le sardine di Nantes, accompagnati dal burro, oppure un fritto di pesce.

Per ultimo, frutta e formaggio, e se avrete conserve o gelatine di frutta, queste saranno aggradite specialmente dalle signore; infine un buon caffè che predispone al pranzo.

INDICE ALFABETICO

(Le cifre indicano i numeri delle pagine)

INDICE DELLE MATERIE

(Le cifre indicano i numeri delle pagine)

RICETTE

MINESTRE ASCIUTTE
E DI MAGRO

APPENDICE

NOTE DI PRANZI
(due per ciascun mese, e per dieci solennità dell'anno)

Finito di stampare in Firenze
presso la tipografia editrice Polistampa
Settembre 2010